The
Complete Works
of
Yu Wujin

俞 吾 金 全 集

第 2 卷

问题域外的问题

现代西方哲学方法论探要

俞吾金 著

北京师范大学出版集团
BEIJING NORMAL UNIVERSITY PUBLISHING GROUP
北京师范大学出版社

俞吾金教授简介

俞吾金教授是我国著名哲学家，1948年6月21日出生于浙江萧山，2014年10月31日因病去世。生前任复旦大学文科资深教授、哲学学院教授，兼任复旦大学学术委员会副主任暨人文学术委员会主任、复旦大学学位委员会副主席暨人文社科学部主席、复旦大学国外马克思主义与国外思潮研究中心（985国家级基地）主任、复旦大学当代国外马克思主义研究中心（教育部重点研究基地）主任、复旦大学现代哲学研究所所长；担任教育部社会科学委员会委员、教育部哲学教学指导委员会副主任、国务院哲学学科评议组成员、全国外国哲学史学会常务理事、全国现代外国哲学学会副理事长等职；曾任德国法兰克福大学和美国哈佛大学访问教授、美国Fulbright高级讲座教授。俞吾金教授是全国哲学界首位长江学者特聘教授、全国优秀教师和国家级教学名师。俞吾金教授是我国八十年代以来在哲学领域最具影响力的学者之一，生前和身后出版了包括《意识形态论》《从康德到马克思》《重新理解马克思》《问题域的转换》《实践与自由》《被遮蔽的马克思》等在内的30部著作（包括合著），发表了400余篇学术论文，在哲学基础理论、马克思主义哲学、外国哲学、国外马克思主义、当代中国哲学文化和美学等诸多领域都有精深研究，取得了令人瞩目的成就，为深入推进当代中国哲学研究做出了杰出和重要的贡献。

《俞吾金全集》主编

汪行福　吴　猛

《俞吾金全集》编委会（按姓名拼音排序）

本卷编校组

潘非欧

序　言

俞吾金教授是我国哲学界的著名学者，是我们这一代学人中的出类拔萃者。对我来说，他既是同学和同事，又是朋友和兄长。我们是恢复高考后首届考入复旦大学哲学系的，我们住同一个宿舍。在所有的同学中，俞吾金是一个好学深思的榜样，或者毋宁说，他在班上总是处在学与思的"先锋"位置上。他要求自己每天读 150 页的书，睡前一定要完成。一开始他还专注于向往已久的文学，一来是"文艺青年"的夙愿，一来是因为终于有机会沉浸到先前只是在梦中才能邂逅的书海中去了。每当他从图书馆背着书包最后回到宿舍时，大抵便是熄灯的前后，于是那摸黑夜谈的时光就几乎被文学占领了。先是莎士比亚和歌德，后来大多是巴尔扎克和狄更斯，最后便是托尔斯泰和陀斯妥耶夫斯基了。好在一屋子的室友都保留着不少的文学情怀，这情怀有了一个共鸣之地，以至于我们后来每天都很期待去分享这美好的时刻了。

但是不久以后，俞吾金便开始从文学转到哲学。我们的班主任老师，很欣赏俞吾金的才华，便找他谈了一次话，希望他在哲学上一展才华。不出所料，这个转向很快到来了。我们似乎突然发现他的言谈口吻开始颇有些智者派的风格了——这一步转得很合适也很顺畅，正如黑格尔所说，智者们就是教人熟悉思维，以代替"诗篇的知识"。还是在本科三年级，俞吾金就在《国内哲学动态》上发表了他的哲学论文《"蜡块说"小考》，这在班里乃至于系里都引起了不小的震动。不久以后，他便在同学中得了个"苏老师"（苏格拉底）的雅号。看来并非偶然，他在后来的研究中曾对智者派（特别是普罗泰戈拉）专门下过功夫，而且他的哲学作品中也长久地保持着敏锐的辩才与文学的冲动；同样并非偶然，后来复旦大学将"狮城舌战"（在新加坡举行的首届国际华语大专辩论赛）的总教练和领队的重任托付给他，结果是整个团队所向披靡并夺得了冠军奖杯。

本科毕业后我们一起考上了研究生，1984年底又一起留校任教，成了同事。过了两年，又一起考上了在职博士生，师从胡曲园先生，于是成为同学兼同事，后来又坐同一架飞机去哈佛访学。总之，自1978年进入复旦大学哲学系以来，我们是过从甚密的，这不仅是因为相处日久，更多的是由于志趣相投。这种相投并不是说在哲学上或文学上的意见完全一致，而是意味着时常有着共同的问题域，并能使有差别的观点在其中形成积极的和有意义的探索性对话。总的说来，他在学术思想上始终是一个生气勃勃地冲在前面的追问者和探索者；他又是一个犀利而有幽默感的人，所以同他的对话常能紧张而又愉悦地进行。

作为哲学学者，俞吾金主要在三个方面展开他长达30多年的研究工作，而他的学术贡献也集中地体现在这三个方面，即当代国外马克思主义、马克思哲学、西方哲学史。对他来说，这三个方面并不是彼此分离的三个领域，毋宁说倒是本质相关地联系起来的一个整体，并且共同服务于思想理论上的持续探索和不断深化。在我们刚进复旦时，还不知"西方马克思主义"为何物；而当我们攻读博士学位时，卢卡奇的《历史与阶级意识》已经是我们必须面对并有待消化的关键文本了。如果说，这部开端性的文本及其理论后承在很大程度上构成了与"梅林—普列汉诺夫正统"的对立，那么，系统地研究和探讨国外马克思主义的立场、观点和方法，就成为哲学研究(特别是马克思主义哲学研究)的一项重大任务了。俞吾金在这方面是走在前列的，他不仅系统地研究了卢卡奇、科尔施、葛兰西等人的重要哲学文献，而且很快又进入到法兰克福学派、存在主义的马克思主义、弗洛伊德主义的马克思主义、结构主义的马克思主义，等等。不久，哲学系组建了以俞吾金为首的当代国外马克思主义教研室，他和陈学明教授又共同主编了在国内哲学界影响深远的教材和文献系列，并有大量的论文、论著和译著问世，从而使复旦大学在这方面成为国内研究的重镇并处于领先地位。2000 年，教育部在复旦建立国内唯一的"当代国外马克思主义研究中心"(人文社会科学重点研究基地)，俞吾金自此一直担任该基地的主任，直到 2014 年去世。他组织并领导了内容广泛的理论引进、不断深入的学术研究，以及愈益扩大和加深的国内外交流。如果说，40 年前人们对当代国外马克思主义还几乎一无所知，而今天中国的学术界已经能够非常切近地追踪到其前沿了，那么，这固然取决于学术界同仁的共同努力，但俞吾金却当之无愧地属于其中的居功至伟者之一。

当俞吾金负责组建当代国外马克思主义学科时，他曾很热情地邀请我加入团队，我也非常愿意进入到这个当时颇受震撼而又所知不多的新领域。但我所在的马克思主义哲学史教研室却执意不让我离开。于是他便对我说：这样也好，"副本"和"原本"都需要研究，你我各在一处，时常可以探讨，岂不相得益彰？看来他对于"原本"——马克思哲学本身——是情有独钟的。他完全不能满足于仅仅对当代国外马克思主义的各种文本、观点和内容的引进介绍，而是试图在哲学理论的根基上去深入地理解它们，并对之开展出卓有成效的批判性发挥和对话。为了使这样的发挥和对话成为可能，他需要在马克思哲学基础理论的研究方面获得持续不断的推进与深化。因此，俞吾金对当代国外马克思主义的探索总是伴随着他对马克思哲学本身的研究，前者在广度上的拓展与后者在深度上的推进是步调一致、相辅相成的。

在马克思哲学基础理论的研究领域，俞吾金的研究成果突出地体现在以下几个方面。第一，他明确主张马克思哲学的本质特征必须从其本体论的基础上去加以深入的把握。以往的理解方案往往是从近代认识论的角度提出问题，而真正的关键恰恰在于从本体论的层面去理解、阐述和重建马克思哲学的理论体系。我是很赞同他的这一基本观点的。因为马克思对近代哲学立足点的批判，乃是对"意识"之存在特性的批判，因而是一种真正的本体论批判："意识在任何时候都只能是被意识到了的存在，而人们的存在就是他们的现实生活过程。"这非常确切地意味着马克思哲学立足于"存在"——人们的现实生活过程——的基础之上，而把意识、认识等等理解为这一存在过程在观念形态上的表现。

因此，第二，就这样一种本体论立场来说，马克思哲学乃是一种"广义的历史唯物主义"。俞吾金认为，在这样的意义上，马克思哲学的本体论基础应当被把握为"实践—社会关系本体论"。它不仅批判地超越了以往的本体论(包括旧唯物主义的本体论)立场，而且恰恰构成马克思全部学说的决定性根基。因此，只有将马克思哲学理解为广义的历史唯物主义，才能真正把握马克思哲学变革的实质。

第三，马克思"实践"概念的意义不可能局限在认识论的范围内得到充分的把握，毋宁说，它在广义的历史唯物主义中首先是作为本体论原则来起作用的。在俞吾金看来，将实践理解为马克思认识论的基础与核心，相对于近代西方认识论无疑是一大进步；但如果将实践概念限制在认识论层面，就会忽视其根本而首要的本体论意义。对于马克思来说，至为关键的是，只有在实践的本体论层面上，人们的现实生活才会作为决定性的存在进入到哲学的把握中，从而，人们的劳动和交往，乃至于人们的全部社会生活和整个历史性行程，才会从根本上进入到哲学理论的视域中。

因此，第四，如果说广义的历史唯物主义构成马克思哲学的实质，那么这一哲学同时就意味着"意识形态批判"。因为在一般意识形态把思想、意识、观念等等看作是决定性原则的地方，唯物史观恰恰相反，要求将思想、意识、观念等等的本质性导回到人们的现实生活过程之中。

在此意义上，俞吾金把意识形态批判称为"元批判"，并因而将立足于实践的历史唯物主义叫做"实践诠释学"。所谓"元批判"，就是对规约人们的思考方式和范围的意识形态本身进行前提批判，而作为"实践诠释学"的历史唯物主义，则是在"元批判"的导向下去除意识形态之蔽，从而揭示真正的现实生活过程。我认为，上述这些重要观点不仅在当时是先进的和极具启发性的，而且直到今天，对于马克思哲学之实质的理解来说，依然是关乎根本的和意义深远的。

俞吾金的博士论文以《意识形态论》为题，我则提交了《历史唯物主义的主体概念》和他一起参加答辩。答辩主席是华东师范大学的冯契先生。冯先生不仅高度肯定了俞吾金对马克思意识形态批判理论的出色研究，而且用"长袖善舞"一词来评价这篇论文的特点。学术上要做到长袖善舞，是非常不易的：不仅要求涉猎广泛，而且要能握其枢机。俞吾金之所以能够臻此境地，是得益于他对哲学史的潜心研究；而在哲学史方面的长期探索，不仅极大地支持并深化了他的马克思哲学研究，而且使他成为著名的西方哲学史研究专家。

就与马哲相关的西哲研究而言，他专注于德国古典哲学，特别是康德、黑格尔哲学的研究。他很明确地主张：对马克思哲学的深入理解，一刻也离不开对德国观念论传统的积极把握；要完整地说明马克思的哲学革命及其重大意义，不仅要先行领会康德的"哥白尼式革命"，而且要深入把握由此而来并在黑格尔那里得到充分发展的历史性辩证法。他认为，作为康德哲学核心问题的因果性与自由的关系问题，在"按照自然律的因果性"和"由自由而来的因果性"的分析中，得到了积极的推进。黑格尔关于自由的理论可被视为对康德自由因果性概念的一种回应：为了使自由和自由因果性概念获得现实性，黑格尔试图引入辩证法以使自由因果性和自然因果性统一起来。在俞吾金看来，这里的关键在于"历史因果性"维度的引入——历史因果性是必然性的一个方面，也是必然性与自由相统一的关节点。因此，正是通过对黑格尔的精神现象学、法哲学和历史哲学等思想内容的批判性借鉴，马克思将目光转向人类社会发展中的历史因果性；但马克思又否定了黑格尔仅仅停留于单纯精神层面谈论自然因果性和历史因果性的哲学立场，要求将这两种因果性结合进现实的历史运动中，尤其是使之进入到对市民社会的解剖中。这个例子可以表明，对马克思哲学之不断深化的理解，需要在多大程度上深入到哲学史的领域之中。正如列宁曾经说过的那样：不读黑格尔的《逻辑学》，便无法真正理解马克思的《资本论》。

就西方哲学的整体研究而言，俞吾金的探讨可谓"细大不捐"，涉猎之广在当代中国学者中是罕见的。他不仅研究过古希腊哲学（特别是柏拉图和亚里士多德哲学），而且专题研究过智者派哲学、斯宾诺莎哲学和叔本华哲学等。除开非常集中地钻研德国古典哲学之外，他还更为宏观地考察了西方哲学在当代实现的"范式转换"。他将这一转换概括为"从传统知识论到实践生存论"的发展，并将其理解为西方哲学发展中的一条根本线索。为此他对海德格尔的哲学下了很大的功夫，不仅精详地考察了海德格尔的"存在论差异"和"世界"概念，而且深入地探讨了海德格尔的现代性批判及其意义。如果说，马克思的哲学变革乃是西方哲学范式转换中划时代的里程碑，那么，海德格尔的基础存在论便为说明这一转换提供了重要的思想材料。在这里，西方哲学史的研究再度与马克思哲学的研究贯通起来：俞吾金不仅以哲学的当代转向为基本视野考察整个西方哲学史，并在这一思想转向的框架中理解马克思的哲学变革，而且站在这一变革的立场上重新审视西方哲学，特别是德国古典哲学和当代西方哲学。就此而言，俞吾金在马哲和西哲的研究上可以说是齐头并进的，并且因此在这两个学术圈子中同时享有极高的声誉和地位。这样的一种研究方式固然可以看作是他本人的学术取向，但这种取向无疑深深地浸染着并且也成就着复旦大学哲学学术的独特氛围。在这样的氛围中，当代国外马克思主义的研究要立足于对马克思哲学本身的深入理解之上，而对马克思哲学理解的深化又有必要进入到哲学史研究的广大区域之中。

今年10月31日，是俞吾金离开我们10周年的纪念日。十年前我曾撰写的一则挽联是："哲人其萎乎，梁木倾颓；桃李方盛也，枝叶滋荣。"我们既痛惜一位学术大家的离去，更瞩望新一代学术星丛的冉冉升起。十年之后，《俞吾金全集》由北京师范大学出版社出版了——这是哲学学术界的一件大事，许多同仁和朋友付出了积极的努力和辛勤的劳动，我们对此怀着深深的感激之情。这样的感激之情不仅是因为这部全集的告竣，而且因为它还记录了我们这一代学者共同经历的学术探索道路。一代人有一代人的使命，俞吾金勤勉而又卓越地完成了他的使命：他将自己从事哲学的探索方式和研究风格贡献给了复旦哲学的学术共同体，使之成为这个共同体悠长传统的组成部分；他更将自己取得的学术成果作为思想、观点和理论播洒到广阔的研究领域，并因而成为进一步推进我国哲学学术的重要支点和不可能匆匆越过的必要环节。如果我们的读者不仅能够从中掌握理论观点和方法，而且能够在哲学与时代的关联中学到思想探索的勇气和路径，那么，这部全集的意义就更其深远了。

吴晓明

2024 年 6 月

主编的话

一

2014 年 7 月 16 日，俞吾金教授结束了一个学期的繁忙教学工作，暂时放下手头的著述，携夫人赴加拿大温哥华参加在弗雷泽大学举办的"法兰克福学派对资本主义的批判"的国际学术讨论会，并计划会议结束后自费在加拿大作短期旅游，放松心情。但在会议期间俞吾金教授突感不适，虽然他带病作完大会报告，但不幸的是，到医院检查后被告知脑部患了恶性肿瘤。于是，他不得不匆忙地结束行程，回国接受治疗。接下来三个月，虽然复旦大学华山医院组织了最强医疗团队精心救治，但病魔无情，回天无力。2014 年10 月 31 日，在那个风雨交加的夜晚，俞吾金教授永远地离开了我们。

俞吾金教授的去世是复旦大学的巨大损失，也是中国哲学界的巨大损失。十年过去了，俞吾金教授从未被淡忘，他的著作和文章仍然被广泛阅读，他的谦谦君子之风、与人为善之举被亲朋好友广为谈论。但是，在今天这个急剧变化和危机重重的世界中，我们还是能够感到他的去世留下的思想空场。有时，面对社会的种种不合理现象和纷纭复杂的现实时，我们还是不禁会想：如果俞老师在世，他会做如何感想，又会做出什么样的批判和分析！

俞吾金教授的生命是短暂的，也是精彩的。与期颐天年的名家硕儒相比，他的学术生涯只有三十多年。但是，在这短短的三十多年中，他通过自己的勤奋和努力取得了耀眼的成就。

1983 年 6 月，俞吾金与复旦大学哲学系的六个硕士、博士生同学一起参加在广西桂林举行的"现代科学技术和认识论"全国学术讨论会，他们在会上所做的"关于认识论的几点意见"（后简称"十条提纲"）的报告，勇敢地对苏联哲学教科书体系做了反思和批判，为乍暖还寒的思想解放和新莺初啼的马克思主义哲学新的探索做出了贡献。1993 年，俞吾金教授作为教练和领队，带领复旦大学辩论队参加在新加坡举办的首届国际大专辩论赛并一举夺冠，在华人世界第一次展现了新时代中国大学生的风采。辩论赛的电视转播和他与王沪宁主编的《狮城舌战》《狮城舌战启示录》大大地推动了全国高校的辩论热，也让万千学子对复旦大学翘首以盼。1997 年，俞吾金教授又受复旦大学校长之托，带领复旦大学学生参加在瑞士圣加仑举办的第 27 届国际经济管理研讨会，在该次会议中，复旦大学的学生也有优异的表现。会后，俞吾金又主编了《跨越边界》一书，嘉惠以后参加的学子。

俞吾金教授 1995 年开始担任复旦大学哲学系主任，当时是国内最年轻的哲学系主任，其间，复旦大学哲学系大胆地进行教学和课程体系改革，取得了重要的成果，荣获第五届全国高等学校优秀教学成果一等奖，由他领衔的"西方哲学史"课程被评为全国精品课程。在复旦大学，俞吾金教授是最受欢迎的老师之一，他的课一座难求。他多次被评为最受欢迎的老师和研究生导师。由于教书育人的杰出贡献，2009 年他被评为上海市教学名师和全国优秀教师，2011 年被评为全国教学名师。

俞吾金教授一生最为突出的贡献无疑是其学术研究成果及其影响。他在研究生毕业后不久就出版的《思考与超越——哲学对话录》已显示了卓越的才华。在该书中，他旁征博引，运用文学故事或名言警句，以对话体的形式生动活泼地阐发思想。该书妙趣横生，清新脱俗，甫一面世就广受欢迎，成为沪上第一理论畅销书，并在当年的全国图书评比中获"金钥匙奖"。俞吾金教授的博士论文《意识形态论》一脱当时国内博士论文的谨小慎微的匠气，气度恢宏，新见迭出，展现了长袖善舞、擅长宏大主题的才华。论文出版后，先后获得上海市哲学社会科学优秀成果一等奖和国家教委首届人文社会科学优秀成果一等奖，成为青年学子做博士论文的楷模。

俞吾金教授天生具有领军才能，在他的领导下，复旦大学当代国外马克思主义研究中心 2000 年被评为教育部人文社会科学重点研究基地，他本人也长期担任基地主任，主编《当代国外马克思主义评论》《国外马克思主义研究报告》《国外马克思主义与国外思潮译丛》等，为马克思主义的国际交流建立了重要的平台。他长期担任复旦大学哲学学院的外国哲学学科学术带头人，参与主编《西方哲学通史》和《杜威全集》等重大项目，为复旦大学成为外国哲学研究重镇做出了突出贡献。

俞吾金教授的学术研究不囿一隅，他把西方哲学和马克思哲学结合起来，提出了许多重要的概念和命题，如"马克思是我们同时代人""马克思哲学是广义的历史唯物主义""马克思哲学的认识论是意识形态批判""从康德到马克思""西方哲学史的三次转向""实践诠释学""被遮蔽的马克思""问题域的转换"等，出版了一系列有影响的著作和文集。由于俞吾金教授在学术上的杰出贡献和影响力，他获得各种奖励和荣誉称号，他是全国哲学界首位"长江学者奖励计划"特聘教授，在钱伟长主编的"20 世纪中国知名科学家"哲学卷中，他是改革开放以来培养的哲学家中的唯一入选者。俞吾金教授在学界还留下许多传奇，其中之一是，虽然他去世已经十年了，但至今仍保持着《中国社会科学》发文最多的记录。

显然，俞吾金教授是改革开放后新一代学人中最有才华、成果最为丰硕、影响最大的学者之一。他之所以取得令人瞩目的成就，不仅得益于他的卓越才华和几十年如一日的勤奋努力，更重要的是缘于他的独立思考的批判精神和"为天地立心、为生民立命"的济世情怀。塞涅卡说："我们不应该像羊一样跟随我们前面的羊群——不是去我们应该去的地方，而是去它去的地方。"俞吾金教授就是本着这样的精神从事学术的。在他的第一本著作即《思考与超越》的开篇中，他就把帕斯卡的名言作为题记："人显然是为了思想而生的；这就是他全部的尊严和他全部的优异；并且他全部的义务就是要像他所应该的那样去思想。"俞吾金教授的学术思考无愧于此。俞吾金教授以高度的社会责任感从事学术研究。复旦大学的一位教授在哀悼他去世的博文中曾写道："曾有几次较深之谈话，感到他是一位勤奋的读书人，温和的学者，善于思考社会与人生，关注现在，更虑及未来。记得 15 年前曾听他说，在大变动的社会，理论要为长远建立秩序，有些论著要立即发表，有些则可以暂存书箧，留给未来。"这段话很好地刻画了俞吾金教授的人文和道德情怀。

正是出于这一强烈担当的济世情怀，俞吾金教授出版和发表了许多有时代穿透力的针砭时弊的文章，对改革开放以来的思想解放和文化启蒙起到了推动作用，为新时期中国哲学的发展做出了重要贡献。但是，也正因为如此，他的生命中也留下了很多遗憾。去世前两年，俞吾金教授在"耳顺之年话人生"一文中说："从我踏进哲学殿堂至今，30 多个年头已经过去了。虽然我尽自己的努力做了一些力所能及的事情，但人生匆匆，转眼已过耳顺之年，还有许多筹划中的事情没有完成。比如对康德提出的许多哲学问题的系统研究，对贝克莱、叔本华在外国哲学史上的地位的重新反思，对中国哲学的中道精神的重新阐释和对新启蒙的张扬，对马克思哲学体系的重构等。此外，我还有一系列的教案有待整理和出版。"想不到这些未完成的计划两年后尽成了永远的遗憾！

二

俞吾金教授去世后，学界同行在不同场合都表达了希望我们编辑和出版他的全集的殷切希望。其实，俞吾金教授去世后，应出版社之邀，我们再版了他的一些著作和出版了他的一些遗著。2016年北京师范大学出版社出版了他的《哲学遐思录》《哲学随感录》《哲学随想录》三部随笔集，2017年北京师范大学出版社出版了《从康德到马克思——千年之交的哲学沉思》新版，2018年商务印书馆出版了他的遗作《新十批判书》未完成稿。但相对俞吾金教授发表和未发表的文献，这些只是挂一漏万，远不能满足人们的期望。我们之所以在俞吾金教授去世十年才出版他的全集，主要有两个方面的原因。一是俞吾金教授从没有完全离开我们，学界仍然像他健在时一样阅读他的文章和著作，吸收和借鉴他的观点，思考他提出的问题，因而无须赶着出版他的全集让他重新回到我们中间；二是想找个有纪念意义的时间出版他的全集。俞吾金教授去世后，我们一直在为出版他的全集做准备。我们一边收集资料，一边考虑体例框架。时间到了2020年，是时候正式开启这项工作了。我们于2020年10月成立了《俞吾金全集》编委会，组织了由他的学生组成的编辑和校对团队。经过数年努力，现已完成了《俞吾金全集》二十卷的编纂，即将在俞吾金教授逝世十周年之际出版。

俞吾金教授一生辛勤耕耘，留下650余万字的中文作品和十余万字的外文作品。《俞吾金全集》将俞吾金教授的全部作品分为三个部分：(1)生前出版的著作；(2)生前发表的中文文章；(3)外文文章和遗作。

俞吾金教授生前和身后出版的著作(包含合著)共三十部，大部分为文集。《俞吾金全集》保留了这些著作中体系较为完整的7本，包括《思考与超越——哲学对话录》《问题域外的问题——现代西方哲学方法论探要》《生存的困惑——西方哲学文化精神探要》《意识形态论》《毛泽东智慧》《邓小平：在历史的天平上》《问题域的转换——对马克思和黑格尔关系的当代解读》。其余著作则基于材料的属性全部还原为单篇文章，收入《俞吾金全集》的《马克思主义哲学研究文集(上、下)》《外国哲学研究文集(上、下)》以及《国外马克思主义研究文集(上、下)》等各卷中。这样的处理方式难免会留下许多遗憾，特别是俞吾金教授的一些被视为当代学术名著的文集(如《重新理解马克思》《从康德到马克思》《被遮蔽的马克思》《实践诠释学》《实践与自由》等)未能按原书形式收入到《俞吾金全集》之中。为了解决全集编纂上的逻辑自洽性以及避免不同卷次的文献交叠问题(这些交叠往往是由于原作根据的不同主题选择和组织材料而导致的)，我们不得不忍痛割爱，将这些著作打散处理。

俞吾金教授生前发表了各类学术文章 400 余篇，我们根据主题将这些文章分别收入《马克思主义哲学研究文集(上、下)》《国外马克思主义哲学研究文集》《外国哲学研究文集(上、下)》《马克思主义中国化研究文集》《中国思想与文化研究》《哲学观与哲学教育论集》《散论集》(包括《读书治学》《社会时评》和《生活哲思》三卷)。在这些卷次的编纂过程中，我们除了使用知网、俞吾金教授生前结集出版的作品和在他的电脑中保存的材料外，还利用了图书馆和网络等渠道，查找那些散见于他人著作中的序言、论文集、刊物、报纸以及网页中的文章，尽量做到应收尽收。对于收集到的文献，如果内容基本重合，收入最早发表的文本；如主要内容和表达形式略有差异，则收入内容和形式上最完备者。在文集和散论集中，对发表的论文和文章，我们则按照时间顺序进行编排，以便更好地了解俞吾金教授的思想发展和心路历程。

除了已发表的中文著作和论文之外，俞吾金教授还留下了多篇已发表或未发表的外文文章，以及一系列未发表的讲课稿(有完整的目录，已完成的部分很成熟，完全是为未来出版准备的，可惜没有写完)。我们将这些外文论文收集在《外文文集》卷中，把未发表的讲稿收集在《遗作集》卷中。

三

《俞吾金全集》的编纂和出版受到了多方面的支持。俞吾金教授去世后不久，北京师范大学出版社就表达了想出版《俞吾金全集》的愿望，饶涛副总编辑专门来上海洽谈此事，承诺以最优惠的条件和最强的编辑团队完成这一工作，这一慷慨之举和拳拳之心让人感佩。为了高质量地完成全集的出版，出版社与我们多次沟通，付出了很多努力。对北京师范大学出版社饶涛副总编辑、祁传华主任和诸分卷的责编为《俞吾金全集》的辛勤付出，我们深表谢意。《俞吾金全集》的顺利出版，我们也要感谢俞吾金教授的学生赵青云，他多年前曾捐赠了一笔经费，用于支持俞吾金教授所在机构的学术活动。经同意，俞吾金教授去世后，这笔经费被转用于全集的材料收集和日常办公支出。《俞吾金全集》的出版也受到复旦大学和哲学学院的支持。俞吾金教授的同学和同事吴晓明教授一直关心全集的出版，并为全集写了充满感情和睿智的序言。复旦大学哲学学院原院长孙向晨也为全集的出版提供了支持。在此我们表示深深的感谢。

《俞吾金全集》的具体编辑工作是由俞吾金教授的许多学生承担的。编辑团队的成员都是在不同时期受教于俞吾金教授的学者，他们分散于全国各地高校，其中许多已是所在单位的教学和科研骨干，有自己的繁重任务要完成。但他们都自告奋勇地参与这项工作，把它视为自己的责任和荣誉，不计得失，任劳任怨，为这项工作的顺利完成付出自己的心血。

作为《俞吾金全集》的主编，我们深感责任重大，因而始终抱着敬畏之心和感恩之情来做这项工作。但限于水平和能力，《俞吾金全集》一定有许多不完善之处，在此敬请学界同仁批评指正。

汪行福　吴　猛

2024 年 6 月

本卷序言

本书主要论述现代西方哲学中的方法论问题。然而，读者必须记住，任何方法论问题都不是孤立自足的。一定的哲学方法总是从属于一定的哲学见解的。在这个意义上可以说，既不存在无哲学见解的哲学方法，也不存在无哲学方法的哲学见解。哲学方法不是理智的机巧或伎俩，不是表面的东西，而是哲学理论的内在形式。因此，我们从来不能单独地说出某个哲学家的哲学方法，我们能够说出的总是他的整个哲学理论。换言之，理解一种哲学方法，也就是理解一种哲学理论。

有一个关于西方哲学史的广为流传的见解，即认为西方古代哲学家主要探讨本体论问题，近代哲学家主要探讨认识论问题，现代哲学家则主要探讨方法论问题。我们姑且撇开这一见解的武断性和任意性不论，这一见解还包含着一种潜在的、从根本上取消哲学的危险。哲学本身是统一的不可分的整体，所谓本体论、认识论、方法论的提法不过是对哲学的人为的分割和分类。亚里士多德早就告诉我们，一只手，只有作为一个活生生的人体的有机的组成部分，才是真正的手。一旦它被砍下，它就再也不是原来意义上的手了。本体论、认识论和方法论是不可分割地统一在任何一种哲学理论中的。

我们常听说有的哲学家不承认甚至否定本体论。其实，这是一种很肤浅的意见。奎恩早就告诉我们，任何哲学家（当然也包括那些否定本体论的哲学家在内）只要一开口说话，一下笔进行论述，都会不可避免地作出"本体论承诺"。在这个意义上，我们完全可以说，从来就未存在过有无本体论的争论，有的只是不同本体论之间的争论。要言之，没有无本体论的哲学。

我们也常常遇到这样一种见解，即认为哲学就是认识论。这种见解不仅缩小了哲学研究的范围，而且力图使哲学成为无根（本体论）的浮萍。但既然任何哲学理论都蕴含着本体论，这种见解也就不攻自破了。否定这种见解并不等于主张，存在着一种无认识论的哲学。任何哲学理论作为一个或一些哲学家研究的产物，都隐含着特定的认识论见解。所以，我们同样可以说，没有无认识论的哲学。我们所要反对的是把哲学等同于认识论的倾向。

根据这样的思路，读者自己也能得出下面的结论，即没有无方法论的哲学。费耶阿本德写了一部题为《反对方法》的有趣的著作，但这决不意味着他的哲学理论是无方法论的，反对方法本身也是一种方法，那就是多元主义的方法，方法论也就是哲学家探讨问题的特殊角度和途径。如前所述，它是随哲学理论一起陈述出来的。一般说来，哲学家们都比较重视方法论。所以，危险的倒不是否定方法论的倾向，而是像认识论一样，把哲学和方法论简单地等同起来的倾向。说哲学就是方法论，基于两方面的误解。第一方面的误解是把哲学视作单纯的工具，这或许是对哲学的最严重的贬低了。我们不否认，哲学与语言、艺术、科学一样有自己的独特功能，但无论如何，哲学不是单纯的工具。这样的贬低将会付出沉重的代价。当人们把哲学作为工具时，实际情形常常会倒过来，即他们反而成了哲学的工具。这种情形也常常发生在语言、科学、宗教等其他场合中。第二方面的误解是认为可以从任何一种哲学理论中单独地抽取出方法，不加变动地嫁接到其他的哲学理论上去。这种幻觉在哲学上造成了许多混乱和虚假的问题。其实，人们在接受一种方法时，也就连带接受了它的理论。比如，我们总是说，我们仅仅接受了黑格尔哲学的方法，并且是以批判的方式接受过来的，但我们的许多见解表明，我们从黑格尔那里接受过来的东西远远超出了方法论的范围。单纯的方法论上的借鉴从来都是不可能的。

所以，严格地说，本书并不是一部讨论方法论的著作，而是偏重于从方法论的角度来审视现代西方哲学家的哲学理论的著作。讲明这一点，我们就与前面提到的那种流行的见解——古代哲学家主要探讨本体论问题，近代哲学家主要探讨认识论问题，现代哲学家主要探讨方法论问题——划清界限了。总之，从来就没有纯粹的本体论、认识论或方法论，有的只是偏重于从本体论、认识论或方法论的角度来讨论哲学。弄明白这一点，就可以免去许多无谓的争论了。

俞吾金
一九八七年九月于复旦大学

目　录

导　论　问题域外的问题　　/001

意志主义

意志是世界的本质

　　——叔本华的哲学思维方法　　/027

重估一切价值

　　——尼采的积极的虚无主义方法　　/039

实证主义

一切现象都服从不变的自然规律

　　——孔德的实证哲学的方法　　/051

排除一切形而上学的问题

　　——马赫的哲学研究方法　　/058

新康德主义

从现实的个别性去说明现实

　　——李凯尔特的历史研究方法　　/069

人是符号动物

　　——卡西尔的文化哲学的方法　　/077

新黑格尔主义

一切真正的历史都是当代史
　　——克罗齐的史学研究方法　/087
思想史就是问题史
　　——克洛纳的哲学史研究方法　/094

生命哲学

回到纯粹的绵延
　　——柏格森的直觉主义方法　/103

实用主义

把观念弄清楚
　　——皮尔士的哲学研究方法　/113
真理必须有实际效果
　　——詹姆士的哲学研究方法　/120

现象学

寻找认识上的阿基米德点
　　——胡塞尔的现象学方法　/131

存在主义

非此即彼
　　——克尔凯郭尔的宗教存在主义的辩证法　/141
追问"在"的意义
　　——海德格尔的基本本体论方法　/148

对界限的超越

　　——雅斯贝尔斯的生存哲学的方法　　/156

存在先于本质

　　——萨特前期的人学研究方法　　/163

前进与逆溯

　　——萨特后期的人学研究方法　　/170

过程哲学

从可能到现实

　　——怀特海的过程哲学方法　　/179

分析哲学

语言中的三角形星座

　　——弗雷格的逻辑分析方法　　/189

奥卡姆剃刀

　　——罗素的逻辑分析方法　　/198

对不能说的东西应当缄默

　　——维特根斯坦前期语言哲学的方法　　/208

语言游戏

　　——维特根斯坦后期语言哲学的方法　　/219

本体论承诺

　　——奎恩的逻辑实用主义方法　　/228

科学哲学

理性的批判高于一切

　　——波普尔的证伪主义方法　　/239

建立必要的张力

    ——科恩的历史主义方法　/248

心理学哲学

潜意识的投射

    ——弗洛伊德的心理分析方法　/259

自卑与补偿

    ——阿德勒的个性心理学方法　/266

人类精神之根："集体无意识"

    ——荣格的分析心理学方法　/273

儿童：成人哲学的决疑者

    ——皮亚杰的发生认识论方法　/282

历史哲学

历史领域中的哥白尼革命

    ——斯宾格勒的形态学研究方法　/293

文明：历史研究的基本单位

    ——汤因比的历史研究方法　/300

人类学

"集体表象"涵盖一切

    ——列维-布留尔的原始思维研究方法　/313

功能：人类学研究的特殊透镜

    ——马林诺夫斯基的功能主义方法　/321

从无次序中寻找次序

    ——莱维-斯特劳斯的结构人类学方法　/329

结构主义

从深层结构到表层结构
　　——乔姆斯基的转换生成语法　　/341

站在非连续性的地平线上
　　——福柯的知识考古学方法　　/351

释义学

朝着视界的溶合
　　——伽达默尔的哲学释义学方法　　/361

西方马克思主义

渴望总体性
　　——卢卡奇的哲学研究方法　　/371

人是他前面的那个他
　　——布洛赫的尚未存在本体论方法　　/379

性格：性欲与意识形态的聚焦点
　　——赖希的性格分析方法　　/388

揭开幻想的帷幕
　　——弗洛姆的人道主义心理分析方法　　/395

根据症候阅读
　　——阿尔都塞释读经典著作的方法　　/404

结　论

方法论中的方法　　/413

编者说明　　/424

导　论　问题域外的问题

　　当一个哲学研究者告诉我们，他正在思考某个问题或正打算提出某个问题时，他通常忽略了一个重要的事实，即他总是置身于一定的问题域内来思考问题或提出问题的。他或许会认为，他的思想是完全无约束的，是自由自在的，他可以提出或思考任何问题，这无疑是一种幻觉，特别是爱好哲学沉思的人们经常陷入的一种幻觉。实际上，他永远只能提出和思考他可能提出和思考的问题，这些问题的逻辑可能性的空间正是由他置身于其中的问题域先入为主地加以划定的。

　　人们之所以很少或根本感觉不到问题域对自己思维的影响，是因为它已经落入到无意识层面上去了。它不是人们思维的对象，而是人们思维的支点。它具有不受批判的豁免权，不但人们不会去批判它，还常常从它出发去批判别的东西。因而当人们从非常有限的批判的眼光出发，提出了某个新问题或阐述了某种新见解时，是没有理由沾沾自喜的。因为这样的新问题或新见解是不会突破问题域所规定的方向和范围的。在这个意义上可以说，思维的全部工作不过是执行问题域的指令罢了：

我是你的囚徒，

我和我的一切必然任你摆布。①

　　偶尔，问题域也会浮升到意识的层面上来。当一个富有创造性和开拓性的哲学研究者在其他问题域的启示下，对他置身于其中的问题域中的重大理论问题提出不同的见解时，常会对其他人的思想产生强烈的震动。于是，人们也会把问题域拉到意识的层面上来审视一番，试图发现它的阿基里斯之踵。然而，人们的思维是如此根深蒂固地受到问题域的支配，以至于他们的批判的目光常为审美的目光所取代。所以，他们又把问题域重新放回到无意识的层面上去，并转过来指责那种动摇问题域的新见解。地震之后，一切又都恢复原样了。人们的思维仍然沿着问题域为它们提供的方向和轨道，慢慢地向前滑行。

　　乍看上去，问题域这个概念似乎与库恩说的"范式"及阿尔都塞说的"问题框架"的概念大致相同，但细加分析，差异就表现出来了。我们所说的问题域是指问题的逻辑可能性的空间。一个特定的问题域也就是在一种特殊的哲学观支配下形成的问题领域。新问题可以不断地被发现，被提出来，但它不能超越这种特殊的哲学观所划定的逻辑可能性的空间。不同的问题域在不同的哲学观的支配下产生不同的问题群落，它们即使使用同一个概念，这一概念的含义也会有很大差异，甚至是迥然不同的，因而不同问题域之间的交流是很困难的。置身于某一特定问题域中的人们可能发现这个领域中的新问题，但对这个问题域外的问题却常常是视而不见的，即使看见了，也会不假思索地斥之为谬误，其实，在不同的问题域之间是不能轻易使用谬误这个术语的。那么，是不是所有从事哲学思维的人都无例外地置身于某一个问题域中呢？回答是肯定的。因为从事哲学思维的人都得以某种方式来确立自己的哲学观，一旦

——————————

　　① 参见《莎士比亚全集》第11卷"十四行诗"部分，见《莎士比亚全集》第11卷，朱生豪译，人民文学出版社1978年版，第291页。

他的哲学观确定了，相应的问题域也就形成了。谁试图摆脱任何问题域来进行思考，那他说出来的就只能是哲学胡话。

一个问题域表现为一个立体网络系统。在系统的表面部分，我们只能见到一些具体的哲学问题，越往系统内部探索，我们接触到的问题就越抽象，在接近系统核心的部分，我们会发现一些规定着哲学各分支部门研究方向和范围的重大的基本的问题，最后，在系统的核心部分，我们见到了所有问题都由之流出的源泉——一种特殊的哲学观，我们所说的哲学观，是指人们对"什么是哲学"这个最高问题的解答。在一个问题域内，所有问题的提出和解答都是相互支持的，它们联结成一个有机的整体。这样我们就明白了，如果我们谈论哲学教科书的改革，而又不对"什么是哲学"的问题作出新的回答的话，这种改革可能进行到什么样的程度就可想而知了。这就是说，要想超越一个问题域而又不对支配这一问题域的哲学观提出疑问是根本不可能的。

这样一来，对"什么是哲学"这一最高问题的解答成为我们全部讨论的焦点。从马克思主义的观点看来，存在着两种不同类型的哲学。一种是知识论哲学，另一种是人本主义哲学。知识论哲学认为，哲学的根本使命在于认识世界的本质。在这类哲学中，我们大致可以辨认出三个不同的努力方向：一是直接追问世界的起源、本原和本质，这在希腊哲学中得到了最为典型的表现；二是着重探求人的认识能力和认识活动，这在笛卡儿以来的近代哲学中，特别是在英国经验论哲学中得到了集中的表现；三是致力于探讨客观知识（逻辑、语言等）在人的认识活动中的地位和作用，这在当代西方的分析哲学中显得尤为突出。乍看上去，第二、第三种努力方向似乎并不直接回答世界的本质问题，事实上，它们走了一条迂回的路，最后仍然折回到这个问题。人本主义哲学认为，哲学的根本使命在于探求人生的真谛。在这类哲学中，大致上也可以辨认出三个努力方向：一是把对人生的思考导向神秘主义方面，寻求个人和上帝之间的沟通，这种倾向尤其见诸中世纪的神秘主义哲学家和当代的某些存在主义哲学家；二是把对人生的思考导向伦理方面，目的是提高人的道德境界，使人在行为上完善化；三是把对人生的思考导向社会，主张通过对社会的革命改造来解放全人类，从而为个人的全面发展创造条件。我们知道，这正是马克思的哲学理论。毫无疑问，马克思的哲学理论是从属于人本主义的伟大传统的，但是，我们也必须看到，马克思高瞻远瞩地批判并改造了这一传统。马克思所创立的唯物史观正是对人本主义哲学传统的一种扬弃，其结果是把人的问题的思考奠立在一个真正的科学的基础上。在对知识论哲学和人本主义哲学这两种不同的哲学观作了上述检视以后，现在我们有条件来剖析我们的哲学教科书的哲学观及在这一哲学观的支配下形成起来的问题域了。

什么是哲学？教科书上通常有两种回答。一种回答是：哲学是关于世界观的学问；另一种回答是：哲学是对自然科学和社会科学成果的概括和总结。这两种回答看起来是不同的，实际上却是一而二、二而一的。它们主张的都是知识论哲学。第一种回答把哲学理解为"关于世界观的学问"，所谓"学问"也就是知识，"关于世界观的学问"也就是关于世界本质的知识。这不是知识论哲学又是什么呢？第二种回答主要从方法论上来规定哲学，它虽然强调哲学是对自然科学和社会科学成果的"概括和总结"，但众所周知，"概括和总结"是自然科学最常用的方法，自然科学家正是通过"概括和总结"的方式从纷繁复杂的自然现象中寻求自然规律的。根据第二种回答，哲学必须向自然科学借贷方法，而自然科学一直被哲学家们认作最可靠的知识，由此可见，第二种回答实质上也是主张知识论哲学的。

我们这里暂且不论哲学教科书对哲学的理解和马克思主义创始人对哲学的理解之间的差距，这个问题将在结论部分加以讨论。我们这里关心的是，在上述哲学观的支配下，究竟形成了什么样的问题域。只要我们把目光投向各种哲学杂志和哲学论著的话，我们立即发现，讨论得最多的是如下的问题：思维和存在的关系问题（这一问题的第二个方面就是讨论可知不可知的），认识和实践的关系问题，知性认识和理性认识的关系问题，主体客体关系问题（从认识论角度），相对真理与绝对真理的关系问题，认识和真理的标准问题，认识论、逻辑和辩证法的一致性问题，等等。不用说，这些问题全都是知识论哲学最关注的问题。

当然，我们的哲学杂志和哲学论著也探讨以下的问题：生产力和生产关系的关系问题，经济基础和上层建筑的关系问题，阶级斗争和社会革命的问题，家庭和国家的起源问题，个人和群众在历史上的作用问题，等等。乍看上去，这些问题似乎是超越知识论哲学的视界的，然而，一方面，由于我们把自然科学的方法简单地搬用到社会领域中；另一方面，又由于我们缺乏功能的观点，即不讨论与我们的生活和建设事业密切相关的重大问题，只是满足于为经典作家的论点作注，因而我们对上述社会问题的讨论仍未超出知识论哲学所划定的问题域。哲学教科书的这种哲学观如同一束普照的光，侵入到哲学的各分支学科中，形成了一个以寻求抽象的哲学知识为目的的问题域。我国学术界有一种流行的观点，即把哲学等同于认识论，把哲学史等同于认识史，这种观点不失为知识论哲学的最典型的表现。

这种知识论哲学所划定的问题域把人们的思维囚禁在一个封闭的空间中。在这个意义上可以说，思维的界限也就是思维所属的问题域的界限。一个哲学研究者总是自然而然地落入某个问题域内的。他要学习哲学，研究哲学，就得接触哲学教科书、哲学杂志和哲学著作，而正是这些东西编织成一个巨大的问题网络，吞噬着每一个接近它的人的思想。写到这里，我们不禁想起斯宾诺莎的那句著名的格言：一切规定都是否定。当人们自以为获得某种知识的时候，也正是他们的思想受这种知识束缚的时候。在这个意义上可以说，获得也就是失去。反之，当人们学会用批判的眼光来扬弃某种知识时，他们才真正地获得了这种知识。在这个意义上也可以说，失去就是获得。一个哲学研究者只要一直在阅读同一类的哲学教科书、哲学杂志和哲学著作，他就会始终停留在同一个问题域中。他的全部才华只能在这个问题域中驰骋，偶尔，他的思维也会去撞击问题域的界限，但这充其量不过是胎儿对母腹、麦子对镰刀的反抗罢了。

那么，人们的思维有没有可能从它们置身于其中的问题域中摆脱出来呢？回答是肯定的，但也是有条件的。这个条件就是：认真阅读、研究从属于其他问题域的重要哲学著作。开始这样做的时候，人们的思维会一度处于混乱之中。但这并不是坏事，它表明原有的问题域的界限已变得模糊了，新问题域中有价值的见解正从人们思维的边缘转移到中心点上来，正如莎士比亚笔下的凯德所说的：

我们只有乱到头才有秩序，这就是我们的阵势。①

随着人们对其他问题域的了解的加深，随着不同问题域之间的对话的扩展，横亘在这些问题域之间的僵硬的屏障被打破了，不同的视界在人们的思维中溶合起来。这时，人们便获得了对原有问题域的批评意识。人们再也不会用想当然的眼光去看待原有的问题域，并把它存放在无意识的心理层面上。相反，人们经常把它置于意识的烛光之下，对它进行真正严格的剖析。在这样的基础上，如果人们经过深思熟虑，站在一个新的高度上，确立了一种更严谨、更科学的哲学观的话，他们就摆脱了原有的问题域，跨入一个新的问题域中去了。于是，世界和人生便沐浴在一种崭新的目光中了。

现在让我们再回到前面论述的问题上去。要超越我们的哲学教科书信奉的知识论哲学所划定的问题域，除了认真研究马克思主义创始人的著作，把握其真精神外，还需要研究哪些著作，接触哪些问题域呢？这个问题实际上是无法回答的，因为它涉及的面实在太宽了。限于这部著作的性质，我们这里只能谈现代西方哲学中的一些重要著作及对冲破知识论哲学的传统有巨大启发意义的新见解。

在进行这样的讨论之前，我们有必要简略地回顾一下知识论哲学的

---

① 参见莎士比亚戏剧《亨利六世》中篇，见《莎士比亚全集》第 6 卷，章益译，人民文学出版社 1978 年版，第 188 页。

历史。哲学史家们(如黑格尔)大多认为，柏拉图的老师苏格拉底是伦理哲学的开创者。这一见解是值得商榷的。诚然，苏格拉底使哲学的目光从自然界转向人，并把伦理问题作为他经常谈论的一个主题，然而，他的两个著名的口号"自知自己无知"和"美德就是知识"表明，他实际上是知识论哲学的开创者。如果说前一个口号是他的知识论哲学的方法——"助产术"的象征，那么后一个口号则是他的知识论哲学的核心。说美德就是知识，也就等于把全部伦理问题还原为知识问题，换一种说法，就是把伦理学说建立在知识论的基础之上。在柏拉图那里，世界一分为二：一为理念世界，它是唯一真实存在的世界；二为我们的感官所接触到的现实世界，它是变动不居的、不真实的世界。理念是事物的原型，在理念世界中，善的理念居于最高的层次，通向理念世界的唯一道路是理性，也就是说，只有理性才能认识至高无上的善的理念，而最高的知识也就是对善的把握，也就是关于善的知识。所以，柏拉图的理念论不过是为苏格拉底的"美德就是知识"的命题修建的一个庞大的纪念塔罢了。柏拉图的哲学就其主要倾向而言，也是知识论哲学。亚里士多德创立了形式逻辑，从而把苏格拉底、柏拉图最倚重的概念知识导入逻辑形式和规则中。从此以后，知识论哲学就深深地扎根于西方的语言和逻辑之中，获得了经久不衰的生命力。

最早对知识论哲学作出有力冲击的是法国哲学家卢梭。在《论科学与艺术》这部成名作中，卢梭提出了振聋发聩的新见解："我们的灵魂正是随着我们的科学和我们的艺术之臻于完美而越发腐败的。"①卢梭厌恶现代文明的"矫揉造作的朴素"和"精致化的纵欲"，认为只有在人的原始状态，即自然状态中才有真正的自由、平等和各种美德。这样，卢梭实际上把苏格拉底的"知识就是美德"的命题换成了另一个命题：无知就是美德。卢梭撕裂了连接美德和知识的那条虚幻的纽带。在他看来，知识不仅不等于美德，而且它正是人类道德沦丧的一个阶梯。

———————————

① ［法］卢梭：《论科学与艺术》，何兆武译，商务印书馆1963年版，第11页。

近视的法国人并没有从卢梭的上述见解中发现深远的哲学意义。这方面的意义注定要由邻国的另一位伟大的哲学家来揭示。这位伟大的哲学家就是康德。卢梭和牛顿是康德哲学的两个源头。对于康德说来，牛顿是科学和知识的化身，卢梭则是新的人性和新的道德力量的化身。这两个源头被康德熔铸成两部不同的著作：《纯粹理性批判》和《实践理性批判》。康德站在更高的立场上来批判知识论哲学。他从先验唯心论出发，为感性(对应于数学)、知性(对应于自然科学)、理性(对应于形而上学)划出了严格的界限。理性在其本性的驱迫下试图去认识超验的"自在之物"(灵魂、世界整体、上帝)，结果陷入了谬误推理或二律背反之中。自在之物是不可知的，这就为知识论哲学划定了明确的界限，自在之物又是信仰和道德实践的必要假设，这就为实践理性开拓了一块广阔的地盘。

在康德的心目中，实践理性高于纯粹理性，然而在他的后继者那里，问题又颠倒过来了。费希特的《知识学》、谢林的《先验唯心论体系》(先验唯心论实际上是费希特意义上的知识学的一个分支)和黑格尔的《逻辑学》本质上都是从属于知识论哲学的。在黑格尔早年出版的那部可以与歌德的《浮士德》媲美的巨著《精神现象学》中，我们发现，意识发展的最高阶段仍然是"绝对知识"。在黑格尔那里，知识论哲学的发展达到了光辉的顶点，乍看起来，黑格尔哲学的方法论——辩证法与亚里士多德的形式逻辑是相冲突的，实际上，他只是为形式逻辑划定了一个界限，以便与它和平共处。形式逻辑和辩证法(常常被称作辩证逻辑)都是知识论哲学的助手。辩证法实际上是柏拉图最早提出来的。他把知识划为四个等级，把辩证法的知识，即理性认识善的理念的知识认作最高知识。因而，黑格尔比亚里士多德更深刻地领会了苏格拉底和柏拉图哲学的实质，从而把知识论哲学奠立在一种更有宽容度的新逻辑或新语言之上。

然而，当知识论哲学以漫不经心的步伐跨入现时代以后，它的头顶上却出现了满天乌云。它本能地意识到，"抬他出去的脚已经在门口了"。正如 M. 怀特在《分析的时代》一书中所指出的，现代西方哲学的主要流派几乎无例外地是从批判黑格尔哲学起家的，他称这种现象为"非黑格尔化"(dehegelization)运动。对黑格尔哲学的挑战也就是对整个知识论哲学传统的挑战，在这里，我们当然不可能全面论述整个知识论哲学传统，尤其是作为这一传统的集大成者的黑格尔哲学在现代的遭遇。如果深入分析，我们就会发现，在现代西方哲学中，对知识论哲学批判最有力的有两条主线：一条主线是从意志主义到存在主义，它打开了一个全新的问题域；另一条主线是从实证主义到分析哲学，它虽然最终未超出知识论哲学的大框架，但对知识论哲学的传统形式进行了有力的冲击和批判，并开辟出一个新的方向。

我们先来看第一条主线。站在这条主线的起始点上的是德国哲学家叔本华，他的代表作《作为意志和表象的世界》打开了一个与知识论哲学迥然不同的新的问题域。叔本华认为，哲学的根本的使命是探求人生的真谛，而真正对这个问题作过深入思考的是康德。所以他写道："人们普遍地开始觉得真正的、严肃的哲学还停留在康德把它放下的地方。不管怎样，我不承认在他和我之间，在哲学上已发生过什么新事情，所以我是直接上接着他的。"① 在叔本华看来，费希特、谢林、黑格尔的哲学并没有把握康德哲学的真精神，尤其没有把握康德对知识论哲学的深刻批判所蕴涵的理论意义，因而在康德之后重又把哲学引回到知识论的怀抱中，这是十足的倒退。叔本华之所以强调自己的哲学是直接上接康德的，其目的是借着康德哲学的伟力，使哲学彻底脱离知识论的轨道。

叔本华认为，康德哲学的伟大贡献是把现象和自在之物区别开来了，然而他并没有达到现象即表象，自在之物即意志这样更彻底的认识。所以他的实践理性的学说虽然提出了"人是目的"的伟大口号并引导哲学家去研究人生，但遗憾的是，他的哲学所固有的不彻底性妨碍他进

---

① ［德］叔本华：《作为意志和表象的世界》，石冲白译，商务印书馆 1982 年版，第567 页。

一步深入地揭示出人生的真谛，从而为人本主义哲学奠定一个真正坚实的基础。叔本华认为，这一方面的重要工作正是由他来完成的。他直截了当地写道："意志就是真正的自在之物。任何人都能看到自己就是这意志，世界的内在本质就在这意志中。"①这样一来，叔本华干脆抹掉了哲学家们关于上帝、灵魂、世界整体的无休止的争论，直接把哲学引回到人身上，引回到对人生问题的探索上。

当然，叔本华说的意志并不仅仅是人的意志。在他那里，意志是个广义的概念，它作为世界的本质不光体现在人的身上，而且也体现在动物、植物乃至无机物的身上。他认为，物理学中使用的"力"的概念不过是意志的别名罢了。然而，叔本华强调，人身上表现出来的意志与动植物或无机物有本质的差别。在人之前，意志始终处在黑暗之中，它的活动完全是盲目的，随着人的出现，认识之光照亮了意志，因而在人那里有了一个意志与认识的关系问题。这个问题是不可能在动植物那里出现的。既然意志是原初的东西，认识只是后来才产生的，所以，叔本华得出了如下的结论："意志是第一性的，最原始的，认识只是后来附加的，是作为意志现象的工具而隶属于意志现象的。因此，每一个人都是由于他的意志而是他，而他的性格也是最原始的，因为欲求是他的本质的基地。"②叔本华的这一论断之所以重要，因为它从根本上摧毁了知识论哲学的理论基础。

在知识论哲学看来，人首先是一个认识着的东西，抽象地思维着的东西，然后才是一个欲求着的东西。也就是说，人的认识是第一性的，人的欲求和意志是第二性的。根据这种说法，任何人之所以是他，是由于他的认识然后才成为他的。他是作为道德上的零而来到这世间的，是在世上认识了事物之后，然后才作出决定要成为这，要成为那，要这样做，要那样做的。他还可以由于新的认识而导致一种新的行为方式，从

①　[德]叔本华：《作为意志和表象的世界》，石冲白译，商务印书馆1982年版，第233页。
②　同上书，第401页。

而变为另一个人。在叔本华看来，上述所有见解都把实际关系搞颠倒了。他驳斥道，人"是随着，按着意志的本性而认识自己的，不是如旧说那样以为他是随着，按着他的认识而有所欲求的。按旧说只要他考虑他最欢喜是如何如何，他便是如何如何了：这就是旧说的意志自由。所以旧说（的旨趣）实际上是在说，在认识之光的照耀下，人是他自己的创造物。我则相反，我说：在有任何认识之前，人已是他自己的创造物；认识只是后来附加以照明这创造物的。因此，人不能作出决定要做这样一个人，要做那样一个人，也不能〔再〕变为另一个人；而是他既已是他，便永无改易，然后，逐次认识自己是什么。在旧说，人是要他所认识的〔东西〕，依我说，人是认识他所要的〔东西〕。"①

这样，叔本华把知识论哲学的全部理论基础都颠倒过来了。不是意志和欲求围绕认识旋转，而是认识围绕意志和欲求旋转。这一哥白尼式的倒转为西方哲学的发展打开了一个与知识论哲学迥然不同的问题域。人们常常批评叔本华关于认识、理性服务于意志的观点，认为这是典型的非理性主义的观点。这个批评表明，批评者仍然站在知识论哲学的问题域中。在这个问题域中，理性具有至高无上的权威，从它的目光看出去，问题域外的一切问题和理论都是非理性主义的。这样我们就知道，非理性主义这个术语具有多大的局限性了。其实，正是叔本华关于认识、理性服务于意志的观点是一个最清醒的理性的观点，它不仅遏制了知识论哲学家对理性概念的滥用，而且揭示了理性活动的深层的基础，即种种原始的欲求和意愿。

没有比这个道理更明白、更浅显的了。然而，文明人，特别是受知识论哲学熏陶的文明人却不易懂得这个道理。在这里，我们需要借助于一种历史主义的眼光。众所周知，在原始人那里，生存，即各种欲求的满足是赤裸裸地表现出来的，是占第一位的东西。贫乏、艰苦、危险的

---

① 〔德〕叔本华：《作为意志和表象的世界》，石冲白译，商务印书馆1982年版，第402页。

生活条件不断驱迫他们去寻找安全的住所和吃的东西，他们不可能也无暇去谈论任何玄虚高妙的东西。他们关于自然界及周围环境的种种认识（如捕鱼、打猎、采集的知识，同其他部落作战的知识等）都是直接服务于他们的生存的。在这里，认识对生存意志的服务关系是非常明显的。原始人的巫术神话，宗教意识和祛除灾难的种种仪式也决不像文明人所设想的那样，是闲来无事的诗词、海阔天空的遐想。它们和原始人的生存问题也有着直接的功能关系，换言之，所有这些原始人的神秘的认识也都同样地服务于他们的生存意志，是他们的生存活动的实用证书。这方面的道理，马林诺夫斯基的著作早就告诉我们了。记得莎士比亚笔下的康斯丹诺说过：

要是我能够忘了我自己，我将要忘记多少悲哀。①

这是典型的文明人的语言。对于原始人来说，他是不可能忘记自己的，因为他时时刻刻面临着生存的严峻问题。

在文明人那里，随着知识的不断增长和积累，一切都颠倒过来了。认识、知识成了第一性的东西，欲求和意志则成了认识的仆从，仿佛人一诞生下来他的全部使命就是认识世界，对他来说似乎从来就没有一个生存问题。于是，人的躯体和四肢都消失了，人就是大脑，大脑就是人，除此之外再没有别的东西了，仿佛大脑就直接可以在地上行走似的。于是，生存的需要和欲求都消失得无影无踪了，认识之光普照一切，人们的思想在一个完美的、理想的世界中自由地遨游。这个世界就是柏拉图式的理念世界。

在文明人的心中之所以会出现这样的幻象是不奇怪的。因为文明人一生下来都要受几年，甚至更长时间的教育，这容易使他们形成这样的

---

① 参见莎士比亚戏剧《约翰王》，见《莎士比亚全集》第4卷，朱生豪译，人民文学出版社1978年版，第257页。

幻觉：认识是他们的首要的任务。他们受的教育越多，他们的思想就越被包裹在一层坚实的知识硬壳之中。于是，对原始人说来是如此急迫的生存问题，对于文明人说来却变得遥远了，变得蔽而不明了。知识犹如原始森林中落下来的枯叶，把地面牢牢地遮蔽起来了，人们再也看不见地面本身了。人们渐渐地习惯于这个由无数知识编织起来的华丽的世界，尤其是哲学家们，无休止地争论着各种形而上学的问题，甚至干脆把人称作是形而上学的动物。这些哲学家素以思想深刻而著称，其实，与其说他们在思索，还不如说他们在做文字游戏；与其说他们在揭示什么真理，不如说他们在掩盖什么真理。在他们那里，深刻就是肤浅。倒是欧里庇得斯笔下的忒修斯说出了下面的真话：

> 我被神明播弄得不会思想了。①

这个神明就是知识。现代文明人对知识的崇拜更为严重，只有当他们的生存被撕开一个裂口，即面临巨大灾难时，他们的目光才会重新回到生存问题上来。存在主义之根正是扎在生存的裂口上的，这个问题我们留待后面再讨论。

现在让我们重新回到叔本华哲学上来。长期以来，人们讳言下面这样的事实，即马克思主义的哲学与叔本华的哲学虽然有本质的差别，但在一些重要见解上却是平行的。马克思和恩格斯在谈到历史时指出："我们首先应当确定一切人类生存的第一个前提也就是一切历史的第一个前提，这个前提就是：人们为了能够'创造历史'，必须能够生活。但是为了生活，首先就需要衣、食、住以及其他东西。因此第一个历史活动就是生产满足这些需要的资料，即生产物质生活本身。"②这就是说，与所有其他的问题比较起来，人类的生存问题是一个最原初的、最重大

---

① 《欧里庇得斯悲剧集》（一），罗念生等译，人民文学出版社 1957 年版，第 167 页，见《希波吕托斯》一剧。

② 《马克思恩格斯选集》第 1 卷，人民出版社 1972 年版，第 32 页。

的问题。人类在衣、食、住方面的需要也就是他们生存或生活的欲求和意志。那么，这种生活上的需要和欲求与人的认识或意识的关系究竟如何呢？马克思和恩格斯写道："意识在任何时候都只能是被意识到了的存在，而人们的存在就是他们的实际生活过程。"①这就告诉我们，人的生活和欲求始终是第一性的，人的认识和意识则是第二性的，换句话说，是人的意志活动而不是人的认识活动构成了历史运动的真正的基础。恩格斯在致约·布洛赫的信中明确地表达了这样的思想："历史是这样创造的：最终的结果总是从许多单个的意志的相互冲突中产生出来的，而其中每一个意志，又是由于许多特殊的生活条件，才成为它所成为的那样。"②这些意志相互交错，形成了无数个力的平行四边形，由此而产生出一个总的合力，即历史事变。

马克思主义创始人和叔本华虽然都十分重视意志的作用，但一往下引申，马上就分道扬镳了。恩格斯从意志的总的合力的方向不同于每一单个意志的方向这一点出发，强调历史运动是服从于某种法则的，即历史过程中的决定性因素归根到底是现实生活的生产和再生产。这一伟大法则的发现，为无产阶级乃至整个人类的解放提供了理论前提。叔本华虽然也敏锐地觉察到单个意志之间的冲突，但他注意的更多的是意志在追求上的不可穷尽性。意志的欲求犹如一只无底的水桶，是永远无法装满的。他说："人的本质就在于他的意志有所追求，一个追求满足了又重新追求，如此永远不息。是的，人的幸福和顺遂仅仅是从愿望到满足，从满足又到愿望的迅速过渡，因为缺少满足就是痛苦，缺少新的愿望就是空洞的想望、沉闷、无聊。"③从这样的思考出发，叔本华得出了人生永远是痛苦的和无聊的这一悲观主义结论。于是，他诉诸禁欲主义，力图用清心寡欲的办法来否定生命意志，从而使人生摆脱痛苦的折

---

① 《马克思恩格斯选集》第 1 卷，人民出版社 1972 年版，第 30 页。
② 《马克思恩格斯选集》第 4 卷，人民出版社 1972 年版，第 478 页。
③ ［德］叔本华：《作为意志和表象的世界》，石冲白译，商务印书馆 1982 年版，第 360 页。

磨。这样，叔本华的哲学在作出了一番英勇的业绩之后，终于栖息在基督教的原罪说（生命意志的肯定）和解脱说（生命意志的否定）之上了。叔本华把耶稣基督看作意志否定的象征和禁欲主义的典范，这就在某种意义上与知识论哲学相妥协了。

在上述意义上，我们可以说叔本华的哲学是一个圆圈。它的起点是肯定生命意志，即意志是第一性的，认识是第二性的并服务于意志的；它的终点是否定生命意志，即使认识摆脱为意志服务的枷锁（清心寡欲）。这样，他就以某种方式退回到起点上去了。另一方面，他对基督教教义的认可，也是间接的对基督教道德的认可。因为全部基督教道德都是以原罪说为前提的。叔本华不但承认了原罪说，而且承认了解脱说，这样，他就没有理由不成为基督教道德的俘虏了。这种认可的惨重代价是，他对知识论哲学的批判又退回到康德乃至卢梭之前去了。叔本华忽略了苏格拉底关于"美德就是知识"的重要命题的潜在意义。实际上，这个命题宣布了道德和知识论哲学的联盟。公元 1 世纪后，当基督教蜕化为罗马统治阶级的官方宗教后，基督教的道德就成了西方传统道德观念中的核心部分。基督教的道德所宣扬的善良、仁慈、宽恕、顺从和退让等，都是理性在行为领域中的化身。在基督教道德兴起之后，西方的知识论哲学就通过理性的纽带和它结成了紧密的联盟。一个哲学家只要在道德观念上屈服于基督教的道德，那就不可能成为知识论哲学的彻底叛逆者。因为基督教道德是全部知识论哲学的后援，向一种人们普遍信仰和遵从的道德观念挑战，就有可能被当作疯子，从社会中放逐出去。这不是堂吉诃德向风车的挑战，而是现实的人向现实的世界的挑战。挑战的武器不是长矛，而是生命。卢梭第一个起来粉碎知识和道德的联盟，康德则通过理性的两分（纯粹理性和实践理性），为知识和道德划出了明确的界限。然而，康德的思想是充满矛盾的。一方面，他破坏了知识和道德的联盟，另一方面他又未拆毁连接着这两个领域的桥梁——理性。他把知识部分称作纯粹理性，把道德部分称作实践理性，其用意也在于此。按照海涅的看法，康德是砍掉自然神头颅的刽子手，但在尼采的目光中，康德仍然是一个隐蔽的基督徒。叔本华强调意志的绝对自由和自决性，反对康德关于理性为意志立法的观点："既说意志是自由的又要为意志立法，说意志应该按法则而欲求：'应该欲求呀！'，这就〔等于〕木制的铁！"①叔本华已经举起铁锤，试图拆毁道德和知识之间的理性桥梁，然而他又把铁锤轻轻地放下了，他的禁欲主义实际上以羞羞答答的方式重新引入了理性的立法作用。也就是说，他的学说和康德的伦理学说一样，成了"木制的铁"。由于叔本华对基督教道德的全面认可，所以他在相当的程度上退回到康德和卢梭以前去了。

要彻底破除知识论哲学，必须有一个有足够力气举起铁锤而又有足够勇气砸下去的哲学家。这个哲学家就是尼采。尼采认为，每个人的生命都是有限的，但结果却换来了人类种族的繁衍和无限的延续。既然有限换来了无限，就没有必要把人生理解为不幸、痛苦和无聊的同名词。人生是快乐的，它充满了悲剧美，不应该用理性和道德去压抑人心中的欲求，压抑人对快乐的追求，而应该让它们自然而然地流露出来。尼采主张用积极的、健康的人生哲学来取代叔本华的消极的、悲观主义的人生哲学。同时，尼采进一步指出，生命意志的本质是追求权力，因此，生命意志本质上就是权力意志。

从这样的见解出发，尼采折回到古希腊的酒神精神。酒神精神的要旨是追求生命的欢乐，让本能和欲求尽情地发泄出来。于是，酒神狄奥尼索斯的形象成了尼采这枚沉重的哲学徽章的一个侧面。尼采与叔本华之间的一个重要差别是，叔本华归根结底是站在理性的立场上来批判知识论哲学的，这从他对柏拉图的理念论的偏爱中可以清楚地看出来；尼采则站在理性以外的立场上，即彻底的本能和欲求的立场上来批判知识论哲学的。尼采的目光也就是酒神狄奥尼索斯的目光。从这样的目光看出去，苏格拉底、柏拉图以来的知识论哲学的传统也就轻而易举地被

---

① 〔德〕叔本华：《作为意志和表象的世界》，石冲白译，商务印书馆 1982 年版，第 373 页。

否定了。尼采的积极的虚无主义的洪水没有过多地停留在知识论哲学传统本身上，因为这一传统在叔本华那里已受到致命的一击。他的重要使命是破坏知识论哲学的重要支柱——基督教道德。因而他的虚无主义之箭主要是射向基督教道德的，他的"重估一切价值"的审判台也主要是为基督教道德而设的。在这里，尼采哲学徽章的另一面——作为权力意志和超人的象征的恺撒或拿破仑的形象也显现出来了。在狄奥尼索斯精神和恺撒、拿破仑精神的面前，基督教的全部道德都成了一幅伪善的漫画。它的苍白，它的无病呻吟，它对生命意志的否定和扼杀都被暴露在一束强烈的光线之下。在尼采的虚无主义洪水泛滥过后，西方人突然发现自己成了另一个人了。"上帝死了"成了西方世界最时髦的一个口号。

尼采和整个西方世界都为基督教传统道德的破坏付出了沉重的代价。尼采的代价是变疯，这或许是他长期站在理性之外，长期处于孤独之中的一个结果；西方世界的代价是出现了价值真空，一切都飘浮起来了，一切都成了无根的浮萍。从此，知识论哲学一蹶不振了，但它还没有完全丧失自己的阵地，它还有另一条更重要、更隐蔽的根，那就是语言和逻辑之根。通过这条根，它仍然在人们（包括哲学家）的思想中拥有一个重要的席位。然而，磨刀声已经从远处传来了，最先进入视野的磨刀者就是存在主义哲学家。

如果不严格地使用"存在主义"这个术语的话，我们可以在它的源头上发现丹麦哲学家克尔凯郭尔。克尔凯郭尔把黑格尔作为他批判知识论哲学的靶子。他否定黑格尔关于理性和真理具有普遍性的观点，强调任何真理都只能是个人的真理。他甚至声称，他在熟睡的时候也不能忘掉他自己。正是从孤独的个人的存在出发，他开始破坏黑格尔的辩证逻辑。辩证逻辑的著名公式是：正题——反题——合题。如果把正题称为"此"，把反题称为"彼"，那么合题可以表述为"亦此亦彼"。克尔凯郭尔提出的针锋相对的口号是"非此即彼"。这就是说，没有综合，没有合题，有的只是跳跃，只是非此即彼的选择。他称此为"质的辩证法"，以示与黑格尔的量的辩证法的区别。真正的人生不是由调和或综合构成的，而是由一连串非此即彼的选择构成的。这样，他就用"选择你自己"的口号取代了苏格拉底常用的"认识你自己"的口号。在克尔凯郭尔之后，"选择"成了人本主义哲学家的常用词汇。这个新原则的兴起，不但是对知识论哲学传统的一种超越，而且也是对知识论哲学的逻辑基础——柏拉图和黑格尔的辩证法的一种冲击。

然而，更大的冲击波还在后头。20 世纪第一次世界大战的爆发造成了严重的破坏和伤亡。人类的生存突然出现了一个巨大的裂口。这一状况引起了一些思想深邃的哲学家的关注和思考。他们从叔本华、尼采、克尔凯郭尔、胡塞尔等人那里汲取了灵感，形成了一股影响历久不衰的、有系统理论的存在主义思潮。在这一思潮中，特别引人注目的是德国哲学家海德格尔和雅斯贝尔斯。他们的重要使命是在尼采的虚无主义所造成的巨大破坏之后，营建新的人本主义哲学的大厦。海德格尔在《存在与时间》中创立了以"此在"为基础的基本本体论学说。"此在"也就是人的在，人在其生存的过程中经历的最本真的状态是烦、畏、死；雅斯贝尔斯则在三卷本的《哲学》中系统地论述了生存哲学的理论，强调人在其短暂的一生中必然要跌入进去的"界限状况"——痛苦、斗争、犯罪、死亡。值得注意的是，他们都提到了死这一重要的现象。一般说来，人在生活中是很少考虑到死的。人的眼睛一睁开，就被周围世界的种种情景所吸引，从此便沉沦其中，拘执于种种"在者"而难以自拔了。然而，人生的凯歌行进必然是短暂的，总有一天，他会撞到一个界限上去，这个界限就是死。这是任何人都无法逃避的。如前所述，现代文明人生活在知识的硬壳之中，他们对生存问题是很少关注的。他们的思想麻痹到这样的程度，以致只有当他们面临着死的威胁时，才意识到生存问题之重要。只有当死这盏红灯在前面亮起来的时候，他们的思想才会被照亮，才会悟到比知识更多的东西，那就是人生的意义，用海德格尔的话来表示，就是在的意义。我们或许可以说，在一次毁灭性的战争或巨大灾难之后，人们才会引起对生存问题的普遍的关注。

存在主义哲学家不光营造新的哲学大厦，而且以更彻底的方式继续破坏知识论哲学的理论基础。海德格尔的深厚的批判力一直透入到知识论哲学的语言和逻辑基础之中。他敏锐地发现，在知识论形而上学的发展中，亚里士多德的形式逻辑起着特别重要的作用。形式逻辑通过其形式化、凝固化的作用，一方面把知识论形而上学的基本概念接纳到语言中，使之在语言中沉淀下来；另一方面又把前苏格拉底哲学家（如赫拉克利特）经常使用的一些含义丰富的概念贫乏化、简单化了。就拿"逻辑"（logic）这个概念来说，它的词源是"逻各斯"（logos）。"逻各斯"除了解释"理性"和"语言"外，还有许多其他的含义，如"显现""出场""法则"等。然而，形式逻辑为了维护概念的同一性和确定性（同一律），为了确保推理不发生矛盾，把概念中的许多有价值的含义，尤其是描述人类生存方面的含义都磨去了。在海德格尔看来，形式逻辑正是使在的意义蔽而不明的一个重要掩蔽物。由于形式逻辑把知识论形而上学的基本概念，如存在、本质等导入语言中，所以海德格尔对语言本身也进行了深入的分析和批判。他的基本本体论所用的术语都经过词源上的严格的考证，以便恢复术语原初具有的、后来又被知识论哲学和逻辑清洗掉的丰富的含义。海德格尔不但批评萨特的"存在先于本质"的命题中的"存在"和"本质"概念仍然是属于知识论形而上学的概念，甚至认为连"人道主义"这样的概念也不能轻易搬来使用。总之，要从根本上超越知识论哲学的问题域，进入新的人本主义哲学的问题域，就要把一套能描述、阐发人的生存问题的新的哲学术语犁入到语言中去。

上面我们剖析了从意志主义到存在主义这条主线，它确实为我们打开了一个崭新的问题域。下面我们再简要地叙述一下从实证主义到分析哲学这条主线，看看这条主线是如何冲击知识论哲学的。

在实证主义哲学的源头上，我们见到的是法国哲学家孔德。孔德认为实证哲学只研究实证知识（数学、天文学、物理学、化学、生物学和社会学），主张彻底摒弃知识论形而上学关于事物本质、宇宙本原的讨论。《实证哲学教程》继续的是康德在《纯粹理性批判》中早已开始的批判工作，然而在批判的力量上，比起康德来是远为逊色的了。孔德的失误是和他的贡献不相上下的，他对自然规律的信仰达到了近乎天真的地步。他相信自然规律同样适用于社会生活，他把社会学称为社会物理学，进而又把它分为社会静力学和社会动力学，正是出于这种天真的信仰。这样一来，他恰恰倡导了一种维护知识论哲学的精神，即科学主义精神。显然，他没有真正地理解康德为知性和自然科学划定的界限，经过新康德主义的批判及胡塞尔、海德格尔、雅斯贝尔斯关于科学与哲学差异的论述，这种科学主义的精神才得到了某种程度上的遏制。不幸的是，随着科学技术的飞速发展，这种科学主义的思潮仍有相当的市场。限于《导论》的题旨，我们在这里不展开讨论了。

在孔德之后，对知识论形而上学进行深入批判的是奥地利的实证主义哲学家马赫。马赫比孔德远为彻底，他不仅否认在事物或世界后面有什么本质，而且干脆把事物乃至整个世界都归结为"要素"（即感觉）。到这里为止，马赫的思想已和贝克莱同步，但他比贝克莱还要彻底。贝克莱仍然保留了自我，而马赫把自我也推入到要素之河中去了。于是，自我与物体一样消失得无影无踪了。马赫的感觉经验的硫酸池溶解了知识论形而上学。然而，感觉经验既然是知识的一种形式，所以，作为新的生成物的马赫哲学本质上仍是知识论的哲学，但不再是原来意义上的知识论哲学（即知识论形而上学），而成了哲学家们常常称道的"最新自然科学的哲学"，即以感觉经验为中心的知识论哲学。

在20世纪初兴起的以罗素和维特根斯坦为主要肇始人的分析哲学主要继承了实证主义的思想路线，但它转到一个不同的方向上，即逻辑分析和语言批判的方向上。如前所述，逻辑和语言是知识论形而上学的最深层的基础，分析哲学的一个基本使命是用批判的眼光重新审视这一基础。一旦这个基础动摇，知识论形而上学的大厦也就倒塌了。在整个分析哲学的运动中，尤其值得注意的人物是出生于奥地利的英籍哲学家维特根斯坦。

维特根斯坦前期的代表作《逻辑哲学论》为知识论的研究开拓出一个崭新的问题域。在这部著作中，维特根斯坦引入了罗素和怀特海在《数学原理》中使用的理想语言（即数理逻辑化的语言），提出了语言的图像理论，即每个基本命题都是原子事实的图像，基本命题组成了复合命题，复合命题是基本命题的真值函项，所有真命题的总和构成自然科学。在维特根斯坦看来，即使复合命题的真值是假的，它仍然是有意义的，无意义的通常是知识论形而上学提出的问题或命题："哲学家们的大多数问题和命题的来由是我们不了解我们语言的逻辑（它们与'善是否或多或少和美是同一的'这样的问题同属一类）。最深奥的问题实际上并不是问题，这是不足为怪的。"①所以，他认为，哲学的主要使命是取消形而上学或防止人们提出这类问题和命题，从而使人们的思想在逻辑上明晰起来。这样一来，从事哲学研究的结果不是提出哲学问题，而是运用逻辑分析的方法来取消无意义的哲学问题。哲学不再是理论，而是成了一种活动。《逻辑哲学论》以非常彻底的态度否弃了知识论形而上学，维特根斯坦在"序言"中宣布，他已经一劳永逸地把所有的哲学问题都解决了。

　　然而，事实远非如此。知识论形而上学之根是深深地扎在日常语言中的，只要日常语言没有受到触动，它是不可能被排除的。认为发自理想语言的批判可以推倒形而上学，就像认为军事演习可以打败敌人一样糊涂。后期的维特根斯坦在摩尔的常识哲学的启发下，转而研究日常语言。在后期代表作《哲学研究》中，维特根斯坦抛弃了前期的图像理论，提出了"一个词的意义就是它在语言中的用法"②的新见解。按照这种见解，语言的意义只能在日常生活的具体运用中，只能在具体的语境中加以确定。语言不是脱离生活的一个抽象的、静止的王国，语言的运用是生活形式的一部分。要言之，语言就是语言游戏。

　　在论述语言游戏时，维特根斯坦提出了一个十分重要的见解，即在

---

　　① 《逻辑哲学论》，德英对照本，第 4.003 节（Ludwig Wittgenstein, *Tractatus logi-co-philosophicus*, London: Routledge & K. Paul, 1961——编者注）。

　　② 《哲学研究》，德英对照本，第 43 节（Ludwig Wittgenstein, *Philosophical Investi-gations/Philosophische Untersuchungen*, London: Macmillan, 1963——编者注）。

各种各样的语言游戏中，不存在共同的东西，存在的只是相似性。这种相似性他称之为"家族类似"："为要说明这些类似的特征，我所能想到的最好说法莫过于'家族类似'；因为一个家族的成员之间有各种相似之处：骨骼、相貌、眼睛的颜色、走路的样子、性情等等，同样的重叠和交叉。——所以我说，游戏形成一个家族。"①维特根斯坦关于"家族类似"的见解是对自苏格拉底、柏拉图以来的知识论形而上学的重大挑战。知识论形而上学的核心见解是概念和语言体现为事物与事件的共同的、不变的本质，柏拉图关于理念是事物的原型、理念世界是真实世界的原型的说法，正是这种追求普遍性和共同本质的见解的典型表现。

苏格拉底、柏拉图的哲学对共同的、不变的本质的追求，正是对赫拉克利特和诡辩派哲学的一种反动。后者把一切都弄得流动起来，不仅世界是流转不息的，而且人的感觉也是不可捉摸的。前者为了寻求不变性和共同的本质，诉诸概念知识，诉诸语言。所以，柏拉图把一切变动不居的东西都推入可见的世界中去，在这个世界的彼岸，他营造了一个静止的本质的王国——理念世界。维特根斯坦在《逻辑哲学论》中营造起来的理想语言的王国不过是柏拉图理念世界的一种变形罢了。然而，这个由概念和命题构成的静止的本质世界（即语言世界）能去规范变动不居的现实世界吗？维特根斯坦认为，知识论形而上学的全部谬误正在于从一个静止的本质世界出发去规范现实世界。他强调："当语言休息时，哲学问题便产生了。"②所谓"语言休息"，也就是指语言静止，无数哲学的伪问题都是从静止的语言世界中产生出来的。如果语言就是语言游戏，而语言游戏的本质特征就是家族类似，那我们的目光就不会停留在一个抽象的本质世界中，因为这样的世界是根本不存在的。我们的目光就会转向语言在日常生活中的具体运用，转向事物和事件的类似性、差

---

① 《哲学研究》，德英对照本，第 67 节（Ludwig Wittgenstein, *Philosophical Investigations / Philosophische Untersuchungen*, London：Macmillan, 1963——编者注）。

② 《哲学研究》，德英对照本，第 38 节（Ludwig Wittgenstein, *Philosophical Investigations / Philosophische Untersuchungen*, London：Macmillan, 1963——编者注）。

异性和个别性而不是单纯的共同性。这样一来，哲学的使命不再是建立一个完善我们语词用法规则的理想体系，不再是从静止的理想的语言世界出发去规范现实世界，而是把语词带回到日常语言中去。在各种语言游戏中，在具体的语境中，语词的意义自然而然地会澄清起来。于是，传统的知识论哲学提出的种种伪问题就溶解在日常语言中了。维特根斯坦说："我们所要做的澄清，确实是完完全全的澄清。但这仅仅意味着，哲学问题应该完完全全消除。真正的发现就是当我要去搞哲学的时候使我能不去搞哲学的发现。这是一种使哲学得以安宁的发现，这种发现使它不再受本身制造出来的问题的折磨。"①

维特根斯坦对知识论形而上学的批判是激烈的，但由于他把哲学理解为语言和逻辑上的分析活动，因而他的全部批判工作依然是在知识论哲学的大问题域中展开的。他虽然取消了知识论哲学的传统形式，但又为它缝制了一件用语言和逻辑编织起来的新的外套。在分析哲学以后的发展中，知识论哲学的传统形式又在逻辑实用主义者奎恩关于"本体论承诺"的论述中，在科学哲学家科恩关于"范式"的论述中重新返回到当代哲学的舞台上。这表明，整个分析哲学的运动在逻辑上已走到终点，从而朝先前的哲学传统退回去了。

在现代西方哲学中，除了上面提到的两条主线外，还有不少流派，如生命哲学、实用主义、新康德主义、现象学等，都对知识论哲学进行了不同程度的批判。在这里特别值得一提的是实用主义。实用主义把功能观念引入到对真理问题的讨论中，从而对知识论形而上学的真理观发出了致命的一击。知识论形而上学的真理观是以单纯的"真"（即主客观的符合）为前提的，这一前提是对主体的任何参与因素（除认识因素外）的排除。这一排除实际上把真理安置在完全脱离现实生活的虚幻的、理想的世界中。其实，真理一跨入人间，它就跌入一张早已张开着的功能

---

① 《哲学研究》，德英对照本，第 133 节（Ludwig Wittgenstein, *Philosophical Investigations / Philosophische Untersuchungen*, London: Macmillan, 1963——编者注）。

之网中去了。所以，把功能的观念引入真理，不但不会否定真理，而且把真理具体化、现实化了。问题是，实用主义者把功能观念推向极端，以是否有用的标准完全排除了是否主客观统一的标准。这样，就只能导致错误的结论了。实用主义的贡献在于，它把功能及价值的观念引入知识之中，从而把知识本身人本化了。值得注意的是，它的目的不是以知识论哲学为基础，把价值作为一种知识形式引入进去，而是以人本主义哲学为基础，以功能和价值的目光来审视知识。

我们不得不承认，现代西方哲学中的许多见解对于我们摆脱哲学教科书所从属的知识论哲学的问题域是有启发意义的。然而，现代西方哲学发展的历程表明，这些见解并不能为哲学教科书的改革，为新的正确的哲学观和问题域的形成提供整体上的、科学的答案。这个答案必须到给人类文明以巨大影响的马克思主义哲学的真精神中去寻找，正如但丁笔下的维吉尔所说：

> 你随我来，让人们去谈论吧，
> 你要屹立得象一座坚稳的塔，
> 它的高顶在狂风中决不动摇；
> 心中的念头象潮涌一样的人，
> 永远射不中目标，达不到目的，
> 因一个念头对消了另一个念头。①

---

① ［意］但丁：《神曲·炼狱篇》，朱维基译，上海译文出版社 1984 年版，第 34—35 页。

意志主义

意志是世界的本质
——叔本华的哲学思维方法

> 人生是短促的，而真理的影响是深远的，它的生命是悠久的。让我们谈真理吧。
>
> ——[德]叔本华

在二、三流的哲学家那里，人们至多只能见到智慧的闪光和理智的机巧。可是，在第一流的哲学家那里，情形就不同了。他们的著作有一种深沉雄厚的力量，这种力量源于对人性和生活的透辟的思考和剖析，因而当人们接触到这样的著作时，内心常会产生一种强烈的震撼。在读德国著名哲学家、唯意志主义学派的创始人叔本华（Arthur Schopenhauer，1788—1860）的代表作《作为意志和表象的世界》（1819）时，不少人都有过上面的感受。叔本华所创立的唯意志主义学说，正如他自己声称的，蕴涵着一种"完全不同于过去一切哲学思维的方法"[①]。在某种意义上，了解他的学说也就是了解他的方法。

对哲学思维方法，叔本华有三个基本的要求。第一个基本要求是：哲学应当面向世界，面

---

① [德]叔本华：《作为意志和表象的世界》，石冲白译，商务印书馆1982年版，第4页。

向生活，努力思考并解决生活中出现的问题。他说："真正的哲学家，他的疑难是从观察世界产生的；冒牌哲学家则相反，他的疑难是从一本书中，从一个现成体系中产生的。"①他猛烈地抨击了费希特的哲学思想，认为他是在康德的自在之物的基础上成为哲学家的，然而他并不真正地懂得自在之物的含义，更不能用批判的眼光去看待它。在叔本华看来，只有深入地观察生活和世界，才能抓住重大的哲学问题，并从全新的角度上扬弃康德的自在之物的理论。第二个基本要求是：哲学的使命是认识世界的本质："在纯哲学上考察世界的方式，也就是教我们认识世界的本质从而使我们超然于现象的考察方式，正就是不问世界的何来，何去，为什么，而是无论何时何地只问世界是什么的考察方式。"②叔本华反对用历史主义的方法来治哲学，因为一引入历史主义的方法，总会提出某种宇宙发生说，总会把世界置于时间中来加以考察，而在时间中发生的永远是现象，自在之物作为世界的本质是超然于时间之外的。用历史主义的方法来体会世界的本质，犹如把盖上盖儿的空碗碟送到桌子上来，这是不会有什么结果的。所以，"从这种认识出发，人们永远也到不了事物的内在本质，而只是无穷尽地追逐着现象，只是无终止，无目标地在盲动，好比是踏着轮圈儿表演的小松鼠一样，直至最后〔养鼠〕人有些厌倦了，在或上或下的任意一点把轮圈儿停住，然后强求观众们对此表示敬意"③。然而，哲学如果停留在现象的范围内，实际上也就取消了自己生存的权利。第三个基本要求是：要探讨世界的本质，必须把世界作为与主体不可分离的客体来看待。也就是说，唯物论是不可能的。哲学家一谈论物，物就成了与他这个主体相对峙的客体，所以叔本华强调说："须知没有一个客体无主体，就是使一切唯物论永

---

① ［德］叔本华：《作为意志和表象的世界》，石冲白译，商务印书馆 1982 年版，第 65 页。

② 同上书，第 376 页。

③ 同上书，第 375—376 页。

不可能的一条定律"①。

从上述基本要求出发，叔本华阐发了他关于世界的理论。他认为，世界有两面，一面是现象，一面是本质。在现象的范围内，世界是作为"表象"（representation）而出现的；在本质的范围内，世界是作为"意志"（will）而出现的。

下面我们先来考察作为表象的世界。叔本华认为，在他以前的哲学，或者是从主体出发引申出客体，或者是从客体出发引申出主体。这都是谬误的。他主张："我们既不从客体，也不从主体出发，而是从表象出发的。表象是意识上最初的事实，表象的第一个本质上所有的基本形式就是主体客体的分立。"②对于一个生活着和认识着的生物来说，"世界是我的表象"是一个永远有效的真理。我所认识的形形色色的个别事物，作为客体，无非是我的表象。在这个意义上，我不能说我认识太阳，认识地球，我只能说我的眼睛看到太阳，我的手触到地球。总之，围绕着我的世界只是作为我的表象存在着。我所能认识的，不过是表象而已，而表象也就是现象。当我在认识的时候，我是作为主体、作为表象者而出现的；当我被别人认识的时候，我是作为客体、作为被表象者而出现的。总之，"一切的一切，凡已属于和能属于这世界的一切，都无可避免地带有以主体为条件〔的性质〕，并且也仅仅只是为主体而存在。世界即是表象"③。也就是说，在表象的范围内，认识着的主体是整个世界的支柱。

我们所有的一切表象可以划分为两类：一类是直观表象或经验表象，亦即我们直接感知到的东西；另一类是抽象表象或纯粹表象，亦即概念。而概念在地球上只为人类所专有。这种使人异于动物的能力，达到概念的能力，也就是理性。如果从认识的角度来看问题，作为表象的

---

① ［德］叔本华：《作为意志和表象的世界》，石冲白译，商务印书馆1982年版，第61页。

② 同上书，第67页。

③ 同上书，第26页。

世界就有着本质的、必然的、不可分的两个半面：一个半面是客体，另一个半面是主体。尽管当一个主体成为其他主体的认识对象时，它本身也成了客体，但是在特定的认识关系中，主体和客体总是确定的。所以，叔本华说："所有我们的表象都是这个主体的客体，而这个主体的所有的客体都是我们的表象。"①主体和客体这两个半面在认识中始终是共存的。双方互为界限，客体的起处便是主体的止处。这一界限就是我们先验地具有的认识客体的那些形式，叔本华称之为"充足理由律"（the principle of sufficient reason，亦可译为"充分根据律"或简称为"根据律"）。根据律是无法论证的，因为它是人先验地具有的。它可以分为四种形态：一是存在的根据律，涉及时间和空间；二是变化的根据律，涉及知性和因果关系；三是行为的根据律，涉及动机和愿望；四是认知的根据律，涉及理性和真理。叔本华强调，所有的客体都是服从根据律的，都存在于根据律的各种形态中，"但是主体，作为认识着而永不被认识的东西，可就不在这些形式中；反而是这些形式总要以它为前提"②。所以，主体本身是超然于根据律之外的。有了主体，有了认识的需要，客体才会在主体先验地具有的根据律的不同形态中呈现出来。在叔本华看来，唯物论的谬误是把根据律的有效性扩充到主体上，这样一来，主体本身就缩小为零了。于是，世界不是作为表象出现，而是到处充斥着实在之物了。这里明显地显露出叔本华的唯我主义立场。

叔本华在论述作为表象的世界时，一再重申，这仅仅是世界的一个方面，表象仅仅是表面的、现象界的东西。如果只停留在这里，世界就和无实质的梦或幽灵般的海市蜃楼一样，不值得探求了。我们必须运用反省思维进一步追问：除了表象以外，还有什么？世界的本质究竟是什

---

① ［德］叔本华：《充足理由律的四重根》，1974 年英文本，第 41—42 页（Arthur Schopenhauer, *On the Fourfold Root of the Principle of Sufficient Reason*, La Salle: Open Court, 1974, pp. 41-42——编者注）。

② ［德］叔本华：《作为意志和表象的世界》，石冲白译，商务印书馆 1982 年版，第 28 页。

么？叔本华回答说，世界的本质是意志。意志不属于现象界，不落入根据律的掌心之中，它属于本体界，是自在之物："自在之物是什么呢？就是——意志。"①

意志的基本特征是什么呢？第一，意志作为自在之物是完全超然于现象必须遵循的根据律之外的，意志本身是无根据的，是完全独立和自由的。叔本华批评了康德为意志立法的观点。康德既肯定意志是自由的，又要为意志立法，强调意志应该按法则而欲求，这就等于木制的铁，陷入自相矛盾中去了。叔本华反复强调，意志是无待的，是自主自决和绝对自由的："意志本身根本就是自由的，完全是自决的，对于它是没有什么法度的。"②唯有意志所表现出来的各种现象，如人的行为，才是服从根据律的。第二，意志本身是没有目的、没有止境的，它是一个无尽的追求。这种追求永远只能受到阻碍，却决不会、也永远不会得到满足或安宁："每一目标，在达成之后，又是一个新的追求过程的开端，如此（辗转）以至于无穷。"③第三，意志作为世界的本质是无处不在的，不仅动物和人类有意志，而且植物和无机物也有意志。这并不是说，各种事物、人等等分有意志的各个部分。意志是唯一的、完整的、不可分的。部分与全体的关系是一种空间关系，是服从存在根据律的。意志既然在根据律的一切形态之外，自然是不可分的。所以，"它呈现于一株或千百万株棕树，都是同样完整的，同样彻底的"④。然而，意志是通过各种现象显露出来的，意志的显现也就是客体化，这种客体化表现为无穷的级别。在这一具有无穷级别的意志客体化的金字塔中，属于无机物的各种事物居于最底层。人们通常把在无机界、甚至在有机界起作用的东西称为"力"（force），甚至把意志也归属于力之下。叔本华反

---

① ［德］叔本华：《作为意志和表象的世界》，石冲白译，商务印书馆 1982 年版，第177 页。
② 同上书，第 391 页。
③ 同上书，第 235 页。
④ 同上书，第 189 页。

对这种理解方式，他说："过去人们总是把意志这概念概括在力这概念下，我则恰好反其道而行之，要把自然界中的每一种力设想为意志。"①人作为意志客体化的最高表现则居于金字塔的塔顶。

在人之前，意志是在黑暗中盲目地但正确无误地追随着自己的冲动，到了人这个级别后，"它却为自己点燃了一盏明灯"②。这里所谓的"一盏明灯"也就是指人的认识。认识之光侵入到盲目地起作用的意志的工地上去了，从而把人类有机体的纯生理机能照明了。然而，随着人的认识的发展，人被各种各样的知识包裹起来了。于是，出现了一种假象，似乎对于人来说，认识是第一性的，意志是第二性的，人之为人即在于他的认识，尤其是他的理性。叔本华把这种颠倒的观点又重新颠倒过来了。他强调说："意志是第一性的，最原始的；认识只是后来附加的，是作为意志现象的工具而隶属于意志现象的。因此，每一个人都是由于他的意志而是他……他是随着，按着意志的本性而认识自己的；不是如旧说那样以为他是随着、按着他的认识而有所欲求的。"③所以，在叔本华看来，认识照例是服服帖帖地为意志服务的，因为它正是为意志而产生出来的，犹如头部是为躯干而长出来一样。认识是为意志服务的，然而意志本身却是不可认识的："要问自在之物，是不可能的。"④意志作为自在之物既然超越于现象界和因果律之外，当然就是不可认识的了。那么，认识究竟以何种方式为意志服务呢？认识能不能摆脱意志加诸它的枷锁呢？

要回答这些问题，我们必须回到叔本华关于意志客体化的论述上去，他认为，意志客体化的级别不是别的，正是柏拉图的"理念"（ideas）："理念只是自在之物的直接的、因而也是恰如其分的客体性。"⑤简

---

① ［德］叔本华：《作为意志和表象的世界》，石冲白译，商务印书馆 1982 年版，第166 页。
② 同上书，第 218 页。
③ 同上书，第 401—402 页。
④ 同上书，第 182 页。
⑤ 同上书，第 6 页。

言之，理念是自在之物——意志的直接客体性，而理念的现象则是各种个别事物。所以，个别事物是意志的间接的客体性。叔本华说："理念显示于个体中，个体则多至无数，是不断在生灭中的；可是理念作为同一个理念是不变的；根据律对于它也是无意义的。"①服从根据律的各种个体，对于理念说来是非本质的，它们只存在于个体的认识方式之中，"只有意志的客体化所有那些级别的本质上的东西才构成理念"②。比如，对于溪水说来，它的漩涡和泡沫是非本质的，而有弹性的、滚动的、不定型的、透明的液体才是本质的。理念的独特性在于，它是超然于根据律之外的，但它与作为自在之物的意志又不是一个东西；它是作为表象的根本形式（即认识主体的对象或客体）而出现的，但它又超越于作为个体的认识主体之外。"作为个体，人只认识个别事物，而认识的纯粹主体则只认识理念。"③因为认识着的个体和为他所认识的个别事物总是在某处，在某时，总是因果链上的环节，而知识的纯粹主体和他的对应物——理念却摆脱了根据律的各种形态。所谓"知识的纯粹的主体"，也就是处在审美过程中的主体。在审美的观赏过程中，个体的种种欲求突然都消失了，在这个意义上，个体本身也消失了，过渡为知识的纯粹主体。作为纯粹主体的认识对象的，也不再是理念的现象——个体性的东西，而是理念本身。理念之所以是意志的恰如其分的客体性，因为它是以纯粹而完美的形式出现的。"比方说当我以审美的、亦即是以艺术的眼光观察一棵树，那么，我并不是认识了这棵树，而是认识了这树的理念。"④纯粹认识主体对理念的认识，不是通过抽象的方式而是通过直观的方式来进行的，因而理念与作为抽象思维工具的概念是判然有别的。概念作为纯粹的表象是服从根据律的，因而是与个体的认识关

---

① ［德］叔本华：《作为意志和表象的世界》，石冲白译，商务印书馆1982年版，第238页。
② 同上书，第255页。
③ 同上书，第250—251页。
④ 同上书，第292页。

联在一起的。理念则是超然于个体认识和根据律之上的。

纯粹主体对理念的认识（直观），也就是艺术的审美活动。叔本华认为，在所有的理念中，人的理念是最美的，这表明，"显示人的本质就是艺术的最高目的"①。艺术只与理念有关而不能从概念出发，因为从概念出发，就得服从根据律，从而只能停留在现象上，永远显示不出人的本质。所以，在叔本华看来，从理念到概念总是一种堕落。② 艺术是天才所从事的工作。天才的认识方式就是通过直观把不完美的个别事物提升为事物的理念，使之成为完美的东西。

为了全面地揭示认识与意志的关系问题，只停留在理念问题上还是不够的，我们必须重新回到叔本华关于意志的特征的论述上去。如前所述，意志本身是一种无尽的追求，这尤其表现在人这个理念的现象——个别人身上。对于个别人来说，他的"整个身体不是别的，而是客观化了的，即已成为表象的意志"③。人的本质就在于他的意志有所追求，一个追求满足了又重新追求，如此永远不息。人的幸福仅仅是从愿望到满足，从满足又到新的愿望的迅速过渡，因为缺少满足就是痛苦，缺少愿望就是沉闷和无聊。人的欲求的满足犹如丢给乞丐的赐舍物一样，今天维系他的生命以便在明天又延长他的痛苦：

> 我体验了自己的愿望，
> 我厌倦了自己的幻想，
> 现在留下来的只是一片苦难，
> 那心灵空虚的果实。④

---

① ［德］叔本华：《作为意志和表象的世界》，石冲白译，商务印书馆 1982 年版，第 293 页。
② 同上书，329 页。
③ 同上书，第 152 页。
④ 见《普希金诗选》，"哀歌"。

所以，叔本华强调，任何个别人的生活，如果是整个地一段地去看，总是悲剧，只在细节上才具有喜剧的性质。命运的嘲弄在于，我们的生命虽然必然地包含着悲剧的一切伤痛，"可是我们同时还不能以悲剧人物的尊严自诩，而不得不在生活的广泛细节中不可避免地成为一些猥琐的喜剧角色"①。在通常的情况下，人的认识总是服从于意志的，也就是说，总是表现为各种各样的"动机"（motives），总是替意志的欲求谋划着什么。普通人的生活是浸没在一连串的欲求和动机中的。然而，在艺术的鉴赏中，在对理念的直观中，认识甩掉了为意志服务的枷锁，人们的欲求、动机和个体性突然融化掉了，消失在审美对象中了。在这样的瞬间，"人们或是从狱室中，或是从王宫中观看落日，就没有什么区别了"②。

值得注意的是，艺术只能使认识在短暂的时间内，即审美观赏的过程中摆脱意志的奴役。人的认识一脱离这种纯粹认识的状态而回到生活中来，立即又为种种动机和欲求所塞满。艺术的这种局限性表明它还无力洞见人生悲剧的真正意义。叔本华说："悲剧的真正意义是一种深刻的认识，认识到〔悲剧〕主角所赎的不是他个人特有的罪，而是原罪，亦即生存本身之罪。"③要使认识彻底地摆脱意志的枷锁，就要诉诸宗教与哲学。叔本华认为，基督教关于原罪（意志的肯定）和解脱（意志的否定）的学说包含着巨大的真理性，因为它触及人的生存的根本问题。基督就是生命意志之否定的象征和人格化。如果人们从福音书中关于他的神秘故事的记载去理解他，那就把整个基督教表面化、庸俗化了。叔本华所说的意志的肯定，也就是认识服务于意志；意志的否定，也就是认识彻底摆脱意志。"没有彻底的意志的否定，真正的得救，解脱生命和痛苦，

---

① ［德］叔本华：《作为意志和表象的世界》，石冲白译，商务印书馆 1982 年版，第 442 页。

② 同上书，第 275 页。

③ 同上书，第 352 页。

都是不能想象的。"①印度的圣者之所以能清心寡欲，就是通过哲学上的沉思，悟出了意志的内在矛盾及其本质上的虚无性，从而进入了超然物外、与上帝合一的境界。"不过这种境界本不能称为认识，因为这里已没有主体和客体的形式了，并且也只是他们本人自己的，不能传达的经验所能了知的。"②

综上所述，世界有两个方面：一是作为表象的世界，这是数学和经验科学研究的范围；二是作为意志的世界，这是哲学和宗教研究的范围。理念作为表象和意志的中介物，是艺术研究的范围。理念作为纯粹认识主体的对象，本质上属于表象的范围之内，但它又完全超脱于个体认识之外。正是借助于理念，叔本华形成了自己独特的哲学体系。

毋庸讳言，叔本华的哲学思想带有浓厚的神秘主义和悲观主义的色彩。他说："人生是在痛苦和无聊之间像钟摆一样的来回摆动着；事实上痛苦和无聊两者也就是人生的两种最后的成分。"③在他看来，彻底摆脱痛苦和无聊的办法是实行禁欲主义，信奉基督教关于解脱和救赎的学说。正是在这一点上，尼采后来激烈地抨击了叔本华，特别是对叔本华的理论归宿——基督教进行了毁灭性的攻击。

尽管如此，我们仍然无法否定，叔本华的哲学思想和方法以其特有的深刻性，提出了一些极为重大的理论问题。

首先，他提出了人的生存的重大问题。由于人的认识的高度发展和知识的丰富和积累，在哲学家们的头脑中产生了一种幻觉，似乎人首先是作为认识者而存在，其次才谈得上欲求和生存的问题。许多哲学家把哲学理解为认识论或知识论，正是基于这样的误解。叔本华告诉我们，意志是第一性的，认识是第二性的，认识是服从于生存中的种种欲求的，这就消除了几千年来一直统治着哲学家思想的幻觉，从而把生存问

---

① ［德］叔本华：《作为意志和表象的世界》，石冲白译，商务印书馆1982年版，第545页。

② 同上书，第562页。

③ 同上书，第427页。

题作为哲学研究的根本问题提了出来。这样，整个西方哲学的发展发生了重大的转折，即由追求知识的认识论转向追问生存意义的本体论。存在主义思潮的一个重要源头就在叔本华那里。所以，叔本华强调，他所说出的全部真理就是"意志是任何一现象的本体"①。全部人类学的研究都印证了叔本华上述见解的合理性。文明人由于一生下来就被包裹在知识中，因而总把认识置于生存意志之前。然而在原始人那里，生存问题是非常尖锐地摆在每个人面前的。文明人对于生存问题的感觉由于资本主义社会的种种异化现象的加剧而变得迟钝和麻木了，只有当他触及烦恼、痛苦，特别是死亡问题时，他才猛然醒悟到生存问题之重大。用这样的目光去看待原始神话和宗教，就会对充斥于其中的关于生、死的大量荒诞的见解取宽容态度了。在某种意义上，原始人比文明人更善于捕捉重大的哲学问题。

其次，他倡导了一种新的哲学研究方法，那就是直接探求世界的本质。在他的目光中，世界的本质并不在以前的哲学家所使用的一些虚幻的概念（如无限、绝对等）中，而是在意志中。意志的欲求及相互间的冲突最典型地表现在人的本质中。这样，他的学说直接触及人的本质这一重大而深邃的问题。哲学家们常用的考察人的本质的方法，即历史的或发生学的方法都比较注重人的本质的时代特征。在叔本华看来，人的本质的时代特征居于根据律之中，因而是外在的、表象的东西。实际上，人的本质作为生存意志的表现，是超越根据律的，因而不居于时空之中，是一种永恒的、不变的东西。叔本华这里谈的人的本质指的是人的生物学方面的属性，即人的各种欲求，特别是人的性欲。所以他说："人，彻底是具体的欲求和需要，是千百种需要的凝聚体。"②因此，哲学家们常常忽视的人的生物学本质正是人的本性中最恒久的东西。不能只探讨人的社会本质而否定人的生物学本质。叔本华为人的本质的探讨

① ［德］叔本华：《作为意志和表象的世界》，石冲白译，商务印书馆1982年版，第513页。

② 同上书，第427页。

打开了一条新的道路。一种哲学一旦涉及人的本性中的恒久的、普遍的东西，它就不会只是一个时代的哲学，而是所有时代的哲学。

最后，他强调哲学中的真正的创造总是来自生活的。时代精神不过是一些流行的概念，不过是装模作样的东西，"只有真正的杰作，那是从自然，从生活中直接汲取来的，才能和自然本身一样永垂不朽，而常保有其原始的感动力"①。每一世纪的伟大人物对其当代人都有控诉，都和当代的时代精神进行顽强的斗争，以致一种哲学如要获得后世的景仰，除了牺牲当代人的赞许外，别无他法。时代精神一旦脱离了生活，就成了一件束缚思想发展的旧衣服。只有直接思考生活中重大问题的哲学，才能在不同的时代不断地更新自己，从而保持一种恒久的生命力，并战胜种种谬误和幻觉。我们听到，生活一再向哲学喊道：

我是纠正世间错误的导师。②

---

① ［德］叔本华：《作为意志和表象的世界》，石冲白译，商务印书馆1982年版，第327页。

② ［法］雨果：《笑面人》下册，鲁膺译，上海译文出版社1978年版，第355页。此为小说中人物窝苏斯说的话。

重估一切价值

——尼采的积极的虚无主义方法

> 哲学，如同我历来所理解、所经验的那样，乃是自愿引退于高峰和冰谷——探求存在中一切新奇的、可疑的、历来为伦理所严格禁止的问题。
>
> ——[德]尼采

时代有点像一个性格古怪的君王，他并不一定把恭迎他的人捧为天才。相反，他常常乐意把天才的桂冠戴到那些用思维之剑来摧毁他的人的头上。德国著名哲学家尼采（Friedrich Wilhelm Nietzsche，1844—1900）的遭遇就是这样。尼采猛烈地抨击他所生活的时代的一切时尚，但这个时代却为他而倾倒。尼采的哲学可以比作一个传统观念的审判台，在审判台上，镌刻着他的著名的口号："重估一切价值"（Transvaluation of All Values）。没有一个被世人奉为圭臬的传统观念不是遍体鳞伤地、匍匐着通过这个审判台前的，以致整个西方哲学在离开尼采的审判台前时，已脱胎为一种全新的东西。尼采的学说具有极深厚的批判力和破坏力，人们通常把这种倾向称为"虚无主义"，然而其中夹杂着不少误解。实际上，尼采所倡导的并不是"消极的虚无主义"（passive Nihilism），而是"积极的虚无主义"（active Nihilism）。恰恰是这两种虚无主义之间的重大差异形成了尼采哲学思维方法的全部独特性和深刻性。

尼采说："虚无主义大致上有两种样式：A. 作为提高了的精神力量的标记的虚无主义：积极虚无主义。B. 作为精神力量崩溃和衰微的标记的虚无主义：消极的虚无主义。"①在尼采的目光中，消极的虚无主义是佛教②的一种更新了的形式。它是疲惫的、软弱的、苍白的。它失去了价值和目标，既不批判和非难旧的东西，也不追求和创造新的价值，确立新的目标。归根结底，它是一种消极出世的思潮。反之，积极的虚无主义则是一种强有力的破坏力量，它要求打倒一切偶像，重估一切价值，从而形成一种新的价值观念，使创造成为精神力量的同名词。一言以蔽之，它是一种积极的，主张出世而又入世的思潮。

尼采发现，在他所生活的时代里，到处都充斥着消极的虚无主义的现象。政治上的无政府主义和机会主义，科学和哲学中因果性、机械性的统治及目的性的丧失，艺术上的浪漫主义，历史上的宿命论和达尔文主义，精神上的无家可归的失落感，基督教中的禁欲主义等，正是这种虚无主义的形形色色的表现。这一思潮是对价值、目标和意愿的绝对否弃，正如雨果在写到关伯仑时所叹息的：

他失掉了指南针。③

尼采认为，这种最近流行起来的虚无主义并不是凭空产生出来的，正是

---

① ［德］尼采：《权力意志》（《尼采全集》第 14 卷），1924 年英文本，第 21 页（F. W. Nietzsche, *The Will to Power* (*The Complete Works of Friedrich Nietzsche*, *Volume 14*), London: G. Allen; New York: Macmillan, 1924, p. 21——编者注）。

② 严格地说来，此处应指小乘佛教。小乘佛教是专讲出世的，大乘佛教则既讲出世，又讲入世。尼采则笼统地使用佛教这一概念。

③ ［法］雨果：《笑面人》下册，鲁膺译，上海译文出版社 1978 年版，第 560 页。

"悲观主义的逻辑最终导致了虚无主义"①。在尼采生活的时代，悲观主义在叔本华的哲学中得到了最典型、最深刻的表现。尼采在一首题为"阿图尔·叔本华"的诗中这样写道：

> 他教导过的，已成为过去了；
>
> 他体验到的，将永世长存；
>
> 看看他吧——
>
> 他一向不听命于任何人！②

这首诗道出了尼采对叔本华的总的态度。一方面，尼采倾心于叔本华对人生的深刻的洞察力，另一方面，他又不满足于叔本华的悲观主义。叔本华对"生命意志"（will to life）的否定，对自我克制的崇拜，使尼采闻到了一股腐尸般的气息。尼采决定从解放者（指叔本华）那里寻求新的解放。他抛弃了叔本华的悲观主义，以"权力意志"（will to power）的概念取代了生命意志。他用一种全新的目光来看待生存问题，认为生存仅仅表现了人类最低限度的要求，生活不仅意味着自我保存，而且意味着自我增长和自我创造。尼采说："生命就是权力意志。"③生命的本质就在于强者对弱者的征服和侵吞，这不仅表现在生物界和人类之中，甚至表现在无机界之中。在尼采看来，物理学中引力与斥力的对立，化学中分解和化合的对立，本质上都是权力意志之争。尼采在"强权者的箴言"一诗中这样写道：

---

① ［德］尼采：《权力意志》，第 11 页（F. W. Nietzsche, *The Will to Power*（*The Complete Works of Friedrich Nietzsche, Volume 14*），London：G. Allen；New York：Macmillan，1924，p.11——编者注）。

② 《尼采诗选》，钱春绮译，漓江出版社 1986 年版，第 64 页。

③ ［德］尼采：《权力意志》，第 213 页（F. W. Nietzsche, *The Will to Power*（*The Complete Works of Friedrich Nietzsche, Volume 14*），London：G. Allen；New York：Macmillan，1924，p.213——编者注）。

决不要请求！不要啼啼哭哭！

夺取吧，我请你，永远去夺取！①

叔本华看到的是人生的短暂、痛苦和无聊，尼采看到的则是生命和意志在种族繁衍中的永恒的延伸及人生在抗强欺弱中获得的种种快乐。尼采主张的是一种从精力充沛的躯体中生发出来的健康的悲剧主义。所以，尼采对世界本质的思考虽然与叔本华一样，是从意志出发的，但他却得出了截然不同的结论。尼采既然超越了叔本华的悲观主义，也就超越了以此为基础的消极的虚无主义，达到了以权力意志为基础的积极的虚无主义。而"重估一切价值"正是他的积极的虚无主义的一个重要口号。

尼采为什么要提出"重估一切价值"的口号来呢？在他下面这段话里，我们可以找到这个问题的答案。他说："人类的导师和领导者们——包括神学家——每一个人都是颓废者；因此，他们把一切价值都变为对生命的敌视；因此便产生了所谓道德。"②这就是说，凡传统观念认为是有价值的一切东西都是敌视生命的，这尤其表现在人们的道德观念中。在尼采看来，道德是所有颓废者心理上的特质，是被一种不断对生命采取敌视态度的欲望所激起的。

尼采公开声称自己是一个反道德主义者。他写道："我的基本学说是：不存在道德的现象，唯一存在的只是对现象的道德的解释，这种解释本身的起源超越了道德的范围。"③所以，他认为自己的最重要的使命是从肯定生命(亦即权力意志)的角度出发，对传统的道德问题和观念作出前所未有的批判和破坏。在西方的传统道德观念中，起着基础和核心作用的是基督教的道德。许多见地深刻的大思想家也未能最终摆脱基督

① 《尼采诗选》，钱春绮译，漓江出版社1986年版，第84页。

② ［德］尼采：《瞧！这个人》，刘琦译，中国和平出版社1986年版，第114—115页。

③ ［德］尼采：《权力意志》，第214页（F. W. Nietzsche, *The Will to Power* (*The Complete Works of Friedrich Nietzsche*, *Volume 14*)，London：G. Allen；New York：Macmillan，1924，p.214——编者注）。

教道德的束缚。康德虽然对宗教神学作过透辟的批判，但他关于上帝、自由和不朽的假设，关于绝对命令的论述表明，他归根结底仍然是一个隐蔽的基督徒。至于叔本华，则直接在基督教的原罪和解脱的学说中，在基督的形象中，找到了自己的悲观主义的根据。尼采则把基督教的道德作为自己首要的攻击目标，他敏锐地洞见到这一工作的全部意义："撕破基督教道德的面具是一件非比寻常的事，是一个真正的大变动。认识这件事的人也是一个非常的人，是一个灾祸：他把人类历史剖分为二。人不是活在他之前，就是活在他之后。"①尼采愤怒地控诉了基督教道德的虚伪性，强调它是使人类腐化和颓废的真正巫婆。为了千年王国的到来，人们像囚犯一样，穿上了流行道德的紧身衣。

尼采重新检视了基督教道德的核心观念——善良、怜悯、宽恕和自我牺牲。在他看来，善良中包含着某种虚伪的成分，善良者所要掩饰的正是自己的软弱无力："我早就觉得，高估善良和仁慈的价值是颓废的结果，是柔弱的象征，是不适合于奋发而积极进取的生命力的。"②所谓怜悯实际上意味着虚弱和不幸。它是苦难的实际伴随者，并且只能为这个世界增添新的苦难。一个人如果老是沉浸在对周围的苦难的同情中，那他一定会被这些苦难所摧毁。至于宽恕，更是懦夫的软弱和卑怯的典型表现。基督教提倡己所不欲，勿施于人；提倡要爱自己的邻人和敌人，完全是弱者的自我逃避，是对生命的亵渎和欺蒙。基督教所崇扬的自我牺牲和自我克制则完全是对生命的敌视，是衰弱、颓废和绝望的象征。

事实上，基督教的道德本质上是"奴隶的道德"（Slave morality），是弱者对强者的约束，是生命对死亡和苦难的屈服。尼采愤怒地写道：

太阳咒骂一切衰弱的人；

---

① ［德］尼采：《瞧！这个人》，刘琦译，中国和平出版社 1986 年版，第 115 页。
② 同上书，第 110 页。

対他们，树木的价值乃是阴影！①

尼采的"重估一切价值"的口号主要是对基督教道德所发的，然而，他的积极的虚无主义的批判之锄并没有停留在这里。他深刻地洞见到，苏格拉底以来的理性主义哲学传统是全部基督教道德的理论支柱。近视的人们只看到西方哲学的理性主义传统与基督教的信仰之间的冲突，却没有看到理性主义者所倡导的知识、理性与基督教道德的一致这一更为深层的问题。这种一致性最突出地表现在苏格拉底的"知识即美德"的著名命题中。同样近视的人们把苏格拉底视为伦理哲学的创始人，实际上，他真正关注的是知识论哲学。因为在他那里，道德问题是可以还原为知识问题的。因此，他经常重复的"认识你自己"的口号，不过是停留在知识论和理性范围内的苍白的、软弱无力的口号。柏拉图把世界一分为二：一为可见的、变动的世界，即现实世界，二为不可见的、永恒的世界，即理念世界。他贬斥前者而崇扬后者。理念世界为理性所认识，善的理念则是最高的理念。可见，柏拉图的全部学说不过是苏格拉底的"知识即美德"命题的展开。理念世界在基督教中被变形为彼岸世界，这是全部基督教道德的理论支柱；在康德那里则被变形为物自体或本体世界。叔本华把意志理解为物自体或本体，同时强调意志是第一性的，理性和认识是第二性的，是为意志服务的，是从意志的需要和欲求中产生出来的，这就把哲学重新引回到现实世界中，尤其是引回到对人生的探讨中。叔本华只要一举手就可摧毁柏拉图营造起来的、如此根深蒂固地支配着以后的哲学家的虚幻的理性世界。然而，叔本华对佛教和基督教的认同，使他竭力去寻找一条使理性摆脱意志支配的道路，那就是禁欲主义的道路。叔本华最终未能超越苏格拉底的"知识即美德"的命题。

在尼采看来，苏格拉底的谬误不在于一般地谈论理性和知识，而在于他提倡了一种知识至上的信仰，从而把理性与生命直接对立起来。如

---

① 《尼采诗选》，钱春绮译，漓江出版社 1986 年版，第 100 页。

果我们把探讨的目光扩展到苏格拉底之前的话，我们就会发现，苏格拉底精神是对酒神精神，即狄奥尼索斯精神的直接反动。尼采认为，酒神象征人的本能、欲求和情绪的放纵，在醉的状态中，人们解脱了理性与痛苦的约束，从而处于尽情欢乐的癫狂状态中。酒神精神的基本特征是肯定生命，放纵生命。而苏格拉底最先把知识和理性作为美德来扼杀生命和本能，因而尼采把他认作使希腊没落的原因，认作颓废型的人。

尼采的积极的虚无主义打倒了苏格拉底以后的理性主义传统的偶像，从而也打倒了这种理性主义的最大果实——基督教道德的偶像。然而他并不满足于单纯的破坏，他要在权力意志说的基础上创立新的价值。这种新的价值观撇开一切虚饰的东西，它崇扬的是生命、热情、健康、快乐、创造和进取。这种新的价值观首先体现在酒神精神中。酒神精神叫人热爱生命，以坚强的意志和健全的体魄去战胜人生的痛苦，并以审美的态度去看待人生，激励人生。然而，光停留在酒神精神上还是不够的。所以，尼采提出了"超人"（superman）的学说，把"超人"作为新的价值的体现者。超人不光热爱生命，而且具有积极的创造和进取的精神。尼采发出了这样的号召："将你的城市建立在维苏威火山的山坡上！将你的船驶入浩瀚无涯的海域！要活在与你相匹敌的人物甚至与自己交战的状态中！若是不能成为统治者或主人，就要作大盗或破坏者！"①在尼采的心目中，恺撒、拿破仑都是超人的典范。与此相反，尼采则蔑视希腊神话中的阿基里斯，因为他宁作土地上的劳动者，而不当鬼魅世界的掌权人。超人是尼采树立起来的新的上帝，是他的新的道德观念的化身，也是他的积极的虚无主义的最后归宿。

尼采哲学的影响是无与伦比的。然而，人们对它的评价却始终是毁誉参半的。尼采的非理性主义和非道德主义，他对传统的哲学、宗教和伦理的毁灭性的破坏，留下了巨大的价值真空。人们既可以从他的学说中汲取反对旧观念，尤其是旧道德的巨大力量，但也可以把他的学说引

---

① ［德］尼采：《快乐的科学》，余鸿荣译，中国和平出版社 1986 年版，第 190 页。

向种族主义和极端利己主义的泥坑。这就是尼采学说在现实世界中的遭遇。因此，我们不能抽象地谈论尼采学说的得失，而应当结合具体的历史条件来进行评价。不管如何，在西方哲学史上，尼采是一个具有独特地位的人物。在尼采的哲学思想和方法中，我们可以找到一些新的、有启发的东西。

第一，尼采的哲学思考直接发自生活。他强调，他的著作中的每个字都是切身地从生活中体会出来的，其中许多话甚至是用血写成的。这些直接来自生活的思想是灼烫的，因而尼采不能像通常的学者那样静坐在书房中，他被迫到户外，站在高山之巅或沧海之滨来抒发自己的思想。尼采勇敢地面对生活作出自己的思考，因而他特别蔑视那些只在书本上做文章的学者。他说："当一个人的力量正充沛而方兴未艾的时候，在早晨黎明的时候读书——这简直是罪恶！"①尼采的哲学之所以具有巨大的感染力，正是因为他撕破了传统观念编织起来的幻想的帷幕，使人赤裸裸地面对现实生活，从而在心灵上受到强烈的震动。从生活中汲取灵感正是哲学研究的无上命令。

第二，尼采倡导了一种反向思考的方法。正如乔治·勃兰兑斯所说："尼采的思想沿着一条险径悄悄地向前延伸着，他渐渐习惯于进行这样的思考：某件事被认为是有价值的，可我们能否将其颠倒过来呢？人们认为这是善的，但它会不会更恶呢？"②这种反向思考的方法具有极大的批判力和破坏力，因为在尼采那里，它不是作为一种单纯的技巧而出现的，而是源于尼采对世界和人生的全新的理解。尼采的积极的虚无主义之锤击碎了每一个传统观念，把传统观念中的全部价值都翻转、颠倒过来了。现在，世界和人生以全新的模样进入人们的视域。这个颠倒最初是在叔本华那里开始的，直到尼采那里才真正地完成了。没有尼采，当代西方的整个文化思潮完全可能是另一个样子。

---

① ［德］尼采：《瞧！这个人》，刘琦译，中国和平出版社 1986 年版，第 33 页。
② ［丹］乔治·勃兰兑斯：《尼采》，安延明译，工人出版社 1985 年版，第 61 页。

第三，尼采突出了评价的重要性。在他看来，人与周围世界的根本关系是价值关系。在这个意义上，认识本身就是评价。在《查拉图斯特拉如是说》中，尼采甚至把人定义为评价者。他认为以前的一切评价标准都是虚伪的，真正的评价标准就是权力意志，就是生命的创造和扩张。20世纪初以来，西方哲学中功能观点的兴起，与尼采这方面的论述有直接的联系。如果在叔本华和尼采之后再把哲学理解为单独的认识论或知识论，那就与我们这个时代大异其趣了。

第四，尼采为我们探讨人性的问题提供了一个新的视角，那就是道德批判的视角。在尼采之前，虽然有不少哲学家都涉足过道德领域，但并没有如此深刻地揭示出传统道德与人性之间的这种对立的关系。相反，许多卓有见地的大思想家最后都屈服于传统道德的淫威之下。在某种意义上，尼采对传统道德，特别是对基督教道德的毁灭性批判，是以自己的变疯为代价的。事实上，只有像他这样时时徘徊于疯狂边缘的天才才有勇气写出《查拉图斯特拉如是说》这样的著作，才有勇气彻底地否弃传统道德。鲁迅先生对中国传统道德的深刻批判不正是借《狂人日记》说出来的吗？道德与人性的关系是哲学面临的最重大的课题之一。当我们揭去道德的掩蔽之后，本真的人性就完全祖露在我们面前了。

实证主义

一切现象都服从不变的自然规律

——孔德的实证哲学的方法

> 人类精神如果不钻进一些无法解决的问题，而仅限于在一个完全实证的范围内进行研究，是仍然可以在其中为自己最深入的活动找到取之不尽的养料的。
>
> ——[法]孔德

现代西方哲学肇始于 19 世纪 30 年代兴起的实证主义思潮。这一思潮的奠基人是法国哲学家奥古斯特·孔德（Auguste Comte，1798—1857）。孔德是一个百科全书式的学者，他的《实证哲学教程》（共六卷，1830—1842）涉及各种各样的科学及其发展史，显示出极为广博的知识面，也显示出他对他生活的那个时代的一些重大问题的觉察和关注。正如列维·布留尔所评价的："我们得出下列结论并不是草率的：实证哲学表达了这个时代的一些最富特征的倾向。"①事实上，孔德所开创的"实证哲学"（positive philosophy）的影响一直延续到 20 世纪，尤其是他所倡导的"实证的

---

① [法]列维·布留尔：《奥古斯特·孔德的哲学》，纽约 1973 年英文本，第 ix 页（Lucien Lévy-Bruhl, *The Philosophy of Auguste Comte*, New York：A. M. Kelley, 1973, p. ix——编者注）。

方法"仍被 20 世纪的不少哲学家奉为圭臬。

在《实证哲学教程》的"导论"中，孔德声称，他发现了人类理智发展的一条伟大的基本的法则："我们的每一种主要的观念，每一个知识的分支，都依次经过三种不同的理论状态：神学的或虚构的状态；形而上学或抽象的状态；科学的或实证的状态。"①与这三种状态相对应的是三种不同的哲学思考方法，即"神学的方法（the theological method）"、"形而上学的方法（the metaphysical method）"和"实证的方法（the positive method）"。由此产生出彼此相互排斥的三类哲学。第一类哲学是人类理智的必然出发点；第二类哲学只起过渡的作用；第三类哲学则是人类理智发展的最高状态。

在神学状态中，人类理智主要探讨万物的基本特性，探讨初始因和最后因，简言之，探讨绝对知识。然而，这种知识是根本达不到的。于是，人们不得不求助超自然的神来解释一切。起先，他们想象出许多独立的神祇，后来，在完善的神学体系中，才出现了唯一的神。形而上学状态是神学状态的一种变形。在这种状态中，人们用抽象的力量，用蕴藏于万物之中的真正的实体，取代了超自然的存在物，相信一切可以观察到的现象都根源于相应的实体。处于完善状态中的形而上学体系则放弃了各种不同的特殊的实体，设想出一个唯一的总的大实体——"自然"，并把它视作一切现象的唯一根源。在实证状态中，人类的理性已得到充分的发展，因而承认绝对知识是不可能获得的。于是不再探求宇宙的起源和目的，不再追问各种现象的最初原因，而是力图去发现现象中的不变的先后关系和相似关系，即发现在现象中起作用的规律，而"推理和观察的密切结合则是获得这种知识的方式"②。同时，对事实的解释被严格地限制在现象的范围之内。总之，科学就是一切，旧形而上学成了残留在理智中的痕迹：

---

① ［法］孔德：《实证哲学教程》，纽约 1974 年英文本，第 25 页。
② 同上书，第 26 页。

英雄的宝剑哲人的长袍将不可见，

唯有残破的楼堡朦胧地显出昔日的威严。①

实证体系在不断地臻于完善，如果它达到这样的地步，它很可能会把"重力"看作贯穿于一切可以观察到的现象中的一个基本事实。

孔德认为，他把人类理智的发展划分为前后相继的三种状态或三个阶段是有充分依据的。一方面，这种划分可以在个人智力的发展中得到相应的说明。我们每个人在回忆自己的历史时，都会发现，就我们的主要见解而言，在儿童时期，我们是神学家，在青年时期是形而上学家，在成年时期则是自然哲学家。另一方面，在实证哲学看来，除了以观察到的事实为依据的知识外，没有任何真实的知识。然而，要进行观察，就必须有某种理论。在神学阶段，由于没有自然科学的理论，人们只能诉诸超自然的存在物。所以，实证哲学是不可能在人类初始阶段出现的，它只能是人类理智发展的最高阶段的产物。

那么，实证哲学的基本特征是什么呢？孔德写道："实证哲学的基本特征是把一切现象都看作是服从自然规律的。准确地发现这些规律，并把它们的数目减少到最小可能的限度，乃是我们一切努力的目标，因为我们认为，探索那些最初因和目的因，对于我们来说，是绝对办不到的，也是毫无意义的。"②实证哲学摒弃任何神学的和形而上学的玄思。它认为，人类理性是没有能力去说明万物的本质、初始的原因等问题的，理性的全部工作是，精确地分析现象产生的环境，揭示现象之间的先后关系和相似关系，从而"发现现象的规律"③。

实证哲学既然是研究现象范围内的知识的，它就必然与这种知识的不同的表现形式，即不同的科学发生联系。那么，它究竟牵涉哪些科学

---

① [英]拜伦：《恰尔德·哈洛尔德游记》，杨熙龄译，新文艺出版社 1956 年版，第56页。

② [法]孔德：《实证哲学教程》，纽约 1974 年英文本，第 28 页。

③ 同上书，第 27 页。

呢？一提到科学，又关系到分类的问题。孔德是以下面的方式来解决这个问题的。他认为，所有的现象可以划分为两类：一类是"无机的现象"；另一类是"有机的现象"。在前一类现象中，包含着三门科学，即天文学、物理学和化学；在后一类现象中，包含着两门科学，即生理学（有时表述为生物学）和社会学（有时表述为社会物理学）。在这五门科学中，天文学探讨的现象最一般、最简单、最抽象，也最遥远；社会学探讨的现象则最具体、最特殊、最复杂。除了这五门科学外，孔德觉得数学特别重要，也最抽象，因而把它置于实证科学的最前头。这样，属于实证哲学探讨范围的六门科学，按照从抽象到具体的方式被排列起来，即数学、天文学、物理学、化学、生物学、社会物理学。《实证哲学教程》的六卷著作就是分别论述这六门科学的，它给人一种包罗万象的外观，可是，孔德声明说："这部著作的目的并不是阐述各种自然科学。"①它是实证哲学的教程，而不是实证科学的教程，它仅仅探讨每一种基本科学与整个实证体系的联系，而这种联系主要体现在方法上。对于实证哲学说来，"唯一必要的统一是方法的统一，而这在很大程度上已经建立起来了"②。方法上统一的基础是，这些学科具有"同质性"，它们都研究现象，因而能统一在实证体系之内。孔德所说的方法，也就是实证的方法。他强调，"虽然方法是同一个，但它的程序是多种多样的"③。对实证方法不应抽象地进行理解，而应当在它的应用中加以理解，应当把握它在不同实证科学中的不同的表现形式。当然，不管实证方法在其具体表现形式上有多少变化，但它的基本特征是清晰可见的：（1）它是一种"历史的方法"，孔德不仅对每一门实证科学的历史发展进行了考察，而且这些基本科学也是按照人类智慧的发展过程历史地排列起来的；（2）它强调的是对事实直接进行"观察"；（3）它认为一切现象都"服从一些不变的自然规律"。当然，就第二、第三个特征而言，数学是

---

① ［法］孔德：《实证哲学教程》，纽约 1974 年英文本，第 31 页。
② 同上书，第 38 页。
③ 同上书，第 48 页。

例外的。因为数学仅仅是作为重要工具而被引入的，基本的科学仍是其余五门。即使是在其余五门科学中，孔德真正重视的也只有一门，那就是社会学。在《实证哲学教程》的"导论"中，他声称，实证哲学的主要目的是为文明国家的"社会整顿"提供坚实的基础，而社会整顿又必须由观念的变化先行。所以，实证哲学的真正工作是为道德、政治、宗教提供理论前提。正如列维·布留尔所指出的："按照孔德的见解，哲学注定要充作道德、政治和宗教的基础。它本身不是目的，而是达到目的的唯一的工具。"①

如果说《实证哲学教程》是孔德的宗教、伦理和政治思想的一个冗长的导言的话，那么数学、天文学、物理学、化学、生物学对于社会学来说，也是一个过于拖沓的序曲。孔德一直到《实证哲学教程》的第五卷著作，即论述生物学的著作中才谈到人的出现，谈到"自我"和"理性"的觉醒。然后，他引导读者进入了社会学（sociology）的殿堂。

如前所述，在孔德那里，社会学也就是社会物理学。社会物理学这个名称本身就告诉我们，社会现象和自然现象是同质的。孔德说："社会现象是隶属于自然规律的。"②他认为特别重要的是把自然科学中区分的静态和动态的原则引入对社会现象的研究中。所以，他把社会物理学进一步划分为"社会静力学"（social statics）和"社会动力学"（social dynamics）。

孔德认为，社会静力学是一种关于人类社会的自发秩序的理论。人类社会是由三个方面构成的：一是"个人"；二是"家庭"；三是"社会"。个人是赤裸裸地来到这个世界上的，他像动物一样，具有种种欲望和本能，孔德把这种本能称之为"个人的本能"。然而，人又不同于动物，他具有理智或理性，他能以合乎社会的方式来行动。社会也有自己的本能，孔德称之为"社会本能"。社会本能强调合群性和合社会性，因此，

---

① ［法］列维·布留尔：《奥古斯特·孔德的哲学》，第 23 页（Lucien Le´vy-Bruhl, *The Philosophy of Auguste Comte*, New York：A. M. Kelley, 1973, p.23——编者注）。

② ［法］孔德：《实证哲学教程》，纽约 1974 年英文本，第 457 页。

它本质上是一种"同情的本能"。社会和谐是以个人的本能和社会本能的统一为前提的。但孔德认为，社会并不是由个人组成的，社会的基本单位或细胞是家庭。离开家庭，个人不可能诞生，人类也是不可能延续下去的。从历史上看，家庭变成部落，部落变成国家，整个人类都可以想象为一个单一家庭的连续不断的发展。① 家庭中有两种基本关系：一是父母之间的性关系，二是父母和子女的关系。孔德认为，妇女虽然更富于同情性和合社会性，但男子在智慧上更胜于妇女。因此，妻子要服从丈夫，子女要服从父母。家庭的和谐是整个社会的和谐的重要前提之一。总之，在全社会成员中要提倡"爱"，从社会中自发产生的政府则对社会关系起调节作用。

在孔德看来，社会动力学是一种关于人类社会自然过程的理论。在他的心目中，社会动力学远比社会静力学来得重要，因为它是探讨人类社会的历史发展的，从而是最能体现实证精神和实证方法的。正如我们在前面所提到的，孔德把人类社会的发展历史首先理解为思想和智慧发展的历史。所以他先按照神学阶段、形而上学阶段和实证阶段的次序来探讨人类精神的发展，然后才谈到物质上的发展。他认为，与神学阶段相适应的是"军事生活"，与实证阶段相适应的则是"工业生活"，工业社会是人类社会发展的最高阶段。孔德宣称，社会动力学"已经确立了人类发展的基本法则，从而也为历史哲学奠定了基础"②。

孔德的实证哲学包含着一个根本的矛盾：一方面，它是充满实证精神的，它强调的是观察、实验和现象；另一方面，它又是充满思辨精神的。他关于人类社会发展三阶段的思想最集中地体现出他学说中的思辨倾向。这一内在矛盾植根于他对观察和理论关系的理解中。他认为，理论是在观察中形成的，但观察又需要理论的导引，这里有一个"恶性循环"。原始人为了打破这一循环而诉诸超自然的存在物，孔德则诉诸思

---

① [法]孔德：《实证哲学教程》，纽约 1974 年英文本，第 502 页。
② 同上书，第 540 页。

辨哲学。然而，孔德的思辨不过是浅水中的游泳罢了。他的社会学与黑格尔的法哲学和历史哲学比较起来，不过是偶然泛起的泡沫而已。

　　孔德哲学的消极影响主要还不在这里。特别引人注目的是，他掀起了一股科学主义的浊流。在他的心目中，社会科学不过是自然科学的一个特殊的分支，社会历史是按照自然规律向前发展的。这股浊流几乎淹没了全部社会科学的领域。19世纪下半叶兴起的新康德主义和20世纪出现的许多重要的哲学家之所以把哲学和自然科学的关系列为重大课题来研究，目的就是遏制科学主义的泛滥，把哲学和社会科学从危机中拯救出来。自然科学的规律和方法必须退回到它实际上能使用的范围中去，正如席勒笔下的众盗在劝说他们的头目返回山林时所说的：

　　想想波希米亚森林吧![①]

孔德的实证哲学的贡献在于：一方面，他举起了反对形而上学的旗帜，主张哲学应该摒弃对初始因等问题的无益的争论，把其探讨的范围限定在现象和现象之间的联系上。这种倾向对以后的不少哲学家产生了重大影响；另一方面，他开创了社会学的研究，被西方公认为社会学的创始人。20世纪以来社会学的迅速发展已使孔德获得了不朽的声誉。

---

　　① ［德］席勒：《强盗》，杨文震等译，人民文学出版社1956年版，第五幕。

排除一切形而上学的问题

——马赫的哲学研究方法

> 我仅寻求一种稳固的、明确的哲学立
> 场，从这种立场出发，无论在心理生理学领
> 域里，还是在物理学领域里，都能指出一条
> 走得通的道路来，在这条道路上没有形而上
> 学的烟雾能阻碍我们前进。
>
> ——[奥]马赫

正如哲学家关心自然科学问题一样，自然科学家也关心哲学问题，而且常常写出连哲学家都自愧弗如的著作来。奥地利科学家恩斯特·马赫（Ernst Mach，1838—1916）就是这方面的一个范例。作为一个伟大的自然科学家，马赫在声学、电学、光学、热力学、生理学、流体力学等领域均有建树。虽然在马赫自己看来，哲学仅是其"星期天打猎的场所"，然而事实上，蕴涵在他哲学思想中的深厚的批判力却影响和激励了一大批哲学家和自然科学家。在这些人中，我们可以找到20世纪最伟大的科学家爱因斯坦的名字。

马赫的基本的哲学见解发表在1885年出版的《感觉的分析》一书中。他之所以要写这部著作，是因为痛感到一些形而上学的假问题，不仅

困扰着哲学家的思想，而且也困扰着自然科学家，尤其是物理学家的思想："我们在吸收物理学理论的有价值部分的同时，必然也吸收了相当多的虚妄的形而上学，这种形而上学很难从必须保存的东西中排除出去，尤其是在这些理论业已为我们熟悉的情况下。"①形而上学的种种虚幻的见解，不仅影响了各门实证科学的研究，而且也为这些科学的结合和统一设置了障碍。所以，马赫强调，他写这部著作的目的并不是创立一种新的哲学，新的形而上学，"而是引起一种认识论上的转变，这种转变会使距离较远的各种科学部门相互合作，从而为解决科学上的重要的细节问题进行准备"②。

　　马赫清楚地知道，要在认识论上实现根本性的转变，就必须寻找一个新的突破口。对于他来说，这个新的突破口就是"感觉"（Empfindung）。感觉不仅是全部认识论的基础，而且也是全部实证科学，尤其是物理学的基础。通过对感觉的分析，不但形而上学的迷雾会悄然隐去，而且全部实证科学将统一在一个新的坚实的基础之上。马赫的"感觉的分析"（Die Analyse Der Empfindungen）实际上是一种还原的方法。对于他来说，作为我们感觉对象的"物体"和作为感觉主体的"自我"，都是一系列感觉（如颜色、声音、温度、压力、时间、空间等）的"复合体"。所谓感觉的分析，就是要把复合体分解、还原为一系列的感觉。换一种说法，就是要把复合体溶化在感觉中。然而，一谈到感觉的复合体，我们会情不自禁地想起哲学史上著名的主观唯心主义者贝克莱。贝克莱似乎早就提出物是感觉的复合的见解来了。马赫也承认自己和贝克莱之间的密切联系。他告诉我们，他的哲学探讨是从康德开始的，康德的批判思想给他以极大的启发，但他很快就觉得康德的"物自体"是一个障碍物，于是转而去接近贝克莱的哲学。他说："一直到今天，我都不得不认为

---

　　①　[奥]马赫：《感觉的分析》，洪谦、唐钺、梁志学译，商务印书馆 1986 年版，第 23 页注。

　　②　同上书，第 V 页。

贝克莱和休谟是远比康德更为彻底的思想家。"①实际上，马赫的思想比贝克莱和休谟更为彻底。在贝克莱和休谟那里，自我作为感觉和经验的主体，仍然是一个坚实的支点，而在马赫那里，连自我也被推进了沸腾的感觉之河，从而消失得无影无踪了。

在贝克莱以后，"感觉"似乎成了"唯我论"的同名词。为了避免误解起见，马赫决定采用一个新名词"要素"（Elemente）来取代"感觉"。所以，他在谈到"感觉"时说："因为这个名词已经有一种片面的学说的意味，所以，我们宁可像我们已经做过的那样，只谈要素。"②

为了论证自己的要素理论，马赫列出了下面的图表③：

$$
\begin{array}{ll|l}
ABC\cdots KLM\cdots & \alpha\beta\gamma\cdots \\
K'L'M'\cdots & \alpha'\,\beta'\,\gamma'\cdots \\
K''L''M''\cdots & \alpha''\,\beta''\,\gamma''\cdots
\end{array}
$$

其中 ABC… 代表物理要素，如颜色、声音等，它们组成物体；KLM… 代表生理因素，如神经系统、视网膜等，它们构成人的身体；$\alpha\beta\gamma$… 代表心理要素，如印象、记忆、意志等，它们构成人的心理活动。乍看上去，ABC… 这列要素是独立的，实际上它们不光自己相互联系，而且也与 KLM… K'L'M'… K''L''M''… 所代表的不同的人处在不可分割的联系中。不同的人尽管具有不同的心理活动 $\alpha\beta\gamma$… $\alpha'\beta'\gamma'$… $\alpha''\beta''\gamma''$… 但是他们在共同观察由 ABC… 这类物理要素所组成的单一的物理对象（如一棵树）时，他们本身的差异和偶然性就消除掉了，"而只获得可以共同断定的东西，即 ABC… 之间的纯粹的相互依存关系"④。

在上述三类要素中，KLM… 起着中介的作用。ABC… 和 $\alpha\beta\gamma$… 的关系总是通过 KLM… 建立起来的。如果把神经割断，即把 KLM… 取消

① ［奥］马赫：《感觉的分析》，洪谦、唐钺、梁志学译，商务印书馆 1986 年版，第283 页。

② 同上书，第 17 页。

③ 同上书，第 27 页。

④ 同上书，第 265 页。

掉，那一切就都消失了。马赫特别强调 ABC… 和 KLM… 之间的联系，仅仅是在这种联系中，ABC… 才可以叫做感觉。扩言之，"只有在这里所指的联系或关系中，只有在这里所指的函数的依存关系中，要素才是感觉"①。

作为感觉，所有的要素都是等价的。这样一来，物理世界和心理世界之间的鸿沟便被填平了，一切都被还原为最基本的或第一性的要素之间的联系。于是，形而上学精心编织出来的许多假问题都被废弃掉了。下面，我们来看看，马赫是如何与形而上学的风车作战的。

马赫认为，形而上学，特别是二元论哲学的两大支柱是物体和自我。作为一元论哲学，唯物主义以物体为支柱，唯心主义则以自我为支柱。在马赫看来，这两大支柱都是虚假的，都在排除之列。

我们先看物体。马赫认为，由声音、压力、颜色等要素在时间和空间中联结成的复合体就是物体。比如，一张桌子受到光照，一会儿明亮些，一会儿又暗淡些；有时候可能热一点，有时候则可能冷一点；它也许被墨水污染了一块，也许一条腿折断了，进行了修理。在我们的心目中，它始终是同一张桌子。我们感知到它的"恒久性"并用一个单一的名字"桌子"去称呼它。久而久之，它就成了一个仿佛没有组成部分的单一的东西，它似乎不仅不是感觉复合而成的，反倒会产生出感觉来。所以，马赫写道："并不是物体产生感觉，而是要素的复合体（感觉的复合体）构成物体。假如在物理学家看来，物体似乎是长存的、实在的东西，'要素'则是物体的瞬时即灭的外现，那么，他就忘记了一切'物体'只是代表要素复合体（感觉复合体）的思想符号。"②通过感觉的分析，物体这一要素的复合体被重新分解为各要素。于是，物理学家心目中的坚实的物体就消失在要素的硫酸池中了。扩言之，长期以来困扰着哲学家们的"实体""物质"和"物自体"所引起的种种问题就都被排除出去了。

---

① ［奥］马赫：《感觉的分析》，洪谦、唐钺、梁志学译，商务印书馆 1986 年版，第 12 页。

② 同上书，第 23 页。

在论述到物体和外在世界的时候，马赫还独具慧眼地提到"假象"和"实在"的关系问题。在普通人的思想和语言方式中，假象和实在始终是相互对立的。一支铅笔，放在空气中，我们看它是直的，斜放在水中，我们看它是曲折的。人们常把后一种情况称之为假象。马赫认为，这种看法是毫无道理的。在两个场合下，我们面对的都是实在的东西，只是由于条件的不同而呈现出要素的不同结合。正因为铅笔所处的特定环境，插进水中的铅笔在视觉上才是曲折的。从要素的角度看问题，一切都是实在的，不存在什么假象。如果说有假象的话，也只有实用意义而没有科学意义。这在哲学上尤其重要。马赫认为，柏拉图的"洞穴比喻"的错误就在于把假象和实在对立起来。把这样的观点引申下去，就会"使世界变成了我们完全抓不到的东西，使世界退到无限远处去了"①。"物自体"的观念也正是这样形成的。在马赫看来，只有把世界理解为我们的感觉的构成物，才可能避免这样的谬误。这不禁使我们想起哈里发在铜城附近的石碑上发现的一句箴言：

宇宙不过像蜘蛛在檐前结下的网罗，它是要毁灭的。②

现在，我们再来看马赫是如何分析自我的。马赫说："如果我们不带偏见地察看这个有限的自我的话，就会发现，它也不过是这些要素之间的功能上的结合。"③自我与物体的不同之处在于，他体现为 ABC …KLM… 和 αβγ… 这三列要素构成的复合体，因而比物体要复杂得多。自我也许做这个事情，也许做那个事情；也许沉静，也许冲动；也许兴

---

① ［奥］马赫：《感觉的分析》，洪谦、唐钺、梁志学译，商务印书馆 1986 年版，第9 页。

② 见《一千零一夜》中"铜城的故事或胆瓶的故事"（《一千零一夜》，纳训译，人民文学出版社 1978 年版——编者注）。

③ ［奥］马赫：《知识与谬误》，1976 年英文本，第 8 页（Ernst Mach, *Knowledge and Error: Sketches on the Psychology of Enquiry*, Dordrecht：D. Reidel，1976，p. 8——编者注）。

奋，也许忧郁。然而，除开病态不论，剩下的恒久性也足以确定他是同一个自我。身体的变化很缓慢，这也有助于自我的恒久不变。可是，自我同物体一样，不是绝对恒久的。怕死，就是怕消灭自我的恒久性。

马赫说："自我没有准确的界限，这种界限很不明确，可以任意移动。只因为忽视这件事，不自觉地缩小同时又扩大自我的界限，才在哲学观点中产生了形而上学的难题。"①这段话究竟是什么意思呢？所谓"扩大自我的界限"是指作为 αβγ…KLM…复合体的自我通常是与 ABC…组成的复合体对立的。最初 ABC…中那些会把 αβγ…作较大改变的要素，如（尖端物的）刺痛、痛苦等常被包括在自我之内。从这样的借贷开始以后，把 ABC…归属于自我的权利就会没有止境。于是，自我无限膨胀，把外在世界完全吞入自己腹中，这就导致了哲学上的唯我论。马赫认为，康德哲学就具有这种唯我论的倾向。这种把自我作为解决其余一切问题的出发点的想法，会导致种种"假问题"的产生。所谓"缩小自我的界限"是指有时只把 αβγ…视为自我，而把 ABC…KLM…视为物质世界。这里有一种把自我无限抽空，把一切实在性归于物质世界的倾向，这种倾向在哲学上表现为唯物主义。

马赫认为，"不是自我，而是要素（感觉）是第一性的"②。自我没有科学意义而只有实用主义，更何况，任何自我都会死亡，他是保存不了的。自我与物体一样是纯粹的思想符号，他消解于要素之中，如同水滴消解于河流之中一样。在马赫看来，自我一经消失，为哲学家们津津乐道的"精神"也随之消失了。世界成了要素的世界。于是，各门实证科学获得了共同的基础。

在要素理论的基础上，马赫提出了著名的"思维经济"（Okonomie

---

① ［奥］马赫：《知识与谬误》，1976 年英文本，第 8 页（Ernst Mach, *Knowledge and Error: Sketches on the Psychology of Enquiry*, Dordrecht: D. Reidel, 1976, p. 8——编者注）。

② ［奥］马赫：《感觉的分析》，洪谦、唐钺、梁志学译，商务印书馆 1986 年版，第18 页。

des Denkens)原则。马赫在谈到这一原则时,追溯道:"最初我在 1871 年、1872 年简明地将思维经济,即事实的经济陈述当作科学的主要任务,在 1882 年、1883 年又对这点作了进一步的论证。"①思维的经济特征在生活中是随处可见的。一个物体(如一张桌子)明明是感觉的复合体,可是人们总把它当作单一的东西来看待、来称呼。这就是我们在表象和命名中的经济方法。这种方法部分地是本能的,部分地是自觉的。马赫所强调的思维经济,是科学研究意义上的思维经济,因而比日常生活中出现的思维经济远为深刻,远为彻底。在日常思维看来,自我和物体都是理想的思维经济的单一体,而在马赫的科学思维看来,它们仍然是应该加以消除的思维的奢侈品。当然,马赫的思维经济原则并不是针对日常思维的,因为日常思维主要是实用性的思维,是无可究诘的。马赫在思维方式上的主要敌人是形而上学,《感觉的分析》的"导言"的标题就是"反形而上学"。马赫指出:"假如人们象我那样,从科学的经济课题出发,认为只有可观察的东西、被给予的东西的联系对我们才是重要的,而一切假设的、形而上学的和多余的东西,都必须消除掉,那么,他们就必然会达到我的这个看法。"②在马赫看来,除了自我和物体,像物自体、物质、精神、实体等也是很不经济的虚构物,都在清除之列。他甚至认为,在物理学的研究中,也要避免把电、磁、光、热设想为具有恒久性的实体,因为这些物理事实最后都可分解为颜色、压力、空间、时间等要素。一言以蔽之,马赫的感觉的分析是一次真正的凯旋引进。当他归来的时候,除了要素之外,再也见不到什么东西了。

正如列宁所批评的,马赫引进要素这一概念,力图使自己的立场显得不偏不倚一些,但他既然把要素看作是感觉的同名字,这就表明,他的天平是倾向主观唯心主义一边的。具有讽刺意义的是,把要素和感觉这两个概念并列起来,也违背了马赫自己制定的思维经济原则。事实

---

① [奥]马赫:《感觉的分析》,洪谦、唐钺、梁志学译,商务印书馆 1986 年版,第 39—40 页。

② 同上书,第 21 页。

上，他只要采用其中一个概念就已经够了。

然而，光认识到上面这一点还是不够的。哲学研究有点类似于勘探工作，它的主要目的不是踢开无用的山石，而是要发现真正的矿藏。从这样的观点来看问题，包含在马赫学说中的有价值的见解就向我们敞开了。

首先，在马赫的学说中，潜藏着一种哲学上的努力，那就是力图消除主体和客体之间的对立，他说："从我们的观点看来，主体和客体的对立（通常意义的）并不存在。"①尽管他把主体、客体，精神、物质，心理世界和物理世界统一在要素或感觉上是错误的，但这种统一的努力仍是对康德以来的西方哲学传统的一种矫正，对留恋于无谓争辩的形而上学的一种叛逆。马赫的学说为我们重新理解西方哲学史上的一些重大问题提供了一个新的视角。

其次，马赫与孔德不同，他强调了自然科学的思想方法与哲学的思想方法的差异。哲学追求的是一种完备的世界观，科学则只强调观察事实，在事实的基础上扩大并加深自己的洞察力。自然科学既要防止哲学中的虚假的形而上学问题的侵入，但也决不能醉心于自己已取得的成就，随意把自己的方法扩展到其他领域（包括哲学）中。马赫认为，物理学的研究特别要注意这方面的现象。马赫的这一洞见是有深远意义的。

最后，在马赫的学说中，潜藏着一种深刻的批判精神和怀疑精神。马赫的感觉分析拆解了在哲学家和科学家的心目中神圣不可动摇的观念，如自我、物体、实体、精神、物质、时间、空间等。尽管他说："我的著作中的貌似破坏性的倾向，仅仅是针对搀入我们概念中的多余的，会迷误人的东西。"②然而，这种彻底的批判精神和怀疑精神却在哲学家和科学家中产生了广泛而深刻的影响。事实上，在任何时候，深厚

---

① ［奥］马赫：《感觉的分析》，洪谦、唐钺、梁志学译，商务印书馆 1986 年版，第 262 页。

② 同上书，第 281 页。

的批判能力都是伟大的、划时代的理论创造的第一个必要条件。写到这里，不由得想起左拉笔下的一个小人物古波随口说出的一句名言：

知识是使人类消瘦的东西。①

① ［法］左拉：《小酒店》，王了一译，人民文学出版社 1958 年版，第 125 页。

新康德主义

从现实的个别性去说明现实

——李凯尔特的历史研究方法

> 当我们从普遍性的观点来观察现实时，
> 现实就是自然；当我们从个别性和特殊性的
> 观点来观察现实时，现实就是历史。
>
> ——[德]李凯尔特

常常听到史学家和哲学家在侈谈历史规律。可是，新康德主义弗莱堡学派的哲学家，尤其是其著名代表亨利希·李凯尔特（Heinrich Rickert，1863—1936）却告诉人们，"历史规律"这个概念本身就是用语上的矛盾。"规律"这一概念是从自然科学那里借贷过来的，可是历史是研究个别性和特殊性的，它仅与只发生一次的事件打交道，因而与探求普遍规律的自然科学在形式上是完全对立的。李凯尔特主张把自然科学的赠品退还给自然科学，从而使历史真正获得科学的称号。他的历史哲学思想和历史研究方法，从 19 世纪末到 20 世纪初，在德国广为流传，对西方史学和哲学的发展产生了不可低估的影响。

从 17 世纪以来，自然科学一直在凯歌行进。到李凯尔特生活的 19 世纪的下半叶，由于能量守恒定律的发现和生物进化学说的提出，自然科学获得了前所未有的辉煌成果。哲学、史学和其他文化科学的学者们都自觉地或不自觉地从自然科学那里借取基本概念和方法，而自然科学也取来者不拒的态度，兴高采烈地君临她的新的属地，犹如堂吉诃德对桑丘说的：

> 我是你的主人，就是你的脑袋；你是我的佣人，就是我身上的一部分。

然而，一些有识之士毕竟看到了，在历史这门学科中，自然科学的基本概念和方法是无法越俎代庖的。于是，人们力图引进一种新的学科分类的方法，在自然科学的四周筑起高高的堤坝，以防止自然科学洪水的泛滥。

李凯尔特在《文化科学和自然科学》一书中这样写道："目前在哲学中仍然几乎流行着这样的看法，即把自然概念和精神概念当作质料的分类原则的基础。"①人们把自然这一概念解释为物体的存在，把精神这个概念理解为心灵的存在，并从心理生活和物理世界的对立中推演出精神科学和自然科学在方法上的对立。诚然，非自然科学的经验科学主要是与心理的存在发生关系的，因而把这些经验科学标志为精神科学并不全然是错的。然而，由于精神科学这一概念的模棱两可的特征，它不但不能在自然科学与非自然科学的诸多科学间作出真正有价值的划分，反而引起了一些消极的后果：一是人们简单地把精神概念和心理概念等同起来，或者换一种说法，把心理学作为全部精神科学的基础，犹如力学是自然科学的基础一样。这样一来，历史学就成了心理学的附庸，或者说，成了一种应用心理学。这一见解特别典型地反映在狄尔泰（Wilhelm Dilthey）的《关于叙述的和分析的心理学的思想》一文中。二是人们强调

---

① ［德］李凯尔特：《文化科学和自然科学》，涂纪亮译，商务印书馆1986年版，第14页。

精神的自由特征，把它与自然的因果特征对立起来。然而，在作为精神科学的基础部分的心理学中，人们发现，心理生活同样是遵循因果律的，"因此，心理学被合乎规律地看作是自然科学"①。

历史学要真正获得自己的独立的地位和独特的方法，科学分类方法就必须改弦更张。再也不能在精神科学这样的模糊概念中流连忘返了。在李凯尔特看来，文德尔班（Wilhelm Windelband）作为他的思想先驱，是带来光明火种的普洛米修斯。文德尔班认为，在自然科学中占主导地位的是综合思维的形式，采用的是"规范化的"方法，在历史学中占主导地位的是个别记述思维的形式，采用的是"表意化的"方法。这一见解对李凯尔特产生了很大的影响，可是，李凯尔特觉得，有必要在一个更宽泛的基础上来提出科学分类的问题，也有必要用更细致、更严谨的论证来阐述历史学的方法，而诸如"表意化的"这样的提法仍然充满着空泛和模糊之处。

李凯尔特说："在我看来，自然科学和文化科学的区分适合于代替通常的自然科学和精神科学的划分。"②问题是，这里的文化科学究竟指哪些学科呢？它和自然科学有什么本质的差别？如果我们进一步追问下去的话，那就会问：在李凯尔特那里，文化概念的确切含义是什么呢？它与自然概念的差别又是通过何种方式来界定的呢？

要回答上述问题，必须先弄清李凯尔特关于科学分类的见解。李凯尔特反复重申，科学的分类应当包含两个基本的原则：一是"质料分类原则"，即从科学研究对象的性质的差异入手进行分类；二是"形式分类原则"，即从科学所运用的逻辑或概念形成方法上的差异入手进行分类。从质料分类原则着眼，我们立刻可以洞见作为自然科学研究对象的自然和作为文化科学研究对象的文化之间的重大差别。在李凯尔特看来，自然事物是自然而然地从土里生长出来的东西。文化产物则是人们播种以

---

① ［德］李凯尔特：《文化科学和自然科学》，涂纪亮译，商务印书馆 1986 年版，第 49 页。

② 同上书，第 17 页。

后从土里生长出来的东西。"根据这一点，自然是那些从自身中成长起来的，'诞生出来的'和任其自生自长的东西的总和。与自然相对立，文化或者是人们按照预定目的直接生产出来的，或者是虽然已经是现成的，但至少是由于它所固有的价值而为人们特意地保存着的。"①在这里，"价值"是自然和文化差异的根本标志。一切自然物都不具有价值，因而可以不从价值的观点加以考察；反之，一切文化现象都体现出某种为人所承认的价值，因而必须从价值的观点进行考察。而从价值的角度看来，一切文化现象都可称为"财富"。凡是以各种文化现象作为研究对象的，则是文化科学。宗教、哲学、法学、历史学、政治经济学、伦理学、语言学、文学艺术等都属此列。总之，文化科学包括除掉心理学以外的全部精神科学。如前所述，在李凯尔特看来，心理学是从属于自然科学之列的。通过质料的分类，李凯尔特真正关注的历史学由于从属于文化科学而获得了异于任何自然科学的独特性，即价值特性："没有价值，也就没有任何历史科学。"②

然而，单纯的质料分类还没有完全把自然科学和文化科学分离开来，因为文化科学可能还会借取自然科学的方法，从而最终丧失自己的独立地位。尤其是对历史学来说，方法是一个更为重要的问题。这就是说，我们必须用形式的分类原则来补充质料的分类原则。在这里，李凯尔特提出了"一切现实之物的连续性原理"和"一切现实之物的异质性原理"。前一个原理表明，现实中的一切都在流动着，以渐进的方式演化着，每一个占有一定时间和空间的形成物，都具有这种连续性。后一个原理表明，现实中的一切都不是绝对同质的，每个现实之物都有自己的特殊性。这两个原理是结合在一起在现实中发生作用的，因而表现为一种"连续的差异"。李凯尔特说："正是异质性和连续性的这种结合在现实之上盖上了它自己固有的'非理性'的烙印，这就是说，由于现实在其

---

① ［德］李凯尔特：《文化科学和自然科学》，涂纪亮译，商务印书馆 1986 年版，第 10 页。

② 同上书，第 76 页。

每一部分中都是一种异质的连续，因而现实不能如实地包摄在概念之中。"①也就是说，只有把概念上的差异性和连续性分开，现实才可能为理性所把握。于是，在科学面前出现了两种彼此相反的形成概念的方法：一种是把现实的异质的连续性改造为同质的连续性，数学（既不属于自然科学，也不属于文化科学）采用的就是这种方法，它注意的只是现实的量的方面，由于撇开了现实的质的方面，它创造出一个非现实的纯粹量的世界；另一种是把现实的异质的连续性改造为异质的间断性，历史学就采用这种方法，它以分割现实的连续性为代价而保持现实的异质性。除了这两种典型的概念形成方法以外，还有自然科学的概念形成法。自然科学对异质的连续性所表现出来的无限丰富性和多样性不感兴趣，因为它所处理的对象和价值毫无联系，它的兴趣是发现对这些事物和现象都有效的普遍联系和规律，因此，其概念的形成必然采取"普遍化的方法"："自然是在普遍化过程中被认识的。这就构成了自然科学知识的逻辑本质。"②如果用柏格森的一个比喻来说明的话，那就是说，自然科学只缝制一套对保罗和彼得都同样适合的服装，它不会按照每个人的体形来缝制，这不是它有兴趣干的事。与自然科学不同，历史学强调从现实的个别性方面去说明现实，它的形式本质深藏在一次性、个别性和特殊性之中。如果简要地加以表述的话，可以把历史学的方法称为"个别化的方法"。

在对历史学的形式本质作了这样的理解之后，我们又面临着新的难题，即历史学和艺术的差异又表现在哪里呢？因为艺术感兴趣的正是对个别现实的直观。不是有人主张历史学就是艺术吗？李凯尔特认为，艺术和历史学是有根本区别的。艺术的基本问题是关于普遍的直观的可能性问题，而历史学的基本问题是关于个别概念的可能性问题。诚然，在艺术作品，如一幅画中，包含着对现实中的个别性的直观，但艺术所关

---

① ［德］李凯尔特：《文化科学和自然科学》，涂纪亮译，商务印书馆 1986 年版，第 31 页。

② 同上书，第 43 页。

心的并不是画与直观的对象是否契合的问题，它关心的是画中蕴涵着的普遍的审美价值；反之，历史学作为一门科学来说，虽然也抛弃了直接的直观性，但它把直观性转变为个别性概念，力图保持现实原有的风貌。

在充分认识历史学和艺术的根本差异之后，还有另一个问题亟待解决。当历史学以个别化的方法探讨各种历史现象的时候，如何才能抓住那些本质的、重要的或有意义的材料呢？如何才能剔除那些非本质的、不重要的或无意义的材料呢？历史学不可能把现实中的个别性的东西全部纳入自己的研究范围，它必须通过对材料的挑选，把本质的成分和非本质的成分区别开来。那么，这个挑选的标准是什么呢？这样，我们就不得不重新回到价值的问题上，因为历史学家总是根据一定的价值观来挑选材料的。然而，在价值概念的近旁，有着整个心理学的陷阱，因而必须作出小心翼翼的分析。

什么是价值呢？李凯尔特说："关于价值，我们不能说它们实际上存在着或不存在，而只能说它们是有意义的，还是无意义的。"①这就是说，价值并不是实际的"事实性"，它的本质在于它的"有效性"。然而，价值总是与现实联系着的。这样的联系表现为两种不同的方式：一是价值附着于（文化）对象之上，由此而使对象变为财富；二是价值能够与主体（历史学家）的活动相联系，由此而使主体的活动变为评价。李凯尔特把前一种方式称为理论上的价值联系，把后一种方式称为实践上的评价。在《自然科学概念构成的界限》一书中，他写道："评价总是要么褒，要么贬，但价值联系却非褒亦非贬，仅此一点，就使这种原则性的区别昭然若揭了。"②评价是历史学家个人的一种心理活动，如果评价在史学研究中起作用的话，历史学家就会把个人的好恶加诸对象，从而可能把

---

① ［德］李凯尔特：《文化科学和自然科学》，涂纪亮译，商务印书馆1986年版，第21页。

② 张文杰等编译：《现代西方历史哲学译文集》，上海译文出版社1984年版，第34页。

材料中本质的成分和非本质的成分给弄颠倒了，这样一来，历史就丧失了它的科学性。所以李凯尔特强调，真正的历史研究不作评价，只是根据理论上的价值联系来记叙个别性事实。比如，历史学家在记叙法国革命时，不必就法国革命是有益于、还是有害于欧洲这一点作出评价，他只要说明，在法国革命这个名词下包括的哪些事实对法国和欧洲的文化发展是有意义的就行了。李凯尔特之所以排斥评价，目的是排斥党派私见，以便使历史学的研究保持一种不偏不倚的公正的立场。在李凯尔特看来，历史学与之发生联系的价值"必须是一种一般的、即对众人都有效的价值"①。这里的"众人"指称的是谁呢？从李凯尔特对唯物史观的攻击可以看出，他心目中的"众人"即是指他在意识上所代表的那个阶级——德国资产阶级。在这个意义上，他自己也是站在一定的党派的立场上来选择作为历史对象的材料的。

李凯尔特的个别化的历史研究方法在理论上仍有许多模糊之处。如自然科学与文化科学的划分并不是十分严格的。他自己承认，在两门学科中间还有一个中间领域，不能简单地加以分类。又如，他把历史方法中间的主观评价和客观价值联系完全割裂开来、对立起来也是错误的。客观价值实际上也不过是众人评价的结果。由于意识形态的扭曲作用，作为众人评价结果的客观价值并不比历史学家的个人评价拥有更多的真理性。历史学家如果完全放弃自己的评价权利，也就等于把自己推入了硫酸池。

可是，我们必须注意到李凯尔特学说中显露出来的天才的识见。

首先，我们要提到的是，人们常常指责他割裂了个别与一般的关系。事实上，正是在这个问题上，他的识见令我们鼓舞，李凯尔特并不否认一般，他的用意是要把历史本身的个别性凸显出来，使一般性或普遍性从属于个别性。人们常常忽视列宁下面这段话："任何一般只是大

① 张文杰等编译：《现代西方历史哲学译文集》，上海译文出版社 1984 年版，第 25 页。

致地包括一切个别事物。任何个别都不能完全地包括在一般之中，如此等等。"①前一句话表明，导出一般性的经验归纳方法总是有限的，完全归纳几乎是无法达到的；后一句话表明，在产生一般的概括过程中，个别事物的许多属性都被扬弃了。而个别性之生命力正表现在众多属性的结合中。李凯尔特举例说，当我们把歌德称为诗人时，歌德的个性就给消解掉了。因而，历史的使命与自然科学的使命不同，它要把有生命力的个别性保存下来，所以它也排斥普遍化方法的一个重要产物——规律。在它看来，历史是没有固定公式的，这一见解的不合理之处是忽视了辩证法在历史发展过程中的作用；合理之处是消解了到处套用不变的历史公式的教条主义倾向。

其次，李凯尔特对个别性的褒扬可以追溯到一个更深层的理论问题上，那就是他关于概念与现实关系的看法。他强调，概念无法包摄现实中的异质的连续性。这里蕴涵着一个重要的哲学见解，即思维和存在是异质的。只有充分地认识到这一点，哲学才能完成一个根本的转折——从自然科学式的单纯知识的追求转到对生活本身、存在本身的探讨中。在生命哲学、唯意志主义、存在主义的学说中，都包含着这样的思想。

最后，价值问题的提出有重要的理论意义。历史哲学和哲学过去由于受到自然科学方法的影响，只追问是"什么"（what）而不追问"为什么"（why）。于是，历史哲学和哲学本身都成了科学主义认识论的变体。仿佛作为历史活动主体的人只有思维，没有情感和欲求。人们在理论上指责拉美特利关于"人是机器"的说法所包含的机械论的倾向，然而在实践上却一再把人降低为物，降低为自然科学研究的对象。这真是哲学研究的漫画。历史学家和哲学家要真正重视对人的研究，就要破除科学主义的偏见，把价值之柱牢牢地耸立在自己心中。

---

① 《列宁选集》第 2 卷，人民出版社 1995 年版，第 558 页。

人是符号动物
——卡西尔的文化哲学的方法

> 事实的财富并不必然就是思想的财富。
> 除非我们成功地找到了引导我们走出迷宫的
> 指路明灯，我们就不可能对人类文化的一般
> 特性具有真知灼见，我们就仍然会在一大堆
> 似乎缺少一切概念的统一性的、互不相干的
> 材料中迷失方向。
>
> ——[德]卡西尔

假如说生、死、爱情是文学创作的永恒主题的
话，那么人、人的本性及人的种种活动就是哲学思考
的永恒主题。几千年来，在解答人这个司芬克斯之谜
的过程中，哲学家们递交了许多答卷。然而，这个谜
语的意义从未被穷尽，新的答卷还在源源不断地涌
现出来。在现代西方哲学家递交的这些新答卷中，德
国著名的新康德主义哲学家恩斯特·卡西尔①（Ernst

---

① 严格说来，与其说卡西尔的思想从属于新康德主义的马堡学派，还不如说他的思想与康德本人是更接近的。在 1910 年出版的《实体与功能》一书中，卡西尔已超出马堡学派的认识论立场，他提出的"功能"（Function）概念则成了后来的符号形式哲学的理论基础。参阅 D. P. 维尔纳（D, P. Verenc）编的卡西尔文集《符号、神话和文化》，耶鲁大学 1979 年英文本"导论"，第 23—24 页（Ernst Cassirer and Donald Phillip Veren，*Symbol*, *Myth*, *and Culture*：*Essays and Lectures of Ernst Cassirer*, *1935 — 1945* ，New Haven：Yale University Press，1979，pp. 23-24——编者注）。

Cassirer，1874—1945)的答卷是最引人注目的。他把人定义为"符号动物"(the symbolizing animal)。这一定义不仅表明了卡西尔在人的问题上所作的崭新的思考，而且也蕴涵着他的哲学思考的独特的方法论原理。人的问题和其他问题一样，当我们从一个新的角度进行透视的时候，它就会显露出新的色彩和魅力。

从历史上看，形而上学、神学、数学和生物学曾相继地承担过思考人的问题的领导权并且各自规定了自己独特的研究路线。然而，他们的研究成果表明，在"人是什么"的问题上，不但没有出现令人满意的进展，反而陷入了一种没有希望的无政府状态中。正如马克斯·舍勒(Max Scheler)在《人在宇宙中的地位》一书中，以不无讽刺的口吻指出的那样：我们有一个科学的人类学、一个哲学的人类学和一个神学的人类学，它们彼此之间都不通气。马克斯·舍勒的担忧表明人的问题的研究已陷入真正的危机之中。

要脱离这一危机，必须寻求新的途径和方法，而新方法和旧方法，如心理学的内省、生物学的观察和实验、历史方法、形而上学的反思等不应该是截然对立的。旧方法在一定的范围内都是有效的，全部问题在于，必须提供一个新的视角，从而使这些旧方法不是被排除在外，而是被引向一个新的理智的中心，并获得新的价值和意义。这一新方法究竟是什么呢？在《符号形式的哲学》中，卡西尔告诉我们，这一新的探讨方法的前提是：如果有什么关于人性或人的本质的定义的话，那么这种定义只能被理解为功能性的定义，而不能是一种实体性的定义。我们既不能从任何构成人的形而上学本质的内在原则来给人下定义，也不能从单纯的经验观察出发，依据人的生理本能来给人下定义。人的根本特征，人与动物的根本差别，不是其形而上学本性，也不是其生理本性，而是人的劳作。"正是这种劳作，正是这种人类活动的体系，规定和划定了'人性'的圆周。语言、神话、宗教、艺术、科学、历史，都是这个圆的组成部分和各个扇面。"[①]正是这种反映人的需求和表现人的不息的创造

---

① ［德］卡西尔：《人论》，甘阳译，上海译文出版社 1985 年版，第 87 页。

力的功能的纽带，而不是那种充斥着形而上学的玄思的、静态的实体的纽带把语言、神话、宗教、艺术、科学、历史等诸多文化形式结合成一个有机的整体。卡西尔认为，"文化哲学"（philosophy of culture）的基本使命就是在分析人类的各种活动体系及相应的文化形式的基础上，实行一种真正的综合，以便使"各种各样表面上四散开的射线都可以被聚拢来并且引向一个共同的焦点"①。这样一来，人的各种局部的本性、人类学的各种体系及文化活动的各种形式之间的对峙和敌意，就被一种新的和谐所取代了，从而对人的问题的思考就获得了一个哲学上的完整的答案。

卡西尔也把这种建基于人性的功能特征之上的文化哲学称之为"符号形式的哲学"（Philosophy of Symbolic Forms）。他认为，在人的诸多功能中，"符号的功能"（Symbolic Function）是最为重要的。人本质上不是生活在物理世界中，而是生活在"符号世界"（the symbolic world）中。在这个意义上，语言、神话、宗教、科学、历史、艺术等文化形式，不过是这个符号世界的不同部分罢了。"它们是组成符号之网的不同丝线，是人类经验的交织之网。人类在思想和经验之中取得的一切进步都使这符号之网更为精巧和牢固。"②

那么，在卡西尔那里，符号（symbol）究竟是什么意思呢？为了清晰地说明这个问题，必须在符号和信号（sign）之间作出严格的区别。巴甫洛夫的实验表明，在动物的行为中，我们可以看到相当复杂的信号和信号系统。尤其是某些驯化动物，它们对信号是极其敏感的。一条狗会对其主人的行为的最轻微的变化作出反应，然而，这些通常被称为条件反射的现象，是远离人类的符号化思想的基本特征的。卡西尔说："符号，就这个词的本来意义而言，是不可能被还原为单纯的信号的。信号和符号属于两个不同的论域：信号是物理的存在世界之一部分；符号则是人

---

① ［德］卡西尔：《人论》，甘阳译，上海译文出版社 1985 年版，第 281 页。
② 同上书，第 33 页。

类的意义世界之一部分。信号是'操作者'（operators）；而符号则是'指称者'（designators）。信号即使在被这样理解和运用时，也仍然有着某种物理的或实体性的存在；而符号则仅有功能性的价值。"[①]这就是说，信号总是与实物或某种具体的行为联系或对应起来的，符号则可以指称任何对象，即使这个对象实际上不存在（如上帝），但只要对人类有意义就可以了。信号与符号的本质差异也蕴涵着前者所依托的物理实体世界与后者所依托的文化功能世界的本质差异。

从这样的前提出发，卡西尔进而阐发了符号的两个基本特征。一是普遍适用性。符号的功能并不局限于某种特殊的情况，并不局限于某种感性的材料，它能在人类思想的全部领域中发挥作用。符号系统的原理，由于其普遍适用性，成了打开特殊的人类世界——人类文化世界大门的秘诀。一旦人们掌握了这个秘诀，他们的活动和思维就获得了一个无限广阔的天地，甚至聋、哑、盲儿童的世界也变得比最高度发达的动物的世界还要无可比拟地宽广和丰富。二是多变性。一个信号总是以某种确定的方式联系着一个事实，而符号则具有多变性。我们可以用不同的语言表达同样的意思，甚至在一门语言的范围内，某种思想或观念也可以用完全不同的词来表达。不光在语言中，而且在艺术、宗教等其他文化形式中，或者说，在"意义世界"中，我们到处发现"意义变化"的现象。[②] 这种符号的多变性，儿童可以较快地加以掌握，但对于动物说来，却是一个永远不可逾越的禁区。

在卡西尔看来，符号的上述两个基本特征界定了动物世界与人类世界的分水岭，从而也告诉我们人之为人的根本标志。从这一标志出发，人获得了新的意义，即人是符号动物。卡西尔说："只有这样，我们才

---

① ［德］卡西尔：《人论》，甘阳译，上海译文出版社 1985 年版，第 41 页。

② 参见［美］D. P. 维尔纳：《符号、神话和文化》，耶鲁大学 1979 年英文本，第 137 页（Ernst Cassirer and Donald Phillip Veren, *Symbol*, *Myth*, *and Culture*：*Essays and Lectures of Ernst Cassirer*, *1935—1945*, New Haven: Yale University Press, 1979, p. 137——编者注）。

能指明人的独特之处，也才能理解对人开放的新路——通向文化之路。"①这个人的新定义使许多老的定义黯然失色。最常见的老的定义是：人是理性动物。然而，对于理解人类文化生活形式的丰富性和多样性来说，理性是个很不充分的名称。比如，艺术与宗教是充满激情的，并不是单纯理性的创造物。所以理性动物这个概念并不能充分地反映出人性的各个向度。亚里士多德把人定义为"社会动物"。然而，这个定义同样是不充分的、不明确的。因为社会性并不是人的唯一特性。在所谓动物社会中，在蜜蜂和蚂蚁中间，我们可以看到明确的劳动分工和极为复杂的社会组织。同样，在柏拉图那里，人的本性被理解为国家的本性，人主要是作为政治动物而出现的。但是，政治生活并不就是公共的人类存在的唯一形式。在人类历史中，国家的现有形式乃是文明进程中一个较晚的产物。"早在人发现国家这种社会组织形式之前，人就已经作过其他一些尝试去组织他的情感、愿望和思想。这样一些组织化和系统化的工作包含在语言、神话、宗教以及艺术之中。如果我们想要发展人的理论，就必须采纳这种更为宽广的基础。"②根据卡西尔的看法，只有把人定义为符号动物，才能最充分地揭示出人性的内涵，从而准确地解答"人是什么"的问题。

通过对语言、神话、艺术、历史、科学、宗教发展史的研究，卡西尔发现：人的符号能力也处在不断的发展中。在原始人那里，符号还被看成是事物的一种性质，就像事物的其他物理性质一样。在早期神话思想中，神的名字乃是神的本性的一个组成部分，因而如果不能称呼神的真正的名字，任何祈祷都是无效的。人的符号能力是在漫长的历史时期中逐步发展起来的。人的思维的抽象度越高，即越不依赖于感性材料，人的符号能力就发展得越快，以至达到了令人惊叹的地步。这表明，人的创造性不断地沿着上升的路线发展着。

---

① ［德］卡西尔：《人论》，甘阳译，上海译文出版社 1985 年版，第 34 页。
② 同上书，第 81—82 页。

现在，我们还要进一步了解的是，卡西尔如此强调符号功能的重要性，这一重要性究竟表现在哪里呢？首先，符号功能为我们打开了通向理想世界的道路。理想世界是由宗教、艺术、哲学、科学从各个不同的方面组成的。如果没有符号系统，人们就会像柏拉图笔下的洞穴中的囚徒，其生活就会被限制在他的生物需要和实际利益的范围内，就会找不到通向理想世界的道路。其次，符号功能为我们打开了通向可能世界的道路。可能性与现实性的区别，在原始人的思维中还很难发现，因为他们的思维是如此地拘执于现实地存在着的东西，以致可能性本身也被吞没在现实性之中了。言语病理学也告诉我们，在那些因患失语症而符号功能受阻的患者那里，面向可能性的抽象思维也是极端困难的。这从反面告诉我们，符号功能正是通向广阔的可能世界的道路。卡西尔在谈到乌托邦的时候说："乌托邦的伟大使命就在于，它为可能性开拓了地盘以面对对当前现实事态的消极默认。正是符号思维克服了人的自然惰性，并赋予人以一种新的能力，一种善于不断更新人类世界的能力。"① 再次，符号功能为我们打开了通向关系世界的道路。卡西尔说："关系的思想依赖于符号的思想。"②没有一套复杂的符号体系，关系的观念就不可能获得充分的发展。由于符号功能的推动，人已经发展出一种分离各种关系的能力，即不依赖于感觉材料，而在抽象的意义上考虑各种关系的能力。关系思维的高度发展，特别表现在数学、逻辑的符号系统中，从而极大地丰富了人与周围世界的联系。最后，符号功能也为我们打开了通向自由世界的道路。D. P. 维尔纳说："我相信，卡西尔 1933 年以后的文化理论能够被看作是一种试图，即理解成为一个人意味着什么，并提出人的自由和社会的概念。"③卡西尔的符号哲学向人们指明了

---

① ［德］卡西尔：《人论》，甘阳译，上海译文出版社 1985 年版，第 78 页。

② 同上书，第 48 页。

③ ［美］D. P. 维尔纳：《符号、神话和文化》，耶鲁大学 1979 年英文本，第 9—10 页 (Ernst Cassirer and Donald Phillip Veren, *Symbol*, *Myth*, *and Culture*: *Essays and Lectures of Ernst Cassirer*, *1935－1945*, New Haven: Yale University Press, 1979, pp. 9-10——编者注)。

一条创造符号世界(亦即文化世界)，不断走向自由和自我解放的道路。在这个意义上也可以说，卡西尔 1933 年以后写的文化哲学著作也是对法西斯主义扼杀自由、毁灭文化的抗议书。

与康德哲学比较起来，卡西尔的文化哲学具有更开阔的视野。正如他自己说的："理性的批判成了文化的批判。"①所以，他的学说所提供的启示是多方面的：

首先，他提出了功能与意义的重大问题。旧形而上学、神学和科学在探讨人的问题时，都把人理解为自在地存在着并且可以被它自身所认识的一种单纯的实体，从而拘执于感性材料，忽视了人的符号功能，忽视了意义的领域。卡西尔说："一个符号并不是作为物理世界一部分的那种现实存在，而是具有一个'意义'。"②只有从功能问题入手，把对存在的追问转变为对意义的追问，才能真正认识人及人所创造的文化世界的无限丰富性及内在统一性。

其次，人是符号动物，这个定义不光是从符号化的思维的角度上来下的，而且也是从符号化的行为的角度来下的。卡西尔说："符号化的思维和符号化的行为是人类生活中最富于代表性的特征，并且人类文化的全部发展都依赖于这些条件，这一点是无可争辩的。"③在这里，卡西尔实际上提出了一个新的重大的问题，即人与世界关系的中介问题。人不仅创造了符号，而且他本人也淹没在符号世界之中。人的思维和行为并不直接面对实在世界，而是在符号世界的中介下，才与实在世界发生关系的。卡西尔告诉我们，只有深刻地研究符号问题，才能真正把握人与世界的关系问题。随着科学、思维和人的实践活动的高度发展，符号世界的中介问题显得越来越重要。

---

① 《符号形式的哲学》第 1 卷，耶鲁大学出版社 1953 年英文本，第 80 页（Ernst Cassirer, *The Philosophy of Symbolic Forms*, Volume 1, New Haven: Yale University Press, 1953, p. 80——编者注）。

② ［德］卡西尔：《人论》，甘阳译，上海译文出版社 1985 年版，第 72 页。

③ 同上书，第 35 页。

最后，卡西尔的文化哲学极大地丰富了人性问题的研究。人性不光体现在理性、本能、国家的本性和形而上学的特性中，而且体现在人所创造的全部文化中。人性不是惰性，不是一种死气沉沉的、不变的东西，人性是一种生命力，是一种创造力或构造力，这尤其典型地体现在艺术作品的创造中。只有充分地研究人类的全部文化形式，才能真正地懂得人性的含义并揭示出它的全部丰富性。

卡西尔的文化哲学尽管是富有创造性的，然而其学说的深度和目标却是令人怀疑的。卡西尔充满了理想主义者的激情，他对人类文化的发展充满了信心。尽管他严厉地批判了法西斯主义，但他并没有深刻地意识到弥漫在西方现实生活和文化生活中的严重的异化现象，以及资产阶级的意识形态在加剧种种异化现象中的作用。从这个角度来看，卡西尔在哲学史上的地位就无法与康德、黑格尔、马克思相提并论了。正如莎士比亚笔下的阿伽门农说的：

　　　轻舟虽捷，怎及巨舶容深。①

---

① 参见莎士比亚戏剧《特洛伊罗斯与克瑞西达》，见《莎士比亚全集》第7卷，朱生豪译，人民文学出版社1978年版，第168页。

新黑格尔主义

一切真正的历史都是当代史

——克罗齐的史学研究方法

> 目前被我们看成编年史的大段大段历史，目前哑然无声的许多文献是会依次被新的生活光辉所扫射，并再度发言的。
>
> ——[意]克罗齐

一提起历史，人们自然而然地会联想起地下墓室中干枯的尸骨和珍贵的文物，想起档案馆里尘封的资料和虫蛀的史籍。在普通人的心目中，历史就是过去，过去就是历史。然而，意大利著名的新黑格尔主义的史学家、美学家和哲学家贝奈戴托·克罗齐（Benedetto Croce，1866—1952）却告诉我们："一切真正的历史都是当代史。"①这岂不是把历史抛入到"忘河"中去了吗？我们且慢下结论。

"一切真正的历史都是当代史"这一著名的命题蕴涵着克罗齐对历史和历史方法的独特的理解，它的出现并不是偶然的，而是克罗齐批判传统的史学理论和方法的一个重要结果。

在传统的史学中，两种最常见的形式是"编

---

① [意]克罗齐：《历史学的理论和实际》，傅任敢译，商务印书馆1982年版，第2页。

年史"和"语文性历史"。所谓编年史，就是按年月日的顺序来记叙历史事件。编年史脱离当前的生活兴趣，它只是记叙外在的事物，因而这种记叙是空洞的，它涉及的只是过去，只是早已死去的东西。在克罗齐看来，真正的历史与编年史是判然不同的："历史是活的编年史，编年史是死的历史；历史是当前的历史，编年史是过去的历史；历史主要是一种思想活动，编年史主要是一种意志活动。"① 一切历史当其不再是思想，而只是用抽象的空洞的字句记录下来时，它就成了编年史，变成了一堆骸骨。历史学家们通常认为，编年史是任何其他形式的历史的基础，克罗齐坚决反对这种见解，强调先有历史，后有编年史，正如先有活人，后有死尸一样："死尸是生命的残余，犹如编年史是历史的残余一样。"②

所谓语文性的历史，与编年史一样，缺乏和生活的联系，它的作用在于为了文化的目的而把种种历史文献和资料保留下来，把零星的新闻、文件、纪念文字等有条不紊地排列整齐，同时训练一种技术，即考证、解释历史文献的技术。语文学家们天真地相信，历史锁在他们的图书馆、博物馆和档案室里，当人们渴求知识的时候，他们就能把资料的锁打开。他们不懂得，历史存在于我们每一个人身上，它的资料就在我们胸中。因为，"只有在我们自己的胸中才能找到那种熔炉，使确凿的东西变为真实的东西，使语文学与哲学携手去产生历史"③。语文性历史常以确凿性自诩。其实，这种确凿性也是相对的，面对浩如烟海的文献资料，它们也不得不作出自己的选择。法国哲学家卢梭早已把这种历史讥讽为"在许多假话中选择那较象真实的东西的技巧"④。语文性历史也常以博学和科学性自居，然而，由于缺乏精神上的联系，缺乏真正的

---

① ［意］克罗齐：《历史学的理论和实际》，傅任敢译，商务印书馆 1982 年版，第 8 页。
② 同上书，第 9 页。
③ 同上书，第 14 页。
④ 同上书，第 19 页。

历史兴趣，充其量不过是"华美的无知"①，是缺乏精神滋养的"无言的事物"②。

　　那么，克罗齐主张的"真正的历史"究竟是什么呢？要回答这个问题，就必然要涉及他的哲学观点。克罗齐虽然竭力否认自己是一个新黑格尔主义者，然而，他所建立的"精神哲学"的体系表明，德国古典唯心主义哲学，尤其是黑格尔的哲学对他产生了重大的影响。他说："在任何情况下，人类思想占第一位。"③精神、思想是涵盖一切的，所谓"实在"（reality）不过是精神的化身："我们在'存在'的海洋中不论航行多么远，我们决离不开界限分明的思想海洋。"④基于这样的哲学思想，克罗齐认定，精神本身就是历史，它存在的每一瞬间都是历史的创造者，同时也是全部过去历史的结果。在真正的历史的研究中，精神不再枯坐在包厢中，而是活跃在舞台的中心，把史学家当前的"生动的体验"和"想象性的重建"融入乏味的历史事件中，融入木乃伊的僵硬的躯体中。读者也许会追问，史学家的这种"生动的体验"和"想象性的重建"又来自何方呢？克罗齐告诉我们，来自他们当前的生活兴趣："显而易见，只有现在生活中的兴趣方能使人去研究过去的事实。因此，这种过去的事实只要和现在生活的一种兴趣打成一片，它就不是针对一种过去的兴趣而是针对一种现在的兴趣的。"⑤

　　乍看起来，过去的历史事实早已逝去，早已和古人的肉体一起腐烂了，但一旦当前生活的发展需要它们时，死去的事实就会复活，枯枝就会重新萌发出绿芽。罗马人和希腊人躺在墓室中，直到文艺复兴时期欧洲人的生活有了新的需要，精神达到了更成熟的时候，才把它们从墓室中唤醒。克罗齐问我们，为什么希腊史、罗马史、基督教史、宗教改革

　　① ［意］克罗齐：《历史学的理论和实际》，傅任敢译，商务印书馆1982年版，第18页。
　　② 同上书，第15页。
　　③ 同上书，第109页。
　　④ 同上书，第83页。
　　⑤ 同上书，第2页。

史、法国革命史以及其他历史一再被重写，并且每次都写得不同呢？因为历史之舟始终被抛掷在思想和精神的海洋中，而思想和精神又体现了史学家当前的生活兴趣。既然真正的历史不是空洞的记叙，而是现在的生活兴趣和精神需要在历史事实中的重现，所以，说"一切真正的历史都是当代史"也就是合乎情理的了。

克罗齐之所以在"历史"这一术语之前加上"真正的"限定词，目的在于强调，任何活生生的历史都与来自生活的精神需要有着不可分割的联系，割断了这种联系，就掉进了"虚假的历史"即编年史和语文性历史的怀抱中去了。那么，克罗齐说的"当代史"又是什么意思呢？在传统的史学研究中，"当代史"通常是指称最近过去的一段时间的历史，不论它是过去五十年的、十年的、一年的、一月的、一日的，还是过去一小时或一分钟。克罗齐对这一概念作了新的解释，他强调，"当代"一词"只能指那种紧跟着某一正在被作出的活动而出现的、作为对那一活动的意识的历史"①。意识活动或精神活动是在时间之外的，即没有先后之分的，它与其相联系的活动是"同时"形成的。在这个意义上说的"当代史"不是编年性质的，而是观念性质的；不是我们对某一类历史的称呼，而是一切历史的内在特征和本质。根据这一观点，只要历史是观念性的、思想性的，哪怕它叙述一千年之前的史实，它也是当代史；反之，只要历史是空洞的字句，即使它叙述的是一小时之前的事情，也不是当代史，而只能是死的历史，即编年史或语文性历史。

值得注意的是，克罗齐的"一切真正的历史都是当代史"的观点常被人们曲解为主观唯心主义，曲解为史学家用个人的好恶去任意地改铸和塑造历史。其实，正如克罗齐所指出的，真正用个人的好恶、情操和实用目的去改铸史料的是以下两种历史形式：

一是"诗歌性历史"。这种谬误形式的历史用情感方面的兴趣去填补

---

① ［意］克罗齐：《历史学的理论和实际》，傅任敢译，商务印书馆 1982 年版，第 1 页。

思想方面的匮乏；用表现手法上的美学的一贯去取代逻辑上的一贯，这种史学家个人的好恶在历史人物的传记中表现得尤为典型。于是，我们有了多情的、忧郁的、怀乡的、悲观的、听天由命的、充满自信的、欢乐的以及其他种种可以想象出来的诗歌性历史。这种历史虽然也投入了史学家当前的某种兴趣，但只是情感上的兴趣，而不是真正的思想上和精神上的兴趣，因而它不但不是克罗齐说的真正的历史，而且把真正的历史消解在史学家个人的好恶中去了。

二是"实用性历史"。这种历史完全受实用目的的支配，如希腊、罗马推崇的是政治家、将领和英勇女性的传记；中世纪推崇的是隐士或武士的传记；近代推崇的是发明家、商人、探险家、百万富翁的传记。这种历史虽然也贯注了一定的思想性，但这种思想性是太趋于实用，因而是太低微了。正如莎士比亚笔下的葛罗斯特公爵所说的：

> 若是一个人的思想不能比飞鸟上升得更高，那就是一种卑微的不足道的思想。①

这种历史同样会消解掉真正的历史。所以，克罗齐强调说："不应把历史简单地当作实用或政治权术或娱人耳目的工具，知道历史的作用首先在于获得真理。"②

现在我们进一步追问下去，克罗齐所说的真正的历史的精神性、思想性或真理性究竟表现在什么地方呢？它既不是个人的好恶，又不是实用的目的，那么究竟是什么呢？克罗齐写道："人道、自由和进步就是精神的各种面貌或同义语。"③由此可见，真正的历史本质上是人本主义

---

① 参见莎士比亚戏剧《亨利六世》中篇，见《莎士比亚全集》第 6 卷，章益译，人民文学出版社 1978 年版，第 128—129 页。

② ［意］克罗齐：《历史学的理论和实际》，傅任敢译，商务印书馆 1982 年版，第 146 页。

③ 同上书，第 151 页。

的历史，它体现的正是人性的进步和追求。然而，人本主义的历史又包含着各种形式，如唯理论的历史、个人主义的历史、心理的历史、抽象主义的历史、实用主义的历史等。克罗齐认为，这些历史形式或者夸大了精神和理性的力量，从而把个人和历史事件贬为工具（如黑格尔的历史哲学）；或者夸大了个人和细小事件的历史作用，从而本质上消解了精神的作用。它们都不能正确地反映出潜藏在精神深处的人性的力量和进步。

克罗齐认为，真正的历史并不是历史哲学："一种历史哲学的观念，便是对历史学的蔑视，只对于纯粹哲学有利。"①历史哲学在一些大思想家，如维科、黑格尔那里，只是一件外套，克罗齐主张："把外衣脱掉，真理仍然留存。"②他主张，历史和哲学是同一的，哲学所探索的中心问题——个别与普遍的综合关系正体现在历史的基本形式——判断中。按照传统的术语，个别被称为判断的主辞，普遍被称为判断的宾辞。然而，对于主张用思想（普遍）来支配字句的史学家来说，"历史的真正主辞恰恰就是宾辞。它的真正宾辞就是主辞——就是说，普遍在判断中是通过把它个别化来加以规定的。"③真正的历史扬弃了历史哲学只重普遍性（思想、理性或精神）而凌辱个别性（历史人物和事件）的倾向；也扬弃了新康德主义的史学家只重个别性而否认普遍性的倾向，它是作为普遍的个别的历史，也是作为个别的普遍的历史。在克罗齐看来，只有这种本身就是哲学，或把哲学作为方法论的历史才是真正的历史，才能充分体现出人性对自由、文明、文化和进步的追求，也只有这样的历史才是合乎理想的当代史。这就是蕴涵在"一切真正的历史都是当代史"这一命题中的新的史学观和新的史学方法论。

这种新的史学观点和方法尽管具有明显的唯心主义倾向，然而，它

---

① ［意］克罗齐：《黑格尔哲学中的活东西和死东西》，王衍孔译，商务印书馆1959年版，第78页。

② 《美学原理》，朱光潜等译，外国文学出版社1983年版，第49页。

③ ［意］克罗齐：《历史学的理论和实际》，傅任敢译，商务印书馆1982年版，第42—43页。

毕竟提出了一些发人深省的问题，可以引起我们进一步的思考：首先，它告诉我们，真正的历史不是编年史，不满足于对古代史、中古史、近代史、现代史和当代史的机械的划分（我们现在对中外历史的研究都停留在这样的水平上），历史应当获得哲学的眼光，应当善于在个别事件中捕捉出普遍的精神，以指导实际生活。

其次，它在史学研究中倡导了一种哥白尼式的革命精神和方法。在以往的历史研究中，过去是轴心，现在围绕过去而旋转。自从克罗齐说出这个命题后，一切都改观了，现在成了轴心，过去则围绕现在而旋转。在方法论上自觉地认识到这一点是十分重要的。为历史而研究历史，为过去而研究过去，不过是一种学究式的幻想。对历史题材的选择和评价永远被当前生活中的某种需要和兴趣左右。我们常说的"古为今用"或"六经注我"就包含着这层意思。有趣的是，在我国当前的改革中，我们对其他一切领域的现代化都有了迫切的感受，却唯独把历史给撇开了。仿佛历史就是凝固的过去，和现在隔着不可逾越的鸿沟似的。其实，史学研究同样有一个现代化的问题，不光是研究手段上的现代化，而且在研究方向和课题上都要深深地打上现代生活和思想的烙印。

最后，克罗齐的史学方法充分肯定了人在历史中的作用。在他的眼光中，历史并不在图书馆的书架上或档案馆的抽屉里，历史保存在我们每个人的心中。历史是活的，历史是面向今天的，历史是人所理解和表述出来的。当赫克托在墨涅拉俄斯面前提起海伦时，墨涅拉俄斯断然回答道：

　　　别提起她……她是一个死了的题目。①

然而，我们可以说，在充满思想活力的真正的历史中，从来不会有死的题目。

---

　　① 参见莎士比亚戏剧《特洛伊罗斯与克瑞西达》，见《莎士比亚全集》第 7 卷，朱生豪译，人民文学出版社 1978 年版，第 213 页。

思想史就是问题史

——克洛纳的哲学史研究方法

> 在我们自身的根本处我们找到了一切真
> 理的根本。
>
> ——[德]克洛纳

人类思想史是一个巨大的宝库。在这个宝库里，有浩如烟海的著作和论文，也有汗牛充栋的手稿和札记。无论是有志于深入到这个宝库深处去觅宝的人，还是偶尔涉足去游览的人，面对着这一巨大的库藏，都会感到深深的困惑和迷茫：怎么去把握思想史发展的线索呢？换言之，怎么使一大堆零碎的、杂乱的思想资料获得一种内在的、有机的生命力呢？

带着这样的问题去读德国著名的新黑格尔主义者理查德·克洛纳（Richard Kroner，1884—1974）的皇皇巨著《从康德到黑格尔》，我们一定会得到不少启发。

在《从康德到黑格尔》一书的序言中，克洛纳提出了三种研究并撰写哲学史的方法。

第一种方法他称为"文化史的方法"（Die Kulturgeschichtliche Methode）。就是把哲学史上所有哲学家的学说都放在他所生活的那个时代的广阔的文化背景，即一定的政治、宗教、科学、艺术等意识形态构成的特殊的氛围中来考察。说得形象一点，就是把演员和舞台一起加以审视，采用这种方法的目的是考察哲学与同时代的诸多文化形式之间的内在联系，从而揭示出潜伏在深处的时代精神。正如黑格尔所说："政治史、国家的法制、艺术、宗教对于哲学的关系，并不在于它们是哲学的原因，也不在于相反地哲学是它们存在的根据。毋宁应该这样说，它们有一个共同的根源——时代精神。"①这种"文化史的方法"气势宏大，时代感强，如同列夫·托尔斯泰的《战争与和平》，为读者展现出绚丽多彩的历史画面。然而，克洛纳认为，这种方法所昭示的历史与时代的画面是过分宽广、过分宏大了，这是使研究者们却步的一个根本原因，事实上，迄今为止，还没有一个哲学史家运用这种方法是真正获得成功的。另外，由于这种方法过多地着眼于横向的联系，着眼于哲学以外的联系，哲学史本身反倒给淹没了、遗忘了。

第二种方法叫"传记的方法"（Die Biographische Methode）。就是"以思想家的人格为中心，并力图从人们的本性与命运出发，去把握他们的世界观、人生观与哲学形态"②，也就是紧紧地围绕历史上的哲学家的个人的生活经历、人格与气质去透视他们的思想的形成、发展和演变，去描述整个哲学史前进的脚步。这种"传记的方法"有点类似于显微镜下的考察，着眼点小，牵涉面窄。运用这种方法研究哲学史，优点是能够揭示出哲学家的个性、气质和生活经历对其哲学思想的形成、发展、转变所产生的重大影响，揭示出其全部哲学思想的独特性。然而，根据克洛纳的看法，这种方法由于其视野过于狭窄，很难窥见思想史演化的底蕴，倒很可能拘执于某些细小的问题而迷了路，误解了诸哲学家的思想真谛。故这种方法也鲜为研究者们所取法。

克洛纳认为最有价值的是第三种方法——"系统的方法"（Die Sys-

---

① ［德］黑格尔：《哲学史讲演录》第 1 卷，贺麟等译，商务印书馆 1981 年版，第 56 页。

② ［德］克洛纳：《从康德到黑格尔》，1977 年德文本，第 18 页。

tematische Methode）。这种方法既撇开哲学和其他文化形式的联系，又撇开有关哲学家私人的一切传闻和逸事，而专注于哲学史或思想史发展的内在逻辑。其实，黑格尔早就阐明了这种方法的要旨："哲学是在发展中的系统，哲学史也是在发展中的系统，这就是哲学史的研究所须阐明的主要之点或基本概念。"①承认整个哲学发展史是一个活生生的、不断变化着的大系统，研究的重点必然转入这一大系统的内部，力图找出历史上各种哲学观点之间的内在的联系。这是克洛纳与黑格尔主张相同的地方。克洛纳的创新之处在于，他从一个新的角度，即问题连锁的角度，赋予这种方法以新的形式和活力。在克洛纳看来，引导哲学家们不断地去思索，引导整个思想史不断地向前发展的基本驱动力正是问题。所以，他把"系统的方法"又叫做"问题史的方法"（Die Problemgeschichtliche Methode）。

如果运用"问题史的方法"去检视整个思想史，就会发现，一个个哲学家的肖像都悄然隐去了，杂乱的、汗牛充栋的著作和手稿也悄然隐去了，剩下来的只是一连串的问题。所谓思想史或哲学史，也就是问题史，就是由一长串问题构成的神圣的链条。克洛纳所竭力推崇的正是这种方法，两大卷的《从康德到黑格尔》也正是用这种方法写成的。它力图使读者沿着这样的思路去思考：康德提出了哪些哲学问题？其中哪些被他解决了，哪些则遗留下来了？费希特又是怎样去解决康德所没有解决的问题的？他又留下了哪些待解决的问题？接下去谢林又是怎样去解决费希特留下的问题的？而黑格尔又是如何去解决谢林留下来的问题的？……通过这一方法，整个德国古典哲学发展史宛然呈现在读者的面前。这也正是这部著作受人重视的地方。

克洛纳强调说："讲德国唯心论而不承认其中贯穿着一种杂多的统

---

① ［德］黑格尔：《哲学史讲演录》第 1 卷，贺麟等译，商务印书馆 1981 年版，第 40 页。

一，亦即各种问题与各种解决的统一，那是毫无道理的。"①尽管康德的唯心论与黑格尔的唯心论有很大的出入，尽管康德所说的理念和理想与黑格尔应用这两个名词时所指的意义有很大的差别，但用语的相同，毕竟表明他们是沿着同一个方向进行思考的，表明他们的思想之间有着内在的、必然的联系。

　　克洛纳暗示我们，哲学家们并不是随意地提出自己的问题的，他们的思想受到哲学史发展的内在逻辑的约束。一个哲学家总是在前人思考的基础上提出新的问题，而新问题一经提出，又按它自己的逻辑发展下去，被以后的哲学家修正、解决，然后又提出新的问题，不断地传递下去。比如，康德的先验唯心论的提出，目的是解决唯理论与经验论都未解决好的"认识何以可能"的难题。然而，正如克洛纳所指出的："康德哲学包含着他没有看到的种种矛盾，它们必定会使思维活动超过康德。雅可比说，如果人们没有物自体，那便不可能进入《纯粹理性批判》里；但如果有了物自体，人们也不可能待在这部书里——这句有名的箴言依然是重要的和正确的。"物自体的问题确实是推动德国唯心主义哲学向前发展的基本难题之一。既然哲学家们是自觉地或不自觉地沿着问题的线索作出思考的，并且在思考时，不可避免地要借鉴前人的成果，那么，后出的哲学体系在内容上必然越来越丰富，越来越具体。众所周知，辩证法是黑格尔哲学的最宝贵的理论贡献，然而，克洛纳告诉我们："没有康德纯粹理性批判中的先验的辩证法，黑格尔完全不可能发现辩证法。"②文德尔班曾经说过："了解康德就是超过康德。"克洛纳则说："了解黑格尔，就是看透了绝对不能再超过黑格尔。如果还可以有一个'后

---

　　①　[德]克洛纳：《从康德到黑格尔》，第 1 卷，转引自洪谦主编：《西方现代资产阶级哲学论著选辑》，商务印书馆 1982 年版，第 128 页。

　　②　《黑格尔早期神学著作》，芝加哥大学出版社 1948 年英文本，第 5 页（G. W. F. Hegel, *Early Theological Writings*, trans. T. M. Knox, Chicago：University of Chicago Press，1948，p. 5——编者注）。

黑格尔'的话，那就必须作出一个新的开端。"①

　　总之，在克洛纳看来，黑格尔的包罗万象的哲学体系已经解决了自康德以来提出的主要哲学问题，他借用席勒的诗句赞美这个时代的巨人：

> 手拿着棕榈枝的人，
> 你在世纪之末，
> 显示着高贵的骄傲的宏伟气概，
> 呵，这是多么壮丽！

然而，黑格尔穷尽了所有的哲学问题了吗？没有，也根本不可能。马克思主义经典作家和现代西方的哲学家从不同的角度揭示了黑格尔哲学的矛盾和困难，指出了不同的走出黑格尔迷宫的道路。哲学史又沿着新的问题的轨道向前行驶。问题之于哲学史，如同施魏采之于卡尔。前者忠心耿耿地对后者嚷道：

> 就是到地狱去我也跟着你！②

那么，克洛纳的哲学史研究方法——"问题史的方法"究竟提供了哪些有益的启示了呢？

　　首先，它为我们提供了一把深入哲学史大厦的钥匙。哲学史犹如一长列的多米诺骨牌，推倒第一张后，其余所有的骨牌都会依次倒下。这些骨牌也就是哲学家们提出的问题。那么，哪一张骨牌是第一张骨牌呢？如果以发展线索比较清楚的西方哲学史为考察对象，我们就会发

---

　　① ［德］克洛纳：《从康德到黑格尔》第 1 卷，转引自洪谦主编：《西方现代资产阶级哲学论著选辑》，商务印书馆 1982 年版，第 128 页。
　　② ［德］席勒：《强盗》，杨文震等译，人民文学出版社 1956 年版。卡尔是盗首，施魏采是众盗之一。

现，第一张骨牌就是米利都学派的哲学家泰利斯提出的世界的本原是什么的问题。人类思想史的整个伟大的行程正是从这个最简单的问题起步的。它虽然只是涓涓细流，但经两千多年的流程之后，却汇成了烟波浩渺的思想海洋。正如狄尔泰在《梦》的报告中所说的："永不熄灭的形而上学的动力是想解决世界和生活之谜。"①这就告诉我们，撇开一切偶然的、外在的因素，发现问题，抓住问题，从问题入手，是我们进入哲学史大厦的一条捷径。

其次，它启示我们，不仅思想史或哲学史是问题史，而且科学史、艺术史、伦理学史、心理学史等本质上都是问题史，都是问与答之间的无休止的、永远开放的对话。拉斐尔在他的传世之作《雅典学院》中，以极为丰富的想象力，把一大批不同时代、不同地域、不同学派的哲学家、科学家、艺术家汇聚在一个大厅中。这些学者或坐或站，或三五成群或独自冥思，他们在讨论、思索的是什么呢？无非是问题。如果用克洛纳的"问题史的方法"去审视这幅杰作，那么画面上的人物就全都销匿不见了，剩下来的只是一个硕大无比的问号。问题同样是我们自由地出入科学史和艺术史的通行证。

最后，克洛纳的"问题史的方法"的最重要的启示是，人类思想史的发展，任何哲学问题的提出与解决都有其内在的必然性。这种必然性是不能跳过，也是不能割断的。在这个意义上甚至可以说，断代史是不科学的，因为它切断了哲学史的问题的链条。谁要真正把握哲学史的精神实质，谁就必须学习全部哲学史。谁如果没有认真地研读过康德的著作，深入地探索过康德提出的哲学问题，那么他的全部思维方式只能是"前康德"的，甚至停留在古希腊哲学家的水平上；谁如果没有认真地研读过尼采、胡塞尔、海德格尔、维特根斯坦的著作，深入地思索过这些大思想家提出的问题，那么他的思维方式只能停留在近代而未进入当代哲学的大门。超越前人并不是蔑视前人，把前人撇在一边，而是认真地

---

① 田汝康等编：《现代西方史学流派文选》，上海人民出版社1982年版，第7页。

探索前人提出的问题，从而作出新的思考和解答。无论如何，哲学研究的道路是艰难的、充满坎坷的，每一个有志于斯的人都应该记住凡高的告诫：

> 路是狭窄的，门是狭窄的，只有少数人才能找到这条路。①

———————————

① ［美］珍妮·斯东、欧文·斯东编：《亲爱的提奥：凡高书信体自传》，四川人民出版社 1983 年版，第 63 页。

生命哲学

回到纯粹的绵延

——柏格森的直觉主义方法

> 大部分的时候，我们生活在我们自己之外，几乎看不到我们自己的任何东西，而只看到自己的鬼影，被纯粹的绵延投入空间之无声无嗅的一种阴影。要自由地动作即是要恢复对于自己的掌握并回到纯粹的绵延。
>
> ——[法]柏格森

达尔文的进化理论是 19 世纪最伟大的科学发现之一。进化原则的提出，使各门实证科学及哲学沐浴在一片新的阳光下。当耀眼的闪电过去以后，在哲学上传来了隐隐的雷声，这雷声就是"生命哲学"（Lebensphilosophie）的思潮。法国哲学家亨利·柏格森（Henri Bergson，1859—1941）是这一思潮的最负盛名的代表人物之一，他称自己的学说为"创造进化论"（creative evolution），从而明确地显示了它与生物学上的进化理论的某种亲缘关系。

柏格森说："进行哲学思维，就是逆转思维活动的习惯和方向。"①他的学说不光在思想内容

---

① [法]柏格森：《形而上学导言》，刘放桐译，商务印书馆 1963 年版，第 31 页。

上是新的，而且在思维方法上也是新的。事实上，对于他的追随者说来，最有吸引力的正是他的方法理论。所以，坎宁安(G. W. Cunningham)指出："就柏格森主义目前的发展而言，它的方法问题是一个基本问题。"①当然，柏格森的哲学方法并不是附加在他的学说上的，而是他的学说的一个有机的组成部分。所以，我们必须按照他自己的思路来阐明他的方法理论。

关于"实在"(reality)，哲学家们提出了各种各样的学说。然而，实在的本质究竟是什么呢？柏格森认为，它的本质是可动性，它总是从一种状态进入另一种状态，它表现为一个过程。在这一过程中，没有"已造成的"(already made)事物，只有"正在创造的"(being-made)事物。在各种各样的实在中，当我们反省自我的意识这种特殊的实在时，我们会十分清晰地体验到它的不息的流动、它的内在的冲动："我们关于我们的自我所具有的意识，在它的连续不断的流中，把我们引入一种实在的内部，我们必须按照这种实在去表达别的实在。因此，如果我们同意把倾向(tendency)看作是一种开始的方向变化，那一切实在就是倾向。"②在柏格森看来，各种各样的实在都处在不息的流动中，然而，人们常常为事物的相对静止的外观所迷惑，只有当他们反观自我的意识时，才会强烈地感受到实在的流动性。因此，要避免静止地、机械地看待实在的见解，就必须以自我的意识这种实在为基础，去透视一切实在。

那么，自我的意识究竟是怎样一种东西？柏格森说："我无法摆脱这样一种异议！任何时刻都不发生变化的精神状态(尽管是单纯的)是不存在的。因为没有无记忆的意识，同时，对于现在的感受来说，没有不附加对于过去的时刻的回忆的状态的连续。正是这一点构成了绵

---

① ［英］C. W. 坎宁安：《柏格森哲学研究》，伦敦 1916 年英文本，第 18 页(C. W. Cunningham, *A Study in the Philosophy of Bergson*, London: Longmans, Green and Co., 1916, p. 18——编者注)。

② ［法］柏格森：《形而上学导言》，刘放桐译，商务印书馆 1963 年版，第 29 页。

延。"①要是意识只有当下此刻的内容，它就不会形成运动的流，就不会有绵延。而自我的意识的特征，或自我的心理活动的特征正在于"绵延"（duration）。

绵延是柏格森学说中的一个重要的概念，我们必须弄清它的基本含义。绵延首先表现为一种前进的运动。柏格森说："绵延是侵入将来的过去的连续不断的进展，当它前进的时候，它就膨胀起来。"②绵延的这一特征决定了实在在发展过程中是不断进化的。绵延的第二个特征是创造性："绵延意味着创造，即各种形式的创造，绝对新的东西的不断的制作。"③这一特征充分显示了作为意识和其他实在的基础的"生命冲动"的能动性。绵延的第三个特征是它的多样性。它表现为一种杂多性，这种杂多性不是"同质的"，而是"异质的"。绵延的这三个特征构成了创造进化论的理论基础。千姿百态、生生不息的创造活动汇成了生命冲动的洪流。在这里，我们必须看到，第三个特征对于我们理解绵延概念来说，是至关重要的。

因为无论在科学上还是在哲学上，人们常常把绵延与"空间"（space）混淆起来。什么是空间呢？柏格森认为，若有一种东西能使我们在一堆同时发生的同一感觉之间辨别彼此，则它就是空间。对于绵延说来，其中各个瞬间都是相互渗透的，都是不可分割地联系在一起的。比如，情感就是一种活生生的、时刻变化着的东西。柏格森把这样的绵延称之为"具体的绵延""纯粹的绵延"或"真正的绵延"。然而，空间作为一种同质的、可分的东西一旦侵入真正的绵延之中，并试图去测量它，事情就起了变化。真正的绵延的各个瞬间被分割开来、凝固起来了："自我的绵延本来是时刻更动的，但在被投入纯一空间之后就被固

①　［法］柏格森：《形而上学导言》，刘放桐译，商务印书馆1963年版，第20页。
②　［法］柏格森：《创造进化论》，纽约1928年英文本，第4页（Henri Bergson, *Creative Evolution*, New York：Palgrave Macmillan, 1928, p. 4——编者注）。
③　同上书，第11页。

定下来了。"①就说上面提到过的情感，一旦被散布在空间中，它就失去了自己的生气与色调。它不再是情感，而是情感的阴影。柏格森还认为，空间观念侵入到纯粹的绵延中后，又会构成"抽象的时间"。于是，产生了另一种混淆："具体绵延和抽象时间这两种很不相同的东西被混淆在一起。"②抽象时间是可分割的、同质的，它根本不能取代各瞬间相互渗透的、异质的具体的绵延(亦即纯粹的绵延)。决定论就是在空间观念侵入纯粹绵延的领域后，进一步置换为抽象的时间而造成的。所以，决定论者常预断未来，把未来看作已然确定的东西。这里的未来(时间上的扩张)完全是同时性的空间上的扩张的一种变形。在柏格森看来，决定论取消了自我意志，从而也取消了自我的创造性。

由于空间、时间观念的掺入，形成了一种"表面的绵延"，而人们在省察自己时，又常常会借用时、空的形式，由此而把自我分裂为二：一是"表面的自我"，二是"深层的自我"。表面的自我不过是机械的、物化的东西，它不过是深层的自我的一个阴影。失落了深层的自我的人们，犹如舞台上的木偶一样生活着。也就是说，他们只是为外界而生活，而不是为自己而生活。

要能省察到真正的自我，就必须返回到纯粹的绵延，即真正的绵延去。而要回到纯粹的绵延去，就必须在省察方法、认识方法上来一场真正的变革。

柏格森认为，认识实在，尤其是自我的意识这种实在，有两种不同的方法：一种是"理智的方法"；另一种是"直觉的方法"。前一种方法是哲学家们和科学家们普遍采用的。可是，运用这种方法是根本不可能真正进入实在的内部，省察到纯粹的绵延的，只有直觉的方法才能使我们真正地把握实在，返回到纯粹的绵延中去。

为什么理智的方法不能把握实在呢？因为实在是一个不断变化的、

---

① ［法］柏格森：《时间与自由意志》，吴士栋译，商务印书馆 1958 年版，第 88 页。
② 同上书，第 106 页。

充满多样性的有机的整体，而理智的方法本质上是运用一定的概念或符号进行分析的方法。这种方法在认识实在之前，先已把实在肢解了、破坏了，从而永远堵塞了通往实在的道路。为什么会出现这种情况呢？这是由理智的方法的基本特征所决定的。

理智方法的第一个特征是把实在解析为一个一个的要素或部分，这样就把一个有生命的东西变成了一个诸多要素的堆积物。这就好像把一首诗拆散为字母，然而，这些字母已不再是诗的有机的组成部分了。它成了一堆杂乱的、丝毫引不起我们兴趣的东西。

理智方法的第二个特征是取消了实在的变动性，把它变成一个个凝固的、静止的点的总和。这常常是理智供凝固的知觉进行活动的结果。我们先使自己处于不动的东西中，以坐待运动的事物通过，而不使自己处于运动的事物中，以便同它一起越过那些不动的位置，这当然是把握不住实在的倾向性和可动性的："不管停顿的数目有多少，我们决不能以它们来创造可动性。……我们的思维可以从运动的实在中引出固定的概念，但是决不能用固定的概念来重新构成实在的东西的可动性。"①

理智方法的第三个特征是运用概念和语言这种抽象的东西来把握实在，从而丢弃了实在的全部丰富性和个别性，把它变成了理智可食用的干瘪的东西。如同女怪塞栖挥着魔棍，对俄底修斯喊道：

还不快到猪栏，和你的伴儿同寝。②

然而，柏格森指出："心灵和语言之间没有任何共同的尺度。"③语言和概念只能表示一般的东西，不能表示特殊的东西，如果使每个概念对应

---

① ［法］柏格森：《形而上学导言》，刘放桐译，商务印书馆 1963 年版，第 30—31 页。

② ［古希腊］荷马：《奥德赛》第 3 卷，第 49 页。

③ ［法］柏格森：《时间与自由意志》，吴士栋译，商务印书馆 1958 年版，第 112 页。

于每个个别的事实，那概念就不成其为概念了。人们的观念越具有普遍性，自我的个性就越被埋没。概念的道路并不能通向实在。所以，柏格森说："形而上学家在实在之下掘了一条深长的地道，科学家则在实在之上架了一座桥梁，然而，事物的运动之流却在这两个人工的建筑之间通过，而不与它们接触。"①总之，理智的方法只能在实在之外打转。形而上学的许多派别虽然提出了各种认识实在的途径，但由于未摆脱这一方法的束缚，所以，实在对于它们说来仍然是遥远的、不可企及的东西。反之，只有直觉的方法，才是真正通到实在去的桥梁。这种方法不借用任何概念、复制或符号来把握实在。它不是分析的，而是直觉的；不是从外部的观点来观察实在，而是使人置身于实在之内；不是相对地认知实在，而是绝对地把握实在。

柏格森所说的直觉究竟是什么意思呢？他说："直觉和理智代表了意识发生作用的两个对立的方向：直觉导向生命的方向，理智则导向相反的方向，因而自然而然地在与物质运动的联系中发现了自己……我们决不能从理智达到直觉。"②也就是说，直觉所要摆脱的，正是理智的机械性。它导向无法用机械性加以说明的生命的内部，它是一种超越知觉、思维等认识形式的内心体验。正是这种体验直接进入对象的深处，置身于实在深处的真正的绵延之中，它既不使实在凝固，也不使实在分解为要素，而是从整体上把握实在。所以，柏格森说："我们的绵延只有在直觉中才能直接显示给我们。"③在直觉中，我们犹如置身于梦境中。我们不再用时、空观念，用概念或符号去测量或分析绵延，而只是感觉到绵延。这就是一切。柏格森还强调，哲学的使命就在于使人们用一种直觉的努力置身于具体的实在和纯粹的绵延之中。当我们这样做的

---

① ［法］柏格森：《形而上学导言》，刘放桐译，商务印书馆 1963 年版，第 539 页。

② ［英］C. W. 坎宁安：《柏格森哲学研究》，伦敦 1916 年英文本，第 29 页（C. W. Cunningham, *A Study in the Philosophy of Bergson*, London: Longmans, Green and Co., 1916, p. 29——编者注）。

③ ［法］柏格森：《形而上学导言》，刘放桐译，商务印书馆 1963 年版，第 10 页。

时候，我们的意识就摆脱了传统与习惯的种种束缚，返回到一种纯真的天然的态度中去。在这种态度中，纯粹绵延的永恒创造之流清晰地呈现在我们的面前：

> 我们的世界象广阔的街道，
> 我们人类是大道上的过客，
> 奔的，走的，步行的，骑马的，
> 仿佛是驿使或仆役。①

柏格森的创造进化论和他的直觉主义的方法具有明显的非理性主义的倾向和生机论的倾向。这是我们不得不看到的，然而，搏动于他的学说中的那种新的、积极的力量和倾向也是我们必须加以理解并把握的。

第一，柏格森比谁都更激烈地抨击了那种因物理学、尤其是力学的发展所带来的机械论的观点。如果说这种观点在科学研究的一定范围内还是有效的话，那么用它去解释生命或生活，就显得滑稽了："凡是将行动和事件安排得使我们产生一个幻象，认为那是生活，同时又使我们分明感觉到那是一个机械结构时，这样的安排便是滑稽的。"②这种机械论观点在哲学上则表现为理智的分析方法。这种分析方法常常把人变形为机器，把生活变形为物的堆积，从而在人和真实的生活之间筑起了高墙。这种思想方法还因逻辑的助力而获得了一种庄严的外观，然而，正如柏格森所强调的，"我们的思想，在其纯粹的逻辑形式中，是没有能力描绘生命的真正的本质的，也是没有能力描绘出进化运动的全部意义的"③。生活或生命（法文 vie，德文 leben，英文 life 均兼有生活和生命

---

① 参见海涅《诗歌集》"罗曼采曲"中"赠别"一诗（［德］海涅：《诗歌集》，上海新文艺出版社 1957 年版。——编者注）。

② ［法］柏格森：《笑：论滑稽的意义》，徐继曾译，中国戏剧出版社 1980 年版，第42 页。

③ ［法］柏格森：《创造进化论》，纽约 1928 年英文本，第 IX—X 页（Henri Bergson, *Creative Evolution*, New York：Palgrave Macmillan, 1928, pp. IX-X——编者注）。

的含义)不在逻辑或概念的框子内,而在它们之外,这是从叔本华以来的现代西方人本主义哲学家都强调的观点。这种观点对于已变形为知识论的形而上学说来不啻是一个有力的冲击。哲学不能在生活之外精心编织思维之网,它必须把真正地把握生活作为自己的基本课题。

第二,柏格森强调生命的创造性。他说:"我们所说的生命冲动,就在于一个创造的需要。"①生活不是一种机械的、惰性的东西,它是一种不断创新、不断向上的力量。当它以不同的方式与不同的物质相结合时,就产生不同的事物。从无机物一直到人的情感意志等活动,都是生命冲动的产物。通过对创造性的强调,柏格森把主体的作用,特别是主体的意识和意志的作用,提到一个前所未有的高度上,他的思想对以后法国的存在主义思想家产生了重大的影响。

第三,柏格森关于绵延和时、空的关系问题触及哲学的根本问题。他实际上揭示了理智的机械的分析方法的最深层的基础,即时、空观念与纯粹的绵延的混淆。他说:"'真正的绵延'意谓不可分割的连续性和创造性。"②而机械的时、空的基本特征是可分性。因而,哲学家只要还在用机械的时、空观进行思维的话,他就不可能真正跳出理智的机械的方法,从而也就不可能真正地把握生活。在现代西方哲学中,尤其是在爱因斯坦相对论问世后的西方哲学的发展中,时空问题凸显为一个重大的哲学课题,事实上,时空观念的变革是任何划时代的哲学变革的一个基本前提。在这个意义上可以说,不触动时空观的任何哲学探讨都不可能是第一流的。

---

① [法]柏格森:《创造进化论》,纽约 1928 年英文版,第 251 页(Henri Bergson, *Creative Evolution*, New York: Palgrave Macmillan, 1928, p. 251——编者注)。

② 同上书,第 XIV 页注。

实用主义

把观念弄清楚

——皮尔士的哲学研究方法

> 对每一个人来说，一些清楚的观念无疑
> 要比许多混乱的观念更有价值。劝一个青年
> 人牺牲其大部分思想以保全其余的思想，总
> 是不可能的；头脑糊涂的人最不易看到这种
> 牺牲的必要性。对这样的人，我们通常只能
> 把他作为有先天缺陷的人加以怜悯。
>
> ——[美]皮尔士

伟大的哲学家常常不得不面对一个过分近视
的时代，因而一直要到他们逝世以后，他们的思
想才会引起人们的重视乃至崇拜。美国哲学家，
实用主义①思潮的创始人皮尔士(Charles Sanders
Peirce，1839—1914)的遭遇就是如此。皮尔士在
世的时候从未出版过一部哲学著作，他的值得赞
叹的才华也未得到学术界的承认。直到他的文集
(他死后由哈佛大学哲学系整理出版)问世二十年
后，时代才跟上他的思想的步伐，并把他尊为美

---

① "实用主义"的英文原名为 pragmatism，其基本思想，皮尔士于《信念的确定》
(1877)和《怎样把我们的观念弄明白?》(1878)这两篇论文中已经提出，但皮尔士到1902年
才正式使用实用主义的概念。后来，由于他不满意威廉·詹姆士对实用主义的解释，把自
己的学说称为"实效主义"(pragmaticism)，以示与詹姆士的实用主义的区别。

国最杰出的、最富有创造性的哲学家之一。皮尔士的实用主义学说不仅是一种新的世界观，而且也是一种重要的方法论。随着分析哲学思潮的兴起，他的方法论思想引起了人们越来越多的兴趣。

"实用主义"（pragmatism），源于希腊文 πράγμα，意即行为、事件等。这一概念明确地规定了这一思潮的出发点，即它只讨论与人的行为和活动有关的问题，也规定了这一思潮的研究范围，即凡是与人的行动无关的形而上学的问题都不进入它的视野之内。

当我们研究人的"行动"时，立即会碰到下面的现象，即任何行动都是受一定的"信念"（belief）支配的。这样，问题就转到信念那里。

什么是信念呢？信念就是一个人对自己认为是真的"命题"的一种断定。"安东尼把戒指给克拉莉佩奥"这就是一个命题。当我说，"我确信安东尼把戒指给克拉莉佩奥"时，我说出的就是一种信念。因为这一信念对某一命题或陈述采取了断定或肯定的态度。信念具有两方面的本质特征：从行动的角度看，它是人们引以为据的东西，它标志着心灵的一种习惯。由于这种习惯，人们总是按照一种确定的方式去行动。皮尔士说："信念的本质是习惯的确立。不同的信念是根据它们产生的不同的行为模式而被区分开来的。"[①]同一个信念可以用不同的词来表达，但人们常常从用词的不同来推断信念的不同。皮尔士认为，这显然是当今这个卖弄学问的时代的普遍的谬误。信念的不同仅仅只能从行动模式的不同上去判定。"一种信念一旦不被人们作为行动的依据，就不再是一个信念了。"[②]另一方面，从思维的角度来看，信念是一种与"怀疑"相反的状态。怀疑是对命题的真实性的一种质询。皮尔士认为，怀疑可以区分为"真正的怀疑"和"人为的怀疑"。后者是一种装模作样的、故弄玄虚的怀疑，笛卡儿的怀疑就属此列；前者是在人的感觉和行动中萌发出来

---

① 《皮尔士文集》第 5 卷，第 398 节（*The Collected Papers of Charles Sanders Peirce*，Volume 5，Cambridge：Belknap，1960，S. 398）。

② 《皮尔士文集》第 7 卷，第 356 节（*The Collected Papers of Charles Sanders Peirce*，Volume 7，Cambridge：Belknap，1960，S. 356）。

的、实实在在的怀疑。真正的怀疑使人处在烦恼、不安的紧张状态中。人们力图使自己摆脱这种状态，而进入信念的状态，后者是一种平静的满足的状态。在这个意义上，皮尔士说："什么……是信念？它是在我们的智力生活的交响曲中，结束一句乐句的半休止拍。"①

现在我们进一步追问下去，人们究竟采用怎样的方式来挣脱怀疑状态而进入信念的状态呢？皮尔士认为，一共有四种方法：

第一种方法他称之为"固执的方法"(the method of tenacity)。这种方法拒绝用批判的眼光来考察自己的信念，认为它始终是正确的。这样的想法虽然是于事无补的，但它会带来一种心理上的安全感。所以，皮尔士不无讽刺地说："鸵鸟在面临危险的时候，把头埋于沙土中，很可能是采取了最幸福的方式。"②

第二种方法他称之为"权威的方法"(the method of authority)，即把各种团体(如国家、教会等)所规定的原则作为个人的信念。这种方法适合于那些不能确立自己信念的人。对芸芸众生来说，这种方法是确立信念的捷径。"如果他们的最高冲动是想当精神上的奴隶，那么他们就应当继续地去相信这种方法。"③

第三种方法他称之为"先验的方法"(the apriori method)。这是哲学家和其他思想家常采用的方法。他们大多不依赖于观察和经验，而是从自己的理智出发，去建立信念。在这方面，笛卡儿是一个典型人物。这种方法在本质上与权威的方法是一致的。

第四种方法是"科学的方法"(the method of science)，是消除怀疑确立信念的最好方法。它具有两个基本特征：一方面，它是一种逻辑的方法，目的是把观念弄明白；另一方面，它是一种类似于实验室中使用的操作的方法。这两个特征规定了科学的方法的基本内容和大致走向，也

---

① 转引自［美］怀特：《分析的时代》，杜任之译，商务印书馆 1981 年版，第 141 页。
② 《皮尔士文集》第 5 卷，第 377 节(*The Collected Papers of Charles Sanders Peirce*，Volume 5，Cambridge：Belknap，1960，*S*. 377)。
③ 同上书，第 380 节。

为皮尔士的"意义理论"提供了前提。

在皮尔士看来，要科学地确立起自己的信念，就先要弄明白观念的意义。我们只有真正地了解了自己的思想，把握了自己的思想所指的意思，才可能有效地去思考和解决各种问题。然而，"可怕的是，我们看到，潜藏在年轻人头脑中的一个不清楚的观念，一条无意义的规则，有时竟会像动脉中的惰性物质那样起阻碍作用，妨碍大脑的营养供给，并使它的受害者在精力充沛、富于智慧的时刻枯萎下去"①。所以，从逻辑上澄清观念的意义无论如何是科学的方法所要迈出的第一步。

那么，皮尔士所说的"观念"究竟是什么意思呢？它与信念的关系到底如何呢？在他的著作中，观念也就是"概念"。如前所述，任何信念都是对一个命题的断定，而任何命题都包含着概念。这就是说，观念是信念的一部分。要弄清楚信念的真与假，就要先明白包含在信念中的各个观念的意义。反之，我们又不能孤立地确定一个观念的意义，因为抽象地看，观念具有多方面的意义，然而，当它处在一个特定的信念中时，它某方面的意义就凸显出来了。比如，在"我确信人总是要死的"这个信念中，"人"这个观念的其他属性和意义都被撇开了，凸显出来的只是生死的问题。所以，观念的意义又必须在信念所要求的方向下进行澄清。观念的意义和信念的意义是不可分割地联系在一起的。

如果我们进一步思考下去的话，就会追问：观念和信念联系的更深层的基础是什么呢？按照皮尔士的观点，信念的意义问题首先是这样一个问题：一个特定的信念将引导我们从事什么样的特定的行动？在信念所蕴涵的经验中，我们将发现什么样的特定的可以感觉到的效果？这正是其意义理论的核心之所在。这就是说，信念的意义归根结底体现在行动中。那么，观念或概念的意义又体现在哪里呢？皮尔士认为，对观念意义的澄清不能通过内省的办法，而要通过外部的行为，如操作、行

---

① 《皮尔士文集》第 5 卷，第 393 节（*The Collected Papers of Charles Sanders Peirce*，Volume 5，Cambridge：Belknap，1960，S. 393）。

动、作业、使用和观察等来澄清。一言以蔽之，观念或概念的意义也体现在行动中，必须通过行动本身加以说明和确定。正是行动本身(包括效果)把观念和信念的意义连接在一起，显示出皮尔士的科学的方法的全部独特性和创造性。

让我们来总结一下，在信念的意义所指出的特定的方向上，我们通过操作来确定其中各个概念的意义。在澄清概念意义的前提下，再进一步通过对概念的关系的考察来判定信念的真假问题。这正是皮尔士要求我们在确立信念的过程中所必须进行的工作。

在阐明皮尔士的操作法之前，先要对概念作一补充说明。在需要澄清意义的概念中，必须去掉两类概念：一类是"专名"，如拿破仑；另一类是纯粹形式的"表达式"，像"非""如果——则""或者"等。需要加以澄清的是"一般的描述概念"，如"雨""物""加速度"等。其具体的操作法是：用"C"代表一个概念，用"R"代表某个操作(或一套操作、试验及观察条件)，用"E"代表可感觉的效果(即实际结果)。这样就可列出下面的解释"C"的意义的公式：

$$C = (如果\ R\ 则\ E)$$

比如，对化学元素锂来说，如果把它同石灰一起捣碎并溶化，它就可以部分地溶解于盐酸，如果将这种溶液蒸发，并用硫酸萃取其残余物，再使它充分纯化，即可将其转变为固态氯化物；在将它溶化并用半打强电池电解后，它便产生出一种带粉红的银色的金属颗粒，它可以浮在汽油上。这种矿物质就是锂的标本。通过上述一系列操作，我们就对锂这一概念所指称的对象的意义获得了感性认识。

在逐一澄清概念意义的基础上，信念的真假问题便宛然冰释了。信念不管是真的还是假的，它都是有意义的。但是，只有真的信念才通向真理之路。皮尔士把真理看得极高，他说："注定将最终为所有研究者赞同的见解就是我们说的真理，而在这种见解中陈述的对象则是实在的。这就是我们解释实在的方法。"①在皮尔士看来，在人们操作和行动的过程中，不管他们自己愿意与否，最终都会被引向真理那边。人类可能由于自己的固执或刚愎自用，无限期地在真理之外徘徊，直到人类毁灭为止。然而，如果会产生一个新种族的话，它最终仍是有希望达到真理的。

在皮尔士关于真理的论述中，谈到了"实在"（reality）。实在概念可以说是哲学家最关心的课题了。然而，在理解皮尔士的实在概念时，我们必须始终记住他的哲学的出发点：行动及其效果。因此，皮尔士并不像传统哲学家那样，在实在的玄思的概念上来谈人的行动；恰恰相反，他是在行动的基础上来谈实在。他的行动的原则也就是"奥卡姆剃刀"，它已经剃去了传统哲学家附会在实在概念上的种种虚幻之辞。所以他说："所谓实在，正如每一种其他的性质一样，就在于它具有实在性的事物所产生的特殊的可感觉的效果。"②

皮尔士用同样的原则来审视整个传统哲学。他强调，旧形而上学的命题全都是一些无意义的废话，如果把这些废话清除掉的话，"哲学所留下来的就是一系列可用真正科学的观察方法来研究的问题——关于这些问题的真理不要那种没完没了的误解和争论便能达到"③。皮尔士的实效主义学说并不是很系统的，它的贡献在于适应新时代的需要说出了一种新的原则——行动及其效果的原则。这一新原则本身就是对陷入无谓争论的旧形而上学的一种抗议。历史的讽刺在于，皮尔士早年参加的"形而上学俱乐部"竟酝酿出一种反形而上学的理论！哲学常以空幻的玄想而自诩，然而它的脐带始终连接在生活的躯体上。当它试图远离生活的时候，生活总会通过某一哲学家或某一哲学思潮，迫令它重新回到自

---

① 《皮尔士文集》第 5 卷，第 407 节（*The Collected Papers of Charles Sanders Peirce*，Volume 5，Cambridge：Belknap，1960，S. 407）。

② ［美］怀特：《分析的时代》，杜任之译，商务印书馆 1981 年版，第 148 页。

③ 《皮尔士文集》第 5 卷，第 423 节（*The Collected Papers of Charles Sanders Peirce*，Volume 5，Cambridge：Belknap，1960，S. 423）。

己的火炉边来。实用主义思潮的力量正在于此。皮尔士的意义理论，特别是他关于首先要把我们的观念搞清楚的见解，为他的行动及其效果的原则提供了最有力的帮助，从而也为未来分析哲学的兴起扫清了地基。

然而，在皮尔士的学说和方法论中，存在着一种浓厚的实证主义和科学主义的倾向。这种倾向妨碍他对实在问题作出社会历史方面的深刻分析。事实上，生活的全部丰富性是不能还原为这些机械的操作方法的。在实用主义思潮以后的发展中，杜威（John Dewey）对政治、道德、教育等问题的深入研究弥补了皮尔士在这方面留下来的空隙。在这个意义上可以说，思想史也就是发现空隙并填补空隙的历史。

真理必须有实际效果

——詹姆士的哲学研究方法

迄今为止，哲学上认为重要的一件事，就是一个人要洞察事物，用他自己独特的方法去洞察事物，并且对于任何相反的方法都不满意。没有理由设想这种强烈的气质性的观察力在人类信念史上从此就不重要了。

——[美]詹姆士

以皮尔士为肇始人的实用主义思潮，20世纪初在美国取得了长足的发展。40年代以前，它在美国哲学中一直占据着重要的地位。检视这一思潮的兴起和演进，我们不能不看到另一位美国的实用主义哲学家威廉·詹姆士（William James，1842—1910）的巨大作用。

詹姆士在晚年声称，他提出的理论叫"彻底经验主义"（Radical Empiricism），它与实用主义没有任何逻辑上的联系。然而一旦我们深入研读他的著作，就会发现，他的思想和方法是一以贯之的。

在《实用主义》这部著作中，詹姆士强调说："实用主义不代表任何特殊的结果，它不过是一种方法。"①在这个意义上可以说，考察他的实用主义学说，也就是考察他的哲学研究方法。然而，要对他的方法理论有一个完整的认识，我们不得不追溯到他的理论基础上去。人们常常认为，詹姆士的彻底经验主义是他的实用主义见解的理论前提，这当然是无可厚非的。可是，我们的探讨还可以向更深的地下发掘。

在《实用主义》一书的序言中，詹姆士告诉我们，了解实用主义思潮的第一步是学习英国实用主义者席勒（F. C. S. Schiller）的《人本主义研究》中的有关章节。这个建议十分重要，因为它暗示我们，他的哲学思想的最深层的基础是人本主义。我们有充分的依据来论证这一点。

在1904年发表的《人本主义的真理》一文中，詹姆士说："我认为席勒关于把广义的实用主义称作'人本主义'的建议是非常合适的，应当加以采纳。狭义的实用主义，则仍可称作'实用主义方法'。"②这段话充分表明，人本主义是实用主义的最深层的世界观基础。另外，在《实用主义》一书中，詹姆士专门辟出一章的篇幅来讨论实用主义与人本主义的关系。在这一章中，下面两段话最典型地表现出詹姆士的人本主义见解。他这样写道："我们所能把握的，永远只是由人的思维所'烹调过'和'消化过'的它的替代物而已。"③在另一处又写道："象天国一样，世界也是自愿地听凭人类摆布的。真理全是由人产生到这个世界上来的。"④这些论述显露出詹姆士哲学的第一个出发点，即世界是一个人化的世界，哲学只关心与人及人所思维、所创造的一切有关的问题。

从人本主义出发，仍可沿着理性主义或经验主义这两个截然不同的方向来发展自己的思想。詹姆士选择了后一条道路。在他看来，经验主

---

① ［美］詹姆士：《实用主义》，纽约1963年英文本，第25页（William James, *Pragmatism：And Other Essays*，New York：Washington Square Press，1963，p.25——编者注）。

② 同上书，第163—164页。

③ 同上书，第109页。

④ 同上书，第113页。

义的道路"符合最近牛津和芝加哥两个学派突然向我们提出的'人本主义'"①。这样，我们便转入了他的哲学的第二个出发点：彻底的经验主义。

彻底的经验主义的基本见解是：(1)只有能以人的经验中的名词来解释的事物，才是哲学上可争论的事物；(2)事物之间的关系，不论是连续关系，还是分离关系，都跟事物本身一样，是直接的具体经验的对象；(3)经验各部分靠关系连成一体，这些关系本身也是经验的组成部分。

为什么詹姆士要把自己的学说称为彻底的经验主义呢？这是因为：一方面，传统的经验主义未把各种关系，如"一起""近""下次""如""从""向""对""因""为""由"等本身看作经验的一部分，而是把它们排斥在经验之外，这显然是不彻底的；另一方面，传统心理学未完全克服主体和客体、心理的和物理的东西的二元论，而詹姆士则把整个世界推入到他的纯粹经验的坩埚之中：

　　　　一切都飘散了，不幸的特洛亚从此灭亡！②

在混沌的经验之河中，不再存在主观的东西和客观的东西的对立。对于经验说来，"它的主观性和客观性不过是职能上的两种属性"③。我们要特别注意他使用的"职能"(Function)一词，正是这个词消解了物理世界和心理世界的对立，并把各种经验联结在一起，作为本体的世界隐匿不见了，剩下的只是具有各种职能的经验因素组成的纯粹经验的世界。当个人作为纯粹经验世界的一部分而和这个世界打交道时，他必然根据

---

① [美]詹姆士：《彻底的经验主义》，庞景仁译，上海人民出版社 1986 年版，第 46 页。

② 《欧里庇得斯悲剧集》(二)，罗念生等译，人民文学出版社 1957 年版，第 118 页。

③ [美]詹姆士：《实用主义》，纽约 1963 年英文本，第 23 页(William James, *Pragmatism: And Other Essays*, New York: Washington Square Press, 1963, p. 23——编者注)。

"实际效果"的原则，即从对自己的行为有实际用处的角度来选择具有各种职能的经验片断，犹如我们在百货店里选择各种需要的商品一样。写到这里，我们实际上已经踏进狭义的实用主义，即作为方法论的实用主义的领地中去了。

詹姆士说："实用主义的方法是试图探索其实际效果（practical consequences）来解释每一个概念。"[①]实际效果的原则是全部实用主义方法的基础的、核心的原则。从这一原则出发，哲学的使命就不再是抽象地讨论这个世界公式或那个世界公式，而是要分析这些世界公式如果加以实行，在生活中究竟会产生什么结果。

在詹姆士看来，实用主义方法并无任何新鲜之处。苏格拉底是运用这种方法的老手；亚里士多德也系统地使用过这种方法；洛克、贝克莱、休谟利用这一方法对真理作出了巨大的贡献。然而，作为一股普遍的思潮，实用主义只有在当代才流行起来。它避开无谓的字面争论，避开固定的原则与封闭的体系，避开独断的、假冒的真理，趋向于事实、行动与实际经验。

实用主义的方法首先用于解决各种形而上学的争端。詹姆士说："形而上学的辩论总好象与空气搏斗，没有一个实际的、可感觉的结果。"[②]形而上学局限于对物质、上帝、理性、绝对、能等概念的无谓争论。实用主义从效果的原则出发，主张在自己的经验中，把上述每个概念的"实际的兑现价值"表现出来。由于和效用结合，形而上学的概念和理论就不再是无生命的躯壳，不再是猜谜的答案，而成了我们可以依靠的"工具"，成了一种活生生的东西。

从哲学史上看，形而上学的发展表现为"理性主义"和"经验主义"的

---

① ［美］詹姆士：《彻底的经验主义》，庞景仁译，上海人民出版社 1986 年版，第 12 页。

② ［美］詹姆士：《实用主义》，纽约 1963 年英文本，第 158 页（William James, *Pragmatism: And Other Essays*, New York: Washington Square Press, 1963, p. 158——编者注）。

对立。詹姆士认为，这两大派的对立是不同的"气质"相互冲突的结果。理性主义通常是一元论的、从原则出发的、唯心主义的、独断的；经验主义则通常是多元论的、从事实出发的、唯物主义的、怀疑论的。詹姆士着重批判了理性主义哲学，强调它远不是对现实世界的一种说明，而是附加在现实世界上的一个建筑物，一个可以躲避起来的古雅的圣殿；理性主义的各种体系则像一个个矫揉造作的纪念碑，与具体的生活完全是格格不入的。然而，从效果的原则出发，理性主义的哲学也包含着有价值的成分，特别是它包含有宗教的特征。"绝对"概念虽然是远离生活世界的，但它能像"上帝"一样，给人以希望，给人以心理上的安全感。按詹姆士的话来说，绝对赋予我们"道德上的休假日"，使我们鼓起勇气和信心，去面对生活中的严酷的事实。正是基于这样的想法，詹姆士竭力用实用主义的方法把这两大派统一起来："事实的确是好的——给我们多多的事实吧，原则是好的——那就给我们多多的原则吧。从一个角度看，世界无疑是一，从另一个角度看，世界无疑是多。既是一又是多，那么我们就采取一种多元的一元论吧。"①他主张，实用主义应对各种理论采取温和的态度，以便按照它们的兑现价值的大小，把它们运用到生活中去。

实用主义方法的第二个用途在于，提出了一种新的真理观。詹姆士说："实用主义方法的意义不过是：真理必须具有实际的效果。"②在"实际的"这个形容词后面他作了一个注，表明不仅指物质上的效果，而且也指心理上的效果。对于传统哲学来说，真理的唯一标准是主观和客观的符合或思维与事物的一致。詹姆士认为，实用主义者并不否认观念和实在的符合。然而，在"符合"究竟是什么意思这一问题上，却与理性主义者的看法迥然不同。有的理性主义者强调，真理或真的观念必须临摹

① ［美］詹姆士：《实用主义》，纽约 1963 年英文本，第 10 页（William James, *Pragmatism: And Other Essays*, New York: Washington Square Press, 1963, p. 10——编者注）。

② 同上书，第 163 页。

实在。詹姆士驳斥说，假如我们闭上眼睛，想想墙上挂的钟，我们能想象出来的只是一幅关于钟面的真实的图像和摹本。可是，对于钟的机件（除非是钟表匠）却临摹不下来。詹姆士问道，如果我们的观念不能准确地模拟观念的对象，所谓和那对象符合又有什么意义呢？另一些理性主义者把观念的符合对象从实在移到上帝或绝对那里去。然而，这样一来，真理在他们那里就成了一个惰性的体系，成了一种无生命的静止。一旦他们认为占有了真理，就止步不前了。詹姆士责问道，假如这些观念是真的，它们究竟会在我们的生活中引起什么样的变化呢？从感觉、经验和行动的立场上来看，它们的兑现价值究竟是什么呢？

从实际效果的原则出发，实用主义者对真理的"符合"特征作了全新的理解。詹姆士说，"人本主义所谓'符合'，乃是指这样地加以考虑，它使我们在理智上和实际上得到某种满意的效果。"①掌握真理，本身绝不是一个目的，而不过是导向生活中的某种满足的手段而已。詹姆士举例说，如果我在森林里因迷路而受冻挨饿，忽然发现了一条有牛蹄脚印的小路。这时最重要的是我一定要想到这条小路的尽头一定有住家，所以如果我这样想而且顺着它走去，我就会得救。这里，真理或真实的思想是有用的，因为作为思想对象的房子是有用的。所以，真理的价值主要是由于观念的对象对我们的实际重要性而产生的。然而，观念的对象并非在任何时候都是有用的。但是，我们观念中的任何对象几乎在特定的场合下对我们都有用，因而，我们应该贮存一些"额外真理"，以备不时之需。在詹姆士看来，说"真理是有用的，因为它是真的"和说"真理是真的，因为它是有用的"是同一个意思。在另一处，他对真理的效用性作了最淋漓尽致的发挥。他这样写道："事实上，真理基本上是靠一种信用制度生存下去的。我们的思想和信念只要没有遭到什么反对就可以让它们成立；正好像银行钞票一样，只要没有谁拒绝接受它们，它们

---

① ［美］詹姆士：《实用主义》，纽约 1963 年英文本，第 184 页（William James, *Pragmatism: And Other Essays*, New York: Washington Square Press, 1963, p. 184——编者注）。

就可以流通。"①从这些见解可以看出，詹姆士的真理观深深扎根于他的以人为中心的人本主义的学说中和以职能（亦即功能）为特征的彻底的经验主义理论中。这一真理观揭去了传统哲学家遮盖在真理上的种种神秘的面纱，真理被赤裸裸地抛到人世间，成了世人的工具和手杖。

实用主义如此讲究有用、价值和满足，会不会使人变得鼠目寸光，营营于个人的私利呢？詹姆士申辩说："实用主义并不象人们责备的那样，只把眼光放在当前实用的地方，而是也同样望着世界最遥远的前景。"②传统哲学的重心必须改变，哲学真正应该关注的问题是：这个世界将会变成什么样子？生命将会变成什么样子？正是出于这样的考虑，实用主义特别重视计划、自由意志、心灵和精神等问题，因为这些问题的意义正在于提供了一种"社会向善论"，从而使人们对将来燃起新的希望。这充分印证了詹姆士前面提到过的话，亦即实际的效果不光是物质上的，而且也包括心理上的。因而，连"希望"这个虚无缥缈的东西也被他打上了实用主义的印记。泰门说：

　　整个的世界曾经是我的糖果的作坊。③

詹姆士则告诉我们，世界永远是我们的糖果作坊。

詹姆士的实用主义方法在其流传过程中引起了不少误解。这里有必要加以澄清。一是人们把他的方法作为一种调和的、折中的方法。表面上，他本人也多次承认这一点。然而，稍加分析，我们就会发现，他的哲学的基本要求是把经验扩张到极致，从而形成一种彻底的经验主义。在这个要求中，我们看不出有什么折中调和的余地。它之肯定理性主

---

① ［美］詹姆士：《实用主义》，纽约 1963 年英文本，第 91 页（William James, *Pragmatism: And Other Essays*, New York: Washington Square Press, 1963, p.91——编者注）。

② 同上书，第 55 页。

③ 参见莎士比亚戏剧《雅典的泰门》，见《莎士比亚全集》第 8 卷，朱生豪译，人民文学出版社 1978 年版，第 184 页。

义，也仅仅是在下面这一点上，即理性主义在心理上可以给人以安全感并提供某种希望。实际上，他是打破了灯泡，站在黑暗中来论证灯泡的重要性的。只要我们不拘执于外观，我们一定会发现，他的哲学是异常彻底的，是理性主义传统的最坚决的批评者。二是人们认为他抬高了宗教的地位，把信仰变成了真理。这也是近视的看法。事实上，他以最激烈的方式攻击了宗教和上帝。在他的眼中，上帝的尊严早已烟消云散，他不过是人们手中的一个工具，不过是可以兑现某种空幻的希望的一张期票。他是在亵渎了宗教和上帝以后才去维护它们的。三是人们认为他把有用的东西统统看作是真理，事实上取消了真理。这个看法在相当程度上是有道理的，在詹姆士的著作中确实存在着这一种倾向。但是，从另一个角度来看，也可以说他赋予真理以新的活力。事实上，离开了效用和价值，真理不过是一种凝固的化石般僵硬的东西。它不能应用于生活，在它抽象的躯体里，没有生命的活力，也没有热情的奔涌。应当看到，把价值和效用的原则引入真理，是詹姆士的卓越贡献。问题是他未能准确地解决好这个问题。

詹姆士在哲学上的贡献还表现在以下几方面：

第一，他突出了哲学和生活的联系。他说："你所需要的哲学是这样的一种哲学：它不但要能运用你的智慧的抽象能力，还要能与这有限人生的实际世界有某种肯定的关联。"①哲学家常常离开污垢的生活世界，用审美的观点去建立一个理想的世界。然而，他说的一切如果与我们的生活全无联系，那又有什么意义呢？正如罗亭在评价自己时说的，

只是些空话，全都是空话！什么都没有做！②

---

① ［美］詹姆士：《实用主义》，纽约 1963 年英文本，第 12 页（William James, *Pragmatism: And Other Essays*, New York: Washington Square Press, 1963, p. 12——编者注）。

② ［俄］屠格涅夫：《罗亭》，陆蠡译，人民文学出版社 1957 年版，第 154 页。

第二，他提出了职能或功能的重要概念，力图凭借它来弥合理智的反思所造成的主客体分裂，从而形成一个纯粹经验的世界。在卡西尔和马林诺夫斯基的学说中，都可见到功能概念的重要作用。不能否认，这一概念开辟了哲学研究的崭新的方向。然而，功能的研究只有与结构的研究结合起来，才能获得真正的识见。结构主义思潮的兴起弥补了这方面的缺憾。

第三，他提出了气质与哲学的关系问题。他说："气质和它所要求的与它所拒绝的实际上决定着人们的哲学观点，而且永远如此。"①虽然他过分夸大了气质在哲学形成和发展上的作用，然而，他启示我们，不应当忽视哲学家本人的气质、性格、个性的问题。在某种意义上，这也正是哲学发生学得以存在的理由之一。

---

① ［美］詹姆士：《实用主义》，纽约 1963 年英文本，第 19 页（William James, *Prag-matism: And Other Essays*, New York: Washington Square Press, 1963, p. 19——编者注）。

现象学

寻找认识上的阿基米德点
——胡塞尔的现象学方法

> 我们现在被导向深处，深处是一片黑
> 暗，黑暗之中是问题所在。
>
> ——[德]胡塞尔

古代科学家阿基米德曾经说过，如果给他一个支点的话，他可以用杠杆把整个地球撬起来。这是物理学史上最富于想象力的趣谈之一。阿基米德点，意谓一个确定的、坚不可摧的支点。在群星灿烂的西方哲学史上，少数思想深邃的大师都孜孜不倦地寻找着思维上的阿基米德点，以便把自己的学说安顿在一片坚实的陆地上。在这些大师中，德国哲学家爱德蒙德·胡塞尔（Edmund Husserl，1859—1938）的名字应该引起我们特别的重视。胡塞尔经常称哲学为"考古学"（archaeology），强调哲学思维的根本使命就是获得一个确定的、明晰的起点。他在 1906 年的日记中写道："我必须获得明晰性（clarity），否则我就不能活下去"①，充分表明了他这方面的强烈的愿望。正

---

① ［美］H. 施皮格伯格：《现象学运动》，1982 年英文本，第 76 页（Herbert Spiegelberg，*The Phenomenological Movement*，Leiden：Martinus Nijhoff，1982，p. 76——编者注）。

如 H. 施皮格伯格所说："胡塞尔不断地向纵深发掘，试图为确实的洞见提供更坚实的基础。"①

那么，胡塞尔是如何寻找他心目中的阿基米德点的呢？这得先从他关于思维态度的分析入手。他把人们的思维态度分为两种：一种是自然的思维态度，另一种是严格意义上的哲学的思维态度。所谓自然的思维态度，即是说，我们面对着各种各样的事物，我们感觉到它们的存在并探索着它们运动发展的规律。我们从不怀疑这个世界的实在性，并认为这一切都是自明的、无可置疑的。在自然的思维态度的基础上，自然科学营造起自己宏伟的大厦，其严格性和精确性令人咋舌，其辉煌成果令人眩目。然而，自然科学只是一味地向前冲刺，从不反躬自省，从不去思考并探索自己的基础的可靠性和稳定性。正如胡塞尔所指出的："自然思维的工作已结出了无限丰硕的成果，日新月异的科学是一个发现连着一个发现向前迈进，它根本就不会想到要提出关于认识可能性的问题。"②

在自然思维的地基上，还出现了逻辑的大厦。人是在生存斗争中通过自然选择发展起来的，与此同时，人的智力也发展起来，智力的形式——逻辑也随之而发展起来。然而，逻辑的形式和规律作为自然主义和心理主义的衍生物，作为人类偶尔择定的思维形式，它能准确无误地契合事物本身吗？当我们从不怀疑传统逻辑的时候，我们也从不会离开自然思维的基地。

自然思维造就了自然科学和传统逻辑，而自然科学和传统逻辑又造就了传统哲学，因而传统哲学，尤其是其认识论，始终在自然思维的圈子内打转。传统的哲学认识论把认识的起源问题作为认识论研究的中心课题，可是，胡塞尔却认为，由于它们从不反思认识的基本问题，即认

---

① ［美］H. 施皮格伯格：《现象学运动》，1982 年英文本，第 71 页（Herbert Spiegelberg, *The Phenomenological Movement*, Leiden: Martinus Nijhoff, 1982, p. 71——编者注）。

② ［德］胡塞尔：《现象学的观念》，倪梁康译，上海译文出版社 1986 年版，第21页。

识如何可能的问题，因而实际上它们根本就没有触及认识的起源问题。严格意义上的哲学的认识论必须回答这样的问题：认识如何能够确信自己与自在的事物相一致，如何能够契合这些事物，自在事物同我们的思维活动及逻辑规律的关系又是什么呢？

面对着自然科学，尤其是牛顿的经典物理学取得的辉煌成就，康德提出了认识何以可能的问题。在他看来，科学的成就表明认识实际上已是可能的了，因而他的根本使命不过是论证这种可能性。毋庸讳言，康德的思考是深入的，然而他还没有彻底摆脱自然思维的态度。

胡塞尔认为，严格意义上的哲学思维的态度应当在自然科学与哲学之间作出明确的区分，应当防止哲学向自然科学作任何借贷，尤其是方法论上的借贷："认识论从来不能并且永远不能建立在任何一种自然科学的基础上。"①尽管哲学在本质上与科学有联系，但它处于一种全新的维度中，它需要全新的出发点以及一种全新的方法，它们使它与任何"自然的"科学从原则上区别开来。这种典型哲学的态度和典型哲学的方法就是现象学。

要言之，胡塞尔的现象学方法就是通过"还原的方法"（the method of reduction），对认识本身进行批判性的思考，以便回溯到一个绝对确定的阿基米德点上，然后在这个新的支点上，重新阐发出全部哲学理论。在胡塞尔看来，现象学方法是人类认识史上的一场彻底的革命。那么，他究竟是如何运用这一方法的呢？

胡塞尔要求在认识批判之前，先把在自然的思维态度上产生的自然科学、逻辑和形而上学的种种观念"悬置"（epoche）起来。由于这些观念无形中都设定一个自在的客观世界的存在，因而胡塞尔"悬置"这些观念的真正目的是把客观世界"悬置"起来。他借用数学的术语，把这种做法称之为"加括号"（Bracketing），亦即把客观世界及以客观世界为对象的可疑的认识——自然主义的认识和心理主义的认识统统都圈到括号中，

---

① ［德］胡塞尔：《现象学的观念》，倪梁康译，上海译文出版社1986年版，第35页。

存而不论。他强调说："只要认识批判开始进行，对它来说，任何认识就不能再作为被给予的认识。因而它不能从任何前科学的认识领域中接受任何东西，任何认识都具有可疑性的标记。"[1]

在把这一切都"悬置"起来以后，剩下的是什么呢？自在的客观世界是否存在，我不知道。我所知道的只是我体验到的种种现象。这些现象是杂乱的、飘忽的、流动的，它们汇合成一条现象的赫拉克利特之河。这就是经"悬置"的程序后所剩余的东西。显而易见，这些剩余物由于是认识主体的主观体验的产物，因而是模糊不清。如我们从不同的角度观看同一个立方体，它就会呈现出不同的外观或形状来。

这就告诉我们，把认识批判之锚抛在这条主观体验的现象学之河中是扎不住的。我们必须在这条河中寻找一块相对稳定的陆地。这块陆地是法国哲学家笛卡儿提供给我们的。笛卡儿方法论的基础是怀疑一切。确实，在主观体验之河中，一切都是模糊的、可疑的，但我对"我在思考"或"我在怀疑"这种现象却无法质疑。正如胡塞尔所说："在任何一个怀疑的情况中，确定无疑的是，我在这样怀疑着。"[2]这就是说，在最初的认识批判中，我们找到了一个阿基米德点，即我在感觉、我在体验、我在怀疑、我在思考，等等。对这种现象，我们是无法视而不见的。

然而，胡塞尔并投有停留在笛卡儿的出发点上。笛卡儿提出"我思故我在"的命题后，又在这一命题的基础上推出了上帝和物质世界的存在。在胡塞尔看来，他又以某种羞怯的方式回到自然的思维态度上去了。而胡塞尔则按照还原法的逻辑，继续向前走去。

胡塞尔进而告诉我们，"我在思考"（或我在体验、我在感觉等）并不是一块理想中的坚实的陆地，我们一踏上它，脚下又会飘浮起来，动荡起来。为什么呢？因为"我在思考"虽然是明晰的、不容置疑的，然而它仍然是一个心理学的事实，它本身仍未彻底摆脱自然思维态度的约束。

---

① ［德］胡塞尔：《现象学的观念》，倪梁康译，上海译文出版社 1986 年版，第32 页。
② 同上书，第 29 页。

只要思考或体验从属于某个心理上的主体，我们的认识批判就还未获得一个真正的阿基米德点，从而也不可能引申出普遍有效的结论来。于是，胡塞尔提出了进一步还原的任务："在这里我们需要还原，为的是使思维的在的明晰性不至于和我的思维是存在的那种明晰性，我思维地存在的那种明晰性等等相混淆。必须防止把现象学意义上的纯粹现象与心理学现象，即自然科学心理学的客体相混淆。"①

经过进一步的还原，心理的主体，即"经验的自我"（the empirical ego）又被排除了，胡塞尔达到了一个新的真正可靠的阿基米德点——"纯粹的，先验的自我"（the pure transcendental ego）。胡塞尔写道："经验的主体已被我们排除了，而先验统觉，一般意识对于我们来说将很快获得完全另一种意义，一种根本不神秘的意义。"②简言之，"先验的自我"不是指人这个生命有机体或属于经验范围的心理学的自我，而是指纯粹的自我，我自身。

从"经验的自我"转到"先验的自我"，表明胡塞尔的出发点从笛卡儿转到了康德。然而，他马上又与康德告别了。在康德的先验的自我的彼岸，有一个不可捉摸的物自体与之对峙着，胡塞尔的现象学却引入了"意识的意向性"（the intentionality of consciousness）原则，从而扬弃了康德的二元论，杜绝了自然的思维态度的侵入。所谓"意识的意向性"，即意识活动总是指向某个对象，不存在空洞的、赤裸裸的意识。因此，现象学的还原达到先验的自我这一支点时，先验的自我按照"意识的意向性"原则重又折回到前面提到过的现象的赫拉克利特之河中。这一现象之河，作为经验的自我或先验的自我的意向对象，始终是主体的建构物，而不是超越于主体之外的物自体。这样一来，胡塞尔就避免了康德的二元论。

这里需要加以区别的是，经验的自我是以传统逻辑的方式去思考、

---

① ［德］胡塞尔：《现象学的观念》，倪梁康译，上海译文出版社 1986 年版，第 39—40 页。

② 同上书，第 44 页。

描述这一现象之河的，而先验的自我则是以"直观"(intuiting)的方式去把握现象之河的。胡塞尔说："直观是无法论证的，一个想看见东西的盲人不会通过科学论证来使自己看到什么；物理学和生理学的颜色理论不会产生像一个明眼人所具有的那种对颜色意义的直观的明晰性。"①显然，胡塞尔之所以提出直观的方法，强调直观之无法论证，其目的是摆脱在自然思维的基础上形成的传统逻辑的束缚。如果先验的自我依然向传统逻辑借贷论证、推论、抽象等方法，那就不可能最终超出自然的思维的态度。

必须注意，胡塞尔这里说的直观不是感性直观，而是纯粹思维的直观、本质的直观。那么，这一直观是如何进行的呢？在这条永恒流动的现象之河中，一切都是个别的、转瞬即逝的。先验自我的直观就是要从个别中发现一般，从现象中发现本质。比如，通过对关于不同的红色事物的经验或现象的直观，我们不再停留在一些个别的经验和现象上，而是直观到了一般的红，即红这一本质。胡塞尔强调，这里谈的根本不是经验主体的思维抽象的行为，"这里谈的是红的总本质或红的意义以及在总的直观中红的被给予性"②。本质的客观性、必然性正是先验自我所保证的。于是，先验的自我通过本质直观，构造出一个纯粹本质的世界。一言以蔽之，在先验的自我这个阿基米德点上，胡塞尔营造起自己的新的哲学的大厦。在他看来，这一大厦与以往建基于自然的思维态度之上的哲学大厦是迥然不同的。

从上面的分析可以看出，胡塞尔现象学方法的主要使命是分析意识本身，即意识普遍的本质结构。在他的方法论中，我们能够发现德国古典哲学，尤其是康德哲学的重大影响。然而，胡塞尔以其思维的彻底性，把哲学之锚抛在更主观化的领地中。在这里，我们看到了胡塞尔现象学及其方法论的唯心主义实质。在其后期哲学中，胡塞尔虽然引入了

---

① ［德］胡塞尔：《现象学的观念》，倪梁康译，上海译文出版社1986年版，第10页。
② 同上书，第50页。

"主观际"（intersubjectivity）和"生活世界"（lifeworld）的概念，但其唯心主义立场并没有因此而改变。"主观际"不过是对先验的自我的功能的进一步阐明，既然胡塞尔把先验的自我比作莱布尼茨的"单子"（monad），那就是说，莱布尼茨的单子和谐说已蕴含着胡塞尔的"主观际"的思想；"生活世界"作为前科学的世界，不过是现象的赫拉克利特之河的更明确、更规范的表述。然而，这两个概念毕竟表明了胡塞尔不能蒙然停留在先验的领域内，他借"意识的意向性"原则的引导，重又折回到经验世界的现象之河中。尽管他宣称："How I would like to live on the heights（我多么愿意生活在高处）。"①但他又不得不下降到地面上来。正如马克思在批评黑格尔的唯心主义时所指出的："有一种神秘的感觉驱使哲学家从抽象思维转向直观，那就是厌烦，就是对内容的渴望。"②

　　胡塞尔的现象学及其方法论虽然有种种矛盾和模糊之处，但仍不失为有巨大创造性的学说。一方面，他提出了重新理解哲学与科学关系的重大课题，他一反哲学研究心理主义化和科学主义化的传统，力图使哲学摆脱自然思维的影响，成为真正严格的哲学科学；另一方面，通过还原的方法，他把真实存在着的一切都推入到主观体验的现象之河中，并通过"意识的意向性"原则，极大地突出了主体意识，归根结底是人的创造作用。这正是现象学方法在当今国际思潮中拥有一席之地并产生重大影响的一个原因。写到这里，我们不禁想起了奥古斯丁的一句名言：

　　　　不要向外寻求，真理居留在人的内部。③

---

①　［德］胡塞尔：《现象学的观念》，倪梁康译，上海译文出版社 1986 年版，第 82 页。
②　马克思：《1844 年经济学哲学手稿》，人民出版社 1985 年版，第 134 页。
③　［德］胡塞尔：《现象学的观念》，倪梁康译，上海译文出版社 1986 年版，第 81 页。

存在主义

非此即彼

——克尔凯郭尔的宗教存在主义的辩证法

> 即使当我熟睡的时候，我也不能忘记我
> 自己。
>
> ——[丹]克尔凯郭尔

稍稍熟悉西方哲学史的人都知道，希腊古贤苏格拉底借托德尔斐神庙的神谕，提出了 know thyself(认识你自己)的伟大口号。有趣的是，两千多年后，一个旷古未见的孤独者又提出了另一个著名的口号：choose thyself(选择你自己)。毋庸讳言，任何选择都是非此即彼的，因而这一口号的提出，意味着哲学发展史的新的转折和哲学方法论所面临的新的挑战。

这个旷古未见的孤独者就是丹麦的神学家、哲学家兼文学家，《非此即彼》一书的作者索伦·克尔凯郭尔(Sören Kierkegaard，1813—1855)。

有的读者也许会感到奇怪，克尔凯郭尔为什么要提出"非此即彼"(either … or …)的口号，并把它作为自己的宗教存在主义的辩证法的标志呢？难道"非此即彼"不正是黑格尔在《逻辑学》中所反复批判的机械的、形而上学的思想方法吗？在哲学史研究中，最令人困惑的现象莫过于哲人们赋予同一个术语以完全不同的意义或完全不同的应用范围。

　　要弄明白克尔凯郭尔所主张的"非此即彼"的具体含义，必须先搞清楚他的宗教存在主义的辩证法与黑格尔的思辨的辩证法的根本差异。在黑格尔那里，辩证法是逻辑范畴的运动，是概念的不停息的旋转，而这些范畴或概念的运动又是与现实生活的运动相一致的，黑格尔称此为逻辑与历史的一致。克尔凯郭尔则认定，黑格尔的范畴辩证法是不可能与生活保持一致的。一方面，生活中存在着大量偶然的、荒诞的现象，它们是逻辑范畴和规律无法按某种必然性揭示并概括出来的。也就是说，现实生活在黑格尔的思辨的逻辑范畴之外。另一方面，克尔凯郭尔强调："一个逻辑的体系是可能的，一个存在的体系却是不可能的。"[①]真正的哲学不是把它的时间耗费在逻辑体系的构造中，而应当去描绘并揭示生活的丰富多彩与奥秘。一言以蔽之，黑格尔的辩证法是概念的辩证法，克尔凯郭尔的辩证法则是生活的辩证法。此其一。黑格尔辩证法的主体是客观的，超脱于每个人之外的绝对精神，在绝对精神的重压下，活生生的个人消失了，主观性给吞没了、消解了。在克尔凯郭尔那里，情形正好相反。他的辩证法的主体是"孤独的个人"（isolated individual），他的辩证法所描述的则是"孤独的个人"对生活的种种体验和选择，因而在他的辩证法中，体系被废弃了，占据显著地位的则是活生生的个人及个人的主观性。正如他在《日记》中所写的："问题是发现一个适合于我的真理，**发现我之所以会活着和死去的观念。**"[②]此其二。黑格尔的辩证法是知识论意义上的辩证法，他的《精神现象学》的最高阶段是"绝对知识"，这表明了他的全部追求之所在。然而，克尔凯郭尔的辩证法却是神秘的、导向信仰的辩证法。它是孤独的个人撇开任何宗教的团体，与

---

　　① ［美］沃尔特·劳里：《克尔凯郭尔》，牛津大学出版社 1938 年英文本，第 235 页（Walter Lowrie, *A Short Life of Kierkegaard*, Oxford：Oxford University Press, 1938, p. 235——编者注）。

　　② ［美］R. 勃雷塔尔编：《克尔凯郭尔选集》，普林斯顿大学出版社 1972 年英文本，第 5 页（Robert Bretall〈ed.〉, *A Kierkegaard Anthology*, Princeton：Princeton University Press, 1972, p. 5——编者注）。

上帝之间进行的单独的对话。此其三。在黑格尔的辩证法中，对立面的和解（mediation）是核心，这种和解是通过"正题——反题——合题"的方式来实现的。黑格尔认为，他可以用对立面的和解来解释生活中的一切现象。克尔凯郭尔则驳斥说：不对，生活中常见的情形是"正题——反题——没有合题"，没有合题也就无法和解，因而只存在悖论（paradox），这特别表现在宗教生活中。所以他写道："哲学的观念是和解，基督教的观念则是悖论。"所谓悖论，也就是无法解决的对立面之间的冲突。要言之，没有合题，只有正题或反题之间的选择，或者说，没有both（两者兼而有之），只有 either … or … 。

克尔凯郭尔坚信，生活中充满了种种悖论："永恒的真理出现在时间中，这就是悖论。"[①]这句话究竟是什么意思呢？它是说，道德、宗教以永恒的、无限的真理诉诸人，但人却是生命短暂的、充满错误甚至是罪恶的存在物。这种永恒和短暂、无限和有限之间的冲突，构成了生活中全部悖论的来源。

这种悖论的现象在基督教中表现得尤为突出。克尔凯郭尔说："悖论主要基于这一事实，即上帝，这个永恒者，作为个体的人存在于时间中。"[②]作为神，他是无限的和永恒的，但他又化身为人，与别人一样地生活、观察和谈话。这就等于说，永恒的超时间的东西成了短暂的时间中的东西。这不是悖论又是什么呢？诚如桑塔格所说的：在克尔凯郭尔那里，"正是这种上帝与人，神的要求与人的弱点之间的结合产生了悖论"[③]。同样，当基督教告诉我们，上帝是仁爱的，而他所创造的世界则是充满罪恶的，这不也是一个悖论吗？

面对着生活中的悖论，人们该怎么办呢？克尔凯郭尔坚持认为，黑

---

① ［美］沃尔特·劳里：《克尔凯郭尔》，牛津大学出版社 1938 年英文本，第 86 页（Walter Lowrie, *A Short Life of Kierkegaard*, Oxford: Oxford University Press, 1938, p. 86——编者注）。

② 同上书，第 54 页。

③ ［美］桑塔格：《克尔凯郭尔入门》，1979 年英文本，第 105 页（Frederick Sontag, *A Kierkegaard Handbook*, Atlanta: John Knox Press, 1979, p. 105——编者注）。

格尔的理性的、综合的方法是无济于事的，唯一有效的方法是，诉诸非此即彼的选择。在《非此即彼》一书中，他以规劝的口吻说："我经常对你说的，我现在又一次说的，或者说，我对你叫喊的是：非此即彼！"①克尔凯郭尔郑重其事地提出这一口号的根本目的之一，是要打破人们对必然性的依附和盲从，从而激起人们主动地选择生活的热情。他这样写道："我的非此即彼，首先不是指明善与恶之间的选择，而是指明，要在善与恶的选择和拒斥这样的选择之间作出选择。"②

克尔凯郭尔把孤独的个人的存在划分为三个阶段，即审美阶段（追求肉欲的享受，如拜伦笔下的唐璜）、伦理阶段（追求无限的道德原则，如苏格拉底）、宗教阶段（追求对上帝的虔诚与信仰，如亚伯拉罕）。在每一阶段中，孤独的个人都面临着非此即彼的选择。这种选择所要应付的窘境特别表现在亚伯拉罕的例子中。据圣经《旧约全书》的记载，上帝为了考验亚伯拉罕是否忠诚，指示他杀死自己的亲生儿子以撒，把他作为至高无上的神的祭品。这就把亚伯拉罕置于一个非常窘迫的悖论中。如果亚伯拉罕杀死自己的亲生儿子，他在道德上就会遭到人们的严厉的谴责；如果不杀，又违背了上帝的旨意。在他面前没有任何合题可以达到，他不可能既遵循上帝的命令，又保住亲生儿子的生命。在无可奈何与痛苦之中，他作出了非此即彼的选择：杀死以撒。后来，由于上帝将一只羊羔送到树丛中作祭品，以撒才幸免于难。

在克尔凯郭尔看来，人们对生活的选择，归根结底是对自我行动方向的选择，或者说，对自我存在的选择。这种选择决不是轻松的，而是充满痛苦的。当人们在平静的生活河床上滑动时，他们是体验不到这种选择的重要性和必要性的。只有当生活的伟力把他们推入绝望之谷中时，他们才会去选择。正如克尔凯郭尔经常说的："当任何个人陷于绝

---

① ［美］沃尔特·劳里：《克尔凯郭尔》，牛津大学出版社 1938 年英文本，第 79 页（Walter Lowrie, *A Short Life of Kierkegaard*, Oxford: Oxford University Press, 1938, p. 79——编者注）。

② 同上书，第 86 页。

望时，他接着就去选择了。"①

由于这种非此即彼的选择是在孤独的个人遇到悖论、陷于绝望时才发生的，因而具有神秘的性质。它表现为生活的中断、改弦更张和突如其来的跳跃。所以克尔凯郭尔把自己的辩证法称为"质的辩证法"（qualitative dialectic），以别于黑格尔的缓慢进展的"量的辩证法"。也正因为这样的选择带有跳跃的特征，所以它同时也是一种冒险。对于任何个人说来，如果缺乏足够的冒险精神和勇气，是不可能对生活作出主动的、大胆的选择的。

事实上，克尔凯郭尔的一生就是以巨大的冒险精神，不断地进行非此即彼的选择的结果。在他的生活经历中，曾经有过三次令哥本哈根市民为之瞠目结舌的选择：第一次，与一个丹麦政府官员的女儿里贾娜·奥尔森订了婚，不到一年，又突然毁弃了婚约。当时，哥本哈根的市民都把他看作一个忘恩负义的小人，一个卑鄙无耻的浪荡子；第二次，向一家专门刊登丹麦名流丑闻的权威性报纸《海盗》公开挑起争端，这场争端一直持续了一年多，产生了广泛的影响；第三次，公开抨击他父亲生前的朋友、刚谢世不久的主教明斯特，这一行动也在哥本哈根掀起了轩然大波。克尔凯郭尔不仅大胆地选择了生活，而且也默默地忍受了由他自己的选择所带来的一切后果。"没有冒险，就不可能有信仰"②，这就是他告诫世人的箴言。那么，当孤独的个人在生活中，特别是在绝望中进行非此即彼的选择时，究竟有什么东西在指导他呢？克尔凯郭尔认为是激情（passion）。在黑格尔的泛理性主义的学说中，理性吞没了激情，然而在生活中，激情是不可或缺的。实际上，克尔凯郭尔对激情的强调，正是针对这种泛理性主义的倾向而作出的，正如桑塔格所指出的，"毫无疑问，如果我们认定理性能理解并把我们所知道的一切，或者更

---

① ［美］沃尔特·劳里：《克尔凯郭尔》，牛津大学出版社 1938 年英文本，第 90 页（Walter Lowrie, *A Short Life of Kierkegaard*, Oxford：Oxford University Press, 1938, p. 90——编者注）。

② 同上书，第 318 页。

重要的是，把我们作为现存的人类的生存所需要的一切都提供给我们，那么我们就排除了激情，仿佛没有它是一种进步。然而，假如激情至少在某种场合下是不可排除的，那么，它就会复归，同样，人的生命力也会复归”①。在克尔凯郭尔看来，激情是人的活生生的存在的一种确证。人并不是用头脑立地的，换言之，人并不完全以理性来指导生活中的行动。人的存在首先表现为种种非理性的冲突，表现为欲望、本能和激情的萌动，因此，人所作出的选择并不是完全合乎理性的。显然，在一定的程度上强调激情在选择中的作用是必要的，但问题是，克尔凯郭尔把激情的作用无限地夸大了，这就使他的辩证法思想退回并隐入到中世纪式的神秘主义的迷雾中去了。

我们不能不看到，克尔凯郭尔的宗教存在主义的辩证法，尤其是他的非此即彼的选择方法有着巨大的局限性。不但他说的“孤独的个人”实际上是不存在的，而且他夸大了选择中的非理性因素的作用。然而，他所倡导的在生活中主动进行选择的方法，仍然是有一定的意义的。他在《非此即彼》一书中引证了一句拉丁语格言：otium est pulvinardiaboli（懒惰是魔鬼的枕头）②，这表明了他对那些生活中无所事事、麻木不仁、从不考虑选择和冒险的庸人们的极度的鄙视。

在生活中，确实存在着想当然的理性主义者和理想主义者的“合题”所无法解决的悖论。索福克勒斯笔下的安提戈涅，就必须在遵守法律（禁止埋葬她的哥哥）和遵守神律（必须埋葬她的哥哥）之间作出非此即彼的选择。由于她毅然决然地选择了后者，她最终被克瑞翁判处死刑。萨特笔下的妓女丽瑟，也必须在保护还是出卖那个黑人之间作出非此即彼的选择，这里不存在任何综合或合题。

---

① ［美］桑塔格：《克尔凯郭尔入门》，1979 年英文本，第 108 页（Frederick Sontag, *A Kierkegaard Handbook*，Atlanta：John Knox Press, 1979，p. 108——编者注）。

② ［美］R. 勃雷塔尔编：《克尔凯郭尔选集》，1972 年英文本，第 24 页（Robert Bretall〈ed.〉，*A Kierkegaard Anthology*，Princeton：Princeton University Press, 1972, p. 24——编者注）。

只要我们正视生活的话，我们就会发现，个人、集体乃至整个国家的经历都是由一连串非此即彼的选择所构成的。阿尔温·托夫勒说过："一切变革、战争、进步，所有历史上的成败，无非都是由人（包括普通的人在内）决定和选择造成的。"①实际上，这正是克尔凯郭尔所倡导的非此即彼的选择观念进一步为人们所接受的一个表征。

　　概言之，托庇于命运，不过是弱者的逻辑，凡负有严正的历史责任感和道德责任感的人，都将对生活作出大胆的、有意义的选择。让我们记住克尔凯郭尔在《日记》中留下的那句箴言吧：

　　　　天才，象雷雨一样，是迎着狂风降临的。②

---

　　① ［美］托夫勒：《预测与前提》，粟旺等译，国际文化出版公司1984年版，第219页。

　　② ［美］R. 勃雷塔尔编：《克尔凯郭尔选集》，1972年英文本，第12页（Robert Bretall〈ed.〉，*A Kierkegaard Anthology*，Princeton：Princeton University Press，1972，p. 12——编者注）。

追问"在"的意义
——海德格尔的基本本体论方法

> 现在是人们切忌把哲学估计过高因而对
> 哲学要求更高的时候了。在现在的世界灾难
> 中必需的是：少谈些哲学，多注意去思；少
> 写些文章，多保护文字。
>
> ——[德]海德格尔

从柏拉图、亚里士多德以来的西方哲学在其发展中获得了辉煌的成就。当承继这一传统的当代哲学正仪行于道时，一个声音突然宣称，两千多年来哲人们不过是在黑暗中打转。他们高谈世界的本质和万物的玄理，却忘记了一个根本的问题——"在的意义"（der Sinn von Sein）问题。"在的意义"不澄明，哲学只能是无根的浮萍。这个石破天惊的声音正是当代德国著名的存在主义哲学家马丁·海德格尔（Martin Heidegger，1889—1976）发出来的。

海德格尔说："希腊本体论通过形形色色的流派与歪曲直到今天还规定着哲学的概念思维。"[①]这种本体论的基本意向根深蒂固地侵入到

---

① [德]海德格尔：《存在与时间》，见《存在主义哲学》，商务印书馆 1963 年版，第 10 页。

语言、逻辑、概念、时间观、真理观等观念之中，从各方面堵塞了通向在的道路。"如果要为在的问题本身而把这个问题自己的历史透视清楚，那么就需要把硬化了的传统弄松一些，需要把由传统作成的一切掩蔽都打破。"①说传统本体论掩蔽"在的意义"问题，并不等于说它们都不重视"在"（Sein）的问题。古希腊哲学家亚里士多德就曾提出过这样的问题："从古迄今乃至将来，一个永远使人困惑的问题是：在是什么？"②中世纪神学家托马斯·阿奎那也说过："对在的理解总是已经包含于我们在在者中所领悟到的一切之中。"③问题的症结在于，传统本体论对"在"的问题的思考，在根本方向上走错了。他们通常提出"在是什么"的问题，但这一提法本身已堵塞了通向"在"的道路。为什么呢？因为这个问题已蕴涵着一个前提，即"在"是一种已然存在的东西，是一种精神性或物质性的实体。用这样的方式提问，实际上把"在"与"在者"（Seiende）混同起来了。因而传统本体论越探究"在"的问题，它们离开"在"的意义问题就越远。在海德格尔看来，问题的正确的提法应该是：在为什么而在？怎样在？这才是真正的"在的意义"的问题。

海德格尔主张回到哲学形成以前的原初的赤贫状态中去，回到还未被传统的形而上学所污染的语言中去，把哲学的一些基本用语的原始含义揭示出来，从而超越柏拉图以来的传统的本体论的视界，拉着哲学之缰踏上追问"在的意义"的道路。在德语中，Seiende（"在者"）是动词 sein（在，是）的分词的名词化，意谓已然存在的物质实体或精神实体。Sein（"在"）是动词 sein 的直接的名词化，从其希腊语的词源上来分析，其基本含义是在场或显现，它是一种原始的绝对的可能性，作为动态的过程，它处在特定的时间的地平线上，因而决不能把它归结为一种现成

---

① 《存在主义哲学》，商务印书馆 1963 年版，第 11 页。

② ［古希腊］亚里士多德：《形而上学》Ⅶ3，102862-4，参见《形而上学》，吴寿彭译，商务印书馆 1959 年版，第 126 页。

③ 《海德格尔的基本著作》，伦敦 1978 年英文本，第 43 页（Martin Heidegger, *Basic Writings from Being and Time (1927) to the Task of Thinking (1964)*, London: Routledge & Kegan Paul, 1978, p. 43——编者注）。

的、已然存在的东西，即"在者"。

柏拉图以来的传统的本体论的一个根本的失误是拘执于已然存在的、现实化的"在者"，用"在者"去替换、吞没"在"，从而造成了对"在"的遗忘，"在"的问题被推到哲学的最黑暗的角落里。尽管在诸"在者"中也包含着人，但把人作为已然存在的、凝固化的东西与其他"在者"平列起来，就把人异于其他"在者"的特殊性磨平了，于是人被"变成单纯的材料以及变成对象化的功能"①。换言之，人淹没在物或物化意识之中了。因此，笛卡儿虽然说出了"我思故我在"的著名命题，但他对这个命题中"在"的意义仍然是蔽而不明的。于是，人们在柏拉图以来的哲学传统中体验到一种无家可归的感觉，这种感觉特别强烈地从尼采的哲学中显露出来。海德格尔说："尼采最后体会到无家可归的味道。尼采在形而上学的范围之内不能找到摆脱无家可归的痛苦的其他出路，只有把形而上学倒转过来。但这却是无出路状态之完成。"②在苦闷之余，尼采试图借虚无主义的伟力，推倒这一窒息人的传统，把哲学安放在新的轨道上。在海德格尔看来，"无家可归是忘在的标志"③。这种无家可归的体验的产生，正是传统哲学拘执于"在者"的必然结果。

海德格尔强调"在"与"在者"的本质差异，这并不等于说他没有看到这两者之间的内在联系。相反，看不到两者的联系，同样无法领悟到"在的意义"。在《存在与时间》一书中，他反复告诉我们，"在"是确定"在者"作为"在者"的那种东西，因此，"在"不能离开"在者"而在，"在"永远只是"在者"的"在"。"在"仿佛是一种普照的光，它是使一切"在者"得以可能的条件和基础。简言之，既不能用"在者"去取代"在"，也不能把"在"看作脱离"在者"而存在的神秘的东西。因为对"在的意义"的追问

---

① ［德］海德格尔：《林中路》，见洪谦主编：《西方现代资产阶级哲学论著选辑》，商务印书馆 1982 年版，第 380 页。

② ［德］海德格尔：《论人道主义》，见《存在主义哲学》，商务印书馆 1963 年版，第 110 页。

③ 同上书，第 111 页。

必须由一特殊的"在者"来承担。

这一特殊的"在者"就是前面提到的人。海德格尔说:"人是在的澄明。"①这就是说,唯有人才是"在"的意义的询问者和领悟者。他把这样的人的"在"称作"此在"(Dasein)。Dasein 是 Da 与 Sein 构成的复合词,Da 作为副词与英语中的 here 或 there 对应,解释为"这(里)"或"那(里)",故 Dasein 译作"此在"。海德格尔的"此在"与传统哲学中讲的人是迥然不同的。一方面,传统哲学中的人是一个族类概念,指的是人的共性、人的本质,而"此在"不虚言人的本质,它只表明人在这里存在着,以本体论的方式存在着,人的本质只能基于这种存在;另一方面,传统哲学中的人是已然存在的、现成的对象,它被下降到其他"在者"的水平上。"此在"则是一个可能性的"在",它与"在"之原始含义是契合的,因而只有"此在"才有资格去询问"在的意义"。海德格尔在胡塞尔现象学的影响下,以"此在"为基础,创建了一种新的本体论。他称这种本体论为"基本本体论"(die Fundamental Ontologie),认为它是其他一切本体论的基础与前提。

海德格尔进一步强调说:"此在的在的意义不是一个飘荡无定的他物,不是在它本身'之外',而乃是领会自身的此在本身。"②这样一来,对"在"的意义的追问就转变成"此在"对自身的领会。"此在"一旦领会了自身,"在的意义"自然而然就会澄明起来。这里又涉及另外两个概念了。传统哲学常用拉丁名词 existentia(存在)表示人的现实性,而"此在"并不是现成的东西,它总是作为可能性而在,它的"在"是充分敞开的,它谋划着,选择着"在"的方式。海德格尔采用一个德语名词 Existenz(存在或生存)来描述"此在"的"在",以表示"此在"与现成的样态之别。

Existenz 作为"此在"的"在",也就是"在世之在"(Inder-Welt-Sein)。

---

① [德]海德格尔:《论人道主义》,见《存在主义哲学》,商务印书馆 1963 年版,第98 页。

② [德]海德格尔:《存在与时间》,见《存在主义哲学》,商务印书馆 1963 年版,第73 页。

所谓"在世"(In-der-Welt)，并不是说人作为主体进入客观的、已然存在的世界中，而是强调人和世界的浑然一体。从基本本体论的角度看来，世界并不在人之外，世界本身不过是人的一个属性。那么，"此在"如何"在世"呢？海德格尔认为，"在世"就是把人的"在"即"此在"抛入到"烦"(Sorge)的状态中去。"烦"的基本含义是担忧、焦虑。对于"此在"说来，"烦"并不是可有可无的，"烦"是"一种存在状态的本体论的基本现象"①。"烦"把"此在"推入到普通人的生活方式中去。在这种生活方式中，普通人实行了真正的独裁。普通人怎样享乐，我们就怎样享乐；普通人对文学艺术作品怎样阅读、判断，我们也就怎样阅读、判断。"此在"陷入到普通人中去的时候，它就沉沦了。"沉沦"(Verfallen)也就是拘执于"在者"。在"在者"的充塞中，"此在"只考虑要"在世"，要逃避到普通人中间去，忘记了对自己的在的意义的追索。

然而，在"沉沦"中，"畏"(Angst)又冒出来了。其实，"畏"和"烦"一样，深藏于"此在"的"在世"状态中。海德格尔说："原始的畏任何时刻都可以在此在中苏醒。"②"畏"与"烦"不同。"烦"使"此在"沉陷到周围世界中去，迷失在普通人，即芸芸众生中；"畏"却使"此在"从周围世界，从普通人中超拔出来，返回到自身之中。用海德格尔的话来说，就是"畏将此在从其消散于'世界'的沉沦中抽回来了"③。为什么"畏"有这么大的力量呢？因为"畏"的本质特征是虚无化："此在凭借隐而不显的畏嵌入'无'中的境界就是越过在者整体的境界：超越境界。"④"畏"把周围世界，把诸"在者"推入虚无之中。"此在"在"畏"所造成的虚无中感到茫然失措，于是，不再向外逃避，而重新返回到自身中。这颇有点像佛教徒所说的"看破红尘"。总之，"烦"使"此在"向外向下，"畏"则使"此

---

① ［德］海德格尔：《存在与时间》，见《存在主义哲学》，商务印书馆 1963 年版，第 62 页。
② 《形而上学是什么?》，见《西方现代资产阶级哲学论著选辑》，商务印书馆 1982 年版，第 355 页。
③ ［德］海德格尔：《存在与时间》，见《存在主义哲学》，商务印书馆 1963 年版，第 53 页。
④ 《形而上学是什么?》，见《西方现代资产阶级哲学论著选辑》，商务印书馆 1982 年版，第 356 页。

在"向内向上。海德格尔还强调说，在"沉沦"与大众意见占主导地位的场合下，本真的"畏"是罕见的。"畏"还有生理学方面的更深层的条件。说得明白一点，"畏"归根结底是畏死："为死而在，在基本上就是畏。"①同样，"烦就是为死而在"②。"死"正是人们焦虑、担忧的最深层的基础。

在海德格尔看来，"死"（Tod）是"此在"的最本己的可能性。人迟早会撞到一堵墙上，这堵墙就是死亡，死亡是人无法超越的。在不可逃避的"死"的极点之前，"此在"怎么办呢？海德格尔说："只有自由地为死而在才给此在以绝对目标并将存在推入其有限性中。"③这是什么意思呢？也就是说，"此在"只有先行到"死"中去领会自身，使"在的意义"澄明起来，它才有了明确的目标，才不会在生活中陷于"沉沦"，不会在模棱两可中徘徊。由于有了明确的目标，"此在"在世就变得自由了，它就敢于大胆地进行决断了，而这些决断则构成了"此在"的真正的命运。不决断的人是无命运可言的。海德格尔说的"将存在推入其有限性中"，也就是指大胆地投入到决断与选择中去。

当"此在"先行到"死"中去领会了自身并在其存在中积极进行决断时，它就达到了"出窍"（Ekstase）的状态。在这种状态中，"在的意义"自然而然地澄明起来。海德格尔强调，这种状态不能用通常的均匀流逝的无限的时间来度量，而必须用原初的有限的时间来度量。在这种原初的时间中，将来是先行的，"原始而本真的时间性之主要现象就是将来"④。由将来流向过去而达到现在。在这种独特的时间的"地平线"（Horizont）上，"此在"只有先行到将来的"死"中去领会自身，然后才能在其现在的存在中大胆地投入决断的过程。只有在这样的时间的"地平线"上，"在的意义"才充分地显露出来。

---

① ［德］海德格尔：《存在与时间》，见《存在主义哲学》，商务印书馆1963年版，第70页。
② 同上书，第79页。
③ 同上书，第82—83页。
④ 同上书，第78页。

海德格尔还强调，"语言是在的语言，正如云是天上的云一样"①。传统哲学的语言使"在的意义"蔽而不显，要使语言真正成为"在"的寓所，就要对一些基本概念重新释义，从而把"在"的真理犁入到语言中去。

毋庸讳言，海德格尔的基本本体论的思想倾向是唯心主义的，明显地体现出胡塞尔的主观主义路线的影响。然而，其哲学研究的方法却不无借鉴之处。

首先，海德格尔的哲学方法中蕴涵着对传统的深厚的批判力。抓住传统中的一两个具体的问题，发一通新的议论，这虽然也是批判力的一种表现，但这种批判力的幅度是非常之小的。海德格尔的批判力则深入到旧哲学的心脏——本体论之中，其伟力透入传统的语言和逻辑之中。比如，在谈到传统逻辑时，他不无讥讽地说："人们用不断称引逻辑的东西来唤起一种印象，似乎人们恰恰在深入思，而实际上人们却已与思绝缘了。"②其实，亚里士多德从创立逻辑（logik）的时候起，logik 已经把作为其语源的"逻各斯"（logos）的原始本质——思"在"给埋没了。只要停留在传统逻辑的思路之内，"在"的意义就不可能被思捕捉到。所以海德格尔说："在我们这个富于思考的时代里，最值得思考的问题是我们尚不会思。"③同样，海德格尔的时间观、真理观、语言观等都显示出对传统的巨大的批判力。没有这种深厚的、寻根刨底的批判力，是不可能产生第一流的哲学的。

其次，海德格尔把哲学研究与语言学研究紧密地结合起来了。他认为："形而上学在西方的'逻辑'和'文法'的形态中过早地霸占了语言的

---

① ［德］海德格尔：《论人道主义》，见《存在主义哲学》，商务印书馆 1963 年版，第 134 页。

② 同上书，第 119 页。

③ 《海德格尔的基本著作》，伦敦 1978 年英文本，第 347 页（Martin Heidegger, *Basic Writings from Being and Time (1927) to the Task of Thinking (1964)*, London: London Routledge & Kegan Paul, 1978, p. 347——编者注）。

解释。"①谁如果想超越旧的形而上学而又无批判地使用其原有的语言的话，那就只能在旧地基上打滚。海德格尔之所以从希腊语的词源上对一些基本概念进行追溯，把其原初的有价值的含义重新发掘、阐发出来，正是为了从根本上对旧哲学进行改造。这并不是无聊的考据，而是改造旧哲学、创建新哲学的根本前提。

最后，海德格尔的基本本体论方法看起来是玄思的、晦涩难懂的，其实却是紧贴生活、直接为生活呼吁的。他说："当在隐藏在长期的被遗忘状态中并在当今世界历史时刻通过一切在者的震动而透露出消息来之后，难道思还能使自己免除思在的责任吗?"②正是当今世界中的战争、骚动、异化、苦闷等现象把"在的意义"问题凸显出来了，而海德格尔则敏锐地把这个问题导入了哲学。这就告诉我们，在海德格尔那里，方法不是一个技巧的问题，从根本上看，是一个对生活的立场和态度的问题。在这个意义上可以说，思考生活，敏锐地把生活中的重大问题概括为一定的理论形式导入到哲学中，才是哲学研究的根本方法。海德格尔的下述箴言是耐人寻味的：

　　思作为思须在思一切之前先思在的真理。③

　　①　［德］海德格尔：《论人道主义》，见《存在主义哲学》，商务印书馆 1963 年版，第88 页。
　　②　同上书，第 124 页。
　　③　同上书，第 124 页。

对界限的超越

——雅斯贝尔斯的生存哲学的方法

> 我们必须经常主宰自己的思想而不为它
> 们所奴役。
>
> ——[德]雅斯贝尔斯

在生活中，人们对界限是非常敏感的。国家之间，私人的财产之间都有明确的界限。不但如此，有的人还有一种强烈的扩张意识，竭力超越自己的界限，侵入到他人的领地中。然而，奇怪的是，在思维中，在精神活动中，人们往往缺乏界限的意识，即使有了这样的意识，也宁可枯守在界限中而不思超越。这使我们很容易想起陀斯妥耶夫斯基笔下的彼得罗维奇说过的话：

> 一切事情都有一个界限，越过了这个界限是危险的；因为，一旦越过了，那就休想退回。①

有趣的是，当代德国著名的存在主义哲学家雅斯贝尔斯(Karl Jaspers，1883—1969)却深入地探究

---

① [俄]陀斯妥耶夫斯基：《罪与罚》，岳麟译，上海译文出版社 1979 年版，第350 页。

了界限和超越的问题。他告诉世人，思维、知识、科学都有其界限，而"从事于哲学即从事于超越"①。哲学的全部标的就在于以超越为方法，跳出已然封闭的、黑暗的知识的界限，跃到顿悟人的存在的澄明的境界。

雅斯贝尔斯认为，超越的根据深藏于人性之中。人和动物的根本区别在于，动物仅仅是适应环境的被动的存在物，而人则是自觉的、精神性的存在，人能够自由地进行选择。人性中潜藏着超越的可能性，但超越却不是在任何时候、在任何人身上都会发生的。

超越是一种飞跃、一种跨越，它总是针对界限和障碍而言的。当人们沿着生活的平静的河床向前行走时，他们心中就会缺乏超越的灵感。然而，生活本身并不总是一条平坦地向前延伸的路，它有种种障碍，它无例外地把每个人抛入到"界限状况"（Grenzsituationen）中。所谓"界限状况"就是指死亡、苦难、斗争和罪过。尤其是死亡，犹如一堵墙横在每个人的前面，人们迟早要撞到这个界限上。一触到这样的界限，一虑及这类问题，人们就会受到巨大的、强烈的震动，于是，从内心升起一种超越的渴求。基督教的"救赎"就是超越的一种形式，当然，雅斯贝尔斯说的超越主要是哲学意义上的超越。

雅斯贝尔斯指出，以往的哲学都把存在理解为某种规定，如物质、精神、生命、能力等，这就把存在封闭在一个固定的、供认知的界限之内。雅斯贝尔斯主张，真正的存在是永远不封闭的，永远没有尽头的，它把我们引向无限的可能性的空间。他称这样的存在为"大全"（Umgreifende）。"大全"是不可认知、不可名状的，它通过三大样式透露出来。这三大样式是"世界"（Welt）、"生存"（Existenz）和"超越存在"（Transzendenz）。雅斯贝尔斯说的超越，就是要先后突破世界和生存的界限，上升到大全的最高样式——超越存在中，从而真正领悟大全的意义。

---

① ［德］雅斯贝尔斯：《哲学与科学》，转引自《存在主义哲学》，商务印书馆 1963 年版，第 147 页。

先看哲学对世界的超越。所谓超越世界，并不是要摆脱这个世界，而是要使哲学超越关于这个世界的最根深蒂固的识见，即单纯的科学知识的识见。人所共知，科学是以世界为认识对象的，科学追求的是普遍有效的知识。雅斯贝尔斯认定，传统哲学（包括康德、黑格尔在内）的最严重的病症是科学主义："哲学，从它产生之日起，就是以科学的身份，以唯一绝对的科学的身份而出现的。它以追求崇高和最确定的知识为目标。凡是从事哲学研究的人，都是受了这个目标的鼓舞。"①尽管旧哲学常以"科学的科学"自诩，但骨子里始终是科学的附庸。从柏拉图到黑格尔，哲学之锚都抛在科学的锚地里，哲人们尾随着科学家去探索世界的奥秘，去索取知识的贡品。然而，随着近代科学、特别是现代科学的巨大发展和日益独立化，哲学突然变得无家可归了。

不过，哲学并没有必要悲观失望，这正是摆脱其科学主义顽症的一大转机。雅斯贝尔斯认定，哲学本身并没有陨落，陨落的只是科学主义的哲学、知识论的哲学。哲学要复兴自己，就要辨明科学的界限，并使自己从这一界限中超越出来，另立门户。为此，他提出了"定位"（Orientierung）的概念，认为科学的世界定位是追求经验的知识，哲学的世界定位则是追求非知识，即自我的存在。这种存在只能体验、领悟而不能认知："任何被认知的存在都不是存在。作为被我认知了的我，我决不是我自身。作为被我认识了的存在，这种存在决不是存在自身。"②特别是当人的存在跌入"界限状况"时，就会强烈地意识到作为知识论的哲学之无助，从而返回到自我中来，寻求一种可依托的信仰。哲学应该提供这样的信仰："哲学是人的与生俱来而需要无限地使之明亮起来的那种信仰所作的思维。"③

---

① ［德］雅斯贝尔斯：《哲学与科学》，转引自《存在主义哲学》，商务印书馆 1963 年版，第 135 页。

② ［德］雅斯贝尔斯：《生存哲学》，转引自《存在主义哲学》，商务印书馆 1963 年版，第 170 页。

③ ［德］雅斯贝尔斯：《哲学与科学》，转引自《存在主义哲学》，商务印书馆 1963 年版，第 170 页。

值得注意的是，雅斯贝尔斯尽管主张哲学要超越科学主义的视界，但他并不对科学取敌视的态度。他坚持，哲学的思维建基于科学知识之上，谁轻视科学，谁在哲学上就会寸步难行。体验和信仰并不与认识相抵触，相反，它们正是认识撞到界限上时才出现的，是认识的一种升华和补充。

一旦哲学超越了科学的认识主义的界限，它也就超越了科学的研究对象——世界，进入了自我存在即生存之中。

下面，我们再看哲学如何超越生存而跃入到超越存在之中。如前所述，哲学是在"界限状况"的撞击下，由世界跃入自我存在之中的。在哲学史上，最早探讨自我存在的是斯多葛派。在人生的苦难中，斯多葛派哲学家们把目光从世界上撤回来，寻求自己心灵的安宁。在现代世界中，随着科学技术的高度发展，人处于机械化的巨大的压抑下，人的存在被卷入急剧的变动和混乱中。与过去比较，现代人日益深切地感受到"边界状况"的压力。人虽然生活在各种各样的团体中，但其孤独并不因此而缓解。由于我们对自我存在的体验和信仰是各不相同的，"我们经常在某些地方发现一种'界限'，在这种界限之外，似乎只有毫无'统一'希望的斗争"①，其结果是无休止的相互攻击和纷争，从而使人陷入更深的绝望和孤独之中。"当着人们在一个日益沉沦的世界里，就像在一个由忘我的群众形成的泛滥为患的洪水里那样，逃生于这种独立性中，仿佛就是逃生于诺亚的方舟之中。"②当人与人之间失去交流，个人陷于极度孤独和绝望之中时，自我存在又面临着新的界限，哲学的探索又面临着新的超越。然而，这里的超越有两种可能性："或许我在我自己的实质之丧失中体会到虚无，或许我在我之被赠与性（Mitgeschenktwer-

---

① ［德］雅斯贝尔斯：《智慧之路》，志文出版社 1981 年版，第 22 页。

② ［德］雅斯贝尔斯：《新人道主义的条件与可能》，转引自《存在主义哲学》，商务印书馆 1963 年版，第 249 页。

den)中体会到大全的充实。"①这究竟是什么意思呢？就是说，当自我存在触到孤独和绝望的界限时，它面临着以下的抉择：一是把自己完全封闭在自我之中，试图把自己抛出这个世界之外，对世界取虚无主义的态度。这也就是人们通常说的"看破红尘"，这是一种消极遁世的做法。这种做法在把世界推入虚无的同时，也把自我推入了虚无之中。"事实上，'我'惟有在与'他'相关时才能够'存在'，单独的话，我便成为'虚无'了。"②这也就是雅斯贝尔斯在《新人道主义的条件与可能》一文中说的"人显然是在走向虚无"③的意思。二是不把自己封闭在自我之中，抛出于世界之外，而是积极地参与到世界事务中去，领悟到我是大全所赠予的，我不应像斯多葛派哲学家一样满足于自我的空虚性，而应当在人与人之间的交流中断之后，建立人与神之间的交流。

雅斯贝尔斯所说的"神"也就是超越存在。"超越存在就是我借以成为我自己的那个势力：我之所以是自由的，恰恰就是由于它的缘故。"④当个人与神交流时，他就超越了自我存在或生存，跃入到超越存在中，他不仅充实了自己，而且真正地处在自由之火炬的照耀之下。雅斯贝尔斯把这种超越称之为"解读密码"(Lesen der Chiffreschrift)。密码是超越存在即神在世界里的形象，人与神的交流正是在解读密码的过程中实现的。在这一过程中，个人不再是空虚的存在，而是在神交的自由中找回了自己曾失落过的本质，因而成了真正的人。这样一来，哲学超越的使命也就完成了。

雅斯贝尔斯的超越的哲学方法究竟提供了哪些有益的启示呢？

首先，他在知识(科学)与哲学之间作了严格的划分："这是两种不

---

① ［德］雅斯贝尔斯：《生存哲学》，转引自《存在主义哲学》，商务印书馆1963年版，第175页。

② ［德］雅斯贝尔斯：《智慧之路》，志文出版社1981年版，第22页。

③ ［德］雅斯贝尔斯：《新人道主义的条件与可能》，转引自《存在主义哲学》，商务印书馆1963年版，第227页。

④ ［德］雅斯贝尔斯：《生存哲学》，转引自《存在主义哲学》，商务印书馆1963年版，第191页。

同的东西：一是考察社会历史因果连锁的认知活动，一是提醒我们去意识我们的真正愿望和我们的日常负责行为的思维活动。"①如果剔除雅斯贝尔斯哲学观中的神秘主义成分，我们发现，这一区分是有重大意义的。也可以说，它是整个人本主义思潮，尤其是从克尔凯郭尔肇始的存在主义思潮的基本出发点。这一思潮呼吁人们去关心单纯的知识所无法解决的问题，如痛苦、畏惧、烦恼、人的尊严、人的自由等。在我国，哲学的探索仍然停留在知识论、认识论的窠臼内，仍然屈居于科学主义的权威之下。哲学工作者们一味地追索着整体世界的知识（世界观），却往往忽略了对人的状况的研究。要彻底改变这种情况，就不能不对这一课题作出批判性的思考，就不能不使哲学从单纯的科学主义的倾向中超越出来。

其次，他提出了反对封闭、向一切可能性敞开的重要思想。雅斯贝尔斯说："如果我把一个人封闭在我对他所认识到的东西里，那么无论我自以为了解他也好，或者非人道地曲解他也好，我总是在我的计划中支配着他。反之，如果我让他在他得之于起源的那些可能性中敞开着，那么他作为他自己，对我来说，就始终是完全不受我支配的了。"②所谓超越，就是要突破界限，使人的精神向一切可能性敞开。雅斯贝尔斯认为，大全就是一个无限可能性的空间，它是无边无际的、始终敞开着的。如果堵塞可能性的渠道，把人的存在限制在一种已认知的现实之中，把它凝结起来、封闭起来，那人的形象就落入了黑暗之中，只有把始终向可能性开放的超越精神赋予人，人的形象才会明亮起来。雅斯贝尔斯的这些见解尽管包含着一些偏谬的成分，但对我们进一步克服机械论的倾向，充分重视人的自由精神和创造力量说来，是不无裨益的。

最后，雅斯贝尔斯的"超越"并不是消极的遁世主义。他主张，哲学

---

① ［德］雅斯贝尔斯：《论自由的危险与机会》，转引自《存在主义哲学》，商务印书馆1963年版，第216页。

② ［德］雅斯贝尔斯：《新人道主义的条件与可能》，转引自《存在主义哲学》，商务印书馆1963年版，第231页。

信仰"要求首先在世界里以一切力量去做当时有意义的工作"①，而雅斯贝尔斯关于新人道主义的宣传，他对法西斯主义的抗议，表明了他的超越的方法蕴涵着一定的积极成分。然而，超越之路毕竟带着很大的空幻的性质，它并不是人类解放的真正的道路。

---

① ［德］雅斯贝尔斯：《生存哲学》，转引自《存在主义哲学》，商务印书馆 1963 年版，第 191 页。

存在先于本质
——萨特前期的人学研究方法

> 解释和理智的世界并不就是存在的世界。一个圆周并不荒谬，它完全可以解释为弓形直线环绕着它的一端而旋转。可是一个圆周并不存在。

——[法]萨特

假如有一家工厂生产裁纸刀，那么在设计人员的脑子里，就得先有一个裁纸刀的概念。换言之，对裁纸刀的特征和性能先得有一个设想，然后才能画成图纸，并把它们成批成批地生产出来。在法国存在主义哲学家让·保罗·萨特（Jean-Paul Sartre，1905—1980）看来，传统的哲学家之研究人，犹如工厂之生产裁纸刀，满足于先入为主地把关于人的本质的一大堆概念、原则、公式套用到现实的人身上。结果，活生生的人被图解了，剩下来的只是一堆无生命的东西。就像贺德雷批评雨果时所说的：

你看！你好好地看看！雨果，你爱的不

是人，你爱的只不过是一些原则。①

萨特把这样的研究方法称之为"本质先于存在"（essence is prior to exist-
ence）。

萨特激烈地反对这种研究方法。在 1945 年的一篇题为《存在主义和
人道主义》的演讲中，他针锋相对地提出了"存在先于本质"（existence
precedes essence）的著名命题。这一命题既是他的存在主义学说的基本
原理，又是他前期进行人学研究的根本方法。

在萨特那里，"存在先于本质"究竟是什么意思呢？他解释道："我
们的意思是，人首先在世界上存在着，经受遭遇和冲突，然后才确定自
己。在存在主义者看来，人之所以不可规定，这是因为他一开始是空无
所有的。他不是任何东西，直到后来，他才成为他自己造成的那个样
子。"②也就是说，人的血肉之躯，人的活生生的存在，是人面对着的基
本的事实。正如萨特笔下的洛根丁所说：

> 即使我留在屋里，即使我静静地蹲在屋角里，我也忘不了我自
> 己。我会在这里，我的重量压在地板上。我存在着。③

存在是充满各处的，是人所无法摆脱的。人并不先验地具有某种本质，
或者说，我们不能根据"一种给定的特殊的人的本质"来说明人的行为。
人投入世界以后，是在他自己的存在中，在一系列活动和选择中确定自
己的本质的："人只是他自己造成的东西。这是存在主义的第一原
理。"④在萨特看来，世界对人的存在是完全敞开的，人可以自由地进行

---

① ［法］萨特：《脏手》，见《萨特戏剧集》，袁树仁译，人民文学出版社 1985 年版，
第 388 页。

② ［法］萨特：《存在主义和人道主义》，伦敦 1978 年英文本，第 28 页。

③ ［法］萨特：《厌恶》，见《厌恶及其他》，郑永慧译，上海译文出版社 1986 年版，
第 178 页。

④ ［法］萨特：《存在主义和人道主义》，伦敦 1978 年英文本，第 28 页。

选择，按照自己的意向和计划去努力，去创造。这样一来，就个人而言，由于他的本质是通过他的存在，即他的一系列行为来确定的，因此，人要对他所成为的那个样子负责，他无权把这种责任推诿给别人或社会。就哲学家而言，当他用"存在先于本质"的方法去审视人、研究人时，这个人就不再是解剖刀下的人了，而是成了一个有血有肉有淋巴液的、时刻都在活动着变化着的人。

萨特的"存在先于本质"的研究方法是怎么提出来的呢？要回答这个问题，必须追溯到19世纪丹麦的哲学家和神学家克尔凯郭尔。克尔凯郭尔是黑格尔哲学的激烈的抨击者，他指责黑格尔的学说是"主知主义"（intellectualism），认为黑格尔把哲学锚在知识论范围内必然会产生两方面的结果：一方面，知识追求的是世界万物和人的本质，哲学的目光如果只注视着本质，必然会把现实地生活着的人遗忘掉。即使在研究人时，由于本质、原则、概念在先，人也会变得形销骨立，完全失去其真实性。另一方面，人和世界的关系并不仅仅是知识关系，人的欲望、烦恼、痛苦等是知识所无法改变的。萨特写道："克尔凯郭尔是正确的：人类的悲伤（grief）、需要（need）、情欲（passion）、痛苦（pain）是一些原初的实在，是既不能用知识克服，也不能用知识改变的。"[①]这就是说，存在不能归结或还原为认知（关于本质的知识）。在克尔凯郭尔之后，德国的存在主义哲学家海德格尔进一步发挥了存在优先于本质的见解。萨特不仅继承了克尔凯郭尔和海德格尔的思想路线，而且通过"存在先于本质"的命题，空前地发挥并推进了他的前辈们的学说。

首先，在克尔凯郭尔那里，"孤独的个人"可以和上帝直接交流，萨特则声称上帝是不存在的，他把海德格尔和自己称作"无神论的存在主义"的代表。为什么呢？在萨特看来，承认上帝的存在，也必然会承认人是上帝创造出来的。这样，你仍然在"本质先于存在"的旧框子中打

---

① ［法］萨特：《对方法的探索》，纽约1963年英文本，第12页（Jean-Paul Sartre, *Search for a Method*, New York: Random House, 1963, p. 12——编者注）。

转。萨特写道："在上帝思想中的人的概念可以与工艺家思想中的裁纸刀的概念相比较：上帝按照一个程序和一个概念来创造人，完全同工艺家根据一个定义和一个公式制造裁纸刀一样。因此，每个个别的人都是内在于神的理解中的一个确定的概念的实现。"①为了彻底打破上帝对人的存在的干预，萨特从海德格尔那里借用了"遗弃"（abandonment）这个概念，强调人不是被上帝创造出来的，而是被遗弃在这个世界上的，人无法依托上帝，只能依靠自己来确定自己的本质："'遗弃'意味着我们自己决定我们的存在。"②

其次，萨特批判的触角比克尔凯郭尔伸展得更远。他认为，不仅在神学中，而且在无神论的哲学中，也普遍地存在着"本质先于存在"的现象。比如，18 世纪法国的无神论哲学家伏尔泰、狄德罗等都大谈特谈人的本质，他们的思想并没有跳出"本质先于存在"的窠臼。康德走得更远，以致在他的笔下，原始森林的野蛮人和文明社会的资产者有同样的定义和本质。萨特尤其不赞成康德关于"人是目的"的说法，既然人存在之初只是空无的东西，他怎么能成为目的呢？"一个存在主义者从来就不会把人作为目的，因为人还有待于被确定。"③萨特还发现，人们习惯于把自己的存在依附于一种给定的东西。这种东西按世俗的叫法，被称为"命运"（fate），按哲学的叫法，被称作"决定论"（determinism），即有一种在冥冥中起作用的，不可变更的力量在支配人的存在。萨特尖锐地批判了这种观点："如果存在确实先于本质，一个人将永远不可能用一种给定的和特殊的人的本质去说明他的行为；换言之，没有决定论，人是自由的，人就是自由。"④

最后，萨特还把人的存在从一定的伦理学说的影响下分离出来。萨特有个学生，他的哥哥被德国人杀害了。于是，他与他的母亲相依为命

---

① ［法］萨特：《存在主义和人道主义》，伦敦 1978 年英文本，第 27 页。
② 同上书，第 39 页。
③ 同上书，第 55 页。
④ 同上书，第 34 页。

生活在一起，他的母亲不能没有他。这样，他就面临着一个选择：或者到英国去参加自由法国军队，替哥哥和其他被害者报仇，或者留在母亲身边，陪伴她。康德的伦理思想——人是目的而不是工具——能帮助他作出选择吗？根本不能。如果他把他的母亲作为目的，那么他就把正在同德国人战斗的人们统统当作工具了；反之，他如果去参加战斗，就把他的母亲当工具了。这个苦恼透顶的学生去请教萨特，萨特告诉他，没有一种普遍的道德准则能够指示他应该做什么，也没有一种预兆会向他显示出来。他仍然叫那个学生自由地去选择。

萨特像一个冷静的外科医生，把人从一层层给定的、外在的约束，即关于人的本质的种种神学、哲学与伦理学的概念和公式中剥离出来。于是，人被遗弃在这个世界上，既无任何帮助，也无任何借口和依赖。Man simply is(人仅仅存在着)。① 人是被宣判为自由的，他必须完全依靠自己进行活动和选择，并在这一过程中确定自己的本质。正如《禁闭》中的伊内丝对加尔散说的："你的生活就是你自己。"② 也正如《苍蝇》中的俄瑞斯忒斯所说的："每个人都应该开创自己的路。"③ 萨特还强调，个人在进行自由选择的时候，不仅是为了自己，而且也是为了整个人类，这是人们不可逃避的一种"责任心"(responsibility)。由于这种"责任心"，人们总是处于"极度苦恼"之中。④ 这就是萨特前期的人学理论和研究方法的基本内容。

萨特关于"存在先于本质"的命题提出后，曾遭到他的老师海德格尔的批评。海德格尔在 1947 年出版的《论人道主义》一文中写道："反之，萨特却这样说出存在主义的命题：存在先于本质。他这样说的时候却取了在形而上学的意义下的 existentia 与 essentia 两词，而形而上学却自柏

---

① ［法］萨特：《存在主义和人道主义》，伦敦 1978 年英文本，第 28 页。
② ［法］萨特：《禁闭》，见《萨特戏剧集》，袁树仁译，人民文学出版社 1985 年版，第 150 页。
③ ［法］萨特：《苍蝇》，见《萨特戏剧集》，袁树仁译，人民文学出版社 1985 年版，第 92 页。
④ ［法］萨特：《存在主义和人道主义》，伦敦 1978 年英文本，第 30 页。

拉图以来就说：essentia 先于 existentia，萨特把这个命题倒转过来了。但是把一个形而上学的命题倒转过来仍然还是一个形而上学的命题。作为这个命题，它就和形而上学一起固执于对在的真理的遗忘之中。"①为什么呢？existentia 是英文和法文 existence（存在）的拉丁语词源，essentia 是英文和法文 essence（本质）的拉丁语词源。在海德格尔看来，existentia 在传统的形而上学中表示一种现成的东西，这个词不能用来表示人的存在。早在1927年出版的《存在与时间》一书中，海德格尔专门用了一个德文词 Existenz 来指称人的存在。而萨特命题中的"存在"（essence）仍然出自拉丁文 existentia，可见他未摆脱旧形而上学的影响，并未真正领会到人的存在的独特性和意义。这是海德格尔的批评，其实，萨特虽然未采用新的概念来表示人的存在，但他并未把人的存在理解为一种现成的东西。他反复申明："人造成他自己；他并不是现成地被提供出来的。"②

那么，萨特的"存在先于本质"的人学研究方法究竟有何积极的意义呢？第一，它高扬了人的能动性，力图把人从种种关于人的本质的命定论和机械决定论中解放出来，使人正视自己的存在。萨特对能动性的理解不是停留在意识的层面上，而是深入到行动的层面上："除了在行动中就没有现实。"③第二，它强调人不是一个给定的、过去就悬挂在那里的原则，而是一个活生生的存在，是向世界敞开的，充满了偶然性和各种可能性的人。人并不拘执于过去，相反，人是人的未来。用这种方法去研究人，就不会只着眼于人的过去，不会把人看死，而会着眼于人的未来，从而使人学研究本身也变得丰富充实起来。第三，有利于进一步打开哲学研究的视界，使它超越单纯知识论的范围，向丰富多彩、千姿百态的人的生活世界开放。

----

① ［德］海德格尔：《论人道主义》，见《存在主义哲学》，商务印书馆1963年版，第101页。

② ［法］萨特：《存在主义和人道主义》，伦敦1978年英文本，第50页。

③ 同上书，第41页。

萨特前期的人学研究方法的消极因素是：一方面，他过分夸大了人的自由，以致实际上造成了一种关于自由的宿命论的思想。另一方面，他把人的存在和本质分离开来也是不现实的。人在行动中不可能完全不受某种关于人的本质的学说的约束。当萨特强调个人心中应有一种为全人类选择的道德责任感时，这不也等于把一种关于人的本质的特殊的伦理见解置于人的行动之前了吗？萨特后期提出的"前进与逆溯"的方法就力图克服前期的这些弱点。

　　对于那些坚持"原则先于世界""概念先于事实""观念先于生活"的教条主义的思维态度的人来说，萨特的"存在先于本质"的命题似乎是不可理解的。犹如加缪笔下的朗贝尔对里厄所说的：

　　　　您不会体会，您是在讲大道理，您生活在抽象观念中。①

---

　　①　［法］加缪：《鼠疫》，刘方译，上海译文出版社 1980 年版，第 82 页。

前进与逆溯
——萨特后期的人学研究方法

> 具体的马克思主义应当深刻地研究现实
> 的人，不应当让他们洗一次硫酸澡而消
> 溶掉。
>
> ——[法]萨特

"前进与逆溯"是生活中常见的现象。一只汽船从上游某地出发，驶到下游某地，又从那里返回到出发点。这一往返的过程也就是"前进与逆溯"的过程。把这种明白易懂的现象移植到哲学中，并用一系列抽象概念加以描述时，它就变得扑朔迷离了。让·保罗·萨特在其后期著作《辩证理性批判》第一分册中提出的"前进与逆溯的方法"（the progressive-regressive method），力图把马克思主义的唯物史观的方法与存在主义的方法综合起来。这一方法显示出他在人学研究中的新的转向。

那么，在萨特那里，"前进"与"逆溯"的含义究竟是什么呢？所谓"前进"，就是从一定时代的生产力和生产关系的基本矛盾出发，从经济状况、阶级斗争和意识形态领域中的冲突（特别是哲学上的唯物主义与唯心主义的冲突）出发，去剖析并阐明某一特定的历史事件或历史人物。所谓"逆溯"，就是倒过来从某一特定的历史事件或历史人物出发，再现它或他与周围环境之间的一切错综复杂的关系，并进一步从这些关系回溯到该时代的经济状况，特别是生产力与生产关系的基本矛盾中去。

萨特认为，"偷懒的马克思主义者"在分析历史人物时，仅仅使用"前进"的方法。他们习惯于用"时代背景""生产力与生产关系的矛盾""阶级斗争""唯物主义与唯心主义"这样的大字眼去剖析历史人物，以为只要在历史人物的名字前加上"资产阶级政治家""现实主义文学家""唯心主义哲学家"等诸如此类的定语之后，就万事大吉了。比如，就瓦莱里（Valery）这个出生于19世纪末的法国历史人物来说，只从物质条件和经济关系出发，指出他是小资产阶级的知识分子，他的社会立场是动摇的，这样够不够呢？萨特认为，这是远远不够的，这还远未揭示出瓦莱里这个人物的特殊性。他写道："毫无疑问，瓦莱里是一个小资产阶级的知识分子。但并不是每一个小资产阶级的知识分子都是瓦莱里。"①在萨特看来，任何历史人物都是有血有肉的，具体的，不能使他在抽象的解剖刀下失去生命。

同样地，萨特也反对"偷懒的马克思主义者"简单地用生产力和生产关系的发展，用经济关系的变化去说明历史事件。诚然，萨特也承认，在分析某一历史事件时，看到物质条件及经济关系的种种变化是必要的，然而，他强调说："没有活生生的人，也就没有历史。"②历史事件是由许许多多人的活动构成的，它是具体而微的，充满着各种可能性和偶然性。只使用前进的方法，就等于用先验的历史哲学的模式去规范历史事实，从而把历史事件变成先验观念的单纯的例证，消解了它的具体性、独特性和丰富性。萨特说："偷懒的马克思主义者用前进的方法先验地构成实在，政治理论家则用这种方法来证明已经发生的事情都应当

---

① ［法］萨特：《对方法的探索》，纽约1963年英文本，第56页（Jean-Paul Sartre, *Search for a Method*，New York：Random House，1963，p. 56——编者注）。

② 同上书，第133页。

是这样发生的。他们用这种单纯的叙述方法什么也不能发现。我们的方法则是启发性的；它告诉我们新的东西，因为它同时既是逆溯的，又是前进的。"①

总之，在萨特看来，只停留在前进的方法上，既不能对历史事件作出完整的透视，也不能再现历史人物的风采，倒是把历史人物推入到硫酸池中，使之消失得无影无踪了。萨特坚持，真正的人学研究方法必须融入逆溯的方法。如果说前进的方法是抽象的、演绎的、封闭的，那么逆溯的方法则是具体的、探索的、开放的。其目的是在"偷懒的马克思主义者"的哲学中补进活生生的、有血有肉的人。所以，萨特说："存在主义和马克思主义有同样的目标；但是马克思主义把人吞没在观念中，存在主义则在凡是人所在的地方，在他的劳动中，在他的家里，在马路上，到处去寻找人。"②

在萨特看来，逆溯的方法之所以能发现人，完整地塑造出历史人物的形象，是因为它在考察历史事件和历史人物时，是紧紧围绕人物的实际生活而展开的。尽管研究者不可避免地会带有某种理论上的先入之见，但这种见解只起调节器的作用，它随时为事实所敞开，也为事实所修正。逆溯的方法的具体表现是：

A. "肯定历史事件的特殊性"。萨特强调，历史事件是不可重复的，无论是就某一历史事件所发生的地方来说，还是就参与这一事件的种种团体和人物来说，它都是独特的，因而决不能用先验的理论公式简单地去图解历史事件。根据萨特的看法，对历史事件的特殊性作出最深刻分析的是马克思的《路易·波拿巴的雾月十八日》。在这部著作中，马克思深入地分析了事变得以产生的客观形势，分析了各阶级的历史人物在事

---

① ［法］萨特：《对方法的探索》，纽约 1963 年英文本，第 133 页（Jean-Paul Sartre, *Search for a Method*, New York：Random House，1963，p. 133——编者注）。

② 同上书，第 28 页。

变中的表现及其动因，"力图从细节上和全局上重新表演这场悲剧"①。马克思的这种活的历史方法正是逆溯方法的集中表现。可惜的是，"偷懒的马克思主义者"用庸俗的经济决定论取代了这种方法，因而萨特觉得有必要重新发现马克思的历史分析方法，并从理论上作出新的说明。

B. 再现历史人物的"实际生活的奥秘"。比如，在研究罗伯斯庇尔时，不能停留在指出他的阶级属性和政治倾向上，而要深入地探究他的实际生活方式：作为一个富有爱国心的房东；他的淡泊、节俭和住所简陋；他的服装，他的梳妆，他的"廉洁"和不爱"你我相称"。总之，要从实际生活的汇总中去了解这些具体因素与他的政治主张之间的联系，去把握他的思想和行动的脉络。又比如，在研究拿破仑这一历史人物时，光指出他是军事独裁者是不够的。诚然，拿破仑是一个军事独裁者，但军事独裁者并不一定就是拿破仑。萨特说："我们所要显示的是：这一个拿破仑是必然的；就是说，法国革命的发展既形成了独裁的必要性，也形成了应当实行这种独裁的人物的全部人格。"②因而，要全面理解拿破仑，就决不能忽视对他的性格气质、个人嗜好、心理特征等的研究。否则，研究者笔下的拿破仑就会变得形销骨立，和真正的拿破仑相去甚远了。

C. 要揭示历史人物的实际生活与他的活动产物之间的"空隙"（hiatus）。萨特说："由于艺术上的客观化不能还原为生活上的客观化，所以……在作品与生活之间，存在着一个空隙。"③比如，福楼拜写了《包法利夫人》这部名作，他还说过，"包法利夫人就是我"，但无论如何，福楼拜与他所塑造的艺术形象包法利夫人不会合起来，这里总会有一个空隙。

如何填补这个空隙呢？萨特认为，一方面，要用作品来说明历史人

---

① ［法］萨特：《对方法的探索》，纽约 1963 年英文本，第 25 页（Jean-Paul Sartre, *Search for a Method*, New York: Random House, 1963, p. 25——编者注）。

② 同上书，第 83 页。

③ 同上书，第 143 页。

物的实际生活；另一方面，要用历史人物的实际生活来说明他的作品。《包法利夫人》泄露了福楼拜的自恋症、手淫症，他的幻想性、孤独性、服从性和女性化。反之，福楼拜的实际生活，即他作为一个领取息票的地产所有者，他的特殊的家庭环境、特殊的童年、特殊的性格和气质又会以种种曲折的方式投射到他的作品上。一言以蔽之，研究一个历史人物，一定要把传记研究和作品研究结合起来，完整地恢复他的真实的历史形象。

D. 显露出历史人物的"微分"(differential)或"变数"(variations)。萨特说："我们的研究意图，在这里，应当像梅洛-庞蒂所说的那样，是'微分'的。"①所谓"微分"或"变数"，也就是这一个历史人物所具有的特殊性。从大的方面来看，就是他与其他历史人物之间的差异性；从小的方面来看，则体现为这一历史人物的观念与实际态度或实际行为之间的差异，体现为他在实际生活中的种种变化，等等。萨特强调，在研究历史人物时，决不能忽略这些不显眼的，甚至隐蔽的、偶然的和转瞬即逝的特征："我们不把这些变数看成反常的、意外偶然性和无意义的方面；完全相反，行为或观点的特殊性首先是作为实际的总体化的具体的实在性，这不是个人的一个特征，这是在他的客观化过程中被掌握到的整个个人。"②萨特告诉我们，历史人物的完整性既体现在大的方面，也体现在这些小的方面。如果略去这些"微分"和"变数"，活生生的历史人物就变成了一个抽象的幽灵。

为了充分把握历史人物的"微分"和"变数"，萨特还借鉴了弗洛伊德的心理分析方法，主张深入到家庭关系中去追溯历史人物的童年。萨特批评了"偷懒的马克思主义者"对历史人物的传记研究，特别是对历史人物的童年生活研究的轻视。他这样写道："今天的马克思主义者只考虑到成年人；读了他们的著作，我们就会相信，我们是在挣到第一次工资

---

① ［法］萨特：《对方法的探索》，纽约 1963 年英文本，第 137 页（Jean-Paul Sartre, *Search for a Method*, New York: Random House, 1963, p. 137——编者注）。

② 同上书，第 138 页。

那一年出生的。"①然而，历史人物思想的形成和发展是有一个过程的。只有深入地考察他的成长过程，才能明了他成年时期的种种特征，才能发现他身上的历史重荷。在这个意义上，萨特认定，心理分析不但不与辩证唯物主义对立，而且是一致的。他在分析福楼拜这一历史人物的童年生活时，指出：在福楼拜成长起来的家庭中，他的父亲具有绝对的权威，而他的父亲作为小资产阶级知识分子和法国大革命的产儿，具有强烈的反宗教的倾向，这种倾向对福楼拜产生了重大的影响，把他身上的热情转化为实事求是的气质。事实上，福楼拜在心理上一直"固着"(fix-ation)于他的父亲。不了解这一点，就不能真正地懂得福楼拜。

萨特力图把逆溯的方法与前进的方法综合起来，以便从全局上和细节上把历史事件或历史人物完整无遗地揭示出来。他说："我们把存在主义的研究方法规定为一种逆溯—前进和分析—综合的方法；同时这也是在对象(它包含着具有多层意义的整个时代)和时代(它在其总体化的过程中包含着对象)之间的不断丰富的相互参照。"②

萨特的"前进与逆溯的方法"尽管在一定程度上夸大了历史人物的主观因素，特别是思想观念和心理气质的重要性，并力图把存在主义和马克思主义调和起来，但就其对"偷懒的马克思主义者"那里常见的倾向，即对把马克思主义的唯物史观歪曲为庸俗的先验公式的批判来看，仍具有积极的历史意义。其实，恩格斯在谈到唯物史观时，早就警告说："如果有人在这里加以歪曲，说经济因素是唯一决定性的因素，那末他就是把这个命题变成毫无内容的、抽象的、荒诞无稽的空话。"③"前进与逆溯的方法力图在一往一来的过程中透视历史事件和历史人物的全貌，从而引导人们避免任何教条化的、简单化的研究方法，在这个意义上，无论是对我们的哲学和社会研究而言，还是对文学评论乃至整个文

---

① ［法]萨特：《对方法的探索》，纽约 1963 年英文本，第 62 页（Jean-Paul Sartre, *Search for a Method*, New York: Random House, 1963, p. 62——编者注）。

② 同上书，第 148 页。

③ 《马克思恩格斯选集》第 4 卷，人民出版社 1972 年版，第 477 页。

化探讨而言，都有一定的借鉴意义。它启迪我们，不要满足于抽象的贫乏的说教，而是要在历史唯物主义的基础上，透过时代和历史事件中的冲突，透过历史人物的真实生活的"微分"，完整地再现出他的人格和风采，他的生命和活力：

> 如今，我再不找寻
> 我生命中前半的样本，让那些反复
> 吟叹，卷折了的书页放过在一边，
> 我给我重新写出新的一章生命。①

---

① ［英］白朗宁：《抒情十四行诗》，方平译，新文艺出版社 1957 年版，第 42 首诗。

过程哲学

从可能到现实

——怀特海的过程哲学方法

> 假如我对哲学的功用的看法没有错的
> 话，它便是一切知识活动中最富有成效的一
> 种。它在工人还没搬来一块石头以前就盖好
> 了教堂，在自然因素还没有使它的拱门颓废
> 时就毁掉了整个结构。它是精神建筑物的工
> 程师和分解因素。
>
> ——［英］怀特海

世界是一个永远变化着的过程。这一伟大的
思想，我们在古希腊哲学家赫拉克利特那里就已
经见到了。在英国哲学家怀特海（Alfred North
Whitehead，1861—1947）那里，我们重新感受到
这一希腊传统精神的伟力，然而，怀特海是站在
高度发展的现代科学的基础上来构筑他的"过程
哲学"（process philosophy）的思想体系的，因而
他的学说的丰富性和复杂性，远远超过了希腊人
对现实世界的直观感受。

要了解怀特海的过程哲学的独特性和丰富
性，必须先探讨这一哲学理论赖以形成的文化背
景和思想基础。

怀特海早期主要从事数学和逻辑学研究，他

与罗素合著的《数学原理》是这方面的代表作。然而，怀特海没有像罗素那样，沿着逻辑哲学的方向继续走下去，爱因斯坦相对论的发表，极大地震撼了他的思想。科学思想的旧基础已经摇摇欲坠了。时间、空间、物质、质料、以太、电、机械、机体、形态、结构、功用等基本概念都必须重新加以说明："如果科学不愿退化成一堆杂乱无章的特殊假说的话，就必须以哲学为基础，必须对自身的基础进行彻底的批判。"①

在《关于自然知识原理的研究》、《自然的概念》、《相对论原理》等著作中，怀特海指出，组成自然界基本单位的不是"物"（things）而是"事件"（events）。物是静态的，而事件则是动态的。在传统哲学中，物被安置在牛顿的绝对时空中，在怀特海的新的哲学见解中，时、空不再分离，它们构成了四维的时空系统，于是，时间这一维成为事件的本质要素之一。除了事件之外，世界上再也没有什么东西剩下来了。世界就是事件之流，犹如雪莱所告诉我们的：

> 世界从新生到衰落
> 永恒地运转不息，
> 有如河流上的泡沫，
> 闪耀、破灭、流去。②

这是怀特海过程哲学的雏形，是奠立在朴素的实在论的基础之上的。然而，这一理论也面临着一些困难。困难之一是，在自然界中，不仅有变动的东西，也有持续的乃至永恒的东西。一座山是持续的，但年代久远后也会剥蚀消失，"但颜色是永恒的。它象幽灵缠绕着时间，倏然而来倏然而去。不论到哪里，它永远是同一颜色"③。如何解决永恒的问题呢？困难之二是，这个充满事件之流的世界是如何实现出来的？困难之

---

① ［英］怀特海：《科学与近代世界》，何钦译，商务印书馆1959年版，第17页。
② 参见《雪莱抒情诗选》，查良铮译，人民文学出版社1958年版，第162页。
③ ［英］怀特海：《科学与近代世界》，何钦译，商务印书馆1959年版，第84页。

三是，机械论和有机体论引起的冲突。如果一切都是在机械的规则下盲目地运动的，那么我们如何解释有机体，特别是人类的目的性活动呢？否则，自由意志和道德责任就是一个虚设的问题，因为人类是不可能为自己的行为负责的。"在这种意义下，一个自然事件仅是一个完整的实际事态的抽象状态。完整的事态包括着在认识的经验中表现为记忆、预测、想象和思维的一切。"①

要克服上述困难，真正建造起过程哲学的大厦，就必须寻找新的稳固的地基。这一地基就是怀特海在《过程与实在》等著作中反复提到的"有机体哲学"（the philosophy of organism）。在他看来，人们通常意义上说的有机物和无机物并没有严格的界限，它们都是由原子、分子构成的，只是结构化、组织化的程度不同而已。所有的"持续实有"（enduring entities）都是有机体。在这个意义上，自然界是一个充斥着有机体的世界。我们马上就会看到，这一思想的引入，为过程哲学提供了新的起点。

怀特海说："从一般的立场上看，有机体哲学似乎是更接近印度或中国思想的血统，而不是接近西亚的或欧洲的思想的血统。前者使过程成为终极的东西，后者则使事实成为终极的东西。"②也就是说，有机体哲学为过程理论提供了一个比较严格的基础。如前所述，所有的有机体都是持续实有，都处在生灭的过程中，这里已把永恒性的问题撇开了。另一方面，与朴素实在论比较起来，有机体哲学对过程的理解更为复杂，更为宽泛。所以，在论及主观主义的理论时，他强调，有机体哲学完全接受当代哲学的主观主义的倾向，也接受休谟关于任何学说都是主观体验的要素的见解。从这一角度看问题，"过程就是体验的生成"③。总体来说，从有机体哲学的立场来看，有两种过程：一种是"宏观的过

---

① ［英］怀特海：《科学与近代世界》，何钦译，商务印书馆 1959 年版，第 164 页。

② ［英］怀特海：《过程与实在》，伦敦 1929 年英文版，第 9 页（A. N. Whitehead, *Process and Reality: An Essay in Cosmology*, Cambridge: University Press, 1929, p. 9——编者注）。

③ 同上书，第 233 页。

程"，即从已达到的现实性向将达到的现实性的转变；另一种是"微观的过程"，即从仅仅是真实的状态转变为有限的现实。"前一种过程是效能的；后一种过程则是目的论的。"①在怀特海看来，任何有机体都不是静态的，它具有一种"不完全性"。正是这种不完全性推动它不断地运动，从一个状态过渡到另一个状态。过程是有机体的存在方式。这里讲的是第一种过程。更为重要的是第二种过程，因为它牵涉到这个世界是如何实现的问题。事实上，怀特海后期的过程哲学所要解决的中心问题就是这个问题。

他写道："一个现实实有是如何生成的问题也构成了这个现实实有是什么的问题；所以，对一个现实实有的这两种不同的描述并不是独立的。它的'存在'（being）是由它的'生成'（becoming）构成的。这就是'过程原理'。"②

为了完整地把握怀特海的过程哲学的学说，我们必须先弄清他使用的一些基本概念。他使用的第一个基本概念是"实有"（entities）。在宇宙中，实有有四种类型。其中两种是原初的或基本的：一种叫"现实实有"（actual entities）或"现实事态"（actual occasions），另一种叫"永恒客体"（eternal objects）或"纯粹的潜能"（pure potentials）；另两种是混合型的：一种是"感觉"（feelings），即现实实有的组成部分，另一种是"命题"（propositions）或"理论"（theories），它们仅仅作为感觉的客观资料的一个种类时才是可实现的。③ 所以，包含在实有中的两个最基本的概念是现实实有和永恒客体。

所谓现实实有是构成现实世界的基本单位。它取代了早期的事件概念。事件概念对应于一种"同质的"思考方式，它只思考自然现象，而不

---

① ［英］怀特海：《过程与实在》，伦敦 1929 年英文版，第 304 页（A. N. Whitehead, *Process and Reality*：*An Essay in Cosmology*，Cambridge：University Press，1929，p. 304——编者注）。

② 同上书，第 31 页。

③ 同上书，第 267 页。

思考另一种完全异质的现象，即感觉意识现象；现实实有则对应于一种"异质的"思考方式，同时把这两种现象都考虑在内。因此，现实实有并不是单纯物质的东西，它也包含感觉、意识等种种精神因素在内。如果说，现实世界是一个过程，那么，这一过程就是诸多现实实有的生成。

那么，现实实有是如何生成的呢？这里就涉及永恒客体的概念了。怀特海说："一个永恒客体的形而上学的地位就是实际的可能性的地位。每一个现实事态的性质要由这种可能性在该事态中体现出来的方式来确定。因此，体现就是可能性的选择。"①如果说，现实实有组成一个现实世界的话，那么，永恒客体则组成一个可能世界。如前所述，永恒客体也是一种实有，然而它是超时空的、永恒的，它在逻辑上是先于现实实有而存在，并决定着现实实有的产生或形成。尽管怀特海没有采纳"共相"这一提法，事实上，永恒客体也就是"共相"或普遍观念，其基本特征是抽象性和超验性。它也作为逻辑上的可能性而存在，不涉及任何经验事态就可以直接地加以理解。然而，要理解一个永恒客体，必须搞清楚以下三点：(1)它的特殊个性；(2)它体现在实际事态中时常发生的与其他永恒客体的一般关系；(3)说明它进入特殊实际事态的一般原则。

怀特海认为，每个永恒客体都有自己的特殊个性，这种个性也就是它的本质，从而使它与其他的永恒客体严格地区别开来。一个永恒客体的本质仅仅在于它对每个具体的事态作出独特的贡献。每一永恒客体都会与其他的永恒客体发生一般的关系。在这些关系中，既有可组合的关系，也有不可组合的关系。如某种气味可以与一定的颜色相组合，但却不能与音调的高低组合在一起。尽管永恒客体是无限多样的，它们的组合方式也是无限多样的，然而，对于某一永恒客体来说，它与其他永恒客体的组合如果要有意义的话，就得保持在有效的范围之内："每个永恒客体都有一个'关联性的本质'。这种关联性的本质就决定该客体为什

---

① ［英］怀特海：《科学与近代世界》，何钦译，商务印书馆 1959 年版，第 153 页。

么可能进入实际事态。"①永恒客体相互组合的无限多的可能性，一旦进入四维时空中，就意味着在无限多个可能的世界中选择了一个，即我们的现实世界。而有意义的假命题（如谬误、艺术、伦理、宗教等）陈述出来的众多"世界"正是我们这个现实世界之外的无限多的未被选择上的可能世界的某些表现。它们是永恒客体的"关联性本质"所容许的，因而尽管是虚幻的，但仍然是有意义的。现在我们还要进一步追问，永恒客体是如何组合起来形成现实事态的，或者换一种说法，高深莫测的可能性是如何结晶为特定的现实事态的？怀特海说："对于现实实有说来，每一个永恒客体都是一种潜能。"②潜能蕴涵着实现自己的能量和趋向，然而，它本身还是一个中性的东西，一个飘荡无定的幽灵。要使它降落到现实性中去，就必须加以限制。这里的限制有两种形式，一是逻辑上的限制，永恒客体之间的组合关系并不是漫无边际的，如前所述，如果把气味与音调的高低组合起来，就不可能形成现实事态；二是价值上的限制，具体表现为两个方面。一是作为形成目标的现实事态本身所作的限制："每一个现实事态都是加在可能性上的一个限制，由于有了这个限制，事物被定形的结合性的特殊价值才能产生出来。"③永恒客体本身处在抽象的逻辑可能性的空间中，是无价值可言的，只有在现实性中才能谈论价值。然而，单一的现实事态所作的限制在价值上仍是相对的，还需要另一种从现实世界整体出发的更高的价值上的限制。怀特海说："上帝是终极的限制，上帝的存在也是终极的非理性现象。他的本性中为什么刚好有那一种限制是没有理由可说的。"④上帝不是具体的，但他是具体的实际性的根据；上帝不是理性的，但他是理性的根据。不管上帝是耶和华、真主、梵天、在天之父，还是天之道、第一因、最高的存

---

① ［英］怀特海：《科学与近代世界》，何钦译，商务印书馆 1959 年版，第 153 页。

② ［英］怀特海：《过程与实在》，伦敦 1929 年英文版，第 60 页（A. N. Whitehead, *Process and Reality: An Essay in Cosmology*, Cambridge: University Press, 1929, p. 60——编者注）。

③ ［英］怀特海：《科学与近代世界》，何钦译，商务印书馆 1959 年版，第 169 页。

④ 同上书，第 171 页。

在等，都在不同的使用者的经验中起着同样的作用。由于上述种种限制作用，作为纯粹潜能的永恒客体才产生出现实事态，扩言之，在上帝的限制和审视下，我们这个世界才得以降生。怀特海的过程哲学理论及其方法具有明显的神秘主义的色彩，这根源于他对科学和宗教关系的独特的理解。他认为，从历史上看，宗教和科学是有冲突的，然而，作为人类经验的不同形式，它们是可以协调起来的："哲学之所以能获得其无与伦比的重要性，靠的是把宗教和科学这两者融合进一个合理的思想图式中。"①事实上，怀特海的哲学体系正是科学与宗教的混合物。然而，这里也包含着合理的因素，那就是借用宗教的力量来遏制科学主义的无限扩张的趋向。怀特海与维特根斯坦一样，不相信自然科学、逻辑和数学能说明人类的全部经验。对于他来说，宗教是科学的界限。

在怀特海的过程哲学中，我们可以引申出哪些有益的启示来呢？

首先，我们发现了他对可能性问题的高度重视。他说："我们所看到的实际性主要是和渊深莫测的可能性发生关系。"②尽管他在论述永恒客体的关系问题时，谈到的是逻辑上的可能性，这类似于维特根斯坦所说的"逻辑空间"，然而，它对我们重新认识可能性与现实性的关系问题依然具有不可忽视的意义。在通常的见解中，人们总是认为现实性高于可能性。这尤其典型地表现在"屋顶上的三只麻雀不如手中的一只麻雀"的谚语中。这里带有某种物化意识的味道，在物和商品充斥的世界中，人们总是更重视实在的东西，而贬斥不确定的或虚幻的东西。这当然有合理的方面，但也有消极的方面，它使人的目光凝固，使心灵封闭起来。只有充分注视可能性的人，在思想上才是充分敞开的，才能与世界保持丰富的、多样性的联系。在这个意义上，可能性高于现实性。

其次，把世界理解为现实事态不断生成的过程也是有意义的。人们

---

① ［英］怀特海：《过程与实在》，伦敦 1929 年英文版，第 21 页（A. N. Whitehead, *Process and Reality*: *An Essay in Cosmology*, Cambridge: University Press, 1929, p. 21——编者注）。

② ［英］怀特海：《科学与近代世界》，何钦译，商务印书馆 1959 年版，第 167 页。

常常提出这样的问题，如人与历史的关系问题。其实，这本身就是一个假问题，因为既不存在历史之外的人，也不存在人之外的历史，唯一存在的只是一连串的历史事件。这些事件都是人参与的，它们消解了一切凝固不变的东西，汇成了一股浩浩荡荡的洪流。只有充分吸收爱因斯坦相对论的成果，把时空理解为事件流动和相互包含的描述方式时，我们才能更深刻地认识现实世界的运动和变化。

最后，怀特海的哲学研究方法也是值得注意的。他不像罗素那样，拘泥于逻辑分析方法，他具有更为开阔的视界。他广泛地吸收了柏拉图、亚里士多德、休谟、柏格森等人的思维方法，从而形成了他的方法论的一个重要特征，那就是深入地透视那些在哲学家们看来是想当然的思想前提，同时，也严格地审视自己思考问题的理论前提。所以，他说："哲学是自我矫正，是意识对自己的主体性的创造性超越。"[①]事实上，问题也就是哲学家。哲学家所思考的问题的大小决定了哲学家在思想史上的地位的高低。一种哲学只有把思想之锚牢牢地扎在生活和科学发展所提出的重大问题上，才能给人们的心灵以巨大的震动，才能把思想史提高到一个新的水平上：

在一个伟大的哲学家所引起的震撼之后，哲学是决不会回到原地去的。[②]

---

① ［英］怀特海：《过程与实在》，伦敦 1929 年英文版，第 20 页（A. N. Whitehead, *Process and Reality: An Essay in Cosmology*, Cambridge: University Press, 1929, p. 20——编者注）。

② 同上书，第 14 页。

分析哲学

语言中的三角形星座

——弗雷格的逻辑分析方法

> 如果一个侍者想要布置得使桌子上的刀子与盘子恰好一样多，那么他就没有必要去数桌子上的刀子或盘子；他必须做的就是直接将一把刀子放在每一个盘子的右边，他所注意的就是桌子上的每一把刀子是否直接在一个盘子的右边。
>
> ——[德]弗雷格

在群星灿烂的当代西方哲学家的行列中，有一个身材矮小、貌不惊人的德国学者。他毕生孜孜不倦地从事数学和逻辑的研究。尽管他为之而奋斗的伟大目标——将全部数学逻辑化——最终陷于失败，然而，他为一种新逻辑——符号逻辑——的诞生扫清了道路，他所倡导的逻辑分析方法改变了当代哲学研究的整个方向。如同皮尔士一样，他生前也是默默无闻的，直到逝世以后才获得殊荣。他，就是当代分析哲学的开创者弗雷格（Gottlob Frege，1848—1925）。

弗雷格是耶拿大学的数学教授。作为数学家，他的全部工作只限于一个目标：为数学提供坚实的逻辑基础，亦即从逻辑的符号系统出发，把全部数学的概念和定理重新表述出来。西方人把这样的努力称为"逻辑主义"。晚年的弗雷格虽然放弃了这方面的无益的努力,但他为达到上述目标而设计出来的新的概念符号系统(亦即逻辑系统)却完成了逻辑学上的一个重大的革新,从而为陷于混沌的自然语言中无法自拔的哲学开辟出一条新路。

在《算术的基础》这部名著的导论中,弗雷格规定了逻辑分析方法的三条基本原则:

> 始终把心理的东西与逻辑的东西,主观的东西与客观的东西严格地区分开来;
>
> 决不孤立地询问一个词的意义,而只在一个命题的前后关系中进行询问;
>
> 决不忽视概念与对象之间的区别。

在第一条原则中,我们看到了弗雷格对任何形式的"心理主义"的拒斥。心理主义强调,要理解意义的性质,就需要对心灵中某些主观的、内在的过程进行研究。自然语言或日常语言中包含的许多歧义的、含混的、表达情绪的用词和句子,正是心理主义的温床。弗雷格认为,逻辑所要研究的是一种严格的、理想化的语言。这种语言是客观的,因为它排除了一切主观心理方面的、带有情感色彩的用词和句子;这种语言也是无歧义的,词和物,犹如桌子上的刀子和盘子一样,是严格地一一对应的。这一原则既是弗雷格的逻辑分析方法的基本出发点,也为这一方法的运用划定了明确的界限:逻辑的铁腕不会也不可能落到艺术家的充满情意的话语和政治家的俏皮的外交辞令上,它只是在划定的土地上进行播种和收获。

在第二条原则中,弗雷格告诉我们,语言运用的基本单位是句子。从逻辑上看,句子的主要作用是作出一种断定,说出某种或为真或为假的东西。词在句子中获得其特有的生命,因而其意义必须在句子中获得。这表明，弗雷格的逻辑分析方法的重点始终落在句子，即命题上。

在第三条原则中，弗雷格实际上提出了新逻辑的根本着眼点。当我们涉及这条原则的时候，已不知不觉地跟随着弗雷格的思路，进入了逻辑分析的程序之中。

亚里士多德开创的传统逻辑的基础是主词和谓词之间表面的、语法上的差异。比如，在"玫瑰花是红的"这样的句子中，"玫瑰花"是主词，也是一个名称或概念；"是红的"则是谓词。而弗雷格则对这些成分和关系作了全新的理解。他的新见解是在数学中的函数关系的启发下形成的：

在数学中，可以举出下面的简单的例子：

$$2 \cdot 1^3 + 1$$
$$2 \cdot 4^3 + 4$$
$$2 \cdot 5^3 + 5$$

从这三个表达式中，分别可得到数值 3，132，255。重要的是，我们在这里发现了一个共同的模式：

$$2 \cdot (\quad)^3 + (\quad)$$

这个共同的模式，在数学上称之为"函数"；而填入括号中的数，可称之为"自变元"，如上式的 1，4，5 等；填入自变元后获得的一个确定的数，如上面提到的 3，132，255 等，可称之为"数值"。这样，在简单的函数关系中，我们发现了由函数、自变元和数值构成的一个三角形星座。

通过类比，弗雷格发现了语言中的函项①关系。请看下面的表达式：

( )是一个哲学家。

这个不完整的表达式就是一个函项。在括号中，可以填入各种自变元，如苏格拉底、柏拉图、埃菲尔铁塔、4 等。自变元填入后，整个句子的真假值就出现了。当我们填入苏格拉底或柏拉图时，上述句子的真值为真，即符合实际情况；反之，当我们填入埃菲尔铁塔或 4 时，上述句子的真值为假，即不符合实际情况。在这里也有一个由"函项""自变元"和"真值"构成的三角形星座。逻辑语言中的函项和数学中的函数一样，是不完整或不饱和的，而自变元一经择定，数值或真值也就随之确定。

值得注意的是，弗雷格把函项，如上面提到的"( )是一个哲学家"称之为"概念词"（Begriff swort，英译为 concept-word），或简称为"概念"（Begriff，英译为 concept）。基于这样的理解，弗雷格把概念和对象（object）严格地区分开来。在这里，我们又遇到一个新的三角形星座：专名（proper name），指单个对象，如金星；名称（name），既可指单个对象，如金星，也可指多个对象，如行星；概念则相当于传统逻辑中的谓词（但又有区别），它是不饱和的，而且常常伴随着不定冠词以及像"所有"、"一些"和"许多"那样的词而出现。从下面两个句子中，我们可以充分认识专名和名称（均指谓对象）与概念的区别。

晨星是金星。
晨星是行星。

---

① 为表示逻辑语言和数学的差别，function 这个词在数学中译为函数，在逻辑语言中译为函项。

晨星与金星是同一对象的不同称谓方法，两者都是专名。在传统逻辑中，"是金星"和"是行星"均为谓词，在弗雷格的逻辑学说中，"是金星"不为谓词，因而不可称为概念，因为他说的谓词总是包含多个对象，而金星只指谓唯一的对象；反之，"是行星"则为谓词，因为行星包含多个对象，因而可称为概念。在这里，专名与概念被严格地区分开来了。下面再看名称与概念的区别。名称这个词如指谓单个对象，那就等于专名，上面已阐明了它和概念的区别，如指谓多个对象，像上面例句中的"行星"，它和概念"是行星"仍有区别。"是行星"作为谓词是不饱和的，"行星"作为一些对象的名称则是饱和的。

在弄清楚上述区别之后，我们再沿着"晨星是行星"这个句子深入分析下去。弗雷格认为，在这个句子中，"这个对象归入了这个概念"。这个对象指晨星，概念指"是行星"。这个句子是很简单的，因为它的自变元(晨星)也是指单个的对象。然而，在数学中，更复杂的现象是，自变元本身也是函数，对应于语言，自变元本身也可能是函项，这样，概念就变得复杂起来了。弗雷格认为，在数学中有不等阶的函数，在语言中也有不等阶的函项(亦即谓词或概念)。比如在"（　）是智慧的"这样的表达式中，如果规定括号中只能填入单个对象(如苏格拉底)，则这个不饱和的表达式可称为"一阶概念"。

然而，在"事实上有些人是智慧的"这样的句子中，情况发生了很大的变化。在传统逻辑中，"有些人"是主词，在弗雷格那里，则表现为谓词，因为"有些人"不是指单个的对象，因而上述句子可以改写为："至少存在着这样一个事物 X，X 是个人，并且 X 是智慧的。"在这里，主词实际上消失了，留下来的只是两个谓词。其中"是智慧的"是"有些人"的自变元，但它同时是函项或概念，不过它是一阶概念；"有些人"(实际上是"是有些人"或"具有一些人")则是"二阶概念"。

弗雷格认为，把单个对象归入一阶概念，或把一阶概念归入二阶概念是可以的，但如果把单个对象直接归入二阶概念则是无意义的。他说："一阶和二阶概念的区别同对象和一阶概念的区别一样截然分明，因为对象决不可以代替概念。因此，一个对象决不可以归属于一个二阶概念，因为这将是无意义的，连假的也不是。"在传统逻辑影响下的描述语言常常把单个的对象归入二阶概念，从而造成了哲学上的混乱。比如，"存在"是二阶概念，它可用于一阶概念，但不能用于单个对象，如上帝。由于这一区分，关于上帝存在的本体论证明就垮台了。

值得注意的是，弗雷格把传统逻辑视为主词一部分的"全称量词"和"特称量词"都作为二阶概念或二阶谓词，从而实际上把传统逻辑中的主词取消掉了。由于这样的理解，使得人们对复杂的普遍命题的分析成为可能。威廉·涅尔（William Kneale）等人甚至认为，"在弗雷格提出的新东西中，最重要的是使用量词"[①]。

下面，我们来介绍弗雷格在意义理论方面的重要贡献。这需要我们重新回到先前的两个例句中，

晨星是金星。
晨星是行星。

在第二个例句中，"是"(is)是归入的意思，即晨星是行星中的一部分内容；在第一个例句中，"是"表示一种等同的关系，即晨星和金星是同一对象的不同称谓，因而它也可以写成：

晨星＝金星（或晨星是等同于金星的）。

这与我们在数学中常碰到的等式是类似的。如：

$a = a$

---

① ［英］威廉·涅尔、玛莎·涅尔：《逻辑学的发展》，张家龙、洪汉鼎译，商务印书馆1985年版，第638页。

$$a=b$$

但弗雷格认为，细加分析，上面两个等式的差异就出来了。"$a=a$"是自明的，它表明自身与自身是等同的，因而未增加任何新的东西。按康德的看法，它是先天分析的。可是，"$a=b$"却使我们获得了一种新的信息或知识。然而，如果我们光说明 a 和 b 这两个记号是同一个对象的称谓，我们还远未揭示出这个等式中蕴涵着的新的信息。在这里还只有两项：一项是 a 或 b，弗雷格称之为"指号"（sign）；另一项是对象，弗雷格称之为"所指"（referent），指号与所指之间的关系叫"指称关系"（the relation of reference）。这就是说，指号是指示对象（即所指）的语言标记。弗雷格的新贡献是引入了第三项"含义"（sense）。于是，我们又见到了一个新的三角形星座：指号、所指和含义。引入含义这一项的理由是：一个对象或所指可能有多方面的性质，从而也就可能有多方面的含义，而通常每个指号只有一种相应的含义，因而，当人们对同一个所指运用不同的指号时，并不是无聊之举，而是力图把所指中的新的方面揭示出来。下面这个例子将有助于我们理解上面的说明：

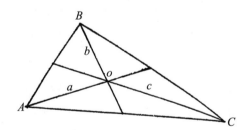

假设在三角形 ABC 中，a、b、c 均为中线，交于点 O，于是：

指号 I（a 和 b 的交点）——┐
指号 II（b 和 c 的交点）——→所指（点 O）
指号 III（c 和 a 的交点）——┘

三个不同的指号虽然有同一个所指，但它们各自的含义却是不同的。这充分表明，只有把握了不同指号的含义，才能揭示出指称关系的全部丰富的内容。这不只适合于句子的特殊类型——等式，而且也适合于一切句子。

正是基于对指号、所指和含义的区别，弗雷格对"意义"（meaning）理论作出了新的说明。首先，人们常把一个指号或一个句子在某个人头脑中唤起的主观联想和意念称为意义，在语言的逻辑分析中，这样主观的东西应予以排除；其次，在严格的使用中，意义即是指号的含义。然而，指号不一定具有所指。如"离地球最远的天体""最慢收敛的级数"等指号并没有具体的所指。但它们是有含义的，从而也就是说有意义的；最后，和指号一样，句子也有含义，亦即"思想"（thought）或意义。句子的意义应该结合其指称关系加以把握。

由于弗雷格忽视了指号的所指和句子的所指在内容和确定方式上的差异，因而受到以后的分析哲学家，尤其是维特根斯坦的批评。维特根斯坦引进了"事实"（facts）作为句子（命题）的所指，从而把它与指号的所指（单个对象）严格区分开来了。另外，由于弗雷格制定了复杂的逻辑符号系统，又加之他引文的过分简练，他的学说也很难为别人所理解。然而，无可争辩的是，弗雷格的学说开启了一种新的哲学思潮——分析哲学的思潮。他的主要贡献是：

第一，开创了一种新逻辑——符号逻辑或数理逻辑。纵观整个思想史，我们发现，任何一种划时代的哲学都是与一种新逻辑一起诞生的。亚里士多德与形式逻辑、康德与先验逻辑、黑格尔与辩证逻辑等，任何一种哲学研究，如果要在思想史的发展进程中留下较深的痕迹，就必须去触动逻辑这块禁地。

第二，弗雷格关于一阶谓词（即一阶概念）和二阶谓词（即二阶概念）的提出，取消了传统逻辑中的主词，从而对一般与个别的哲学问题作出了新的回答。传统逻辑的一个重要的混淆是把"苏格拉底是智慧的"和"人是智慧的"这样不同的句子混同起来了，从而把"人"作为与苏格拉底同样实在的对象，弗雷格把人作为二阶谓词，取消了它的主词的地位，从而表明，只有个别的对象才真正是存在的。这为我们重新理解哲学史提供了一把新的钥匙。

第三，弗雷格关于指号、所指和含义所作的细致分析，实际上触及了语言中存在的复杂的逻辑结构的关系。如同哲学与逻辑的密切关系一样，哲学与语言的关系也是非常紧密的。事实上，这三门学科是不可分离地联系在一起的。不对语言的结构和功能进行哲学的考察，我们的思维就永远只能停留在模棱两可的状态中，永远只能与无谓的争论为伍。

奥卡姆剃刀

——罗素的逻辑分析方法

> 自从我放弃了康德和黑格尔的哲学以后，我一直是用分析的方法来寻求哲学问题的解决。我仍然坚信（虽然近代有与此相反的倾向），只有用分析才能有进步。
>
> ——［英］罗素

在当代西方哲学家中，英国哲学家伯特兰·罗素（Bertrand Russell，1872—1970）是最为长寿的，他几乎活了一个世纪。在他漫长的、富于智慧的一生中，他写下了六十多部著作和大量论文，正如穆尼茨（M. K. Munitz）所说："他的卷帙浩繁的著作几乎涉及人类经验和传统哲学兴趣的全部范围。"①然而，罗素的思想却缺乏系统性。从哲学上看，他的最卓越的贡献是推进了弗雷格创立的逻辑分析方法，这尤其体现在他的"摹状词理论"（Theory of Descriptions）和"类型论"（Theory of Types）中。而这两大理论正是他运用"奥卡姆剃刀"（Ockham's Razor）的原则分析、解

---

① ［美］穆尼茨：《当代分析哲学》，纽约 1981 年英文本，第 119 页（M. K. Munitz, *Contemporary Analytic Philosophy*，New York：Macmillan Publishing co. Inc.，1981, p. 119——编者注）。

决哲学问题的范例。

罗素早年就读于剑桥大学，结识了许多朋友。尤其是在麦克塔格特（J. M. E. McTaggart）的影响下，潜心研读了黑格尔的哲学。可是，在读了《大逻辑》之后，罗素发现黑格尔关于数学的论述纯系胡说，这促使他和摩尔（G. E. Moore）一起背叛了康德、黑格尔的哲学。罗素这样形容当时从唯心主义的主观牢笼中解脱出来的心情："我们允许自己去想，草是青的，即使人们没有意识到，太阳和星星也是存在的……这个曾经是干瘪的逻辑世界突然变得丰富、多样和结实了。"①

作为对黑格尔的理性主义的一元论的反动，罗素坚持一种从常识或朴素实在论出发的多元论的世界观。可是，值得注意的是，在罗素当时所理解的多元论中，不仅个别事物是存在的，而且那些不能证明其存在的虚构的东西（如独角兽、金山等）也是存在的。在这个容纳一切的庞杂的多元论宇宙的入口处，刻着这样的题铭：

> 进去吧，但是我要向你们说清楚，
> 谁要是回头看就得回到外边。②

只是在接触到皮亚诺（P. Peano）、弗雷格和维特根斯坦的逻辑思想后，罗素的多元论宇宙才慢慢地缩小。罗素自己告诉我们："随着时间的消逝，我的宇宙就不那么丰富了。我最初背叛了黑格尔的时候，我相信，如果黑格尔对一件东西不能存在的证明是伪的，那件东西一定是存在的。慢慢地，奥卡姆剃刀给了我一个剃得更干净的关于真实的图画。"③这把剃刀正是上述三位哲学家，特别是弗雷格给他的，但经过罗素思想

① ［美］P. A. 希尔普编：《G. E. 摩尔的哲学》，1952 年英文本，第 33 页（P. A. Schilpp ed. , *The Philosophy of G. E. Moore*, New York: Tudor Pub. Co. , 1952, p. 33——编者注）。

② ［意］但丁：《神曲：炼狱篇》，朱维基译，上海译文出版社 1984 年版，第 73 页。

③ ［英］罗素：《我的哲学的发展》，温锡增译，商务印书馆 1982 年版，第 55 页。

的磨砺，这把剃刀变得更锋利了。1899—1900年是罗素哲学思想发生革命性转变的时期。由于接触并采用了皮亚诺在数理逻辑中发明的新技术，罗素产生了一个新的想法，那就是要形成一套完整的数理逻辑的符号系统，从而对全部哲学问题重新进行审视。从皮亚诺的著作中，罗素知道了弗雷格的名字。1901年，罗素读了弗雷格的著作《概念符号系统》，这才发现，弗雷格在二十多年前已经在从事这方面的工作了。罗素后来写道："在逻辑分析的所有问题上，我们主要是从弗雷格那里获得教益的。"①然而，在罗素看来，弗雷格的学说也存在着一些弱点：第一，他制定的逻辑符号系统令人费解；第二，罗素在弗雷格的《算术的基本法则》第一卷中发现了他自己尚未意识到的悖论，这实际上宣告了他的毕生努力的失败；第三，他未系统地把数理逻辑的方法引入到对哲学本体论的研究中。

弗雷格第三方面的不足，恰好为曾是罗素学生的维特根斯坦所弥补。发表于1921年的《逻辑哲学论》是维特根斯坦早期发表的划时代的著作。在这部著作中，维特根斯坦运用逻辑分析的方法，彻底否定了旧的形而上学，创立了"逻辑原子主义"的新理论。在这部著作出版前，它的基本思想已以谈话和笔记的方式对罗素产生了深刻的影响。当然，罗素并不是一个消极的接受器。一方面，他对维特根斯坦的某些见解有保留，另一方面，他本人也进行了创造性的思考。在《我们关于外部世界的知识》一书中，罗素论述了逻辑原子主义②的基本思想。它的第一步是建立一种逻辑上完善的理想语言。在这种语言中，除了像"或者""非""如果……那么"等词外，其他所有的语词都是与相应的事实的组成部分一一对应的。然后，它进一步表明，实在世界作为多元的世界是由许多"原子事实"（atomic facts）构成的。罗素说："当我说一个'事实'时，我指的不是世界上的一个简单事物，我指的是：某物具有某种性质或某些

---

① ［英］罗素、怀特海：《数学原理》第1卷，剑桥大学出版社1910年版，第 Viii 页。
② "逻辑原子主义"（Logical atomism）的概念是罗素于1918年首次提出的，参见［英］罗素：《我的哲学的发展》，温锡增译，商务印书馆1982年版，第100页。

事物具有某种关系。譬如，我不把拿破仑称作事实，而是把他有野心或他要娶约瑟芬叫作事实。"①陈述原子事实的命题叫"原子命题"（atomic proposition）。原子命题是最简单、最基本的命题。在原子命题的基础上，可以合乎逻辑地构造出许多复杂的命题。如果我们认识了所有的原子事实，那就能在理论上推出具有任何形式的真理。

在今天看来，罗素关于逻辑原子主义的论述并不引人注目。真正引人注目的是，他为了确保逻辑原子主义的基本理论（如语词与事物的对应，原子命题与原子事实的对应等）得以贯彻所进行的清理工作。与罗素以前持有的多元论不同，逻辑原子主义的多元论是极其严格的，是奠立在理想语言之上的。它要求清理掉许多假设出来的"实体"（如独角兽、金山等），也要求清理掉或消除掉那些明显地含有悖论的命题（如克里特人恩披美尼德说出的著名悖论"所有克里特人都是说谎者"等）。为了从逻辑上顺利地进行清理工作，罗素忠实地诉诸"奥卡姆剃刀"原则。

在进行下面的论述之前，我们先对"奥卡姆剃刀"这个术语作些说明。威廉·奥卡姆（William Ockham，约1285—1349）是中世纪后期著名的唯名论者，他主张只有个别事物才是存在的，竭力反对托马斯·阿奎那把共相（如"隐蔽的质""形式"等）作为实在的东西引申到哲学和神学中来，声明要用经济原则这把剃刀，将一些增溢出来的非实在的东西统统剃掉。这就是哲学史上著名的"奥卡姆剃刀"的由来。其基本原则是："如无必要，切勿假定过多。"以后，在马赫的"思维经济原则"那里，"奥卡姆剃刀"得到了进一步的运用。

到了罗素，"奥卡姆剃刀"获得了更为彻底的运用。他有时候把它表述为对"最小词汇量"的追求；有时候又把它表述为"宁用已知实体进行构造而不用它们来推论未知实体"。在逻辑分析的过程中，借助于"奥卡姆剃刀"，有时可以把一个复合的整体分解为它的简单成分；有时可以

---

① ［英］罗素：《我们关于外部世界的知识》，转引自洪谦编：《西方现代资产阶级哲学论著选辑》，商务印书馆1982年版，第235—236页。

把开始给予的复合的成分或假定的独立实体在数量上大大减少；有时可以发现那些从中能得到或构造出一些进一步的结论的真理或其他给定的最初出发点。

罗素的摹状词理论就是运用"奥卡姆剃刀"的一个产物。正如穆尼茨所说的："罗素坚持奥卡姆原则的目的之一就是要减少人们的本体论承诺的数目，而摹状词理论便实现了这一目标。"①什么是摹状词呢？罗素告诉我们，摹状词就是关于"一个某某"或"这个某某"形式的短语。具有前一种形式的短语，罗素称之为"不确定的摹状词"；具有后一种形式的短语，罗素称之为"确定的摹状词"。比如，当我说"我遇见了一个人"时，"一个人"就是一个不确定的摹状词，因为它没有明确地告诉别人，它指的究竟是谁。相反，当我说"美国的第一任总统"时，它就是确定的摹状词，因为谁都知道，它指的是华盛顿。

罗素的摹状词理论最初见诸 1905 年发表的《论指称》一文中。从他的论述中可以发现，他主要关心的是确定的摹状词。罗素把专名与确定的摹状词区别开来。他写道："定义：专名＝代表殊相的词。"比如，在"司各特是《瓦弗利》的作者"这样的句子中，"司各特"是专名，指称一个实在的对象；"《瓦弗利》的作者"则是一个确定的摹状词。在这个句子中，"是"起着"相同或相等"的作用。然而，在许多场合下，确定的摹状词并不像专名一样，指称一个单一的、实在的客体或对象，它可能是完全没有指称对象的。下面，我们考察有确定摹状词出现的两个例句：

(1)这个现在法国的国王是秃头。

(2)这座金山并不存在。

在传统逻辑的眼光中，"这个现在法国的国王"和"这座金山"都是主词，

---

① ［美］穆尼茨：《当代分析哲学》，第 140 页（M. K. Munitz, *Contemporary Analytic Philosophy*，New York：Macmillan Publishing co. Inc.，1981, p. 140——编者注）。

从而人们把它们误认作存在的实体。事实上，摩尔和迈农（Meinong）都是这样看问题的。在罗素看来，"这个现在法国的国王"和"这座金山"都是确定的摹状词，而确定的摹状词可以通过改写的方式使它在句中不再出现。这样做的目的是揭示出句子的真实的逻辑形式。于是，例句（1）可以读作：有这样一个个别对象，比如 C，使得（1）有一个对象是现在法国的国王；（2）有且仅有一个对象与 C 等同；并且（3）C 是秃头。在这里使用了存在量词"有"及指称个别对象的常项"C"。原来处于主词位置上的确定的摹状词消失了，句中出现的是两个谓词："是现在法国的国王"和"是秃头"。在罗素看来，它们都是"不完全的符号"，可以称之为"命题函项"。在弗雷格那里，上述谓词被称为"函项"或"概念"。由此足见弗雷格对罗素的重大影响。现在我们再分析下去，是否存在一个既"是现在法国的国王"又"是秃头"的个体呢？我们发现，这样的个体是不存在的，所以，上述例句是假的。根据同样的改写方法，例句（2）可以读作：对 X 的一切值来说，X 是金的而且是一座山。在这里，作为主词的确定的摹状词"这座金山"也被消解掉了。

通过摹状词的理论，像"金山""圆的方""独角兽"等假对象统统都被剃去了，这在很大程度上保证了严格的逻辑原子主义世界观的贯彻。然而，罗素还没有把他的剃刀搁下来。他在进一步的分析中认定，任何"普通的专名"本质上都是伪装了的或简化了的确定的摹状词。比如，"苏格拉底"是一个普通的专名，但我们在使用这一专名时，实际上指的是"这位柏拉图的老师"或"这位喝了毒酒的哲学家"。真正严格的"逻辑上的专名"只有像"这"或"那"这样的词。如果你看见了这个"这"，并说"这是白的"，那么这个"这"就是逻辑上的专名了。这种没有任何内涵的纯粹的指示词就是罗素说的逻辑上的专名。这样一来，连日常语言中的普通专名也全给罗素剃掉了：

　　　繁枝的盛饰已被剪除干净，我现在立在这儿，是根光杆的木头！①

类型论是"奥卡姆剃刀"的另一个产物。在传统哲学，如毕达哥拉斯那里，数是实在的东西。罗素像弗雷格一样，主张用"类"（class）取代"数"（number），从而剃掉数这种虚假的实体。正如穆尼茨说的："在减少人们的本体论承诺的努力中，'奥卡姆'原则起着明显的作用。如果能够表明，数本质上是相似类的类，那么对于存在物的本体论说明，就不需要确定数的独立实在（存在）了。"②

然而，在把数归约为类以后，却出现了一些悖论，这些悖论不光出现在数学逻辑化的过程中，而且也出现在日常语言中。如果不消除这些悖论，逻辑原子主义的大厦就可能毁于一旦。

在这些"悖论"中，有三个比较著名。

一是集合论创始人康托尔（Georg Cantor）发现的最大基数的悖论。打个比方，假如主人在饭后拿出 a、b、c 三样甜食请你吃，你可有 8 种选择方法：一是 a、b、c 全要；二是 a、b、c 全不要；三是要 a；四是要 b；五是要 c；六是要 a、b；七是要 a、c；八是要 b、c。也就是说，你有 8 种选择方法。如果有 n 样东西放在面前，那就至少有 $2n$ 种选择方法。不管 n 多大（在正整数范围），$2n$ 总是大于 n 的。这就是说，世界上事物的总数比可以从这些事物中构成的类的数目要小。这显然是一个悖论。

二是罗素在给弗雷格的信中提出的悖论。假如我们讨论世界上所有的茶匙的类的话，那么这个类本身并不是一把茶匙。也就是说，类不是它自己的一个分子。如果我们进一步为那些不是自己分子的类构成一个类时，悖论就产生了。假定这个不是自己分子的类的类是自己的一个分子，那显然是矛盾的；反之，假定这个不是自己分子的类的类不是自己的一个分子，那就是说，它不是那些不是自己的分子的类中的一个，也

① ［德］席勒：《华伦斯坦》，郭沫若译，人民文学出版社 1955 年版，第 335 页。

② ［美］穆尼茨：《当代分析哲学》，第 157 页（M. K. Munitz, *Contemporary Analytic Philosophy*, New York：Macmillan Publishing co. Inc., 1981, p. 157——编者注）。

就是说，它是那些是自己的分子的类中的一个。这显然又是矛盾的。

三是"说谎者悖论"，即克里特人恩披美尼德说的话："所有克里特人都是说谎者。"这个悖论可以表达得更简单些：如果有人说"我在说谎"，那么他是在说谎呢？还是没有说谎？如果他在说谎，那么他讲的是真话，如果他没有说谎（即讲真话），那么他分明又声称自己在说谎。不管怎么说，他总是自相矛盾的。

罗素的类型论就是致力于消除这些悖论。根据这一理论，上述悖论之所以产生，是因为它们以不同的方式改变了全体的原初结构，从而使全体包含了新的、不同的分子。也就是说，它们把那些关涉原初的全体的陈述看作是这个原初的全体的一个例子或分子。比如，当恩披美尼德说"所有克里特人都是说谎者"时，他作出了一个断定。这个断定是对他所断定的全体而言的，如果把这个断定本身也包含在这个全体中，那就会产生悖论。罗素说："你们可以断定，任何一种全体都不能是它自身的一个分子。这也适用于我们就类所说的话。比如，世界上的类构成的全体不能像这些类本身一样也是类。所以我们必须区分类的等级。我们将从完全由殊相构成的类开始，这就是类的第一类型。接着我们就达到了这样的类，它的分子是第一类型的类，这就是第二类型。然后我们将达到这样的类，它的分子是第二类型的类。这就是第三类型。如此下去，一个类型中的类决不会既等同于又不等同于另一类型的类。"这就是说，只要我们明确地划分出不同级次的类，使每一较低类型的类是不作为自己的一个分子，而是作为较高类型的类的一个分子，决不把不同级次的类混淆起来，上面提到的那些悖论就会自行消失。正如艾耶尔（A. J. Ayer）所说："类型论的规则是：能够说明一个类型的对象的东西，不管是真的还是假的，用来说明不同类型的对象是不可能有意义的。"[①]罗素认为，类本质上是命题函项，我们可以把第一级命题规定为那些并

---

① ［英］A. J. 艾耶尔：《伯特兰·罗素》，尹大贻译，上海译文出版社1982年版，第39页。

不涉及任何命题全体的命题，把第二级命题规定为那些涉及第一级命题全体的命题，依此类推，就不会出现上述悖论。类型，实际上就是命题函项的"意义域"。这就是说，一个类就是满足于某个命题函项的所有对象。类型论消除了那些因混淆不同级次的类而产生的悖论，从另一个侧面捍卫了逻辑原子主义的学说。

罗素在哲学上的主要兴趣是建立一种多元的本体论，逻辑原子主义学说的提出，体现了他在这方面作出的可贵的努力。然而，这个奠立在理想语言上的多元论的宇宙毕竟离生活世界太远了。尽管罗素并不是不关心生活，他的许多著作和他的生涯表明，他对生活采取了积极干预的态度。但这正好表明，在他的胸中，存在着两个对峙的世界：一个是由数学和逻辑的语言构筑起来的完善而严格的世界；另一个则是充满污垢和嘈杂的鄙俗的世界。这体现了柏拉图哲学对他产生的巨大的影响。事实上，全部哲学家都奔走于这两个世界之间，哲学的目的就是在这两个世界之间建立一种必要的张力。完全浸润于现实世界的哲学给人一种近视而猥琐的感觉，而完全诉诸理想世界的哲学又给人一种虚幻的、不切实际的感觉。正如艾帕曼特斯在批评泰门时所说的：

> 你只知道人生中的两个极端，不曾度过中庸的生活。①

哲学所要寻求的正是两个世界之间的连接点。

在罗素的哲学中，更使我们感到重要的是他的方法。他的逻辑分析方法以及作为这一方法象征的"奥卡姆剃刀"是从事任何严格的哲学研究的一个必要条件。不能设想，一个对自己使用的全部概念都模糊不清的人，能在哲学的探索中作出重大的发现。弄清概念及命题的意义与适用范围，永远是进行有效的哲学思考的第一步。因而那些对分析方法取不

---

① 参见莎士比亚戏剧《雅典的泰门》，见《莎士比亚全集》第8卷，朱生豪译，人民文学出版社 1978 年版，第 185 页。

屑一顾态度的人本身也是不值一顾的。正如罗素所批评的："我觉得那些反对分析的人是让我们满足于最初的那一片模糊的黑影。"①哲学如果要洗去传统形而上学的耻辱，就要敢于走出黑暗的洞穴，在阳光下讨论一切问题。

---

① ［英］罗素：《我的哲学的发展》，温锡增译，商务印书馆 1982 年版，第 119 页。

对不能说的东西应当缄默

——维特根斯坦前期语言哲学的方法

> 真正说来，哲学中正确的方法是：除了能说的东西以外，不能说什么东西，也就是除了自然科学的命题，即与哲学没有关系的东西之外，不说什么东西；尽管别人会不满意这种方法，——他不会感觉到我们在教他哲学——但这却是唯一严格正确的方法。
>
> ——[英]维特根斯坦

"一个人对不能说的东西应当缄默。"①乍听上去，这句话不过是最平常的生活用语，然而，在 20 世纪最伟大的分析哲学家、出生于奥地利的英籍学者路德维希·维特根斯坦(Ludwig Wittgenstein，1889—1951)那里，它却获得了重要的哲学意义。它是维特根斯坦早期的代表作，被西方公认为分析哲学经典的《逻辑哲学论》中的最后一句话。这句话既是对全书的简练的概括，也道出了维特根斯坦早期语言哲学的方法论要旨。

维特根斯坦早期思想的形成有其独特的文化

---

① [英]维特根斯坦：《哲学研究》，德英对照本，第 180 页(Ludwig Wittgenstein，*Philosophical Investigations / Philosophische Untersuchungen*，London：Macmillan，1963，p. 180——编者注)。

背景。一方面，他受到弗雷格和罗素的巨大影响，正如他在《逻辑哲学论》的"序言"中所说的："我只想提及弗雷格的巨著和我的朋友伯特兰·罗素的著作，感谢它们在颇大程度上激发了我的思想。"①另一方面，他又受到康德、叔本华、克尔凯郭尔、陀斯妥耶夫斯基、托尔斯泰、詹姆士等人的影响。这些人以及他本人早期的生活经历(参加第一次世界大战，做过战俘)驱迫他去思考一些远远超出数理哲学视界的问题。尽管《逻辑哲学论》只有两万多字，然而与那些洋洋大观的哲学专著比较起来，它具有丰富得多、深刻得多的内容。

在"序言"中，维特根斯坦声称，《逻辑哲学论》的目的是在语言中为思想的表达划定"一个界限"(eine Grenze)，所以，"它的整个意义可以概括如下：凡是能够说的东西，都能够说清楚，而凡是不能说的东西，就应当缄默"②。

那么，究竟哪些东西是能够说的，哪些东西又是不能够说的呢？如果某人要学会在某些问题上保持缄默，那么他首先就应当了解哪些东西是能够说的。从篇幅上看，《逻辑哲学论》主要探讨"能够说的东西"。

在《逻辑哲学论》中，我们碰到的第一个概念是"世界"(die Welt)。人们通常把它和通常意义上的世界概念混淆起来，从而一开头就踏上了误解他的思想的道路。须知，维特根斯坦所说的世界是逻辑意义上的世界：

　　1.13　在逻辑空间中的事实就是世界。

　　5.61　逻辑充满着世界；世界的界限也是逻辑的界限。③

---

① ［英］维特根斯坦：《哲学研究》，德英对照本，第 28 页（Ludwig Wittgenstein, *Philosophical Investigations/Philosophische Untersuchungen*, London：Macmillan，1963，p. 28——编者注）。

② 同上书，第 36 页。

③ 同上书，第 30、148 页。

而逻辑是在语言中发生作用的，因此，世界的界限也是语言的界限。我们必须记住，维特根斯坦的世界是在逻辑上完善的理想语言视野中的世界，而不是我们平常说的包含许多非逻辑因素在内的世界。简言之，他的世界是一个彻头彻尾地逻辑化的世界。

维特根斯坦的世界是以如下的方式组成的："物"或"客体"的结合组成"事态"（亦即原子事实）。诸多"事态"的存在表现为"事实"，而诸多"事实"的总和则构成世界。维特根斯坦特别强调，世界是事实，即事态的存在的总和，而不是物的总和。这就是说，构成世界的最基本单位是事态，亦即原子事实。

从逻辑上完善的语言来看，与单个物对应的是"名称"，与个别事态对应的是"基本命题"。根据弗雷格的看法，名称和命题都有自己的"含义"。维特根斯坦则坚持，只有命题具有含义，也只有在命题的叙述关系中，一个名称才有"指谓"。这就是说，在逻辑化的语言中，基本命题是最基本的因素，正如在世界中事态是最基本的因素一样。它们是一一对应的：

4.27　关于 n 个事态的存在和不存在，具有 $K_n = \sum_{v=0}^{n} \binom{n}{v}$ 个可能性。

可能存在着事态的一切结合，而不存在其他的结合。

4.28　与这些结合相对应的是同样数目的 n 个基本命题的真和假的可能性。[①]

如果基本命题的真值是真的，事态就可能存在；如果是假的，则事态就不可能存在。在这里，我们看到了与罗素的逻辑原子主义类似的理

---

① ［英］维特根斯坦：《哲学研究》，德英对照本，第 90 页（Ludwig Wittgenstein, *Philosophical Investigations / Philosophische Untersuchungen*, London：Macmillan, 1963, p. 90——编者注）。

论。在基本命题(罗素称之为原子命题)的基础上形成各种复杂的命题，这些复杂的命题的真假则可确定由各种事态(即原子事实)组成的复杂事实的存在与否。而"一切真的命题的总和就是整个自然科学(或者一切自然科学的总和)"①。这样一来，世界上发生的一切可能的事态就都被描述出来了。

然而，维特根斯坦还有自己独特的创造。首先，他提出了语言的"图像"(das Bild)理论。语言是由命题组成的，而命题则是现实的图像。在图像和被描画的东西之中，有某种共同的东西，那就是结构上或形式上的共同性。图像说的重要意义是强调结构的重要性，表明语言和世界有一种"同格"关系：

> 2.1514　所描画的关系是由图像的要素和事物同格而构成的。②

其次，维特根斯坦像弗雷格和罗素一样把命题理解为其中所包含的表达式的"函项"，而他的突出贡献在于创造出一个真值表。这样，根据基本命题的真值，就能把握各种复合命题的真值。所以他说：

> 5.　命题是基本命题的真值函项。
> （基本命题则是其本身的真值函项。）③

真值表为简化逻辑学说提供了重要条件。最后，他指出，在复合命题可能达到的真值条件的组合中，存在着两种极端的情形。一是"重言式"

---

① ［英］维特根斯坦：《哲学研究》，德英对照本，第 74 页（Ludwig Wittgenstein, *Philosophical Investigations / Philosophische Untersuchungen*，London：Macmillan，1963，p. 74——编者注）。

② 同上书，第 38 页。

③ 同上书，第 102 页。

（Tautologie），如"今天下雨或不下雨"，它永远是真的，等于什么也没有说；二是"矛盾式"（Kontradiktion），如"鲸鱼是哺乳动物又不是哺乳动物"，它永远是假的。所以，维特根斯坦说：

> 4.462　重言式和矛盾式都不是现实的图像。它们没有描述任何可能的情况。因为前者容许任何可能的情况，而后者则不论什么都不允许。①

然而，重言式和矛盾式并不是无意义的，它们是逻辑符号体系的一部分，正如"0"是算术符号体系的一部分一样。逻辑命题都是重言式，这表明了语言和世界的逻辑特征。

在维特根斯坦看来，上面所论述的一切都是能思考的，因而也都是能说清楚的。在一切能够清楚地说出来的命题中，有真命题，也有假命题。真命题的总和就是整个自然科学。

现在，我们再来看不能说的东西是什么。维特根斯坦在《致罗素、凯恩斯和摩尔的信》中说："主要问题是关于能够由命题——即由语言——表达（gesagt）的东西（说能够被思想的东西也一样）和不能由命题表达，而只能显现（gezeigt）的东西的理论，我认为这是哲学的根本问题。"那么，究竟哪些东西是不能用命题述说而只能显现出来的呢？

第一种不能说的东西是"逻辑形式"。

> 4.12　命题能表述整个实在，但它们不能表述它们为了能够表述实在而必须和实在共有的东西——逻辑形式（die lo-gische Form）。为了能表达逻辑形式，我们必须能够和命题一起置身于逻辑之外，也就是说置身于世界之外。

---

① ［英］维特根斯坦：《哲学研究》，德英对照本，第 98 页（Ludwig Wittgenstein, *Philosophical Investigations*／*Philosophische Untersuchungen*，London：Macmillan，1963，p. 98——编者注）。

4.121　命题不能表达逻辑形式，它只能在命题中映现出来。
　　　　自己在语言中映现出来的东西，语言不能表述。

这里的逻辑形式也就是我们前面提到的命题和事实所共有的那种结构和形式。它是充分地向各种可能性敞开的。在世界中，各种不同的物可以组合成各种事态，而各种事态又组合成各种复杂的事实和事件；同样，在语言中，名称、基本命题和复合命题，也具有各种各样的组合方式。逻辑形式这个词在其最一般意义上的使用，是指各要素不论是在世界上还是语言中，所有结合可能性的模式和类型的总和，它规定了逻辑空间的范围，从而也划定了世界的界限。在维特根斯坦看来，任何一种真正有用的语言，即能表述实在的语言，都有自己的逻辑形式。当我们使用这种语言，说出一个个命题的时候，逻辑形式就随之而呈现出来。但是，它是不能用这种语言表述或说出来的。如果我们一定要说出逻辑形式，那就得超出这种语言、逻辑和世界，用另一种语言来述说。但是，另一种语言在述说时，又会显示出自己独有的逻辑形式，依此类推。我们永远找不到一种不显示自己的逻辑形式的语言。

第二种不能说的东西是"世界的意义"（Der Sinn der Welt）。维特根斯坦说：

6.41　世界的意义必定是在世界之外。在世界中一切东西都如本来面目，所发生的一切都是实际上发生的。其中没有任何价值——即使有的话，也总是没有价值的。①

如前所述，维特根斯坦所说的世界就是逻辑空间中的事实。陈述这些事实的则是命题。从逻辑的角度出发，只追问命题的真值情况，从而

----

① 　［英］维特根斯坦：《哲学研究》，德英对照本，第 182 页（Ludwig Wittgenstein, *Philosophical Investigations / Philosophische Untersuchungen*，London：Macmillan，1963，p. 182——编者注）。

了解命题所陈述的事实是否存在。这里不涉及任何价值问题，也不涉及世界的意义问题。事实上，作为真命题总和的自然科学是从不关心这样的问题的。因而世界的意义问题不可能在世界之内找到解答，它是不可述说的。人们可能把世界直观为一个有限的整体，这是一种神秘的感觉。这种感觉同样是不能表达出来的，甚至也不能把问题提出来，因为"如果一般地能把问题提出来，则也能对它加以解答"①。第三种不能说的东西是"伦理学"和"美学"。在论述了世界中没有价值的见解之后，维特根斯坦接着写道：

> 6.42　因此不可能有伦理学命题。
>
> 　　　　命题不可能表述较高的东西。
>
> 6.421　很清楚，伦理学是不能表述的。
>
> 　　　　伦理学是先验的。
>
> 　　　　（伦理学和美学是一个东西。）

如前所述，在逻辑空间中，是没有价值的地位的。伦理学既然把价值作为自己探讨的中心，当然也就是不可能的了。另外，作为伦理主体的意志也是不能说的。因为世界在意志之外，世界只是实际上是的那个样子，既无所谓善，也无所谓恶。同样，在逻辑上完善的语言中，命题只是事实的图像，这里只解决事实存在与否和命题真假与否的问题，根本不涉及美与丑的问题。所以，伦理学和美学都是不可说的。

对维特根斯坦来说，不能说而只能显现的东西都是神秘的。在这些神秘的东西之前，人们只能保持缄默。可是，旧形而上学由于不了解我们语言的性质，总是试图去说那些不能说的东西，因而在大多数情况下哲学家们提出的命题既不是描绘事实的自然科学的命题，也不是以重言

---

① ［英］维特根斯坦：《哲学研究》，德英对照本，第 186 页（Ludwig Wittgenstein，*Philosophical Investigations/Philosophische Untersuchungen*，London：Macmillan，1963，p. 186——编者注）。

式为特征的逻辑和数学的命题。与其说这些命题是假的，不如说是荒诞无稽的或无意义的。这也就是说，哲学走到了一个转折点上。

维特根斯坦认为，哲学既不能沿着形而上学的老路走下去，也不能归属于自然科学，成为自然科学的一种。哲学必须改弦更张，它的全部的或唯一的使命就是进行语言分析和批判：

> 4.112　哲学的目的是使思想在逻辑上明晰。
>
> 　　　　哲学不是理论，而是活动。
>
> 　　　　哲学的工作主要是由解释构成的。
>
> 　　　　哲学的结果不是某些数量的"哲学命题"，而是使命题明晰。
>
> 　　　　没有哲学，思想就会模糊不清，哲学的任务是使思想明晰，为思想划定明确界限。①

这就是说，哲学既不属于可说的东西的范围，即不属于自然科学；也不像某些学者所认为的那样，属于不可说的东西的范围。哲学本身是可说的东西与不可说的东西的确定者，或者说，它本身就是划分这两类东西的界限。

从这样的见解出发，维特根斯坦对哲学上的"唯我论"作了全新的理解。他说："哲学上的自我不是人、人体或心理学所说的人的灵魂，而是形而上学的主体，是界限——而不是世界的一部分。"②当"自我"或"形而上学的主体"站立在世界的界限上时，它实际上缩小为一个无广延的点，因此，和另一极——"纯粹实在论"相一致。一言以蔽之，哲学成了蹲在界限之柱上的司芬克斯。不过，它的使命不再是提出难题，而是

---

①　[英]维特根斯坦：《哲学研究》，德英对照本，第 76 页（Ludwig Wittgenstein, *Philosophical Investigations / Philosophische Untersuchungen*, London：Macmillan, 1963, p. 76——编者注）。

②　同上书，第 152 页。

使模糊的思想变得清晰起来。

在《逻辑哲学论》中，维特根斯坦只花很少的篇幅谈到不能说的东西。因而，一些逻辑实证主义者和其他的分析哲学家都只在可以说的东西的范围内做文章，这显然是近视的。我们必须注意他下面的重要论述：

> 6.64 我的命题应这样来解释：任何理解我的人，当他应用这些命题为阶梯而超越了它们时，就会终于认识到它们是没有意义的。
>
> （可以说，在登上高处以后，他必须把梯子扔掉。）
>
> 他必须超越这些命题，然后他就会正确地看待世界。①

这段论述表明，能够说的东西不过是"阶梯"，它们的使命不过是把人们的思想送到高处，送到界限点上，以便人们能用一种正确的眼光去看待世界。在致费克（Von Ficker）的信中，维特根斯坦明确表示，不能说的东西在《逻辑哲学论》中居于更重要的地位，这部著作的主要目的是从内部给伦理的东西划定界限。因此，维特根斯坦早期哲学的形象似乎面临着一个重新塑造的问题。

正如罗素所说的，维特根斯坦关于不能说的东西的论述仍然是有矛盾的。因为他毕竟说出了一大堆不能说的东西。然而，《逻辑哲学论》仍然是一个丰富的哲学宝库，至少下面的一些见解是值得引起我们重视的。

第一，它使哲学的发展出现了根本的转向。旧形而上学的许多混乱都是从对语言的误用中产生的。如果我们消除了这方面的混乱，那么，旧哲学实际上也就终结了。它成了赘物，成了抽象的躯壳。新哲学实际

---

① ［英］维特根斯坦：《哲学研究》，德英对照本，第 188 页（Ludwig Wittgenstein, *Philosophical Investigations / Philosophische Untersuchungen*，London：Macmillan，1963，p. 188——编者注）。

上成了一种方法、一种活动。它开始真正把脚踩在地上了。

第二，它强调了哲学与自然科学的区别。《逻辑哲学论》的一个重要目标是限制科学主义的扩张。维特根斯坦指出，近代世界观中的一种重要倾向是用自然规律解释一切。这显然是站不住脚的。比如，在伦理学的问题上，在生命的问题上，自然科学都起不了什么作用。所以，他强调："哲学限制自然科学的争论的范围。"①在当代人本主义哲学家海德格尔和雅斯贝尔斯那里，在新康德主义者和胡塞尔那里，我们同样可以看到对这一问题的巨大关注。事实上，从康德开始就已经给自然科学的思维方式划出界限了。然而，近代自然科学获得的辉煌胜利使它的思维方式迅速地侵入其他领域，也包括哲学领域。哲学如果甘愿被科学主义所侵袭，它的生存权利实际上就被取消了。自然科学与哲学的关系问题，是当代哲学面临的最重大的问题之一。

第三，它显示了反心理主义的倾向。维特根斯坦说：

4.1121　心理学并不比任何其他自然科学更接近哲学。
认识论是心理学的哲学。②

在他看来，心理学是从属于自然科学的（参见李凯尔特这方面的见解）。事实上，心理学在很大程度上借贷了其他自然科学（如物理学、生物学等）的思维方法。心理主义在某种意义上是科学主义的变形。认识论就是心理学侵入哲学的一个阵地，心理主义还扩散到对语言、逻辑的研究中。维特根斯坦主张，在逻辑、语言和哲学的研究中，切勿纠缠在非本质的心理问题上，应该学会用逻辑的眼光去看待一切。我国学术界流行的一个见解是，把哲学等同于认识论，这正表明了心理主义的顽强

① ［英］维特根斯坦：《哲学研究》，德英对照本，第 76 页（Ludwig Wittgenstein, *Philosophical Investigations / Philosophische Untersuchungen*, London: Macmillan, 1963, p. 76.——编者注）。

② 同上书，第 76 页。

影响。在哲学中，人们谈"反思"这个概念已经谈烂了，现在需要的是，对哲学本身进行反思。

第四，它提出了"界限"问题。从康德以来，我们一再碰到这个问题。《逻辑哲学论》的主旨就是在能够说的东西和不能够说的东西中划定界限。雅斯贝尔斯关于"界限状况"的论述，波普尔关于"划界问题"的论述，都值得引起我们的高度重视。在某种意义上，人是界限动物。人类智慧的永恒劳作是：设定界限，然后超越它，再设定新的界限，再超越它，以致无穷。思想史给每个哲学家准备的礼物是：

　　　　给他痛苦，又给痛苦以一个出口。①

---

　　① ［意］但丁：《神曲：地狱篇》，朱维基译，上海译文出版社 1984 年版，第 95 页。

语言游戏

——维特根斯坦后期语言哲学的方法

> 问题得到解决，不是通过提供新的信息，而是通过安排我们早已知道的东西。哲学是用语言来同我们着魔的理智进行的战斗。
>
> ——[英]维特根斯坦

在西方哲学史上，维特根斯坦几乎是唯一的创造了两种不同的哲学而又各自产生重大影响的哲学家。如果说，维特根斯坦早期的代表作《逻辑哲学论》被维也纳学派奉为圭臬的话，那么，他晚期的代表作《哲学研究》则成了牛津日常语言学派的圣经。

在《哲学研究》中，维特根斯坦虽然继续探讨语言哲学的问题，但探讨的角度和方法已发生了根本性的变化。摩尔在谈起维特根斯坦后期哲学时说："他使我想到，解决一些我无法解决的哲学问题所需要的方法是一种完全不同于我所用过的方法；这种方法他自己用得十分成功，而我自己却从来没有能够明确了解到足以去运用的地步。"[①]维特根斯坦的天才在于，他并不就事论事

---

① [美]P. A. 希尔普编：《G. E. 摩尔的哲学》，1952 年英文本，第 33 页（P. A. Schilpp ed., *The Philosophy of G. E. Moore*, New York: Tudor Pub. Co., 1952, p. 33——编者注）。

地讨论方法，他总是善于从全新的角度来提出问题，这样做的结果是，问题本身获得了意外的解决。正如维特根斯坦本人所告诉我们的："一旦新的思想方式被建立起来，许多旧问题就会消失。确实，这些问题变得难以再现。因为它们与我们表述我们自己的方式一同发展。如果我们自己选择了一种新的表述方式，这些旧问题会与旧服装一同被遗弃。"①这正是他的方法具有奇异的效果而又难以为别人掌握的原因之所在。

维特根斯坦后期哲学的主要攻击目标是哲学中广为流行的"对普遍性的渴望"（craving for generality）——相信和寻找事物的共同的、一致的、本质的属性，并把这种属性作为理解任何个别事物的前提。这种见解构成了柏拉图哲学的主要特征，对整个西方哲学史的发展产生了决定性的影响。这种影响也延伸到维特根斯坦的前期著作《逻辑哲学论》中。在《哲学研究》中，维特根斯坦抨击了这种观点。他认为，我们对普遍性的渴望的主要根源是醉心于科学方法。科学方法致力于把对自然现象的解释归纳为尽可能少的几条自然规律。这种方法引诱哲学家以同样的方式提出并解答哲学问题，从而把哲学家引入完全的黑暗中。

维特根斯坦强调，这种在个别事物和事例中追寻普遍的、共同的本质的研究方法具体造成了下列结果：(1)为了弄清一个一般语词的意义，哲学家们习惯于寻找它在所有应用中的共同的东西，这样就使他们错把唯一能帮助他们理解这个一般语词用法的具体情况和个别事例当作不相干的东西。事实上，同一语词使用于不同的具体情况时，可能只具有重叠的相似性而没有共同的本质。完全忽视具体的使用而固执地寻求共同的本质，必然会导致哲学上的伪问题的产生。(2)导致了一种错误的意义理论，即认为一个名称的意义在于同此名称相对应的对象，反之，对象的共同的本质则体现在与之相对应的名称上。维特根斯坦认为，这种对语言的强求一律的命名不能处理各种感叹词的使用：

① ［英］维特根斯坦：《文化和价值》，黄正东等译，华中科技咨询公司1984年版，第72页。

"我们命名事物，然后我们可以谈论它们：能在谈话中涉及它们。"——好像只是由于命名的行动，我们接下去要做的事就已经完成了。好像就只有一件叫作"谈论一个事物"的事。而事实上我们用句子做极为多样的事情。只要想一下各种感叹词和它们完全不同的作用。

水！

滚开！

啊唷！

救命！

好！

不！

你是否还想称这些词为"对象的名称"？①

由此可见，语词的意义并不僵硬地保存在它的对象上，它是由具体的使用来决定的。反之，对于对象说来，语词也并不是不变的本质的化身。（3）引起了对理想语言的虚幻追求，这正是维特根斯坦的《逻辑哲学论》的主要目标之一。在这样的理想语言中，他断言，所有命题都是基本命题的真值函项。基本命题是由名称组成的，每个名称都指称世界中的一个简单对象。这样一来，似乎全部语言的本质及语言和世界关系的本质都被详尽无遗地揭示出来了。后期的维特根斯坦认识到这是对普遍性的渴望所造成的幻象，这使他否弃理想语言，重新回到日常语言中来：

说在哲学中我们考察一种与日常语言相反的理想语言，这种说法是错误的。因为这使得看起来好像我们认为我们可以对日常语言

---

① ［英］维特根斯坦：《哲学研究》，德英对照本，第 13 页（Ludwig Wittgenstein, *Philosophical Investigations/Philosophische Untersuchungen*, London: Macmillan, 1963, p. 13——编者注）。

加以改进。但日常语言是完全正确的。①

为了克服语言哲学研究中由对普遍性的渴望所引起的种种困难和麻烦，维特根斯坦提出了"语言游戏"（sprachspiel）的新方法。要弄明白这种语言分析的新方法的确切含义，就先要搞清楚维特根斯坦所说的"游戏"究竟意谓什么：

> 我所谓游戏是指下棋、打扑克、赛球、奥林匹克运动会等。这一切活动的共同性是什么呢？——不要说"这些活动必定有什么共同性，否则它们不会都叫做'游戏'"，——而要去看并仔细审视这一切活动究竟有没有任何共同性。因为如果你去看这些活动，那你决看不出这一切活动有什么共同性，而只能看出它们的相似、关系，而且是一系列的相似和关系。②

如果我们看了下棋之后，再去看打扑克，就会发现这两种游戏有一致的地方，也有相异的地方。如果我们再去看一个小孩往墙上掷球的游戏，打网球、玩圆环等游戏时，又会发现许多相似而不相同的特点。我们在这些游戏中看出了一张部分相似和一点相似的错综复杂的网，即有时大体相似，有时细节相似的错综复杂的网。

为了说明这些相似的特征，维特根斯坦提出了"家族类似"的新概念，因为一个家族的成员之间总有各种相像之处，如骨骼、相貌、眼球颜色、走路的样子、性情等。在这个意义上可以说，游戏形成一个家族。这就是说，维特根斯坦用游戏中的家族类似的提法取代了对共同的、普遍的本质的渴望和追求。语言游戏与普通的游戏一样，也不具有

---

① ［英］维特根斯坦：《蓝皮书和棕皮书》，布莱克威尔出版社 1958 年版，第 28 页。

② ［英］维特根斯坦：《哲学研究》，德英对照本，第 31 页（Ludwig Wittgenstein, *Philosophical Investigations／Philosophische Untersuchungen*，London：Macmillan，1963，p. 31——编者注）。

共同的本质，有的只是家族类似。下面例举的就是各种各样的语言游戏：发布命令和服从命令，描述一个物体的外观或者对它进行测量，用一种描述来构造一个对象(一幅画)，报告一件事，思考一件事，作出和检验一个假设，把实验结果画成图表，编写并朗读一个故事，演戏，唱一首歌，猜谜，编笑话和讲笑语，解应用算术题，把一种语言翻译成另一种语言，提问、感谢、咒骂、问候、请求，等等。①

强调语言游戏的类似性和多样性，目的是促使人们不空言语词的本质，而是注意语词在各种各样场合下的具体运用，在运用中来确定语词的意义：

> 采用语言游戏的观念是同采用使用这个观念作为分析意义概念的主要关键这一点紧密相连的。解释一个语言表达式的意义就是揭示它的使用；而一个语言表达式的使用又可以通过研究它在某种适当的语言游戏中的那种使用得到澄清。

在维特根斯坦看来，语言表达式的意义是由创造和使用语言的人所决定的。因此，一个一般语词的意义之严密或松散、一致或差异、变化或相对固定，只有考察它在某种语言游戏中的实际运用时才能确定。这样一来，维特根斯坦就从根本上杜绝了对普遍性的渴望的流行见解所造成的种种麻烦和问题。

维特根斯坦的语言游戏的方法还有另一些重要的特征。第一个特征是：正如任何游戏都遵循一定的规则一样，语言游戏也遵循一定的规则。这种规则就是语法规则。比如，当我们说一个欧几里德三角形内角之和是 180 度时，就作了一个语法断言。也就是说，我们陈述的是一个由欧几里德几何学的公设和定理构成的规则体系中，有关三角形这个词

① ［英］维特根斯坦：《哲学研究》，德英对照本，第 111—112 页（Ludwig Wittgenstein, *Philosophical Investigations/Philosophische Untersuchungen*, London：Macmillan, 1963, pp. 111-112——编者注）。

的使用情况。这些规则构成了欧氏几何的语言，并可用来规定三角形一词在语言游戏中是如何使用的。如果我们在欧氏几何的语法规则内测量出三角形的内角之和不是 180 度，那就只能表明，我们的测量发生了错误；如果这个结论是在欧氏几何之外（如黎曼几何中）测量出来的，那就不能说它是错误的。在维特根斯坦看来，选择哪一种语法规则具有任意性。也就是说，采用一套语法规则纯粹是个约定的问题，我们无权说哪一套语法体系是更符合实在的。事实上，它们在各自的使用范围内都是与实在一致的。语法体系的任意性不能改变下面这个事实，即任何语言游戏都以某种暗含的语法体系为前提，都不可避免地要遵循一定的语法规则。承认这一点，也就会明白，私人语言是不可能的。一些深受笛卡儿心物二元论影响的近、现代哲学家都认为描述心灵活动的语言是私人的、不能传达的。维特根斯坦驳斥了这种见解，既然任何语言游戏都须遵循一定的语法规则，而语法规则又是公共的、约定的，因此，任何语言都只能是公共的、可传达的。维特根斯坦力图用语言游戏的方法来消解这种心物二元论。他还指出，语言游戏所遵循的语法规则只有在数学和自然科学中是比较精确的，在其他场合下，尤其在实际生活中，则是比较模糊的。哲学家们平时爱把某些学科中的精确的语言演算应用到哲学研究中去，"答案是：恰恰是在这种对待语言的态度中，不断产生我们力图消除的困惑"①。这里也蕴涵着维特根斯坦对自己前期思想的批评。

语言游戏的第二个特征是，它本身并不是孤立的，它是嵌入"生活形式"（Lebensform）的简化的模式。正如维特根斯坦告诉我们的："'语言游戏'这个术语就是要突出这一事实：语言的说出是一种活动的一部分，或者是一种生活形式。"②生活形式相当于概念、命题、信念和实践活动组成的一个完整的体系或框架。在维特根斯坦逝世前所写的最后一

---

① ［英］维特根斯坦：《蓝皮书和棕皮书》，布莱克威尔出版社 1958 年版，第 26 页。

② ［英］维特根斯坦：《哲学研究》，德英对照本，第 11 页（Ludwig Wittgenstein, *Philosophical Investigations / Philosophische Untersuchungen*，London：Macmillan，1963，p. 11——编者注）。

部手稿《论确定性》中，他进一步用"世界图式"（World-picture）的概念来取代生活形式的概念。世界图式就是用一定的语言表达式表达出来的一套信念，它与生活形式的意义相近，但更强调信念在语言游戏中的作用。世界图式为人们在语言游戏中使用的具体的命题或信念提供了基础或根据，但它本身却没有基础，它是无根据的："有牢固基础的信念的基础是没有基础的信念。"世界图式是人们在儿童时期就形成起来的，潜伏于无意识中的一整套信念体系。任何语言游戏都是在特定的世界图式的支配下进行的。所以，理解一种语言游戏，不仅要掌握其中暗含的语法规则，而且要掌握其中暗含的世界图式。

正是从语言游戏的方法入手，维特根斯坦对哲学与语言的关系作出了新的说明："哲学决不可干预语言的实际使用；它归根结底只能描述它。"①哲学家们由于误用了语言，就像苍蝇落入捕蝇瓶一样，碰得头破血流也找不到出路。要给苍蝇指明捕蝇瓶的出口，要消除掉折磨人们思维的哲学伪问题，哲学就既不能提出理论，也不能作出假设或解释，而只能对语言作出描述。所以，哲学家的目的不是作出哲学上的发现，而是力图获得一个清晰的描述系统，从而对思维中产生的种种病态进行治疗。如果哲学安于这样的使命，它就会从喧嚣的争吵中脱身出来，置身于宁静的气氛中：

> 如今把一切畏惧抛掉吧，抛掉吧；
> 向这里转过身来，安心向前来吧。②

这就是维特根斯坦向我们指出的哲学所要达到的新境界。

维特根斯坦的后期哲学，特别是他提出的语言游戏的新方法究竟给

---

① ［英］维特根斯坦：《哲学研究》，德英对照本，第 180 页（Ludwig Wittgenstein, *Philosophical Investigations / Philosophische Untersuchungen*，London：Macmillan，1963，p. 49——编者注）。

② ［意］但丁：《神曲：地狱篇》，朱维基译，上海译文出版社 1984 年版，第 49 页。

我们提供了哪些有益的启示呢？

首先，他抛弃了前期哲学中以理想语言为基础的静态的逻辑构造论，重新折回到日常语言中，把语言的实际运用，即语言的功能作用作为考察一切语言问题的出发点。正是从这样的见解出发，维特根斯坦从根本上改造了意义理论，提出了语言游戏的新方法。在他的视野里，语言不再是一个静态的王国，语言本身就是活动，就是语言游戏。所以他说："当语言休息时，哲学问题便产生了。"①把语言哲学的研究转向对语言的实际使用的分析，这是维特根斯坦的最卓越的贡献之一。

其次，他提出的语言游戏之间只存在家族类似而无共同本质的见解对哲学研究具有重大意义。传统哲学由于热衷于对语词的共同本质的追寻而忽视了对语词运用中的具体语境的分析。共同性吞没了差异性，语词的含义被绝对化了，从而使语言成了脱离生活、脱离具体情景的僵死的形式化的东西。与这种语言观对应的哲学只能是规范型的；反之，与语言运用中的家族类似的观点相对应的哲学只能是描述型的。描述型的哲学在说明任何语词的含义时，不使用定义的方法而诉诸举例的方法。比如在说明游戏这个概念时，我们不是给它下定义（寻求共同本质），而是举出下棋、打网球等各种类似的活动来说明之。由于家族类似概念的引进，概念、语言和哲学都变成了活生生的永远开放的东西。

最后，他关于世界图式问题的论述也有重要意义。语言游戏除了受到语法规则的约束外，归根结底还受到世界图式在冥冥中的驾驭和支配。世界图式本身是无根据的，可它却是一切具体命题和信念的根据。一提到信念，我们就不是在抽象地谈论语言，而是在讨论生活了。从马克思主义的角度来看，世界图式本质上就是意识形态。正是意识形态大致上规定了各种语言游戏的方向和界限。这就是说，语言哲学

---

① ［英］维特根斯坦：《哲学研究》，德英对照本，第 19 页（Ludwig Wittgenstein, *Philosophical Investigations/Philosophische Untersuchungen*，London：Macmillan，1963，p. 19——编者注）。

的真正答案在语言之外，正如《哈姆雷特》一剧中那个有罪的国王所祷告的：

> 我的言语高高飞起，我的思想滞留地下，没有思想的言语永远不会上升天界。

本体论承诺

——奎恩的逻辑实用主义方法

> 我们现在有了一个较为明确的标准，以此决定一个给定的理论或一种论述形式作出了什么本体论承诺。这个标准是：为了使一个理论中作出的断定成为真的，这个理论的约束变项必须能够指称某些实体，正是对于这些并且仅仅是对于这些实体，这个理论才作出承诺。
>
> ——[美]奎恩

以孔德为肇始人的实证主义思潮在20世纪的维也纳学派所倡导的逻辑实证主义中获得了完备的理论表现。50年代初，正当这一思潮满怀信心地向前行进的时候，在其阵营的内部却出现了一个强有力的叛逆者，他发表的两篇经典性的论文《论存在什么》和《经验主义的两个教条》，犹如两颗炸弹，炸毁了逻辑实证主义精心营造起来的理论基础。这个叛逆者就是美国著名的哲学家、逻辑实用主义的代表人物奎恩（W. V. O. Quine，1908—2000）。奎恩学说的一个重要功绩是把被实证主义者驱逐出去的本体论问题（全部形而上学的核心问题）重新请回到哲学的舞台上。他的学说和方法显示出分析哲学发展的一个全新的方向。

逻辑实证主义(亦即逻辑经验主义)提出了"拒斥形而上学"的著名口号。这一口号的理论前提有两个方面：其一是把以意义为根据而不依赖于经验事实的分析真理(如数学、逻辑)和以经验事实为根据的综合真理(如物理学、化学、社会学等)严格地区分开来。逻辑实证主义者认为，形而上学的所谓"真理"既不同于逻辑、数学这样的可用逻辑分析的方法来证明其是否一致或矛盾的分析命题；又不同于以经验事实为根据的综合命题，所以应予排斥。其二是还原论，相信每一个有意义的陈述都等值于某种以指称直接经验的名词为基础的逻辑构造。还原论的基础是"证实原则"(the principle of verification)，即一个陈述只有在可能被经验观察材料直接或间接地加以验证时，才是有意义的。如果证实原则是正确的话，那么任何有意义的陈述都可以被翻译为(亦即还原为)直接经验的陈述(即观察句)。显然，形而上学的任何陈述都是不可证实的，所以应予拒斥。奎恩认为，逻辑实证主义拒斥形而上学的两个理论前提都是错误的教条，所以他说："我将要论证：这两个教条都是没有根据的。正像我们将要见到的，放弃它们的一个后果就是模糊了玄想哲学和自然科学之间的假定与界限。另一个后果就是转向实用主义。"①奎恩在这里明确地说出了自己批判逻辑实证主义的出发点——实用主义。实用主义的基本原则是实际效果的原则。从这一原则看来，任何理论(包括形而上学)都是工具。只要人们能运用它们达到一定的实际效果，这种理论就不应当从生活中放逐出去。当然，奎恩并不是直接从实用主义的见解出发来驳斥逻辑实证主义的，他是运用逻辑实证主义者自己锻造的武器——逻辑分析方法来进行驳斥的。

我们先简略地考察一下奎恩对两个教条的驳斥。对于把分析真理与综合真理严格区分开来的教条，奎恩是用下述方式进行批驳的。他认为，在哲学上，一般承认为分析陈述的有两类：

---

① 洪谦主编：《逻辑经验主义》下，商务印书馆 1984 年版，第 673 页。

(1)没有一个不结婚的男人是结婚的。

这类分析句的特点是，它不仅照现在的样子是真的，而且给"男人"和"结婚的"这两个词以任何不同的解释，它都仍然是真的。还有第二类的分析陈述：

(2)没有一个单身汉是结婚的。

这样一个陈述的特征是：它能够由于同义词的替换而变成一个逻辑真理。如果以"不结婚的男人"来取代它的同义词"单身汉"，句(2)就变成了句(1)。在这里，"同义词"成了理解分析陈述的关键。那么，什么是同义词呢？人们说，当一个词能被另一个词定义时，这两个词就是同义词。"单身汉"能被"未婚男人"所定义，因此它们是同义的，人们可以在词典中找到这样的定义。然而奎恩指出，词典不但不是确定同义词的根据，反过来，同义词倒是词典的根据。词典编纂人是经验科学家，他的任务是把已经发生的事实记录下来。所以，词的定义正是编纂人关于观察到的同义词的报道，当然不能作为同义词的根据。如果我们深入分析下去的话，就会发现，任何陈述（包括全部分析陈述在内）一般都依赖于语言和语言之外的事实这两者。就是像句(1)这样的分析陈述，人们在判定它的真假时，也是以一定的经验事实为依据的。事实上，在分析真理和综合真理之间，不可能划分出一条明确的界线，"认为有这样一条界线可划，这是经验论者的一个并非来自经验的教条，一个形而上学的信条"①。下面，我们来看奎恩是如何驳斥逻辑经验主义的另一个教条——证实原则和还原论的。奎恩认为，逻辑实证主义者忽略了一个重

---

① 洪谦主编：《逻辑经验主义》下，商务印书馆 1984 年版，第 689 页。

要的事实，即"具有经验意义的单位是整个的科学"①。证实原则建立在这样的一个假定之上，即一个孤立的陈述能被经验所验证。这一原则显然忘记了，任何一个陈述都不会是孤立的，它总是从属于一定的科学的总体网络的。从总体的角度看问题，任何陈述都是可以被修改和抛弃的。没有永远免于被修正或抛弃的分析陈述。在确定真理和我们关于真理的知识时，不应该把一个个别的陈述单独抽出来进行考察，而撇开它同处于一个信念的意义网络中的其他陈述的相互关系。在观察材料的挑战面前，受到检验的永远不是一个单独的陈述，而是一个信息的总体网络。

奎恩说："我们所谓的知识或信念的整体，从地理和历史的最偶然的事件到原子物理学，甚至纯数学和逻辑的最深刻的规律，是一个人工的构造物，它只是沿着边缘同经验紧密接触。或者换一个形象来说，整个科学是一个力场，它的边界条件就是经验。在场的周围同经验的冲突引起内部的再调整。要给我们的陈述重新分配真值。一些陈述的再评价使其他陈述的再评价成为必要，由于它们在逻辑上的相互联系——至于逻辑规律，也不过是系统的某些另外的陈述，场的某些另外的元素。"②在这个力场中的某一个陈述被重新评价后，其他的一些陈述也必须重新进行评价。没有任何陈述是可以免于修改的。正如莎士比亚笔下的亨利王所说：

　　　　不要对别人下断语，我们全都是罪人。③

奎恩告诉我们，从科学的整体网络的角度来看，对单个陈述的验证及还原不仅是无意义的，甚至还可能把我们的思考引入歧路。

---

① 洪谦主编：《逻辑经验主义》下，商务印书馆 1984 年版，第 693 页。
② 同上书，第 693—694 页。
③ 参见莎士比亚戏剧《亨利六世》中篇，见《莎士比亚全集》第 6 卷，章益译，人民文学出版社 1978 年版，第 175 页。

在给逻辑实证主义者的这两个教条以致命的打击之后，奎恩为重新引入形而上学问题，尤其是本体论问题的讨论扫清了地基。奎恩重视本体论问题的讨论并不意味着他对任何形式的本体论都是赞同的。对下列两种常见的本体论他是明显地持反对意见的。

一种本体论主张，我们必须承认非具体存在的实体，如希腊神话中虚构出来的柏伽索斯（pegasus，带双翼的飞马）是存在的，因为这个个体词被有意义地使用了，它既然命名了某种东西，那就必定存在着为这个个体词所指示或指称的某种东西。奎恩认为，这种本体论所犯的错误是把"意义"（meaning）和"命名"（naming）等同起来。一个名称是有意义的，但这并不等于说，它所指称的对象一定是存在的。柏伽索斯虽然不是一个摹状词，但它可以改写为一个摹状词："柏勒洛丰（Bellerophon）所驾驶的带翼的马"。这样，我们运用罗素的摹状词理论，就可证明柏伽索斯是不存在的。奎恩说："当一个存在或非存在陈述被罗素的摹状词理论所分析时，它就不再包含旨在为其存在颇成问题的假定实体命名的任何表达式，这样，这个陈述的有意义就再也不能认为是要以存在这样一种实体为前提了。"①

另一种本体论是主张共相是实体的本体论。比如，有的哲学家认为，红房子、红玫瑰、红的落日中都存在着"红"这种属性。于是，红这个抽象名词，这个共相就成了一种特殊的实体。奎恩反驳说，具有红的属性的物体是存在的，但并不存在任何单独的由红这个词所命名的实体，正如不存在由"一般房子""一般玫瑰""一般落日"这种词所命名的实体一样。这种本体论同样是出于对意义和命名的混淆：因为一个作为谓词使用的普遍词项是有意义的，所以它必定用来代表一个实体的名称。奎恩否定了任何在意义的名义下引进共相作为实体的做法，认为这种做法只能引起思想上的混乱。

奎恩在本体论问题上的功绩并不在这里。换言之，并不在否定的方

---

① ［美］奎恩：《从逻辑观点看》，哈佛大学出版社 1980 年版，第 7 页。

面，即对某些传统的本体论的拒斥和否定。他的贡献主要在肯定方面，他主张，任何哲学理论、科学理论，甚至日常生活中的谈话，都自觉地或不自觉地作出了某种"本体论承诺"（ontological commitments），即承认某些对象是存在的。乍看起来，逻辑实证主义者否定了一切形式的本体论，实际上，他们只不过否定了某些形式的本体论，因为他们自己也不自觉地坚持了某种本体论立场，承诺了某些本体的存在。所以，奎恩运用逻辑分析方法，特别是谓词演算的方法，并不像罗素和维也纳学派的逻辑实证主义者那样，一个根本的目的是否定形而上学的本体论；而是区别对待：思辨的、超验的形而上学本体论应予以否定，但是，合理的本体论观点则是必要的，应予保留。奎恩运用逻辑分析方法的目的是建立一种明确的标准或规范。根据这种标准或规范，人们能够以明确的方式来确定各种本体论之间的差异。这就是奎思著名的"本体论承诺标准"（the criterion of ontological commitment）。这一标准是用分析哲学传统中的谓词演算的方法来表达的。

如果给出一个陈述，而我们试图确定这一陈述所蕴涵的本体论承诺时，我们必须准备做的第一件事就是要把有关的陈述加以重写，以揭示出其基本的逻辑模式。这要运用全称和特称（存在）量词，各种逻辑常项（否定、等同、合取、析取、蕴涵等），以及代表各种个体词或谓词表达式的常项或变项。量词（如"所有""一些""没有"等）被用来约束变项。在句子"(X)FX"中，括号（ ）作为一个表达式，其中的空白由一个全称量词的变项来填入，整个句子可读作"对一切 X 来说，X 是 F"。在句子"(3X)FX"中，表达式"(3X)"代表特称量词。整个句子可读作"至少对一个（或对一些）X 来说，X 是 F"。这两个句子中的变项"X"分别受到了全称量词和特称量词的约束。而这样的约束变项则涵盖一个可能的值域。从本体论承诺的角度来看，这个可能的值域内的一切值都是存在的。于是"存在就是成为一个变项的值"（To be is to be the value of a variable）这一奎恩的著名的陈述就成了本体论承诺标准的一个口号。例如，在"有些狗是白的"这一陈述中，"狗"受到了存在量词"有些"的约束。整个句子可以改写为：至少存在着一些对象 X，X 是狗，并且，是白的。在这里，"是狗"和"是白的"均为谓词，它们和存在量词一起，指示出一个明确的值域，变项 X 只能在这个值域中取值。也只有在这个值域中，X 的值才是存在的。而在这个值域之外，如"白""一般狗"等显然都是不存在的。

奎恩强调，他关于本体论承诺标准的说明，并非提供出一种在各个不同的本体论中作出裁决的工具。这一标准仅仅有助于把哲学家之间关于他们所说的存在着什么的差异显示于众。通过谓词演算的方法，本体论上的差异转换为被量词限定的变项区域的差异，从而将实质的差异转换为语言上的差异。在这个意义上，本体论承诺也就是"语义追溯"(semantic ascent)的方法。奎恩说："我们把约束变项与本体论联系起来看，并不是为了知道存在什么；而是为了知道一个给定的陈述和学说(我们的或其他人的)认为存在什么，这严格说来完全是一个有关语言的问题。而存在什么则是另一个问题。"①奎恩尽管对关于虚构的个体(如柏伽索斯)存在和关于共相存在的本体论持否定的态度，但总的说来，奎恩从实用主义的见解出发，主张用"宽容精神"对待各种本体论。他反复重申，他的主要目的是显示各种本体论的差异，阐明本体论与语义学之间的内在联系。

用这样的宽容精神来看问题，本体论问题和自然科学的问题就具有同等的意义。比如，在一般人的心目中，物理学设定的对象似乎比荷马史诗中的诸神具有更多的实在性，"但就认识论的立足点而言，物理对象和诸神只是程度上、而非种类上的不同。这两种东西只作为文化的假定物进入我们的概念。"②物理对象的神话之所以优于其他神话，因为它较易进入人们的经验之流。从这些论述中，可以明显地看出逻辑实用主义与逻辑实证主义的思想差异。奎恩的哲学思想，尤其是本体论承诺的

---

① ［美］奎恩：《从逻辑观点看》，哈佛大学出版社 1980 年版，第 16 页。
② 同上书，第 42—46 页。

理论，尽管带有明显的实用主义的色彩，但仍然是富于创造性和启发性的。

A. 他对知识的整体性的强调具有十分重要的意义。在分析哲学的传统中，蕴涵着一种固有的倾向，那就是注重分析，注重还原，从而忽视了各个单个陈述之间的内在联系，忽视了经验知识的整体性特征。在我们的认识论研究中，也存在着同样的弱点。在论述实践检验认识的问题时，我们也只注意实践对单个陈述的检验，忽视了知识的整体性，忽视了作为整体的知识与经验事实的关系及知识内部的各个部分之间的关系。重视知识的整体性，必然使我们的认识论研究获得新的起点。

B. 关于分析真理和综合真理的争论，一直是近代西方哲学史上的一个主要话题。奎恩的学说宣告了任何知识体系在其边缘上都不得不与经验事实接触，任何分析陈述在一个特定的知识体系内都不能免于被修改的命运。奎恩取消了分析真理和综合真理之间的严格界限，从而迫使我们回过头去重新认识康德关于先天综合命题的重要论述。一个伟大的哲学家经过深思熟虑提出的重大问题常常是后人无法摆脱的。人们可以抗拒它，否定它，但在思想上却不得不一再回到它的跟前来。在这个意义上，我们可以把哲学史看作圆圈。

C. 奎恩的一个极为重要的发现是，任何理论都自觉地或不自觉地蕴涵着某种本体论承诺。用这样的目光来审视哲学史，就不存在本体论与非本体论或反本体论之间的对立，存在着的只是不同的本体论之间的差异。全部问题在于，本体论承诺应该限定在一个合理的范围之内。奎恩的学说预告了本体论研究的复兴，正如但丁笔下的幽灵阿诺所说的：

> 我怀着悔恨回顾我生前的痴愚，
> 我怀着喜悦瞻望我面前的黎明。①

---

① ［意］但丁：《神曲：炼狱篇》，朱维基译，上海译文出版社 1984 年版，第 209 页。

科学哲学

理性的批判高于一切

——波普尔的证伪主义方法

> 在探索真理时，从批判我们所钟爱的信
> 念开始，这可能是我们的最佳方案。
>
> ——[英]波普尔

　　如果说在尼采和海德格尔的著作中有一种明显地回复到前苏格拉底哲学中去的意向，那么在出生于奥地利的英籍科学哲学家卡尔·莱曼德·波普尔(Karl Raimund Popper，1902—1994)的著作中，我们也发现了同样的意向。然而，与尼采和海德格尔相反，波普尔的目的不是去寻找反对理性主义传统的武器，而是要重新弘扬隐含在前苏格拉底哲学中的注重批判和讨论的理性主义传统。

　　波普尔称自己的立场为"批判理性主义"(critical rationalism)。他说："这是我们得之于古希腊人的一种观点、一种态度和一种传统。"①批判理性主义既不同于笛卡儿的怀疑主义，也不同于康德的批判哲学。它以一种更彻底的理性批判的面貌出现，不默认甚至屈从理论上的任何权

———————————

① ［英]波普尔：《猜想与反驳》，傅季重等译，上海译文出版社 1986 年版，第37 页。

威，从而与教条主义的态度形成鲜明的对照。

波普尔从他的批判理性主义出发，敏锐地捕捉到当时哲学界正在讨论的一个重大问题，即"划界"（demarcation）问题，提出了自己的新见解。什么是划界问题呢？波普尔说："我们找出一个判据，借此而把经验科学一方与数学、逻辑和'形而上学'体系一方区别开来，这个问题我称之为划界问题。"①波普尔把划界问题称为"康德问题"，因为康德的《纯粹理性批判》就是为理性（形而上学）和知性（自然科学）划定界限的。在波普尔刚步入哲学界时，逻辑实证主义者关于划界问题的观点是占统治地位的。他们主张把"可证实性"（verifiability）作为划界的判据。一个命题，凡是可以被经验观察所证实的，就是有意义的，就是一个经验科学的命题；反之，不能被经验观察所证实的（除了逻辑和数学命题外），就是形而上学的命题，是无意义的。

波普尔发现，逻辑实证主义者的证实原则是以归纳法为基础的。在他们那里，划界问题本质上就是归纳问题，因为他们认为，经验科学的命题都是在归纳的基础上产生出来的。所以波普尔说："这两个问题——划界和归纳——在某种意义上是一个问题。"②波普尔对归纳法取彻底否定的态度，认为它根本上就是一种神话。它既不是心理事实，也不是日常生活的事实，更不是一种科学程序。其理由有二：（1）归纳法导不出普遍必然的结论。即使我们发现成千上万只天鹅是白的，仍然不能证明"凡天鹅皆白"的结论是正确的。这一结论作为普遍陈述永远居于经验世界之上，是任何单称陈述都跳跃不上去的，因为有限不能证实无限，过去不能证实将来。所以，证实一个普遍陈述，就好像把水倒进一个无底的水桶一样，是永远不会有什么结果的。（2）归纳法总是主张先观察后理论，从而得出了经验科学来自观察的错误结论。波普尔认为，

---

① ［英］波普尔：《科学发现的逻辑》，1959 年英文本，第 34 页（K. R. Popper, *The Logic of Scientific Discovery*, London：Hutchinson, 1959, p. 34——编者注）。

② ［英］波普尔：《猜想与反驳》，傅季重等译，上海译文出版社 1986 年版，第 74 页。

知识是不可能从无，从白板开始的，也不可能从单纯的观察开始。① 观察从来不是纯粹的，它总是在一定的理论的指导下进行的。正如莎士比亚笔下的托比·培尔契爵士所说的：

判断和推理在诺亚还没有上船以前，就已经当上陪审官了。②

在波普尔看来，牛顿力学是普遍的、精确的和抽象的，它本质上超出了全部观察，也就是说，它是不可能从观察陈述中推导出来的。爱因斯坦的理论作为高度抽象、高度思辨的理论，更是与观察相去甚远的。事实上，科学家们的观察和实验总是带有一定的目的的，他们对观察和实验材料的理解、记录和表述也总是受一定的理论支配的。因此，不是观察先于理论，而是理论先于观察。许多经验科学的见解都是以假说和猜想的方式先从理论上提出来，然后在观察中加以验证的。由于逻辑实证主义者讲的证实原则指的是观察上的证实，所以，那些离开可观察性比较远的理论(如哥白尼和爱因斯坦的理论)就可能被排除在经验科学之外。

总而言之，由于归纳法本身的种种局限，把可证实性作为划界的判据是行不通的。正是基于上述批判性思考，波普尔提出了"证伪主义"(falsificationism)的新学说。根据这一新学说，划界标准不再是可证实性，而是"可证伪性"(falsiability)。可证伪性也可称作"可反驳性"(refutability)或"可检验性"(testability)。波普尔写道："可证伪性的标准就是解决这个划界问题的一种办法，因为它说那些陈述或者陈述系统要够得上科学，就必须能同可能的观察或想象得到的观察发生矛盾才行。"③可证伪性的方法论基础是演绎逻辑，即单称陈述不能证实普遍陈述，但却能证伪它。对于"凡天鹅皆白"这个普遍陈述来说，只要找到一只黑天鹅

---

① [英]波普尔：《猜想与反驳》，傅季重等译，上海译文出版社 1986 年版，第 40 页。
② 参见莎士比亚戏剧《第十二夜》，见《莎士比亚全集》第 4 卷，朱生豪译，人民文学出版社 1978 年版，第 57 页。
③ [英]波普尔：《猜想与反驳》，傅季重等译，上海译文出版社 1986 年版，第 55 页。

就可以证伪它。根据这一标准，数学、逻辑学和形而上学都是不可证伪的，因而不属于经验科学。这样一来，经验科学与非经验科学之间的界限就比较明确地被划分开来了。

波普尔声明，他的可证伪性只是划界的标准，而不是意义的标准。数学、逻辑学和形而上学虽然不属于经验科学，但却是有意义的。他不赞成逻辑实证主义者把形而上学看作无意义的东西而加以拒斥的做法。从证伪主义出发，波普尔得出了与常识截然相反的结论。按照常识的观点，一种理论越是不可驳斥，就越具有科学性，换言之，不可驳斥性是理论的长处。波普尔把这一观点完全颠倒过来了。他认为，不可驳斥性恰恰是理论的短处。一种理论（如占星术，弗洛伊德和阿德勒的心理学理论）越是要逃避证伪，越是表述得模棱两可，似乎在一切场合下都解释得通，就离科学越远。波普尔干脆把上述理论都斥为伪科学。反之，一种理论（如托勒密的地心说、燃素说、热素说、哥白尼日心说、氧化说等）越容易被证伪，也就是说，其证伪度越高，对经验世界的断定就越多，因而属于经验科学的范围之内。

波普尔的证伪主义是在假定一种理论已为人们所接受的情况下来进行证伪。这样就产生了一个问题，一种新提出的理论是如何为人们承认和接受的呢？事实上，一个新提出的理论只有经受观察和实验的检验而得到确认后，才能为人们所承认和接受。为了解决这个难题，波普尔提出了"确认"（corroboration）这一新概念。他强调，"确认"和"证实"（verification）应该被严格地区分开来。后者指理论一旦得到经验的检验就被证明永远是真理，再也不会遭到反驳或证伪；前者则指理论经受了经验的检验而暂时地没有被证伪。因此，也可以把确认看成是一次认真的，但是不成功的证伪理论的尝试。波普尔说："对一种理论的任何真正的检验，都是企图证伪它或驳倒它。"[1]他所说的检验与逻辑实证主义者所说的检验（亦即证实）是判然有别的。后者急于去肯定什么，前者则力图

---

[1] ［英］波普尔：《猜想与反驳》，傅季重等译，上海译文出版社 1986 年版，第 52 页。

否定什么。在波普尔的概念中，潜伏着一种强烈的批判意向。也许正是在这个意义上，他指出："显而易见，科学方法是批判即试探的证伪。"①

波普尔还进一步提出了"确认度"（the degree of corroboration）的概念。所谓确认度，就是理论经受经验检验而被确认的程度。他强调，一个理论的确认度的高低不取决于确认事例的多少。不能因为我们见过成千上万的白天鹅就说"凡天鹅皆白"的陈述具有高确认度。反之，1919年爱丁顿对日食的观察则使爱因斯坦的广义相对论受到了高确证度的检验。波普尔认为，可证伪度高的理论不一定可确认度高，但可确认度高的理论其证伪度必高。总之，一个理论被确认是暂时的，被证伪则是必然的。写到这里，我们不禁记起了《尼伯龙根之歌》中的两句著名的歌词：

> 国王的盛宴就此以痛苦收场，
> 世界上的快乐，到头来总是变成忧伤。②

波普尔的证伪主义方法不仅为科学（亦即经验科学）划出了比较严格的界限，而且也从根本上规定了科学哲学研究的方向和途径。

在波普尔看来，科学哲学所面临的第一个问题是：科学知识是如何产生并获得进步的？如前所述，他反对科学知识始于观察，那么它究竟是如何产生并发展起来的呢？他回答说："知识，特别是我们的科学知识，是通过未经证明的（和不可证明的）预言，通过猜测，通过对我们问题的尝试性解决，通过猜想（conjectures）而进步的。这些猜想受批判的控制；就是说，由包括严格批判检验在内的尝试的反驳（refutations）来控制。"③在这里，以理性的批判为前提的证伪主义方法进一步具体化为科学发现和进步中的猜想和反驳的方法。

---

① ［英］波普尔：《猜想与反驳》，傅季重等译，上海译文出版社1986年版，第74页。
② 《尼伯龙根之歌》，钱春绮译，人民文学出版社1959年版，第499页。
③ ［英］波普尔：《猜想与反驳》，傅季重等译，上海译文出版社1986年版，第1页。

为什么科学知识的产生或发现总是源于猜想呢？因为科学知识总是作为普遍陈述而出现的，而人们只能接触有限的、具体的经验现象，因而无法认识普遍陈述所包含的无限性，所以只能借猜想跳跃到普遍陈述上去。在这个意义上可以说，任何科学知识都是一种猜想。那么，猜想的提示来自何方呢？波普尔强调来自科学家头脑中的形而上学观念。科学史上的许多发现，如原子说、进化论、能量守恒定律等都受到形而上学观念的启迪。波普尔对猜想的重视正是他的理论先于观察的见解的具体表现。

既然科学知识是在猜想中发生和发展起来的，而猜想作为尝试性的解决又是不确定的和充满错误的，那就需要用批判的眼光不断地去审视这些猜想，排除其中的错误。波普尔把这样的做法称为反驳。他写道："对一个理论的反驳——即对问题的任何认真的尝试性解决的反驳——始终是使我们接近真理的前进的一步。"①"反驳"这一概念集中体现了波普尔的证伪主义学说的精神实质。

这样，当我们的理性批判的目光从对一种或若干种科学理论的剖视转到对整个科学发展史的透视时，猜测和反驳的方法就得到了更系统、更完整的表述。波普尔用下面的公式来表示它：

$$P_1 \rightarrow TT \rightarrow EE \rightarrow P_2$$

其中 P_1 和 P_2 表示问题；TT 表示尝试性解决，即猜想；EE 表示排除错误，亦即对猜想进行反驳。只要我们不抽象地讨论问题的话，就会发现，任何猜想，即任何尝试性的解决都是针对某些问题而发的。波普尔说："我们不是某些题材的研究者，而是某些问题的研究者。"②科学研究的实践表明，问题始终是第一性的，如果取消了问题，科学研究也就

---

① ［英］波普尔：《猜想与反驳》，傅季重等译，上海译文出版社 1986 年版，第 1 页。
② 同上书，第 93 页。

失去了动力和方向。所以，科学家总是撇开一切而牢牢地抓住问题：

> 这无垠的宇宙对我都是虚幻，
>
> 你才是，我的玫瑰，我全部财产。①

用这样的目光来审视科学史，科学史就表现为从问题到问题的不断的进步。新提出的问题（P_2）比起老问题（P_1）来说，总是更为深刻、更为进步的。所以，波普尔说："科学和知识的增长永远始于问题，终于问题——愈来愈深化的问题，愈来愈能启发新问题的问题。"②

既然科学知识是在猜测和反驳中发现并发展起来的，既然被证伪是任何科学理论的必然命运，那么，科学理论究竟是不是真理呢？波普尔认为，不以人的主观意志为转移的客观真理是存在的，"真理超越人的权威"③。肯定客观真理的存在对于促进科学研究能起巨大的作用。然而人们是无法达到它的，只能在无穷的探索中无限地接近它。为此，波普尔又提出了"逼真性"（Verisimilitude）的概念。何谓逼真性？逼真性就是一个理论接近客观真理的程度。这就是说，科学史上的理论在猜想和反驳的推动下，只能不断地接近客观真理，但却永远不能完全达到这一真理。逼真性的概念是波普尔的批判理性主义和证伪主义学说的最典型的表现。

波普尔的证伪主义方法比起逻辑实证主义的证实方法来说尽管是一个进步，但它也有自己的弱点。可证伪性只适合于像"凡天鹅皆白"这样的全称命题，却不适合于像"有一些天鹅是白的"这样的存在命题。事实上，存在命题是无法证伪的。而且，波普尔过分地忽视了归纳和证实，

---

① 参见《莎士比亚全集》第 11 卷"十四行诗"部分，见《莎士比亚全集》第 11 卷，朱生豪译，人民文学出版社 1978 年版，第 267 页。

② ［英］波普尔：《猜想与反驳》，傅季重等译，上海译文出版社 1986 年版，第 318 页。

③ 同上书，第 42 页。

忽视了科学的发展常常是证伪和证实的结合。尽管如此，波普尔的证伪主义学说和方法仍然显示出多方面的积极的意义。

波普尔倡导了一种与教条主义态度截然不同的理性的批判的态度。他说："这种教条的态度使我们墨守自己的最初印象，表示一种坚定的信念；相反，批判的态度，随时准备修改其信条，允许怀疑并要求检验，则表示一种不太坚定的信念。"①批判的态度不主张把任何理论尊为权威或教条，主张通过自由的讨论来发现理论的弱点并纠正之。批判的态度虽然与教条的态度一样有自己的期望的图式，但却随时准备修改、纠正乃至抛弃这种图式。波普尔把批判理解为理性和理性主义传统的固有内容，从而对科学与哲学的研究都产生了巨大的激励作用。此其一。

波普尔提出的不可驳斥性是一种理论的短处而不是长处的见解也具有重要意义。如果我说"明天可能下雨或不下雨"，那么这个陈述就是不可驳斥或不可证伪的。因为不论明天天气发生什么变化，这个陈述都是驳不倒的。在波普尔看来，正因为这个陈述是无法驳斥的，所以它是毫无价值的，它等于什么也没有说。我们宁可作出"明天可能下雨"的陈述，即使它被证伪了，即被证明是错误的，但它毕竟提供了一定的信息量，因而是科学性的陈述。按照这样的观点，哲学中的诡辩或模棱两可的言辞不但不是哲学的骄傲，反而是哲学的耻辱，是哲学堕落为不可证伪的算命术的一个标志。在哲学和科学中，只有敢于探索，敢于犯错误，敢于作出自己明确的论断才是真正可尊敬的。此其二。

波普尔突出了问题在科学和哲学研究中的中心地位。在他看来，科学问题不仅对科学史的发展起着巨大的作用，而且也对哲学史的发展起着不可或缺的作用："真正的哲学问题都是植根于哲学以外的那些迫切问题，这些根烂了，哲学也随之而死亡了。"②因而，哲学要取得长足的进步，就不能斤斤于自己的方法和技巧，而应像自己的伟大导师柏拉图

---

① ［英］波普尔：《猜想与反驳》，傅季重等译，上海译文出版社 1986 年版，第70页。
② 同上书，第 99 页。

和康德一样，密切注视科学发展的新动向和新问题。哲学家的地位是与他提出并试图解决的问题的大小成正比例的。他捕捉到的问题越重大，从而对哲学的贡献越大，就越有资格进入不朽者的行列。哲学史和科学史一样表现为无穷无尽的问题流。那些不能发现问题的学究则永远在哲学之外，在人类思想史之外。此其三。

建立必要的张力

——科恩的历史主义方法

> 富有创造性的科学家也必须是个传统主义者，他很乐于用已有规则玩复杂的游戏，以便成为一个可以发现用来玩游戏的新规则和新棋子的成功的革新家。
>
> ——[美]科恩

在人类思想发展史上，这样的现象是屡见不鲜的：当一个哲学家在阐发自己的主导原则时，常常把它夸张到失真的地步，于是，继起的哲学家就出来纠偏，把人们的思想引导到一种更高的、更全面的认识上去。美国著名科学哲学家托马斯·科恩（Thomas Kuhn，1922—1996）的学说在某种意义上就是对波普尔的证伪主义学说的一个矫正。犹如安德洛玛刻对墨涅拉俄斯所说的：

> 你虽然在斯巴达是伟大的，我在特洛亚也正是如此。①

波普尔的证伪主义学说主要是对科学革命而发

---

① 见《欧里庇得斯悲剧集》（一），罗念生等译，人民文学出版社 1957 年版，第 289 页（"安德洛玛刻"一剧）。

的，然而，他把科学事业中的非经常性的革命特点赋予了整个科学事业。科恩批评说："他的科学概念甚至掩盖了常规科学的存在。他只是盯住科学发展中的非常事件或革命事件。"①为了克服波普尔的片面性，科恩创立了历史主义的方法，主张对科学史进行全面的研究，即既研究科学发展中的非常态的（亦即革命的）阶段，也研究常态的阶段，从而完整地揭示出科学理论的内在机制及变化规则。

通过对科学史的潜心研究，科恩还得出了波普尔所未曾注意到的另一个重要的结论，即"科学尽管是由个人进行的，科学知识本质上却是集团产物，如不考虑创造这种知识的集团特殊性，那就既无法理解科学知识的特有效能，也无法理解它的发展方式"②。在波普尔那里，科学哲学与社会学的研究是分离的；在科恩那里，它们却融合起来了。所以，科恩的历史主义方法是奠立在更为宽广的思想地平线之上的。

在《科学革命的结构》这部重要著作中，科恩强调，科学是"科学共同体"（the scientific community）即科学家集团所从事的活动，而这一活动又是在"范式"（paradigm）的指导下进行的。科学共同体和范式是科恩学说中的两个基本概念，搞清楚它们的具体含义和特征是十分重要的。

科学共同体是由一些学有专长的科学家组成的。其特征是，它的成员在很大程度上阅读同样的文献，引出类似的教训，内部交流比较充分，专业方面的看法也比较一致。不同的共同体总是注意不同的问题，所以超出集团范围进行业务交流就很困难，还常常会引起误会乃至造成严重的分歧。科学共同体可以分许多级。全体自然科学家可成为一个共同体，低一级的是各个主要科学专业集团，如由物理学家、化学家、天文学家、动物学家等各自组成的共同体。这些共同体还可分出更低一级的共同体，比如由固体物理学家、蛋白质化学家、射电天文学家等各自组成的专业集团。科恩认为，科学事业正是由这样一些共同体分别承担

---

① ［美］科恩：《必要的张力》，纪树立等译，福建人民出版社1981年版，第275页。
② 同上书，第XII页。

并向前推进的。

范式是一个更为重要的概念，可是在《科学革命的结构》一书中，科恩却没有给出一个精确的定义，由此而招来不少批评和责难。科恩自己提到，有个读者认为他的范式概念至少有二十二种不同的用法。[①] 在《〈科学革命的结构〉后记》、《对批评的反应》和《再论范式》等文中，科恩重新阐发了范式的含义。

在《〈科学革命的结构〉后记》中，科恩开始把范式称为"学科基质"（disciplinary matrix），即共同体成员所共有的东西，强调它是由以下四种主要的成分构成的。

（1）"符号概括"（symbolic generalizations）。它是范式的形式的或容易形式化的部分。它既可表现为像 $f=ma$ 或 $I=V/R$ 这样的公式，也可以用文字表达，如"作用力等于反作用力""化合物各成分的重量比是固定的"，等等。

（2）"范式的形而上学部分"（the metaphysical parts of paradigms）。它实质上指的是共同体成员所共有的"对特殊模式的信念"。比如"热是物体组成部分的动能"，"所有的可觉察到的现象都是物质和力或场引起的"，等等。它可以帮助科学家确定什么东西可以作为一种解释，什么东西可以作为一个难题的解，并帮助他们对每一个尚未解决的难题的重要性作出评价。

（3）"价值"（values）。它为不同的共同体所广泛地拥有，比起前两个因素来，它"更多地为自然科学家共同体提供了一种整体感"[②]。它不仅指导共同体的成员对不同的理论作出评价和选择，甚至对他们的行为方式也产生了很大的影响。尽管每个人的个性是不同的，但他们会朝着一个共同的方向去努力。

---

① 参见［美］科恩：《科学革命的结构》，芝加哥大学出版社 1970 年英文版，第 181 页（T. Kuhn, *The Structure of Scientific Revolution*, Chicago: University of Chicago Press, 1970, p. 181——编者注）。

② 同上书，第 184 页。

（4）"范例"（examplars）。科恩的范式概念最早正是从范例的含义上引申开来的，范例指的是共同体教育、训练学生的练习题目及解题方式。科恩说："学习时期总是指定他们做大量的这一类练习，搞同一专业的学生几乎总是做同一些练习，如斜面、圆锥摆、开普勒椭圆等。这些具体题目及其解，就是我前面所说的范例，亦即共同体的典型事例。"①显然，没有这些范例，学生永远也学不会这个共同体所掌握的那么多基本概念。学生们学会范例后碰到新问题时，总会像对待范例一样来对待新问题，从而获得了一种确定的视觉定向和思维定向。事实上，共同体的所有成员都是在与范例的接触中被同化到一个范式中去的。在这个意义上可以说，范例是范式的基础和入口。

在弄清楚上述两个基本概念的含义和特征后，现在我们有条件来剖析科恩所描绘的科学史发展图景了。在科恩那里，科学史表现为常规科学与科学革命之间的交相更替，具体可以图示如下：

前科学 → 常规科学 → 反常 → 危机 → 科学革命 → 新的常规科学……

在前科学阶段，各种意见纷然杂陈。最后，在解释某些现象和解决某些问题上最成功的见解占了上风，统一了整个学科，由此而形成了统一的范式。于是，前科学发展成常规科学。

在常规科学阶段，科学共同体形成了，并在范式的指导下从事研究活动。常规科学的活动是稳定的，它的主要任务是解决范式所提出的问题，扩展范式的应用范围，同时使范式本身越来越精确化和完善化。实际上，没有范式的导向和限制作用，任何科学都是不可能的。然而，常规科学发展到一定阶段时，就会出现反常。反常本质上是指向范式的，是对范式的挑战。科学家们刚接触到反常时，并不归咎于范式，而常常

① ［美］科恩：《必要的张力》，纪树立等译，福建人民出版社 1981 年版，第 301 页。

怀疑自己的观察或仪器是否出了偏差。但到后来，越来越多的反常出现了，于是不得不对范式进行调整，使之能容纳这些反常。科恩说："对反常的觉察打开了一个调整理性范畴的时期，直到原先反常的东西成为预期的东西。"①可是，范式的调整是有限度的，当种种反常现象酿成深刻的危机并把范式卷入旋涡中时，它再也没有勇气像莎士比亚笔下的彼特鲁乔一样宣称：

　　　　尽管狂风吹个不停，山岳是始终屹立不动的。②

科恩说："一切危机都始于一个范式的变模糊及随之而来的常规研究规则的松弛。"③常规科学的危机表明，旧范式在解题中已无能为力，它必须整个地得到更新了。在危机阶段，科学家们提出了各种新理论，力图以摧枯拉朽之势冲垮旧范式的束缚。他们的口号早就由莎士比亚笔下的约翰·福斯塔夫爵士以戏谑的方式说出来了：

　　　　撵走了肥胖的杰克，就是撵走了整个世界。④

当危机像满天乌云一样笼罩着常规科学的时候，科学革命的阶段就来到了。

---

① ［美］科恩：《科学革命的结构》，芝加哥大学出版社 1970 年英文版，第 64 页（T. Kuhn, *The Structure of Scientific Revolution*, Chicago：University of Chicago Press, 1970, p. 64——编者注）。

② 参见莎士比亚戏剧《驯悍记》，见《莎士比亚全集》第 3 卷，朱生豪译，人民文学出版社 1978 年版，第 238 页。

③ ［美］科恩：《科学革命的结构》，芝加哥大学出版社 1970 年英文版，第 84 页（T. Kuhn, *The Structure of Scientific Revolution*, Chicago：University of Chicago Press, 1970, p. 84——编者注）。

④ 参见莎士比亚戏剧《亨利四世》上篇，见《莎士比亚全集》第 5 卷，朱生豪译，人民文学出版社 1978 年版，第 54 页。

在科恩看来，科学革命就是"重新概念化的过程"①。革命所需的材料并不是从天而降的，以前在科学认识的边缘已经存在了。危机的出现把它们带到注意的中心，它们以一种新的方式被理解了。于是，一种公认的、最有解释力的新范式连同一整套新概念产生出来了，并占据了科学的王座，旧范式像旧衣服一样被抛弃了。在科学革命的视野里，科学知识不是累积性的，而是突变性的，它表现为概念的更新和范式的转换："拒斥一个范式的决定总是同时也就是接受另一个范式的决定。"②对于科学家来说，范式的转换也就是世界观的改变，所以，"在一次革命之后，科学家就在一个不同的世界里工作了"③。科学共同体以新的方式集结起来，在新范式的指导下开始工作。于是，科学的发展进入了新的常规科学的阶段。

这就是科恩向我们描绘的科学史发展图景。这一图景蕴涵着他的独特的方法论原理。他告诉我们，在常规科学阶段和科学革命阶段，科学家们实际上是用不同的方式进行思维的。在前一阶段，科学思维主要表现为"收敛式思维"（Convergent thinking），在后一阶段则主要表现为"发散式思维"（Divergent thinking）。

收敛式思维就是严格地按照范式所规定的方向和范围进行思维。它的基础牢固地建立在从科学教育中获得的一致意见上，这种意见又在以后的专业研究生活中得到加强。收敛式思维是常规科学的发展得以实现的前提。因此，科恩说："没有收敛式思维，科学就不可能达到今天的状况，取得今天的地位。"④收敛式思维还为发散式思维的形成和发挥准备了条件，因为反常和危机正是在收敛式思维的过程中发现出来的。问题的革命性解决必须以问题的发现和提出为条件，这是毫无疑问的。收

---

① ［美］科恩：《必要的张力》，纪树立等译，福建人民出版社1981年版，第261页。
② ［美］科恩：《科学革命的结构》，芝加哥大学出版社1970年英文版，第77页（T. Kuhn, *The Structure of Scientific Revolution*, Chicago: University of Chicago Press, 1970, p. 77——编者注）。
③ 同上书，第135页。
④ ［美］科恩：《必要的张力》，纪树立等译，福建人民出版社1981年版，第225页。

敛式思维显示出科学家与传统的一致性。科恩强调，"在一般情况下，科学工作者不是革新者，而是释义者，他所集中注意的疑点，恰恰是他相信在现有科学传统范围中既能表述、也能解决的"①。

发散式思维的基本特点是思想活跃，开放，敢于抛弃旧答案并开辟新方向，在科学革命阶段，这种思维方式起着巨大的作用。"如果不是大量科学家具有高度思想活跃和思想开放的性格，就不会有科学革命，也很少有科学进步。"②事实上，正是发散思维完成了范式转换的艰巨任务，从而为新的常规科学的诞生提供了基础。发散式思维显示出科学家与传统不可避免的相对立、相冲突的一面，犹如关伯仑所预言的：

　　石头将要变成浪涛，坚固的表面将要化成洪流。③

科恩认为，收敛式思维和发散式思维在性质上是不同的，甚至矛盾的，然而它们并不是各自分离的、孤立地起作用的。它们共存于科学史发展的各个阶段，只不过在不同的阶段地位和比重不同罢了。科恩从历史主义方法的总前提出发，主张在这两种思维方式之间建立"必要的张力"（the essential tension）："这两种思想型式既然不可避免地处于矛盾之中，可知维持一种往往难以维持的张力的能力，正是从事这种最好的科学研究所必需的首要条件之一。"④然而，科恩发现，在传统的教育方式中，常出现片面抬高收敛式思维、贬低发散式思维的倾向。显然，这种倾向是有害的。对于任何一个科学家来说，只有在这两种思维方式之间建立必要的张力，同时显示出维持传统和反对偶像崇拜这两方面的性格，才可能在科学研究中获得成功。

科恩的历史主义方法为科学和科学哲学的研究提供了不少有益的

---

① ［美］科恩：《必要的张力》，纪树立等译，福建人民出版社 1981 年版，第 231 页。
② 同上书，第 224 页。
③ ［法］雨果：《笑面人》下册，鲁膺译，上海译文出版社 1978 年版，第 646 页。
④ ［美］科恩：《必要的张力》，纪树立等译，福建人民出版社 1981 年版，第 223 页。

启示。

首先，它突出了这样一个观点，即科学的真正的进步不是通过积累的方式来实现的，而是通过科学革命，即范式转换的方式来实现的。与科学革命相对应的是科学家心理上的格式塔转换。这一观点同样适合于哲学、经济学、伦理学等其他学科乃至整个文化的研究。在文化讨论中，人们常常使用"心理积淀"这样的概念，可以说仍然在偿还达尔文进化说的宿债。事实上，与传统文化的决裂也是一个范式转换的问题，与之相对的则是人们心理上的格式塔转换。如果只谈积淀而不谈转换，那本质上就不是在批评传统，而是在向传统敬礼了。

其次，它提出了为思维建立必要的张力的重要思想，这不仅适合于科学研究，同样也适合于哲学研究。当然，建立必要的张力并不等于说让收敛式思维和发散式思维各占一半，而是要根据具体情况让其中的一种思维居于主导地位上。我们现在谈哲学研究的改革，当然更应重视发散式思维的作用。如果拘泥于旧的教科书模式而不敢越雷池一步，不敢就一些基本问题进行大胆的讨论，那么改革就只能流于空谈。

最后，它强调了科学与哲学之间的密切联系。科恩说："一个人如不能掌握他所研究时期和领域中主要哲学流派的思想，要想对科学史中的许多主要问题研究得好，那是不可能的。"[1]科恩自己就曾受到皮亚杰、奎恩等人思想的重要影响。科恩不仅一般地强调哲学与科学、科学史的联系，而且把这一思想引入范式概念中。他谈到的"范式的形而上学部分"，充分体现了哲学在科学研究中的定向和指导作用。事实上，历史一再昭示我们，蔑视哲学的科学家是不会有大成就的。

---

① [美]科恩：《必要的张力》，纪树立等译，福建人民出版社1981年版，第10页。

心理学哲学

潜意识的投射

——弗洛伊德的心理分析方法

> 就科学工作而言，前面如果有一条可走
> 的路，你便照着走去。假使你不带偏见或成
> 见，勇往直前，你或可凭借各种事件彼此之
> 间的联系(也有小事和大事之间的联系)，通
> 过一些微不足道的工作，而幸运地走上研究
> 大问题的轨道上去。
>
> ——[奥]弗洛伊德

如果你乘船航行时，突然发现前方的海面上
出现了一座冰山，这时候，你是否会联想到，在
海平面的下面，还有你的目光所无法见到的更为
巨大的下半截冰山？同样，在社会生活中，当你
看到人们在彬彬有礼地谈吐，在非常理智地思考
或行动时，你是否会想到，在人们心灵的底层，
还有一个巨大的潜意识的领域？这个领域如同海
面下的冰山部分很少引起人们的注意，但却无时
无刻不起着重要的作用。

这就是奥地利著名的心理学家西格蒙德·弗
洛伊德(Sigmund Freud，1856—1939)创立的心
理分析方法所要向人们揭示的新的主要的东西。
弗洛伊德宣称："我要告诉你们，对于潜意识的

心理过程的承认，乃是对人类和科学别开生面的新观点的一个决定性的步骤。"①如果说，哥伦布发现了美洲新大陆，那么，弗洛伊德则发现了人类心灵中的新大陆。他的学说所引起的巨大震动，特别表现在他所倡导的心理分析的方法中，而这一方法的实质是"潜意识的投射"(the projection of unconsciousness)。

要了解潜意识的投射是怎么一回事，就得先搞清楚潜意识究竟是什么东西。根据弗洛伊德的观点，人的心理是由意识(consciousness)、前意识(pre-consciousness)和潜意识(unconsciousness)构成的。意识是人的心理中最高的最明智的部分，作为其他心理因素的统治者，它支配并协调着人的各项精神活动，使之达到连贯性、和谐性与一致性。前意识是指记忆中的东西，它们留在意识的近处，随时可以进入意识之中。潜意识则是心理中最下层的东西，它表现为种种人类社会的法律、道德和宗教所不能允许的原始的动物般的本能和欲望。在这些本能和欲望中，最重要的是性欲，即"里比多"(libido)。这些欲望和本能服从的是"快乐的原则"(the principle of pleasure)，它们时时刻刻扰动着，试图闯入人的意识之中，去影响人的行为；而意识体现的是理性的精神，服从的是"现实的原则"(the principle of reality)，因而它努力把这些冲动压抑下去。这种冲动和反冲动、压抑和反压抑的冲突构成了现实的人的精神生活。弗洛伊德认为，潜意识中的欲望，尤其是性欲，是无论如何要宣泄出来、投射出来的，如果遇到意识的强大的压抑作用，性欲找不到宣泄和投射的渠道，它就会淤积起来，从而导致精神病、性变态、强迫性心理症等病患。弗洛伊德写道："被囿限于潜意识的思想产物，由于其情感价值甚大，不能不力求表达，力求宣泄，终于在歇斯底里症里经由转化的历程而以肉体的变化表现出来——这便是歇斯底里的症状。"②他强调，心理分析的治疗术，就是通过"谈疗法"，把病人心中淤积的"里比

① ［奥］弗洛伊德：《精神分析引论》，高觉敷译，商务印书馆 1984 年版，第 9 页。
② ［奥］弗洛伊德：《爱情心理学》，林克明译，作家出版社 1986 年版，第 41 页。

多"解放出来，投射到意识的层面上，从而减轻病人心理上的压力，使他的精神得到康复。

在生活中，因潜意识中的"里比多"严重淤积而导致精神性疾病的，毕竟是少数人。在大多数场合下，在大多数人身上，"里比多"都成功地找到了各种渠道，释放并投射出来。在弗洛伊德看来，人类所创造的全部文化生活都是潜意识投射的结果。

梦是人类生活中最常见的现象。在弗洛伊德之前，梦的解释披着厚厚的宗教迷信的袈裟。弗洛伊德告诉我们，梦就是潜意识中受压抑的欲望向因睡眠而失去戒备的意识层面的一种投射。一个白天因干渴而喝不到水的人，晚上常常会梦见自己在喝水；一对离别的情人常常会在梦中团聚在一起。这类梦境都体现了潜意识中某种欲望的满足和达成。可见，梦不是一种荒诞的、无意义的现象，它是人的内在的精神世界的自我展现。

就人的认识活动而言，也不可避免地蕴涵着潜意识的投射。弗洛伊德强调，人在认识外部世界时，并不是消极的、被动的，不管他愿意与否，他都不可避免地要把潜意识中的种种欲望、本能和情感投射到外部世界中去，投射到他所进行的活动中去。弗洛伊德在深入地研究了日常生活中的心理变态现象后，得出了这样的结论：人在日常生活（包括认识活动）中流露出来的种种失误，如口误、笔误、疏忽、遗忘等，都是有意义的，都是潜意识中的某种欲望的宣泄和投射。比如，一个会议主席在致开幕词时，本打算说"宣布开会"，结果却说成了"宣布闭会"。这里的口误是怎么产生的呢？经了解才知道，当时这位会议主席非常疲劳，他内心有一种欲望：最好这个会尽快结束。因此当他无意识地说出"宣布闭会"时，他也就不自觉地说出了他内心潜藏的这一强烈的欲望。正如弗洛伊德所说的："语误委实是一种走了样的表达方式，说出了自己所不愿说的东西。它可以说是一种自我背叛。"[①]又如，在爱尔兰剧作

---

① ［奥］弗洛伊德：《日常生活的心理分析》，林克明译，浙江文艺出版社 1986 年版，第 58 页。

家萧伯纳所写的《恺撒与克莉奥佩特拉》一剧中，当罗马统帅恺撒离开埃及时，似乎忘记了什么，颇为烦恼，忽然他想到，他忘了与埃及女皇克莉奥佩特拉告别。这表明，在他的潜意识中，有一种对女皇的冷淡，对过去的痛苦经历的规避。弗洛伊德强调："对不愉快事物的遗忘，其程度虽然因人而异，但我相信普天之下，几乎没有人不具备这种能力。"①总之，在人的认识和思维活动中，到处都可发现潜意识投射的痕迹。

弗洛伊德还用潜意识投射的方法去审视、评价文学艺术作品。在他的视野里，艺术作品和梦是同样的东西，都是人的内心欲望的外溢和宣泄。区别在于，在梦中，潜意识中的欲望是不自觉地投射出来的；在文学艺术作品中，艺术家或作家则自觉地把这些欲望加以升华，然后投射到艺术形象或其他表现形式中去。试以歌德的《少年维特之烦恼》为例。歌德年轻时曾在法官布扶家中攻读法律，爱上了布扶的女儿夏洛蒂。当他获悉她已和另一个青年男子格斯特订婚后，痛不欲生。正在这时，歌德的一位好友因爱上上司的太太而又无法实现这样的爱情而开枪自杀了。他自杀的手枪正是向格斯特借的。正是这两个事件的刺激，唤起了歌德的灵感，于是，他把自己内心的强烈的爱欲升华到文学作品中，其产物就是《少年维特之烦恼》，其潜意识投射的对象则是维特这个文学形象。在小说中，歌德通过对维特和绿蒂的爱情的描写，缓解了内心的痛苦。同样地，根据弗洛伊德的分析，在蒙娜丽莎的神秘的微笑中，包含着达·芬奇对他母亲的深深的爱恋；在哈姆雷特对奥菲丽娅所表现的冷漠中，潜伏着性冷淡对莎士比亚精神的侵蚀。特别有趣的是，弗洛伊德告诉我们，陀斯妥耶夫斯基在他的一系列小说中塑造的罪犯形象表明，他内心也有一种犯罪意向。弗洛伊德写道："人们一定要问，为什么想要把陀斯妥耶夫斯基看作一个罪犯呢？答案是来自他选择的素材，他选择的全是暴戾的、杀气腾腾的、充满利己主义欲望的人物，这样就表明

---

① ［奥］弗洛伊德：《日常生活的心理分析》，林克明译，浙江文艺出版社1986年版，第83页。

了他的内心有着类似的倾向；答案还来自他生活中的某些事实，像他的赌博嗜好，他的关于强奸过一个少女的坦白，这一坦白可能是真的。"①在弗洛伊德看来，文学艺术作品的诞生，不光包含着作者的潜意识中的欲望的外溢和投射，而且当读者或观众在欣赏这些文学艺术作品时，也自觉或不自觉地把自己潜意识中受压抑的欲望投射到艺术形象上去，以求得内心的痛苦的缓解和烦恼的淡化。

按照弗洛伊德的见解，科学研究活动起源于人心中的巨大的好奇心，而好奇心也是"里比多"或爱欲的一种升华及向外部世界的投射。他说："里比多靠着一开始就升华为好奇心，作为增援的力量，附属于强有力的科学研究本能来逃避受压抑的命运。在这里，科学研究也变成了某种程度的强迫和性活动的替代物。"②达·芬奇之所以对自然科学的研究作出了巨大的贡献，因为在他的身上有着过分弱化的性生活和过分强大的科学研究本能。他的好奇心以幻想的方式为性兴趣服务，从而成功地把"里比多"的大部分能量升华并投射到对外部世界的科学探讨之中。总之，在科学思维的冷冰冰的理智下，弗洛伊德仍然窥见了心灵深处搏动着的强烈的欲望，尤其是性欲。

在人类的历史活动中，潜意识投射的痕迹也随处可见。在经历了第一次世界大战的浩劫之后，弗洛伊德形成了后期思想中的独特的本能学说。他主张人有两种本能：一为"生之本能"（life instinct），即保存自己和繁殖后代；二为"死之本能"（death instinct），即破坏的、施虐的本能。人类历史就是这两种本能的投射及相互冲突的结果。当"生之本能"占上风时，人类历史就表现出一片升平气象；反之，当"死之本能"占上风时，人类历史就陷入疯狂的战争、灾难和破坏之中。这种把社会历史的发展归因于本能的投射与冲突的做法尽管是唯心主义的、偏颇的，但也不失为观察、评价历史提供了一个新的透视点。

---

① 《弗洛伊德论美文选》，张唤民、陈伟奇译，上海知识出版社 1987 年版，第 151 页。

② 同上书，第 56 页。

弗洛伊德还用潜意识投射的方法去解释宗教、道德的起源和美的本质。他认为，在原始人的心理中，充满着一种"情感上的矛盾"。原始人对自己的亲人，既有热爱的一面，又有潜意识中敌视的一面。当亲人死了，他们一方面哀悼他，另一方面又对死者加上种种"禁忌"，并把他视为魔鬼与幽灵，以宣泄并投射深藏在潜意识中的敌视情绪。所以弗洛伊德说："灵魂与魔鬼只不过是人类自身矛盾情感的一种投射而已。"①弗洛伊德还把原始部落中普遍存在的"图腾"认作是原始人心中"俄狄浦斯情结"的一种外泄和投射。他在分析原始人把图腾视作父亲和祖先的现象时，写道："如果图腾动物是父亲，那么图腾观的两个主要的戒律或禁忌(禁止杀害图腾和禁止与同图腾的妇女发生性关系)正好在内容上与俄狄浦斯的两个罪恶(杀父娶母——儿童的两个主要的愿望)是一致的……换言之，我们能够把图腾制度看作是俄狄浦斯情结所造成的结果。"②接着，弗洛伊德又从"图腾餐"(totem meal)入手，解释了宗教和道德的起源。原始人在俄狄浦斯情结的驱使下杀死他们的首领(父亲)后，产生了罪恶感，在此基础上萌发了道德观念，同时，又用图腾崇拜的方式来表示悔罪，于是渐渐演化出宗教。弗洛伊德还强调，美是建筑在性刺激的土壤上的。他说："'美'和'吸引力'从本原上看来，都是性对象的属性。"③也就是说，美的本质必须到性欲的投射机制中去探寻。

弗洛伊德的潜意识投射说带有神秘主义的、泛性欲主义的倾向，他也远未对人性的社会属性作出科学的说明。然而，作为一种观察人性、生活和社会的独特的心理分析方法，它也具有一定的积极意义：

首先，它启示我们，人并不是单纯的理智的构成物，人来到这个世界上并不打算用脑袋站在地上，即只是去认识世界；人同时要生活，要

---

① 《弗洛伊德标准版全集》第 13 卷，伦敦 1955 年英文版，第 92 页(S. James ed.，*The Standard Edition of the Complete Psychological Works of Sigmund Freud*，vol. 13，London：Hogarth Press，1955，p. 92——编者注)。

② 同上书，第 132 页。

③ ［奥］弗洛伊德：《文明与它的不满者》，纽约 1961 年英文本，第 32 页(S. Freud，*Civilization and Its Discontents*，New York：W. W. Norton，1961，p. 92——编者注)。

双脚站在地上，要为满足自己的种种需要和欲望而努力。撇开人的本能、欲望和情感，就不可能对人性作出完整的透视和分析。

其次，人在精神活动和实践活动中，既把外界的东西反映进来，吸收进来，也把内在的东西宣泄出去，投射出去，这是一个双向的过程。如果忽视后一个方面，就不可能对人的种种活动作出科学的说明。

最后，他不光在人心中开拓出潜意识这个领域，而且揭示了主体能动性和创造性的深层的内源因素。正如宾克莱所说："他是使我们知道我们内部的根深蒂固的内驱力的科学家。"①确实，弗洛伊德的潜意识投射说为我们解开人类文化之谜提供了一架特殊的显微镜。在运用这种方法时，我们必须牢牢记住鲍西娅的告诫：

　　　让我发出光辉，可是不要让我象光一样轻浮。②

---

① ［美］L. J. 宾克莱：《理想的冲突》，马元德译，商务印书馆 1983 年版，第 132 页。
② 参见莎士比亚戏剧《威尼斯商人》，见《莎士比亚全集》第 3 卷，朱生豪译，人民文学出版社 1978 年版，第 92 页。

自卑与补偿

——阿德勒的个性心理学方法

> 人类都是在追求着想要成为征服者，想要超越并压垮别人的目标。
>
> ——[奥]阿德勒

当我们读伟人传记的时候，常常不无惊奇地发现，一些有严重身体缺陷的人，经过艰苦的努力，获得了巨大的成功。如古希腊的德谟斯忒斯原先患有口吃，经过多年的勤学苦练，竟成了希腊最著名的演说家；美国总统罗斯福患有小儿麻痹症，但他坐在轮椅里，对世界局势产生了重大的作用和影响。在中国，也不乏这样的伟人。左丘明失明而撰《国语》；孙子膑脚而成兵法；司马迁受宫刑而著《史记》。如何解释这种现象呢？从人类的心理上看，这种为改变身体的缺陷所产生的自卑感而进行的奋斗是否具有某种普遍性呢？奋斗的目标和动机又是什么呢？奥地利著名的心理学家阿尔弗莱特·阿德勒（Alfred Adler，1870—1937）经过多年的研究，创立了以"自卑情结"（inferiority complex）、"补偿"（compensation）和"优越性"（superiority）为核心概念的"个性心理学"（individual psychology），对人类心理中普遍存在的这一现象作出了透彻的说明，从而对西方文化的发展产生了深远的影响。

阿德勒的"个性心理学"及其方法是在特定的文化氛围的熔铸下产生的。他原先是心理分析学派的肇始人弗洛伊德的学生。弗洛伊德学说中的补偿理论引起了他的特别的兴趣。根据这一理论，性发育不全的病人有一种补偿其缺陷的基本要求。为什么不把这种性功能缺陷及其补偿的理论推广到每一种体质的缺陷上去呢？1907年，阿德勒发表了《关于机质性低下及其心理补偿的研究》一书，引起了弗洛伊德的重视，但当他在以后的研究中进一步把补偿这一弗洛伊德学说的边缘概念转变为心理分析的中心概念时，他不得不与他的老师分道扬镳了。1911年，德国哲学家汉斯·法依欣格尔（Hans Vaihinger）出版了《仿佛哲学》一书。"仿佛"这一概念（德语为 als ob，英译为 as if），其基本意义是"虚构"（德语为 Fiktion，英译为 fiction）。法依欣格尔认为，人类理性起初是意志的工具，但工具在发展中独立出来成了目的。于是，人类用理性和逻辑虚构出各种观念的系统，也虚构出未来。这一学说对阿德勒产生了重大影响，他立即把它导入到心理学研究中，引申出如下的结论，即人类心理并不像弗洛伊德所描绘的那样，被紧紧地拘执在过去的经验中，心理活动的主要契机是追求未来，虚构未来。那么，追求什么呢？在这里，尼采的"权力意志"理论又给了阿德勒很大的影响。于是，他提出了适用度更宽泛的"优越性"概念取代了"权力意志"。这样，经过对前人的思想资料的批判性改造和重组，阿德勒考察人类心理的独特的方法论已宛然可见了。

阿德勒写道："我们每个人都有不同程度的自卑感，因为我们都发现我们自己所处的地位是我们希望加以改进的。……没有人能长期地忍受自卑之感，它一定会使他采取某种行动，来解除自己的紧张状态。"[①]

---

① ［奥］阿尔弗莱特·阿德勒：《自卑与超越》，黄光国译，作家出版社1986年版，第46—47页。

在阿德勒看来，一个人不管处在多么有利、多么优越的条件下，他总会渴求更完美、更理想的状态。现实和理想之间的差距使自卑感成为人类心理上的一种普遍的负荷。更何况，每个人都是从儿童成长起来的，儿童由于身体弱小，必须仰赖成人才能生活，因而一开始就受到自卑感的困扰。然而，自卑感并不是心理上的变态现象，它是人类不断增进自己地位的内驱力。比如，科学的兴起就是人类为克服自己的无知而作的努力。在这一意义上，阿德勒进一步发挥说："事实上，依我看来，我们人类的全部文化都是以自卑感为基础的。"①

自卑感表现为心理上的一种紧张状态，人们无法长期地忍受这种状态，因而一定会采取某种行动，作出补偿，以克服并超越这种自卑状态。补偿是一种心理上的积极向上的力量，正如 G. 墨菲和 J. 柯瓦奇所指出的："补偿作用也就是个人渴求力量的奋斗。"②就其方式而言，补偿可以划分为两种类型：一种是直接的补偿，前面提到的德谟斯忒斯努力争取在演讲中获胜，目的就是直接补偿他因口吃而产生的自卑感；另一种是间接的补偿，那就是发展身体的其他机能，特别是思维来补偿某一方面的自卑感。前面提到的罗斯福、左丘明、孙子、史马迁都属此例。

从结果上来分析，补偿也有两种类型：一种是成功的补偿，另一种是失败的补偿。

先来看成功的补偿。这种补偿建基于主体对生活意义的正确理解，即生活的真正意义总是体现在对别人、对团体的奉献上，体现在与别人的合作及和睦共处中。阿德勒在谈到儿童时说："只有决心要对团体有所贡献而兴趣又不集中于自己身上的儿童，才能成功地学会补偿其缺憾

---

① ［奥］阿尔弗莱特·阿德勒：《自卑与超越》，黄光国译，作家出版社 1986 年版，第 50 页。

② ［美］加德纳·墨菲、约瑟夫·柯瓦奇：《近代心理学历史导引》上册，林方、王景和译，商务印书馆 1982 年版，第 407 页。

之道。"①这样的人在对社会作出积极的奉献的同时，也把自己塑造成一种理想的人物。就自卑感的程度而言，有身体或生理上缺陷的人是最为强烈的。在这些人的身上，不但可以看到一般的、健康的补偿，而且还有可能发现"过度补偿"（over compensation）的现象。比如，有些儿童或青年人是左撇子，他们的右手既不适合于书写、绘画，也不适合于从事手工艺活动。但由于他们所作出的不懈的努力，竟获得了"过度的补偿"，即不但能与别的儿童一样地从事书写、绘画或手工艺活动，而且工作得更为出色，更为优异。这种"过度补偿"的现象特别见诸那些天才人物。阿德勒说："几乎在所有杰出者的身上，我们都能看到某种器官上的缺陷，因此，我们能得到一种印象，认为他们在生命开始时便命运多艰，可是他们却挣扎着克服了种种困难。……他们的成就和他们的天才是他们自己创造出来的，而不是遗传或上苍的赐予。"②尼采身体瘦弱多病，但他成了著名的哲学家；海伦·凯勒双目失明，但她成了驰名世界的人物。就是阿德勒本人也不例外。他从小患有驼背，行动不便，心里充满了强烈的自卑感。但经过艰苦卓绝的努力后，终于成了名垂青史的心理学家。

现在我们来看另一种补偿，即失败的补偿。这种补偿建基于对生活意义的错误理解。失败者们赋予生活的意义通常是一种个人的意义，他们的兴趣也只停留在自己的身上，因而他们所作的努力和补偿被导向无意义的乃至完全谬误的方向。这类补偿的最初步的表现是自我陶醉或自欺，幻想不经过艰苦的奋斗来超越自卑感。于是，眼泪、抱怨、夸口等现象都出现了。但这样的补偿作用不但不触动自卑感，而且把它推到了更为严重的境地，即导致了"自卑情结"。什么是"自卑情结"呢？阿德勒解释道："当个人面对一个他无法适当应付的问题时，他表示他绝对无

---

① ［奥］阿尔弗莱特·阿德勒：《自卑与超越》，黄光国译，作家出版社1986年版，第34页。

② 同上书，第209页。

法解决这个问题，此时出现的便是自卑情结。"①严重的自卑情结常常会导致精神病、自杀等现象的发生。这类失败补偿中的最极端的表现是：欺骗、抢劫、奸淫、暴力、谋杀等，即以侵犯他人、牺牲他人的方式来超越自卑感。这显然是为人类社会所不容的。

不管人们采取何种形式来补偿自卑感，其目的都是获取优越性。阿德勒强调说："对优越感的追求是所有人类的通性。"②犹如华伦斯坦所说的：

> 我一辈子努力朝高处走，
> 蹂躏了一切凡人的头。③

优越感并不是绘于航海图上的一个静止的点，它表现为一种动态的趋向，其具体目标是因人而异的，是不同的人按自己的生活样式摸索着确定下来的，并随生活情景的变化而变化，优越感也可以分为两种：一种是真实的优越感，它是成功的补偿所产生的结果。它不但是切合实际的，而且以积极的态度，正确地解决了职业、社会、性三大问题。另一种是虚假的优越感，它是失败的补偿所导致的结果。这种优越感最典型地表现在精神病和犯罪行为中。精神病患者常常不加掩饰地表现出他们的优越感目标。他们会扬言："我是拿破仑"或"我是中国皇帝"。他们希望能成为整个世界注意的中心，成为四面八方景仰崇拜的对象。比如，尼采在发疯后，在一封信中曾自称是"被钉于十字架上的人"，实际上把自己比作耶稣了。又如，一个女性精神病患者存有严重的幻想。她说："我不属于这个星球。我属于另一个星球。在那儿，我是公主。这个可

---

① ［奥］阿尔弗莱特·阿德勒：《自卑与超越》，黄光国译，作家出版社 1986 年版，第 47 页。

② 同上书，第 61 页。

③ ［德］席勒：《华伦斯坦》，郭沫若译，人民文学出版社 1955 年版，第 316 页。

怜的地球不了解我，也不知道我的重要性。"①同样，在任何罪犯的思想里，也存在着这种虚假的优越感。阿德勒通过对大量犯罪现象的研究，得出了如下的结论："我们发现：罪犯的目标总是在追求属于他私人的优越感。"②在这个意义上可以说，罪犯全部是懦夫，他们逃避着他们觉得自己的能力不足以应付的问题，因而他们的犯罪活动是懦夫模仿英雄行径的表现，他们在追求着一种自己幻想出来的虚假的优越感的目标。

只要人们正视现实，就会发现在生活中存在着大量对自卑感的失败补偿和对虚假的优越感的盲目追求的现象。阿德勒深入地分析了产生这类现象的原因，第一个原因是教育上的失误。阿德勒强调，儿童在五岁左右时，他的心灵已成为一个整体，他已具有初步的生活样式。在对儿童的家庭教育中，最典型的失误表现在：（1）对身体有缺陷的儿童缺乏引导，致使他们中的绝大部分人无法克服强烈的自卑感的侵袭；（2）对儿童太娇纵，使他们从小就丧失了努力奋斗和补偿的能力；（3）对私生子、孤儿的歧视，使他们从小赋予生活以错误的意义，从而去追求虚假的优越感。在学校教育中，最大的失误是对学生冷嘲热讽，滥加批评，不用鼓励的方法去激发学生克服自卑感的力量。第二个原因是法制机构惩处的失当。阿德勒说："从心理学家的观点看来，监狱中的粗暴待遇就是一种挑战。它是对坚韧性的考验，同样地，当犯人们不断听到'回头是岸，重新做人'时，他们也会把它当做一种挑战。他们要成为英雄，因此他们非常乐于接受这一类挑战。"③要转变罪犯的虚假的优越感，只有深入了解他们的处境和心情，诚心诚意地开导他们，才能得到预期的效果。第三个原因是现代文化中存在着病灶。病灶之一是认为男性总是比女性优越，从而产生"男性钦羡"（masculine protest）的现象，这尤其

---

① [奥]阿尔弗莱特·阿德勒：《自卑与超越》，黄光国译，作家出版社1986年版，第60页。
② 同上书，第169页。
③ 同上书，第181页。

为女性自卑感的克服设置了障碍；病灶之二是过于强调个人获得什么，不注重对人与人之间的合作的训练和宣传。

阿德勒特别强调："奉献乃是生活的真正的意义。"①只有从小把这一思想灌输给儿童，他们才能采取正当的补偿手段去克服自卑感，达到合理的优越性。

阿德勒的"个性心理学"尽管缺乏理论上的力度，但仍然是富有创造性和启发性的：

它通过"自卑情结""补偿"等概念，揭示出人性中的一个新的向度——对优越感的追求。在弗洛伊德那里，"里比多"是先天赋予的、生物性的；在阿德勒那里，"自卑情结"则是后天的、社会性的，从而把对人性的理解置于一个更实际的基础之上。此其一。

它强调了主体的创造性，突出了主体对未来的追求和期望。阿德勒说："个性心理学扬弃了决定论。"②这也就是说，要更多地摆脱过去，面向未来，从而在创造新生活的过程中，不断地超越自卑感，迈向理想的境界。弗洛伊德承认，他和阿德勒都看到了人心中的"侵略的本能"，他把它与"死亡本能"等同起来，而阿德勒则把它视为"自我肯定的本能"。从这里可以看到，阿德勒更多地注意到了主体的创造性和建设性。此其二。

它肯定了文化教育在改造人的素质、净化人的心灵方面所具有的极大的作用。阿德勒以惓惓之忱向全社会呼吁：不要歧视妇女，不要忽视儿童，不要蔑视犯罪。这实际上也是对当代西方文化的批评和控诉，从而也为我们全面认识西方文化的现状和得失提供了一份可资借鉴的宝贵资料。此其三。

---

① ［奥］阿尔弗莱特·阿德勒：《自卑与超越》，黄光国译，作家出版社 1986 年版，第 13 页。

② 同上书，第 16 页。

人类精神之根："集体无意识"

——荣格的分析心理学方法

> 每一个文明人，不论其意识的进展如
> 何，其心灵深处仍然保留着古代人的特
> 性。……人类的心灵也是进化的产物，倘若
> 我们追溯其来源的话，我们一定会发现它仍
> 然表现出无数的古代特征。
>
> ——[瑞士]荣格

如果说人种学揭示了文明人与原始人在体质
形态上的密切联系，考古学揭示了文明人与原始
人在物质活动中的密切联系，那么瑞士著名心理
学家荣格(Carl Gustav Jung，1875—1961)创立的
"分析心理学"(analytical psychology)则力图揭示
出文明人与原始人在心灵上的密切联系。在分析
心理学方法中，"集体无意识"(collective uncon-
sciousness)是一个核心的概念。它的出现，是20
世纪心理学发展中的引人注目的成就之一，它对
医学、文学艺术、哲学等学科的发展产生了深远
的影响。

众所周知，阿德勒和荣格都曾是弗洛伊德的
学生。后来，由于学术见解的不同，两人先后与
弗洛伊德决裂，阿德勒创立了"个性心理学"，

荣格与阿德勒也有分歧，他写道："我个人则较喜欢称我的方法为'分析心理学'。我个人有个愿望，希望这一名词既可代表'心理分析'，也可包含'个性心理学'，同时也希望能统括所有有关该法的一切。"①这段话表明，荣格的心理学理论主要是在批判地继承弗洛伊德和阿德勒学说的基础上提出来的。

荣格高度评价了弗洛伊德提出的无意识理论，认为它揭示了人类心灵的阴暗面，但又批评弗洛伊德忽视了人类心灵在结构上的复杂性，尤其不同意他对无意识域中的原始冲动之一——性欲的作用的过分夸张。荣格也肯定了阿德勒的补偿学说的理论价值，但又批评他与弗洛伊德一样，太重视对个人心理特征和生理特征的分析，忽视了超个人的人类精神的重大作用。

荣格的分析心理学方法建基于他对无意识理论的新的、创造性的理解。他说："精神生活最主要的部分，永远是藏在意识地平线之下的。"②无意识域在人类的心灵中起着极为重要的作用，但它并不是弗洛伊德笔下的可怕的怪物，而是一种自然的东西，在道德律、智慧判断及美感方面，它是全然采取中立的立场的。无意识不但对精神病人有巨大的吸引力，而且对健康的人，甚至对有创造性的人也有巨大的吸引力。荣格强调，个人单枪匹马，是无法与无意识中的强大力量交战的。荣格这里说的强大力量指的是什么呢？

他认为，无意识有两个层面：表层只关系到个人（弗洛伊德的分析只停留在这个层面上），可称为"个体无意识"；深层的无意识不是来自个人的体验，而是与生俱来的，可称为"集体无意识"。荣格说："我选择了'集体的'这个术语，因为无意识的这一部分不是个体的，而是普遍的；与个人的心灵比较起来，它或多或少地具有在所有个体中所共有的

---

① ［瑞士］荣格：《现代灵魂的自我拯救》，黄奇铭译，工人出版社1987年版，第55页。

② 同上书，第328—329页。

内容和行为模式。"①个体无意识只能达到婴儿最早记忆的程度，不能再往前了，但是集体无意识则包括婴儿记忆开始以前的全部时间，即祖先生命的残留。由于个体无意识的记忆包含了曾被经验过的意象，所以它们是有详细的形式的，而集体无意识的记忆痕迹中是缺乏这样的细节的，因为它们没有为个体所体验过。如果个人的心理能量面对一个难以克服的目标而后退，当它退到婴儿期之前时，它就触到了祖先生命的痕迹或储存物，从而唤醒了沉睡着的"集体无意识"。"集体无意识"实际上是人类大家庭全体成员所继承下来并使现代人与原始祖先相联系的种族记忆。荣格说："假如我们把无意识加以拟人化，我们其实可称之为是一位集两性之特征于一身，超越青春与老年、生与死，甚至握有人类一两百万年之经验于手中，几乎是一位不朽的集体人。"②

如果说个体无意识的内容是构成个人心灵生活的各种"感情倾向的情结"，那么，集体无意识的内容则是"原型"（archetype）或"原始意象"（primordial image）。这些原型或原始意象是人类表象的潜能。这种潜能通过脑组织一代一代向下传，如同被埋葬的珍宝，现成地存在于每个人的无意识的深处。在特定的条件下（如梦、心理症、艺术创作等），它就被激活起来，出现在意识的层面上。比如上帝原型、母亲原型、父亲原型、魔鬼或精灵的原型等总是一再在神话和童话故事中表现出来。

集体无意识有两个基本特征：一方面，它是一种精神性的东西，是一种生命力或生命气息。这从 soul（灵魂）和 psyche（心灵、精神）的语源上可以窥视出来。荣格受到柏拉图客观唯心主义的影响，进一步强调，这种精神或心灵是一种客观存在的实体。他说："心灵实体的观念是现代心理学最重要的成就之一，虽然目前还是很少人承认它。"③现代精神

---

① ［瑞士］荣格：《四个原型》，伦敦 1972 年英文本，第 3—4 页（Jung, *Four Arche-types. Mother*，*Rebirth*，*Spirit*，*Trickster*，trans. R. F. C. Hull, London: Routledge and Kegan Paul, 1972, pp. 3-4——编者注）。

② ［瑞士］荣格：《现代灵魂的自我拯救》，黄奇铭译，工人出版社 1987 年版，第 280 页。

③ 同上书，第 288 页。

虽然超过了以前的表现方式，一直在向前发展，然而，它们始终植根于原始精神、经验和表象，"在永恒的树根上，它们只能算是更换的树叶与花卉罢了"①。既然这种包含种种原型在内的集体无意识是一种客观的、永恒的精神实体，因而荣格不同意尼采的"上帝死了"的观点，他说："上帝不能也不必死去。"②潜藏在无意识深处的上帝原型将一再被以后的人们所唤醒，人们可以创造新的符号或象征去取代上帝的形象，但上帝作为一种精神形态永远活在人们的心中。另一方面，它又是与理智不相符的东西。荣格认为，人不必把自己完全看作是理智的，因为人不能是完全理智的，人也永远不会变成这样，"不合理的东西不可能也不必被扫除"③。在这个意义上，荣格把人性看作是光明和黑暗的复合物，认为没有黑暗，也就把光明本身取消掉了。

荣格还进一步论述了集体无意识的两种功能。一种是创造的功能。如前所述，集体无意识是一种能动的、精神性的东西，它具有"能量"，能进行创造。荣格说："人类总是一直靠这珍宝在创造，从这珍宝已经引出了它的上帝和它的妖魔，以及所有那些最热切与有力的思想，没有这些思想，人便不成其为人了。"④比如，19世纪关于能量守恒的伟大思想，据荣格的看法，它是早已潜伏在集体无意识里的一个原始意象，这个意象也是原始人种中关于上帝概念的最初形式。在以后的历史发展中，这一意象产生出新的变式。所以，荣格意味深长地说："人总是相信，是他塑造了观念，可是事实上，是观念塑造了人，并且使他成为毫无思考力的代言人。"⑤荣格强调，原始意象具有无限多的变体和重新组合的可能性，因而它的创造能力是无限的。他谦虚地表示，他对无意识

---

① ［瑞士］荣格：《现代灵魂的自我拯救》，黄奇铭译，工人出版社1987年版，第366页。

② 张述祖审校：《西方心理学家文选》，人民教育出版社1983年版，第415页。

③ 同上书，第415页。

④ 同上书，第411页。

⑤ ［瑞士］荣格：《现代灵魂的自我拯救》，黄奇铭译，工人出版社1987年版，第75页。

理论的贡献就在于强调了集体无意识的能动性和自发的创造性。① 另一种是补偿的功能。荣格坚持，心灵与身体一样，本身有一个调节系统，以便使自己保持平衡的状态。凡是走得太快导致离轨的程序都会引起一种补偿行动："只要每次意识生活中之某部分失去其重要性与价值的话，在潜意识中马上会产生补偿。"② 比如，在现代文明社会的意识中，科学与理智取得了辉煌的胜利，甚至把人们内心的避难所都摧毁了。然而，世界大战的爆发表明，升平世界的围墙与无意识的动乱之间的距离是如此之短。一旦理智压抑了人的心灵中的自然的力量，这种力量便千方百计寻求补偿，等到理智失去了效用，它便把意识生活加以推翻。荣格用一句富有哲理的话概括了这种补偿功能：

　　　每一种胜利都包含着将来的失败的萌芽。③

荣格的分析心理学的方法的主旨就是力图通过对意识和无意识两个层面的分析，把它们协调起来，从而弥合人性中内在的分裂和失调。他说："必须彻头彻尾地把意识和无意识完全同化在一起。我所谓的'同化'，意思是说，要把意识与无意识之内涵都加以彻底的相互解释，而非——就像一般人所谓的方法——只凭意识便把无意识拿来做评价、解释或歪曲真相的工作。"④

　　正是在这样的原则的指导下，荣格形成了自己独特的精神病治疗

---

① 参见［瑞士］荣格：《四个原型》，第 13 页（Jung, *Four Archetypes. Mother*, *Rebirth*, *Spirit*, *Trickster*, trans. R. F. C. Hull, London：Routledge and Kegan Paul, 1972, p. 13——编者注）。

② ［瑞士］荣格：《现代灵魂的自我拯救》，黄奇铭译，工人出版社 1987 年版，第 313 页。

③ ［瑞士］荣格：《四个原型》，第 10 页（Jung, *Four Archetypes. Mother*, *Rebirth*, *Spirit*, *Trickster*, trans. R. F. C. Hull, London：Routledge and Kegan Paul, 1972, p. 10——编者注）。

④ ［瑞士］荣格：《现代灵魂的自我拯救》，黄奇铭译，工人出版社 1987 年版，第 37 页。

术。他把治疗过程分为四个阶段："表白""解释""教育"和"转变"。实际上，荣格把治疗过程看作是医生和病人之间的一场开放的、平等的对话，特别是最后的"转变"阶段，不仅使病人在协调意识和无意识的过程中，对生活获得了一种新的健康的理解，而且医生本人也要进行自我批评，在道德和宗教上获得新的识见。荣格说："从前的医学治疗法现在变成了自我教育法，因此，我们今日的心理学地平线也随着大大地扩展了。"①

荣格还强调，分析心理学并不打算把自己局限在医生的诊断室里，它还有一个更重要的使命，那就是对全世界的文化，尤其是西方的文化进行心理上的分析，以便揭示出文化的本质和深层的根源，从而对文化的发展方向进行校正和引导。

在对待文学艺术作品的态度上，荣格不同意弗洛伊德的分析方法。弗洛伊德分别把哈姆雷特、蒙娜丽莎、浮士德、卡拉马佐夫兄弟等看作是莎士比亚、达·芬奇、歌德、陀斯妥耶夫斯基个人心理冲突的产物，从而忽视了文学艺术作品与人类精神，即集体无意识的内在联系。荣格强调，真正伟大的作品必然体现出全人类的生活经验，必然回复到人类精神的那些原型。"这就是为什么每部伟大的艺术作品都是客观的、无我的，然而其感动力却不因之而减少的原因。"②荣格把文学艺术作品分为两类：一类是"心理学式的"，其创作材料取自人类的意识界，诸如生活教训、感情上的欢乐与痛苦、一般人类的命运等；另一类是"幻觉式的"，其创作素材并不是人人熟悉的。它的本源来自人类的心灵深处，说明了我们与洪荒时代的时间差距，同时给人一种明暗对比强烈的感觉。那是一种人类无法了解的原始经验，它是无限的，令人感到陌生、冷峻、无边际、着魔与光怪陆离。一言以蔽之，"出现在幻觉里的便是

① ［瑞士］荣格：《现代灵魂的自我拯救》，黄奇铭译，工人出版社 1987 年版，第92 页。

② 同上书，第261 页。

集体无意识"①。在但丁的《贺玛斯的牧人》里，在歌德的《浮士德》的第二部分，在尼采的《狄奥尼索斯的狂欢》里，在瓦格纳的《尼伯龙根之歌》里，我们到处都发现了这类幻象。作品中的哲理性的喃喃细语给我们一种朦胧的、飘忽的印象。这些作品的感染力与深刻意义，并不在于它所凭借的史实与神话，而是蕴涵在这些素材中的幻觉与梦想。在诗歌中，文学艺术作品的幻觉性获得了最典型的表现。诗人常常瞥见夜间世界的人物——幽灵、魔鬼与神祇。这表明，原始经验是其创造力的深层的源泉。荣格说："伟大的诗篇都取材自广大的人生，要是我们不顾及此，仅想从作品里发现某个人的因素，我们便将全然失落其含义。一旦集体无意识是一种活生生的经验，而且也是该时代意识观之象征的话，那么它便可算是一部对当代人民生活有影响力的作品。"②比较起来，荣格对文学艺术作品的分析比弗洛伊德更为深刻。

荣格对文化的分析并不局限于文学艺术作品这一隅。他分析的触角也深入到道德、宗教、哲学、人类学等诸多领域中。他特别强调，与人生阴暗面接触的还有预言家、先知及启蒙大师们。总之，原始意象是一位全人类的医师或教师的形象。

特别有趣的是，荣格像斯宾格勒一样，看到了西方文化的空虚。当混沌的原始世界解体为自然和精神两部分后，东方人尊重精神，因而仍然停留在亚细亚的贫穷梦境中；相反，西方人敬重自然，因而失却了精神上的依托。于是，人类的心灵被撕成两半。荣格希望东西方精神和文化能够协调起来。其实，西方文化的基础和核心——基督教正源于东方；罗马人在征服小亚细亚之后就被亚洲化了。这充分表明，东方精神早已植入西方文化之中。正是在这个意义上，荣格说："在我看来，似乎东方正是今天我们所遭遇到的精神变化之根本。不过，这个东方并不

---

① [瑞士]荣格：《现代灵魂的自我拯救》，黄奇铭译，工人出版社 1987 年版，第 250 页。

② 同上书，第 251—252 页。

是什么充满大圣人的西藏寺院，而就某种意义而言，是深藏在我们心中的。"①说得透彻一点，荣格所要唤醒的是已渗入西方人心灵中的东方的宗教精神。在他看来，宗教才是分析心理学协调意识和无意识、协调东西方文化分裂的最有效的工具。他甚至认为，宗教的来世说是最合乎心理卫生的。所以，他得出了如下的结论："治疗也许可称为是宗教的问题。"②

荣格的分析心理学方法明显地暴露出唯心主义和神秘主义的倾向。正如他所自白的："就一位瑞士人而言，我是一个根深蒂固的民主分子，然而，我承认，我的本性是贵族的，而且是位神秘论者。"③尽管如此，荣格的学说仍然具有巨大的感染力和创发性。

首先，他揭示出无意识域中更深的层面——集体无意识，从而无论在深度上还是广度上，都把弗洛伊德开创的精神分析运动大大地向前推进了。这一理论告诉我们，文明人与原始人的心灵之间并没有隔着一道万里长城。上帝、神祇、魔鬼等原始意象总是一而再、再而三地出现在文明人的精神生活中。无疑地，荣格接受了以柏拉图、康德为代表的唯心主义精神的影响，因而其学说显得博大精深，令人叹为观止。

其次，荣格主张对文学艺术作品的评价必须深入分析其与人类精神，尤其是原始经验的联系。荣格主张，文学作品应将创作之锚投入到人类精神之河中去，以便从单纯个人的心理冲突中超拔出来。这一见解对文学艺术作品的创作和评论说来，都有深远的意义。当然，文学艺术作品也必须表现出作者的个性，然而，更需要注重的则是人类精神本身。

最后，荣格提出的无意识补偿说也有重大意义。在阿德勒那里，补偿只是个人克服生理缺陷、追求优越感的一种行为通则，而在荣格那

---

① ［瑞士］荣格：《现代灵魂的自我拯救》，黄奇铭译，工人出版社 1987 年版，第 326 页。

② 同上书，第 355 页。

③ 同上书，第 365 页。

里，补偿说登上了人类精神的广阔的舞台，成了意识发展的矫正者。补偿原则显示了荣格对精神发展的辩证历程的深刻的透视："每种文化中都产生出和它相反、具有破坏性的东西，然而在我们之前的文化或文明都未曾有过被迫正正经经去研究这些心灵的河流。"①在荣格看来，掌握无意识发展中的补偿原则，自觉地平衡和协调意识与无意识的关系，才能拯救西方文化和西方人的灵魂避免幻灭的命运。在某种意义上，荣格也充当了先知和预言者的角色。他对现代西方人的劝导，不禁使我们联想起耶和华对亚伯拉罕说的话：

　　不要惧怕，我是你的盾牌。②

---

　　①　[瑞士]荣格：《现代灵魂的自我拯救》，黄奇铭译，工人出版社 1987 年版，第 303 页。
　　②　见《圣经·旧约》"创世记"，第 15 章。

儿童：成人哲学的决疑者

——皮亚杰的发生认识论方法

> 儿童自发的讲话比世界上的任何问题都
> 更有价值。
>
> ——[瑞士]皮亚杰

认识的起源问题历来是认识论研究的中心课题之一。传统认识论始终把理智健全的成年人作为研究对象。由于这一研究对象的界定，认识的起源问题从此没入了黑暗之中。于是，柏拉图、莱布尼茨、康德的先验论得以问世，笛卡儿的"天赋观念"说是对认识起源问题的最极端的答卷。20世纪以来，数学、逻辑、语言的形式化和抽象性问题仍然困扰着许多哲学家。由于他们没有把研究对象扩大到儿童，因而这些认识形式的起源仍然包裹在一层浓雾之中。乔姆斯基把人的语言能力归因于天赋理性和遗传，也就从理论上退回到笛卡儿那里去了。正当20世纪的哲学家们在认识起源问题上一筹莫展的时候，瑞士著名的心理学家、哲学家让·皮亚杰（Jean Piaget，1896—1980）通过对儿童心理学的深入研究，递交了一份独特的答卷。这份答卷的名称叫"发生认识论"（genetic epistemology）。

在《发生认识论原理》的英译本"引言"中，皮亚杰开宗明义地阐明了发生认识论与传统认识论的根本差别。他说："传统的认识论只顾到高级水平的认识，换言之，即只顾到认识的某些最后结果。因此，发生认识论的目的就在于研究各种认识的起源，从最低级形式的认识开始，并追踪这种认识向以后各个水平的发展情况，一直追踪到科学思维并包含科学思维。"①发生认识论的研究对象是从刚出生到十四五岁的儿童，这是一块传统认识论不屑一顾的领地。然而，正是在这块领地上，正是儿童的天真的语言和活动，使传统认识论留下的许多难题宛然冰释。在这个意义上，儿童是成人哲学的真正的决疑者。

皮亚杰的发生认识论方法的要旨是研究儿童智慧的发生和发展。在具体的研究形式上，他采用了两种方法：一是实验的方法，即认真地观察儿童的活动，让儿童自由谈话，自由叙述，对年龄较大的儿童则穿插提问，进行适当的引导；二是综合研究的方法，即组织心理学家、科学史家、语言学家、逻辑学家、数学家、控制论专家等对儿童认识的发生和发展进行系统研究。皮亚杰说："集体合作的方法已经是我们这个研究中心——日内瓦国际发生认识论中心所遵循的一种方法。"②这两种具体的研究方法无疑是重要的，然而，我们在这里主要关心的是发生认识论方法的内在的理论特征。这一理论特征充分表现在皮亚杰经常使用的"建构主义"(constructivism)的术语中。"建构主义"与"结构主义"(structuralism)有明显的区别。后者强调结构的共时性、静止性和先验性；前者则强调结构的历时性、转换性和源于经验或活动的特性。在《结构主义》一书中，皮亚杰也把发生认识论的方法称为"方法论结构主义"(methodical structuralism)，以便与把结构实在化的"静态的结构主义"(static structuralism)相区别。

按照发生认识论的方法，儿童作为认识主体，具有一个"认知结构"

① ［瑞士］皮亚杰：《发生认识论原理》，王宪钿等译，商务印书馆 1981 年版，第 17 页。

② 同上书，第 18 页。

(cognitive structure)。认知结构包括"图式"(schema)、"同化"(assimilation)、"顺应"(accomodation)、"平衡"(equilibration)这四个概念,其中最重要的是图式概念。图式是指可变的动作的结构,是婴儿全部认识活动的基础。婴儿最初的图式是一些分散的、本能的动作。这些动作是通过遗传而获得的,故可称为原始图式,如吸吮反射、抓握反射等。以后,在接触客体并协调自己的动作的过程中,儿童的认知图式不断地复杂化、抽象化。同化是指主体把客体纳入到自己的图式中,从而引起图式的量的变化。顺应是指主体的图式由于不能同化客体,因而引起图式的质的变化去适应客体。正如皮亚杰说的:"刺激输入的过滤或变化,称为同化;内部图式的变化,以适应现实,称为顺应。"①平衡则是同化和顺应这两种机能的协调,是一种不断发展着的动态平衡。儿童每遇到新事物,总是力图用原有的图式去同化它,如果获得成功,原有的图式便得到巩固和加强,使之达到平衡;如果失败,便作出顺应,调整或创立新的图式去适应现实,直至达到认识上的新的平衡。

儿童智慧的发生和发展正体现在认知结构的不断变化和发展中,而认知结构并不是孤立的系统,它的变化和发展取决于两方面的条件。一是生物学方面的条件。这里有两个基本的因素:(1)"成熟"。人作为有机体在其生长发育的整个过程中,他的神经系统和内分泌系统是逐步成熟起来的,这一成熟过程从根本上制约着儿童认知结构的变化和认识的发展。(2)"自我调节",这是从控制论中引进来的一个术语,它的含义是:"主体以一系列的主动补偿作用来反应外部的干扰,而且主体以一种既是逆向动作的(回路系统或反馈)又是预见性的适应,来构成一个永久性的补偿系统。"②自我调节是生命组织的最基本特征,它存在于有机体功能作用的各个水平上,从染色体组起,直到行为领域本身为止。正是这种自我调节作用,主动地、不断地协调着有机体和环境之间的关

---

① [瑞士]皮亚杰、英海尔德:《儿童心理学》,吴福元译,商务印书馆1981年版,第7页。

② 同上书,第118页。

系，从而为认知结构中同化、顺应、平衡诸机能提供了生物学前提，也使认识的发生和建构成为可能。发生认识论的方法特别强调"生物发生"（biogenesis）是"心理发生"（psychogenesis）的前提，"因为心理发生只有在它的机体根源被揭露以后才能为人所理解"①。

二是认知活动方面的条件。这里也有两个基本的因素：（1）"动作"（action），指实物性的活动，如婴儿推动一个玩具；（2）"运算（operation）"，指逻辑思维活动。运算有三个特征——整体性、守恒性和可逆性。运算或抽象的思维活动并不是凭空产生的，而是"动作图式"（action schemata）逐步内化的结果。由此足见，动作在认识发生过程中起着特别重要的作用。皮亚杰曾经说过："在我的学说中，主体的活动是智慧发展的中心。"②许多学者在评价发生认识论时也敏锐地看到了这一点，如 B. J. 沃兹沃斯指出："儿童从作用于环境的动作中建构知识或许是皮亚杰理论中最重要、最富于革命性的内容。"③

正是在上述两方面的条件的作用下，儿童的认知结构不断地向前发展，从而使其认识的发生和建构成为可能。

皮亚杰在大量实验的基础上，把儿童认识的建构过程分为四个阶段：

（1）感知—运动阶段（从出生到两岁左右）。在这个儿童智慧的萌芽阶段中，知觉起着重要的作用，但正如我们前面已经指出的，动作起着更为重要的作用。儿童这时的认识图式是"以儿童自己的动作为中心的

---

① ［瑞士］皮亚杰：《发生认识论原理》，王宪钿等译，商务印书馆 1981 年版，第58 页。

② ［美］J. H. 加拉各尔、D. K. 里德：《学习皮亚杰和英海尔德的理论》，1981 年英文版，第 222 页（J. Gallagher and D. K. Reid, *The Learning Theory of Piaget and Inhelder*, Monterey: Brooks/Cole Pub. Co., 1981, p. 222——编者注）。

③ ［美］B. J. 沃兹沃斯：《皮亚杰的认识发展理论》，1979 年英文本，第 135 页（B. J. Wadsworth, *Piaget's Theory of Cognitive Development*, New York: Longman Inc., 1979, p. 135——编者注）。

认识图式"①。随着这些动作的丰富化和复杂化，随着知觉机能的发展，婴儿的"自我中心主义"(egocentrism)遭到了破坏，开始把自己看作空间诸多客体中间的一个，皮亚杰称此为"哥白尼式的革命"。在这场"革命"中，作为认识建构的最初中介物的动作起着双重的作用：一方面，婴儿通过归类、排列等动作，把各个分散的图式逐步协调起来，为在以后的发展阶段上把动作逐步内化为逻辑数学结构奠定了基础；另一方面，婴儿通过使客体发生位移等动作，使客体之间逐步协调起来，为以后时空观念、因果观念的产生提供了条件。

(2)前运算阶段(两岁左右到六七岁)。在这个过渡性阶段中，语言、象征性游戏、意象等信号功能(皮亚杰也称之为"前概念""前关系")出现了，"信号性功能同感知—运动的动作和知觉大不相同，两者相比：信号性功能使思维成为可能，因为它给思维提供了无限广阔的应用领域；而知觉—运动的动作和知觉活动则局限于极狭窄的范围"②。但这时儿童的思维还不具有可逆性和守恒性，还停留在表象思维的水平上，其活动的方式也主要表现为模仿。

(3)具体运算阶段(六七岁到十一二岁)。在这个动作经由表象进一步内化为运算的重要阶段中，抽象的逻辑思维开始出现并起作用了。一系列概念，如守恒、可逆、分类、序列、数量、时空、因果观等逐步形成，但儿童的思维还没有形式化，它只能结合具体事物一步步地进行。

(4)形式运算阶段(十一二岁到十五六岁)。在这个阶段中，儿童的思维已经从内容中解放出来，已经无须按事实一步步进行，而是可以处理各种可能性和假设，进行抽象的、创新型的逻辑思维。儿童可以按照"→"(蕴涵)、"∨"(析取)、"∧"(合取)、"→"(否定)等运算符号，对命题之间的可能的关系作出各种各样的变换。这种命题运算系统的产生表明儿童的思维开始接近并达到成年人的水平。

_____

① ［瑞士］皮亚杰、英海尔德：《儿童心理学》，吴福元译，商务印书馆 1981 年版，第 18 页。

② 同上书，第 69 页。

通过对儿童认识发生和发展过程的考察，皮亚杰指出，正是从主客体关系的最初中介物——动作开始，主体沿着外化协调和内化协调这两条途径进行认识的双重性建构，从而形成了两种不同的经验："经验具有两种不同的形式：物理经验和逻辑—数学经验。"①两种经验，尤其是逻辑—数学经验的提出有重大理论意义。在莱布尼茨、休谟等哲学家那里，逻辑、数学的知识都是非经验性的、先天的知识，皮亚杰把数学、逻辑的知识看作是一种经验，这不能不是对传统见解的根本性挑战，不能不是对围绕数学和逻辑产生的许多先验主义的、神秘主义的见解的一种澄清。皮亚杰还强调了这两种经验之间的一致性正是"思想和宇宙这一貌似荒谬的符合一致的基础"②。这样一来，传统哲学认识论所争论不休的认识起源和本质问题便得到了合理的说明。如果传统认识论有知的话，它一定会对发生认识论说：

> 你在你的天空中还有许多彩虹，
> 但是我的已经消逝了。③

发生认识论所倡导的"发生的方法"（the genetic method）具有重大的理论意义。

首先，它为哲学研究开辟了一块全新的领地——儿童生活和思维的领地。诚然，成人思维和儿童思维有着重大的差别，但它们并不是没有关联的。皮亚杰说："在每一个儿童中总有成人的因素，而每一个成人中也总有儿童的因素。"④儿童进入哲学研究范围的重要性，不仅弗洛伊

---

① ［瑞士］皮亚杰：《教学科学与儿童心理学》，傅统先译，文化教育出版社 1981 年版，第 40 页。

② ［瑞士］皮亚杰：《发生认识论原理》，王宪钿等译，商务印书馆 1981 年版，第 56 页。

③ ［英］拜伦：《唐璜》，朱维基译，上海译文出版社 1983 年版，第 357 页。

④ ［瑞士］皮亚杰：《儿童的道德判断》，傅统先、陆有铨译，山东教育出版社 1984 年版，第 95 页。

德和皮亚杰看到了，而且雅斯贝尔斯也看到了。雅斯贝尔斯特别注意儿童提出的种种天真而又富于哲理的问题，并指出："如果有人搜集这类故事，很可能编成一部儿童哲学的巨著。"①哲学研究再也不能满足于成人思维和生活研究的狭隘范围了，它应该有勇气对儿童说：

　　　你是我的偶像。②

　　其次，它大大推进了认识论的研究。比如，在传统认识论中，主体和客体的两分似乎是古已有之的。发生认识论则告诉我们，婴儿刚出生时，主体、客体完全是混沌一片的，或者换一种说法，根本就没有什么主体、客体可言。只是在一系列动作的媒介下，主体、客体才渐渐分离开来。这种发生的方法大大拓宽了主客体关系问题研究的视野。又如，传统认识论只关注物理经验，人们在数学、逻辑方面的认识则被推入神秘的迷雾中。皮亚杰的两种经验理论大大拓展了经验的范围。20世纪初以来，特别是50年代以来，随着一系列新兴学科的崛起和数学、逻辑、电子计算机技术的发展，人们的认识变得越来越抽象化、符号化、数学化和形式化，从而逻辑—数学经验在整个认识论研究中占有越来越重要的地位。因此，只有同时开展对两种经验及其相互关系的研究，才能跟上时代前进的步伐，全面地、深刻地总结认识发生、发展的规律。

　　最后，发生学的方法开辟了许多新的研究方向。正如皮亚杰说的："发生过程问题远不只是一个心理学上的问题。"③我们不仅可以用发生学的方法来研究生物学、认识论和心理学，也可用来研究道德、宗教、语言学、逻辑学、美学、哲学④等，从而在这些领域中实现真正的

---

　　① ［德］雅斯贝尔斯：《智慧之路》，志文出版社1981年版，第4页。

　　② 席勒《阴谋和爱情》中露伊丝的台词。参见［德］席勒：《阴谋和爱情》，廖辅叔译，人民文学出版社1955年版。——编者注。

　　③ ［瑞士］皮亚杰：《结构主义》，倪连生、王琳译，商务印书馆1984年版，第101页。

　　④ 参见拙作《论哲学发生学》，载《复旦学报》1986年第1期。

变革。

　　不用说，发生认识论也有自己的弱点。它主要显示了一种科学主义的精神，它显然也关心认识发生中的社会因素的作用，但真正的社会现实(包括西方世界存在的种种异化现象)仍然在皮亚杰的视野之外。当然，对此我们是不能苛求的。皮亚杰尽管没有看到别人已经看到的老问题，但他毕竟想到了别人还没有想到的新问题。这已经足够使他进入不朽者的行列中去了。

历史哲学

历史领域中的哥白尼革命
——斯宾格勒的形态学研究方法

> 任何时代的大问题都是流动于一切概念之外的。
>
> ——[德]斯宾格勒

历史常常有惊人的相似之处。如果说，康德把自己在认识论研究中所实行的变革喻之为"哥白尼式的革命"的话，那么，斯宾格勒也以同样的比喻来说明自己在历史研究的方法上所策动的变革。

奥斯瓦尔德·斯宾格勒(Oswald Spengler, 1880—1936)是德国著名的历史哲学家和政治哲学家。他拒斥民主和自由，推崇集权统治和权力政治。在一定的意义上，其政治思想为希特勒的崛起铺平了道路。随着希特勒的法西斯政权的陨落，斯宾格勒的政治哲学也式微了。然而，只要我们不因人废言的话，我们仍能发现斯宾格勒历史哲学中的一些有价值的思想，特别是他在《西方的没落》这部巨著(第一卷出版于 1918 年，第二卷出版于 1922 年)中所倡导的形态学的研究方法，引起了史学家们的高度重视。

斯宾格勒的形态学方法是在深入地反思旧有

的史学研究方法的基础上提出来的。历史哲学之父维科（Vico，1668—1744）在《新科学》中提出了一个基本的思想，即人类历史与自然界一样，是受永恒的不变的规律支配的。所有的民族，不论其种族及自然条件如何，都须经过相同的发展阶段。黑格尔的历史哲学继承了维科的传统，进一步从理性与逻辑的角度强调了历史运动的必然性。这里蕴涵着一个方法论上的前提，即引入自然科学，尤其是物理学的方法，来说明历史运动的兴衰起落。

史学研究方法的重大转折始于德国著名学者狄尔泰（Dilthey，1833—1911）。他极力强调自然科学与人文科学的区别，认为前者导致规律的创造，后者则导致价值体系的创造。历史是活生生的东西，是自然科学的因果性所无法说明的。斯宾格勒接受了狄尔泰的思想，他发挥道："事实立即表明，我们还缺少一种具有学理依据的研究历史的艺术。过去的研究方法几乎全是从那唯一完全锻炼认识方法的科学，即物理学那里搬来的，以致实际上我们虽在研究客观的因果关系，我们却自以为是在进行历史研究。"①由于史学研究自觉或不自觉地借贷了物理学的方法，从而造成了如下的结果：（1）欧洲中心论。视欧洲为全部世界史的假定的中心，而把印度文化、中国文化、巴比伦文化、埃及文化等贬为世界史的插曲和附注。斯宾格勒把这种传统的史学理论称为"历史的托勒密体系"②。（2）三阶段论。以欧洲史为基础，把世界史划分为"古代史""中古史"和"近代史"。这种划分方法长期以来主宰着人们的历史思维。（3）史学家们热衷于制定以"科学性"自居的各种概念体系，历史成了这些体系任意裁剪的对象。斯宾格勒强调说："一个历史研究者同真正的科学的关系越是疏远，他的历史学反而就更为出色。"③

斯宾格勒在史学研究方法上倡导的"哥白尼式的革命"，一言以蔽

---

① ［德］斯宾格勒：《西方的没落》，齐世荣等译，商务印书馆1963年版，第19页。

② ［德］斯宾格勒：《西方的没落》第1卷，英文本，第18页（Spengler, *The Decline of the West*, London: Oxford University Press, 1991, p. 18——编者注）。

③ 同上书，第154页。

之，就是要摆脱自然科学的，尤其是物理学的认识方法，把史学研究置于一种全新的方法——形态学方法之下。

什么是形态学的方法呢？要说明这种方法，先得从形态学这一概念出发。形态学一词，英文为 morphology，德文为 Morphologie。从原义上看，它是生物学的一个分支，专门研究动植物及其组成部分的形态与结构。在斯宾格勒那里，形态学是一种理解世界、透视世界的总的哲学观点。他写道："理解世界的一切方式归根结底都可称为形态学。机械的事物和扩展的事物的形态学，称作体系的形态学（systematic morphology），这是一种发现并整理自然定律与因果关系的科学。有机的事物，历史与生活以及一切具有方向与宿命征象的事物的形态学称作体相的形态学（physiognomic morphology）。"①斯宾格勒认为，体系的形态学是针对"作为自然的世界"而言的，体相的形态学则是针对"作为历史的世界"而言的。这两个世界是出现在人类感觉印象中的两种不同的总体图景。前者涉及的是僵化的、机械的、无时间性的事物，即"已成的事物"，起作用的是无机的逻辑，即因果性；后者涉及的是生动的、有机的、时间性（方向性）的事物，即"未成的事物"，起作用的则是有机的（本能的）逻辑。在斯宾格勒那里，体系形态学实际上是一种自然哲学，体相形态学则是他所倡导的一种真正的历史哲学。后者"重新深刻地检视世界的形式、运动及其最终意义，但这一次是按一种截然不同的安排去检视的，不是把它们放在一个无所不包的总图中，而是把它们放在一个生活的图景中，不是把它们看作已成的事物，而是把它们看作未成的事物"②。

史学研究中的形态学的方法，即体相形态学的方法，主要有以下几个特点：

A. 视文化为有机体。

斯宾格勒主张，世界历史的发展主要体现在下列文化——西方文

---

① ［德］斯宾格勒：《西方的没落》第 1 卷，英文本，第 100 页（Spengler, *The Decline of the West*, London：Oxford University Press, 1991, p. 100——编者注）。

② 同上书，第 17 页。

化、古典文化、中国文化、埃及文化、巴比伦文化、阿拉伯文化、印度文化和墨西哥文化的兴衰起落中。每一种文化都犹如一个有机体，在其发展中经历青春、生长、成熟、衰败诸阶段。用比较规范的语言来说，任何一种文化的演变都要经历三个阶段：(1)"前文化"(pre-culture)阶段，其表现形式是原始的、混乱的，充满了神秘的象征主义和朴素的模仿。(2)"文化"(culture)阶段，这是正在成长的创造性的上升的历史阶段。这一阶段又可分为早期与晚期：早期表现为文化的诞生与兴起，表现为早期形式语言的完成和各种可能性的展现及冲突；晚期表现为成熟的艺术和理智化的形式语言的形成，与之相伴的则是精确的创造力的枯竭，庄严形式的消退和风格的丧失。(3)"文明"(civilization)阶段，表现为无内在形式的生存。作为大城市的艺术，其风格之变换层出不穷(旧东西的复兴、新式的发明和各种剽窃)，显示出奢侈、享乐和神经刺激，音乐、建筑与绘画转变为纯粹的工艺艺术。

以西方文化为例，墨洛林王朝和加洛林王朝时期(公元 500—900年)是前文化阶段；哥特时期和巴洛克时期(公元 900—1800 年)是文化阶段；19—20 世纪是文明阶段。斯宾格勒认为，每一种文化都有自己的文明，文明是文化发展的必然归宿，是文化的陨落和衰败。总之，每一种文化都从乡村中产生，然后在大城市的文明中衰亡。大城市是一个石化的环境，在这个环境中，一切都僵硬了，失去了生命力。文化的发展与兴衰是周而复始的，这就是作为有机体的文化的宿命。在这个意义上，斯宾格勒称他的历史哲学为"关于宿命的哲学"①。

B. 研究文化各部分之间的形态关系。

以往的史学家们都习惯于对文化作分门别类的研究，这实际上把历史肢解为一堆支离破碎的东西。由于斯宾格勒把每一种文化都视为有机的东西，因而坚持，历史具有一种总体的生命力。这种生命力贯穿在文

---

① ［德］斯宾格勒：《西方的没落》第 1 卷，英文本，再版序言(Spengler, *The Decline of the West*, London: Oxford University Press, 1991, introduction——编者注)。

化内部的各成分的关系中，也贯穿在不同文化之间的关系中。他强调说："在历史的世界图景中和在自然的世界图景中一样，没有一件事情，不论它是多么微小，其本身是不体现基本趋势的总和的。"①因而在把世界历史本身，即作为一个具有正常结构的有机体的高级人类的故事本身的秘密弄清楚之前，任何单个的历史片断都是不可能彻底弄清楚的。

同样，也必须连贯起来透视每一文化中的各部分、各片断之间的有机联系。比如，在微积分和路易十四时期的政治朝代的原则之间，在古典城邦和欧几里德几何学之间，在西方油画的空间透视和以铁路、电话、远距离武器制胜空间之间，在对位音乐和信用经济之间，都有某种深刻的联系。斯宾格勒不无遗憾地指出："至今为止，我发现没有人仔细考虑过那把一种文化的各个部门的表现形式内在地联系起来的'形态关系'(morphological relationship)。"②运用形态学的方法研究历史，就是要致力于揭示文化之间及文化内部各成分之间的内在联系。

C. 不同文化发展过程中的"同时代的"关系，及由此而引申出来的比较形态学的方法。在《西方的没落》一书中，斯宾格勒列出了三张表。其一为"'同时代的'精神时代"，列举了古典的、阿拉伯的、西方的、印度的四种精神模式，每种模式在发展中都经历春、夏、秋、冬四个阶段。不同的精神模式在相同的发展阶段(如"春"阶段)具有同时代性，从而是可比的。其二为"同时代的'文化时代"，列举了埃及的、古典的、西方的、阿拉伯的四种文化模式，每种文化在发展中都经历前文化、文化和文明三阶段。不同的文化模式在相同的发展阶段(如"文化"阶段)具有同时代性，从而是可比的。其三为"'同时代的'政治时代"，列举了古典的、西方的、埃及的、中国的四种政治模式，每种模式在发展中都经历前文化、文化、文明三阶段。不同的政治模式在相同的发展阶段(如"文明"阶段)具有同时代性，从而是可比的。

---

① [德]斯宾格勒：《西方的没落》，齐世荣等译，商务印书馆 1963 年版，第 77 页。
② 同上书，第 19 页。

正是在这种"同时代的"理论的基础上，斯宾格勒引申出比较形态学的方法。在阐述这种方法时，他特别尖锐地抨击了传统史学研究中的皮相的类比方法。比如，现代的有些史学家任意地把社会主义、资本主义、僧侣主义等标签贴到古代的种种历史现象上。又如，法国大革命时期，雅各宾派的成员大多崇拜布鲁图斯。斯宾格勒认为这种比附是荒诞的，因为布鲁图斯是一个巧取豪夺的百万富翁，而他所刺死的恺撒倒真正是一个民主的人物。

斯宾格勒十分不满这种"类比拥塞着"①的现象，主张："历史形式的秘密并不浮在表面；它不能从服饰和台景的类似去领会。"②比较形态学的方法就是要打破种种皮相的类比方法，在不同模式的精神、文化、政治之间作"同时代的"比较。比如，埃及文化的提尼斯时期（公元前3400—前3000年），古典文化的迈锡尼时期（公元前1600—前1100年），阿拉伯文化的波斯—塞琉西时期（公元前500—零年）、西方文化的墨洛林王朝和加洛林王朝时期（公元500—900年），都处在"前文化的"阶段上，因而作为"同时代的"文化，可作形态学上的比较。

斯宾格勒的历史哲学，尤其是形态学的方法，尽管带有生机论、宿命论的倾向和某种思辨的倾向，但仍然是有价值的，为我们多层次、多途径地研究历史提供了不少启发。

首先，他打破了传统的史学研究中的"欧洲中心论"和历史发展的"三阶段论"，提出了重新从总体上审视历史的新的方法——形态学的方法。这种方法本质上是一种新的哲学、新的世界观。他强调："一切真正的历史著作都是哲学，除非它纯粹是一种蚂蚁的工作。"③史学家如果只满足于考证具体的历史资料，而不对支配着自己思维的传统史学理论作出批判性的反思，他的研究就不过是"一种蚂蚁的工作"。

其次，形态学的方法导致了时间观上的一场大变革。从亚里士多德

---

① ［德］斯宾格勒：《西方的没落》，齐世荣等译，商务印书馆1963年版，第16页。
② 同上书，第64页。
③ 同上书，第68页。

以来，机械的、均匀流逝的时间观已深入人心，特别是从机械钟发明以来，人们再也无法摆脱这样的时间观了。斯宾格勒形态学方法中的"同时代的"理论则在很大程度上摆脱了机械的时间观的束缚。比如，从政治时代上看，西方从1800—2000年的发展不应该和中国从1800—2000年的发展比较，而应该与中国公元前480—前230年的发展比较。因为西方从1800—2000年和中国从公元前480—前230年都处在"文明"的同一个发展阶段上。从这里可以知道，我们目前在东西方文化研究中的比较方法，还完全处在机械的时间观的支配之下，因而许多比较还停留在表面上，未深入到文化的内在形式和结构中去。要改变这种皮相的比较方法，亟需对时间的概念作出新的检视。

最后，形态学方法不满足于"从过去去寻找计算尺"[1]，它是指向未来的，它的使命不是注释历史，而是预断历史的发展，预断未来。斯宾格勒之所以断言西方的文化处在没落和衰退之中，这是因为他把西方文化和其他模式的文化进行了比较。他发现，西方文化从19世纪开始已进入"文明"阶段，从而已处在衰落之中。预断未来，是斯宾格勒历史哲学的又一个基本特征。因而当他随口说出"理解世界就是要跟得上世界"[2]这句名言时，他也说出了他内心的这种强烈的愿望。对历史学家的这种冲动，我们是无权指责的，亚伯拉罕早就说过：

> 我虽然是灰尘，还敢对主说话。[3]

---

① ［德］斯宾格勒：《西方的没落》，齐世荣等译，商务印书馆1963年版，第692页。
② 同上书，第6页。
③ 参见《圣经·旧约》"创世记"，第十八章。

文明：历史研究的基本单位
——汤因比的历史研究方法

> 那么多一度繁荣过的文明都消逝不见
> 了。它们所经过的"死亡之门"是什么呢？就
> 是这个问题指引作者去研究各文明的衰落和
> 解体；从而又指引他附带去研究文明的起源
> 和生长。
>
> ——[英]汤因比

人类生活在时间的深度上。现在的行动的发生不仅预示着未来，而且也根源于过去。一提起过去，我们就会想起历史，一提起历史，我们就会情不自禁地想起当代英国著名的历史学家汤因比（Arnold Joseph Toynbee，1889—1975）。汤因比自称是"文明的验尸人"，然而在剖视诸多文明兴衰起落的过程中，他并没有像斯宾格勒一样，陷入历史循环论和悲观论的泥淖，相反，他对未来抱着一种乐观的态度。他对历史的深刻洞见和他所运用的独特的研究方法，使他在生前就获得了殊荣，被西方史学界誉为"当代最伟大的历史学家"。

汤因比的历史观点，确切些说，他的历史哲学的观点，受到斯宾格勒的重大影响。在 1948

年出版的《经受考验的文明》一书中，他这样写道："我的主要论点之一是，历史研究的可以令人理解的最小范围是一个一个的社会整体，而不是像现代西方的一个一个的民族国家，或希腊罗马世界的各个城邦那样的人为地加以割裂的评断。我的另一个论点是，一切所谓文明类型的社会的历史，在某种意义上都是平行的和具有同时代性的。这两个论点在斯宾格勒的体系中也都居于首要地位。"①然而，在汤因比看来，斯宾格勒的历史哲学理论也有自己的弱点：一方面，他的学说的历史循环论和宿命论的倾向太浓厚了，历史发展的进程完全被公式化了，以致低估了人的自由意志的作用；另一方面，在文明起源这个至关重要的问题上，他的观点是非常模糊的。

如何在文明的起源及文明的生长等问题的研究上获得新的理论突破？汤因比从中国古代哲学的"阴(静)阳(动)"理论和法国著名的生命哲学家柏格森关于创造和模仿的理论中受到了启发，从而形成了自己关于挑战与应战、退隐与复出等一系列新理论，这使他得以超越斯宾格勒的视界，对历史作出更深入、更细致的剖析。

汤因比历史研究方法的第一个出发点是：在传统史学作为研究对象的民族国家内部，历史本身是不能得到说明的。历史研究的最基本单位是文明(亦即社会整体)，文明通常是由许多国家和民族组成的，文化与文明的关系是局部与整体的关系："为了便于了解局部，我们一定要把注意焦点先对准整体，因为只有这个整体才是一种可以自行说明问题的研究范围。"②根据这样的观点，汤因比把迄今为止的人类历史划分为二十六个文明：西方文明、东正教文明(俄罗斯和近东)、伊朗文明、阿拉伯文明、印度文明、远东文明(中国和朝鲜、日本)、希腊文明、叙利亚文明、古代印度文明、古代中国文明、米诺斯文明、苏美尔文明、赫梯文明、巴比伦文明、安第斯文明、墨西哥文明、于加丹文明、玛雅文

---

① 田汝康等编：《现代西方史学流派文选》，上海人民出版社 1982 年版，第 119 页。
② [英]汤因比：《历史研究》节录本，上卷，上海人民出版社 1959 年版，第 7 页。

明、埃及文明，以及五个停滞了发展的文明：波利尼西亚文明、爱斯基摩文明、游牧文明、奥斯曼文明、斯巴达文明。

这些文明在时间上和地域上的差距都非常之大，它们具有可比较性吗？这个问题实际上已触及汤因比历史研究方法的第二个出发点了，即任何文明实际上都是同时代的。一方面，时间的长短是相对的，从已知的文明最初出现之日起到今天，其间还不足六千年。相对于人类诞生的漫长时间来说，这六千年不过是瞬间，因而"所有的这些文明社会都可以说完全是同时代的"①。另一方面，从形态学的观点来看，任何文明都经历了从诞生到衰亡的发展过程。尽管各文明在外观上有着很大的差异，但是新陈代谢的铁的法则总是无例外地落到它们的身上：

尘世的欢乐是多么短暂，时光无情，转瞬就烟消云散！②

这一共同的特点为汤因比的比较研究提供了基础。

也正是从形态学的方法入手，汤因比把作为历史研究的基本单位的文明的进展和演化划分为四个阶段，即文明的起源、文明的生长、文明的衰落和文明的解体。

文明的起源。这个问题一直被传统史学掩藏在种族论和环境论所散布的迷雾之中。种族论认为文明起源于某些具有特殊素质的种族(如北欧种族)中。这种解释显然是苍白无力的。事实上，迄今为止，世界上的各个人种(除黑色人种外)对各个文明的兴起都有不同的贡献。环境论认为文明起源于那些自然环境方便而安逸的地方。历史的考察表明，这种解释也是站不住脚的。事实上，许多文明的诞生地，从环境(包括气候)上看，是艰苦的，甚至严酷的。即使是比较优越的环境，也是人们在与自然界的搏斗中形成的。

---

① ［英］汤因比：《历史研究》节录本，上卷，上海人民出版社 1959 年版，第 53 页。
② ［英］拜伦：《恰尔德·哈洛尔德游记》，杨熙龄译，新文艺出版社 1956 年版，第 16 页。

那么，文明起源的答案在什么地方呢？汤因比认为，神话为我们提供了解决问题的线索。在神话中，我们常常看到两种人格化的力量的冲突：《创世记》中耶和华与蛇的相遇，《约伯记》中上帝和撒旦的冲突，《浮士德》中上帝与靡菲斯特的会合，《瓦拉之预言》中上帝和魔鬼的较量，等等。用神话的语言来说，使一个完美的阴的状态变成新的阳的活动的动力乃是由于魔鬼侵入了上帝的宇宙。汤因比说："借助于神话的光亮，我们已经略微窥到了一些挑战和应战的性质。我们已经了解到创造是一种遭遇的结果，而起源是交互作用的产物。"①

于是，汤因比得出了这样的结论，即第一代文明都起源于对自然环境的挑战所进行的成功的应战中，比如，玛雅文明起源于热带森林的挑战；安第斯文明起源于荒凉的高原的挑战；米诺斯文明起源于海洋的挑战；古代印度文明起源于恒河流域的潮湿的热带森林的挑战；西方文明起源于阿尔卑斯以北的欧洲的森林、雨量和严寒的挑战；等等。汤因比说："在文明的起源中，挑战和应战之间的交互作用，乃是超乎其他因素的一个因素。"②在继起的文明中，不光有自然环境的挑战，而且有人为环境的挑战。

自然环境的挑战共有两类：一类是困难地方的刺激。如中国的黄河流域沼泽密布，水患严重，长江流域则好得多，然而中国古代文明正起源于黄河流域而不是长江流域。另一类是新地方的刺激。"处女地"总是比已经开垦过的地方能提供更大的刺激力。比如东正教文明在其起源地早已衰弱下去了，但在俄罗斯等新地方却取得了巨大的成功。人为环境的挑战有三类：第一类是打击的刺激。指某一文明遭到突如其来的惨败后，积极应战，取得胜利，如希腊对波斯入侵的成功应战。第二类是压力的刺激。指住在边区的人民不断受到邻邦的骚扰，从而获得了成功应战的能力，如俄罗斯人在长期抵抗蒙古人骚扰的情况下，形成了强有力

---

① ［英］汤因比：《历史研究》节录本，上卷，上海人民出版社 1959 年版，第 83—84 页。
② 同上书，第 95 页。

的俄罗斯东正教文明。第三类是遭遇不幸的刺激。其最普遍的表现形态是遭受奴役，比如，黑人对白人的奴役采取了宗教式应战的办法，顽强地生存下来了。

我们能够说，挑战越大，刺激越大。但是我们却不能说，挑战越大，应战的成功率就越高。汤因比认为，过强的挑战和刺激常常会压倒对手，从而使文明停滞不前，反之，不足的挑战和刺激又不会造就有强大生命力的文明。只有在其严重程度上"适度"的挑战，才会受到成功的、持久的应战，从而形成辉煌的文明。

文明的生长。在这里，我们首先遇到的是文明生长的标准问题。在这个问题上，最有影响的是以下两种见解：一是把人类对外部环境的占有，把地理上的扩张作为文明生长的标准；二是把科学技术的发展作为文明生长的标准。汤因比认为，这两种见解都是错误的。在考察历史事实时，我们发现，"差不多每一个文明的历史都提供了在地理扩张的同时出现了实质退化的事例"①。地理扩张通常是军国主义的结果。在无数次的相互残杀中，文明必然退化或毁于一旦。同时，我们还发现，"每一种停滞的文明都在技术上有过高度的发展"②。如斯巴达人的作战本领、游牧民族的驯马本领、爱斯基摩人的捕鱼本领，等等。

上述分析表明，我们必须从新的角度来寻找文明生长的尺度。汤因比说："对于一系列挑战的某一系列胜利的应战，如果在这个过程当中，它的行动从外部的物质环境或人为环境转移到了内部的人格或文明的生长，那么这一系列应战就可以被解释为生长现象。……生长的衡量标准就是走向自决的进度；而走向自决的进度乃是描述'生命'走进它自己王国的那个奇迹的一种散文式的公式。"③所谓"自决"，也就是自我调整，自我适应。这个概念更多地具有精神方面的含义。它标志着挑战和应战的场所已由外部转向内部，从物质环境转向精神和人格的发展。只有自

---

① ［英］汤因比：《历史研究》节录本，上卷，上海人民出版社 1959 年版，第 241 页。
② 同上书，第 244 页。
③ 同上书，第 262 页。

决才是文明生长的真正的标准。

在确定标准之后，汤因比接下去又分析了文明生长过程中的内在机制。他强调，真正推动文明或社会向前发展的是少数创造性的天才。大部分人是麻木的、惰性的，他们常常像群居动物对待违反常态的成员一样对待创造性的天才。所以，这些天才人物在推动文明向前发展时，大多有一个"退隐和复出"的过程。退隐是个人离开行动进入狂想的世界，充分认识自己的力量，磨炼自己的意志；复出是重新返回到现实的行动世界中来，承担起引导众人的使命。如耶稣的受难和复活，佛陀面壁七年后复出，穆罕默德在沙漠中经商十五年后复出。

这些创造的天才复出后，如何引导众人向前呢？有两种办法：一种是理想的办法，通过灵魂与灵魂的直接接触，引发他人的创造性的精神活动。然而，如果想在整个社会的规模上进行引导，那就必须再加另一种方法，即实际的方法。那就是通过社会训练的办法，利用人性中普遍存在的特征——模仿，挟带着这多数人前进，把文明的马车沿着上升的路线推去。

文明的衰落。汤因比认为，在他所考察的二十六个文明中，十六个已经死亡，其余十个中的九个已经衰落，只有西方文明还没有显露出明显的衰落的迹象。他反对用社会有机体理论、历史循环论和所谓"宇宙老化"的理论来解释文明的衰落，强调衰落是文明内部自身引起的。在这个意义上可以说，差不多每种文明都是"自杀身死"的。他说："文明衰落的实质可以总结为三点，少数人的创造能力的衰退，多数人相应地撤销了模仿的行为，以致继之而来的全社会的社会团结的瓦解。"①

文明衰落的基本标志是自决能力的丧失。它主要表现在以下几方面：

A. 模仿的机械性。多数人对少数创造的天才的模仿不过是一种外在的机械的反应，并非出于实行者本人的自愿。因此，模仿行为并不是

---

① ［英］汤因比：《历史研究》节录本，中卷，上海人民出版社 1962 年版，第 4 页。

自觉的，它是通过习惯定型下来的。模仿的机械性常常会感染这些创造的天才，从而使他们失去创造性，退化为少数统治者。

B. 旧瓶装新酒。少数创造者引导众人形成一股新的社会力量后，立即会与旧制度发生冲突。然而，他们通常是在旧制度的阴影下去从事新工作的。这种旧瓶装新酒的局面会引起两种不同的结果：一是发生革命，旧制度崩溃；二是旧制度全面复活，新的社会力量遭到挫折，形成"反常"。如果出现前一种结果，文明的生长就会遇到危机；如果出现后一种结果，文明就明显地处在衰落中了。

C. 创造行为的报应。汤因比说："在任何一个文明社会的历史中，由某一个'少数'对于两个或两个以上的继续出现的挑战进行创造性的应战的乃是一个很不平常的现象。事实上确是如此，某一些人在接受了一次挑战而且取得了显著成绩以后，在遇到又一次挑战时，很可能会出现明显失败的局面。"[1]少数人在第一次应战胜利后，成了多数人崇拜的对象，连同他们创造出来的社会组织、制度及对新技术的运用都成了崇拜的对象。这样，新的挑战降临后，除非他们能反对并超越自己，才有可能成功地进行第二次应战。否则他们就只能像阿尔刻提斯一样叹息道：

> 我这昏暗的眼神真是沉重啊。[2]

D. 军事行为的自杀性。过度地诉诸军事行为，急速地向外扩张，给人以繁荣的印象，实际上正是丧失自决能力的一种表现。正如《圣经》所说："凡动刀剑的，必死于刀剑之下。"亚述的灭亡便是一个典型的例子。

E. 胜利的陶醉。由于应战的胜利而冲昏了头脑，陷入了种种过度的行为中。如紧跟在基督教胜利背后的是争夺教皇权力的斗争和教会内

---

[1] ［英］汤因比：《历史研究》节录本，中卷，上海人民出版社 1962 年版，第 80—81 页。

[2] 《欧里庇得斯悲剧集》（一），罗念生等译，人民文学出版社 1957 年版，第 19 页。

部的腐化堕落。

一旦文明失却了调节自身的能力，它的一只脚就已跨进死亡之门了。

文明的解体。其特征是社会体分裂为三块：少数统治者、内部无产者和外部无产者。与之相伴随的则是灵魂的分裂。

少数的创造者成了统治者后，失去了创造性，从而也失去了对群众的吸引力。他们中的大部分人趋向于军事冒险，力图在统一国家的硬壳中生存下去。也有小部分较高尚的人或者以勤勤恳恳的行政管理工作来维护国家的统一，或者熔铸出富有特征的哲学学说，如西方的学园派、逍遥派、犬儒派和新柏拉图主义，中国古代孔子和老子的学说，等等。

内部无产者有三个来源：在政治和经济的动乱中失去了地位而沦于破产的市民、被征服的人民和奴隶贸易中的牺牲者。他们与社会之间是格格不入的。他们最初的反应是激烈的，这尤其表现在奴隶起义上。后来则渐趋温和，力图把自己的灵魂寄托给宗教。这在西方文明的基督教中得到了最典型的表现。这种内部无产者所信奉的宗教（通常是从其他民族或文明中传播过来的）成了孕育一个新社会的子宫。

外部无产者像内部无产者中的一部分成员一样，是在文明衰落后从少数统治者中退出来的。所不同的是，内部无产者还与少数统治者居住在一起，外部无产者不仅在道义上分离出去，而且在地理上也与少数统治者划出了明确的界限。原来和睦相处的边界现在则成了硝烟弥漫的战场。犹如斯提克斯沼泽中的无数泥泞的幽魂一样：

> 他们在互相殴打，不单用手，
> 而且用头，用胸膛，用脚；
> 用他们的牙齿互相撕成片片。①

---

① ［意］但丁：《神曲：地狱篇》，朱维基译，上海译文出版社1984年版，第54页。

外部无产者常常是啄食文明解体的腐尸的秃鹫。

与社会体的分裂相伴随的是灵魂的分裂。汤因比说:"人类灵魂的分裂是社会表面呈现的任何分裂的基础,而这社会表面就是这些人类演出者分别活动的共同场所。"①灵魂的分裂表现在个人的行为上是自暴自弃和自我克制的对立;表现在社会行为上是逃避责任和殉道的对立;表现在个人的情感上是流离感和罪恶感的对立;表现在社会情感上是杂乱感和划一感的对立;表现在生活方式上是复古主义和未来主义、超然和神化的对立。汤因比认定,复古主义、未来主义和超然这三种生活方式都是死巷,只有一种生活方式能引导我们前进,"这就是我们称之为神化而以基督教为其代表的方式"②。而文明的再生和复兴既不能依靠作为统一国家的缔造者和维护者的"执剑的救主",也不能依靠柏拉图寄予厚望的戴着帝王面具的哲学家,而只能依靠"创造性天才的救主",即杰出的宗教家。汤因比说:"人类的力量越大,就越需要宗教。"③这句话也说出了汤因比历史哲学的最后归宿。

汤因比的历史体系以其博大而著称,这一优点在相当程度上掩饰了他的学说中包含着的致命的弱点。他把文明或社会整体作为历史研究的基本单位,作为一个不可分割的整体来处理,然而,他关于文明发展的四阶段的分析表明,他并未把文明作为一个严整的结构来对待,并未深入分析结构内部各因素之间的功能关系。这就是说,实际上他把文明看作各种文化要素的堆积物来处理。只要高兴,他就取出其中一部分来论述,把其余的弃置一边。这样一来,他动摇了自己学说的理论基础。

当然,我们也不能否定,在汤因比的历史理论中,包含着一些合理的、可供进一步思考的见解。

第一,他要求打破民族国家的狭隘眼界,把文明作为历史研究的基

---

① [英]汤因比:《历史研究》节录本,中卷,上海人民出版社1962年版,第236页。

② 同上书,第365页。

③ [英]汤因比、[日]池田大作:《展望二十一世纪》,荀春生、朱继征译,国际文化出版公司1985年版,第40页。

本单位的设想是有意义的。问题是，必须吸收当代结构主义方法的成果，把历时性分析和共时性分析紧密结合起来。

第二，他关于文明起源于挑战与应战的见解是有新意的。事实上，挑战与应战贯穿于任何文明发展的始终。然而，这里需要进一步深入研究的是，文明在不同发展阶段上的应战机制以及这一机制的更深层的基础。与这样的历史研究相对应的是，我们可以建立起一门关于挑战与应战的心理学，以便对人性进行更深入的探讨。

第三，汤因比关于少数创造性人物很难成功地进行两次应战的见解也是有教益的。在通常的情况下，第二次应战具有战胜以前的自我、超越以前的自我的性质，因而是无比艰难的。因为第一次应战的成功常常把少数创造性人物推到第二次挑战的对立面上去。所以，只有在思想上永远向生活敞开、不断向自己挑战的人，才有可能成功地应付外来的各种挑战。富于创造性的人们应该永远记住艾帕曼特斯的箴言：

人们对于一个没落的太阳是会闭门不纳的。①

---

① 参见莎士比亚戏剧《雅典的泰门》，见《莎士比亚全集》第 8 卷，朱生豪译，人民文学出版社 1978 年版，第 135 页。

人类学

"集体表象"涵盖一切
——列维-布留尔的原始思维研究方法

> 原始人用与我们相同的眼睛来看,但是
> 用与我们不同的意识来感知。
>
> ——[法]列维-布留尔

　　人类思想史演进的时候,并不是沿着直线的方式向前发展的,而是常常像钟摆一样摆动着。一种极端的观点必然会在继起的另一种极端的观点的抗衡下获得缓解。在踏进人类学研究的领域时,我们常常会产生这样的感受。英国人类学家泰勒(E. B. Tylor)和弗雷泽(J. G. Frazer),由于受到实证主义和进化论思想方法的影响,在研究原始人的思维时,完全以现代文明人的理智的方式去理解原始人,从而忽视了文明思维与原始思维的本质差异。泰勒甚至认为,原始人的思维是合乎理性的,以致他干脆称原始人为"原始哲学家"或"古代野蛮哲学家"①。法国人类学家和哲学家路先·列维-布留尔(Lévy-Brühl, Lucién,

---

①　[德]E. 卡西尔:《国家的神话》,耶鲁大学出版社 1946 年英文本,第 11 页(E. Cassirer, *The Myth of State*, New Haven: Yale University Press, 1946, p. 11——编者注)。

1857—1939)在其划时代的著作《原始思维》①中猛烈地抨击了这种观点，他强调说："要探溯原始思维的趋向并弄清它的原则，我们就必须强制我们的智力习惯并适应原始人的思维习惯。对我们来说，这种强制差不多是办不到的，但不这样，我们就不能理解原始思维。"②这段话十分清楚地表明了列维-布留尔研究原始思维的方法论原则。

正如列维-布留尔所承认的，他的研究方法受到同时代的心理学家瑞伯(Th. Ribot)和亨利·迈尔(H. Maier)的重大启发。瑞伯的《情感的逻辑》和亨利·迈尔的《情感思维心理学》都力图突破传统心理学在形式逻辑的束缚下造成的狭窄的研究范围。他们的研究都涉及逻辑这个基本的、重大的课题。这就极大地启发了列维-布留尔，使他认识到，研究原始思维的关键在于揭示出原始人在思维中所遵循的独特的逻辑规律，所以他说："谜底隐藏在原始思维的神秘的和原逻辑的性质中。"③正是从原逻辑问题入手，列维-布留尔揭示了原始思维的独特风貌及它与社会制度、风俗习惯的内在联系，并宣告了文明思维与原始思维的异质性，从而把人类学的研究提高到一个崭新的水平上。

在列维-布留尔那里，"原逻辑的"(prélogique)思维究竟是什么意思呢？他回答说："它不是反逻辑的，也不是非逻辑的。我说它是原逻辑的，只是想说它不像我们的思维那样必须避免矛盾。它首先是和主要是服从'互渗律'。"④必须注意的是，列维-布留尔并没有把原始思维看作是清一色的原逻辑思维。他强调，在原始人那里，逻辑思维与原逻辑思维是混杂在一起的，而在这种混杂中，原逻辑思维是占压倒优势的。在这个意义上，也可以把原始思维称为原逻辑思维。

列维-布留尔认为，原逻辑思维是遵循互渗律的。那么，他说的"互

---

① 《原始思维》是 1930 年出版的俄译文的书名，俄译本是在列维-布留尔的《低级社会中的智力机能》、《原始人的心灵》、《原始人的灵魂》等著作的基础上编译而成的。

② ［法］列维-布留尔：《原始思维》，丁由译，商务印书馆 1985 年版，第 423 页。

③ 同上书，第 425 页。

④ 同上书，第 71 页。

渗"（participation）又是什么意思呢？互渗的实质在于任何两重性都被抹煞，在于主体违背着矛盾律，既是他自己，同时又是与他互渗的那个存在物。比如，太平洋斐济群岛上的土著居民，常把自己和自己的影子互渗并等同起来，如果谁踩了他们的影子，他们就认为这是极大的侮辱。又如，巴西北部的特鲁玛伊人，把自己与水生动物互渗并等同起来，与之邻近的波罗罗人把自己与长尾鹦鹉互渗并等同起来。原始人还普遍地把梦境与现实、肖像与人物等同起来。互渗是通过接触、转移、传染、占据、亵渎、远距离作用等多种多样的方式来进行的。它完全不害怕文明人在思维中竭力加以排斥和消除的矛盾与荒谬。在原始人看来，两个截然不同的事物的等同，或同一个事物在同一时间中可以出现在两个不同的地方，这一切都是顺理成章的。

就其可能性而言，互渗是无限多样的。但在特定的原始部落中，互渗的双方又都是相对确定的，或者说，互渗并不是任意的，而是有明确的方向的。似乎在原始人的心中藏着一本特殊的密码本，它规定着互渗的方向和范围。这个密码本是什么呢？列维-布留尔告诉我们，是"集体表象"（représentations collective）。他说："要圆满解释这些互渗，必须深入了解社会集体的信仰和集体表象以穷其细微末节。"①

现在，我们开始真正触及列维-布留尔学说的核心了。问题是，集体表象的确切含义到底是什么呢？所谓集体表象，也就是由一定的宗教信仰、语言、风俗、习惯和情感组成的混合物。个人主要是通过以下途径接受集体表象的。(1)通过世代相传的神话和童话的媒介；(2)通过对风俗、风尚的了解、遵行和体验；(3)通过"成年礼"的形式。成年礼是许多部落对达到性成熟的男性少年举行的一系列仪式。在行成年礼的过程中，除严格遵守一系列禁忌外，常常还要经过各种宗教仪式的严酷考验，如鞭笞、割扎、火考验、敲掉牙齿等。在这一过程中，个体深深地体会到集体表象所包含的巨大的、神秘的情感力量。集体表象深深地植

---

① ［法］列维-布留尔：《原始思维》，丁由译，商务印书馆 1985 年版，第 123 页。

根于传统之中，我们很难追溯到它的起源。对于原始人说来，它是一种古已有之的、不允许违背的力量。

集体表象是一种彻头彻尾的社会化的意识和情感的混合物，它以强制的方式支配着原始人的思维和行动。"作为集体的东西，这些表象是硬把自己强加在个人身上，亦即它们对个人来说不是推理的产物，而是信仰的产物。"①原始人总是按照集体表象行事，即使他的生活经验和集体表象发生冲突时，他也总是俯就集体表象，从不对它提出疑问。

从上可知，原始人的思维本质上是一种原逻辑的思维，是在集体表象的支配下，按照互渗律的方式来进行的。下面，我们再沿着列维-布留尔的思路，进一步来考察原逻辑思维的种种特征。

原逻辑思维的第一个特征是直观性或具体性。任何思维都是通过一定的语言和概念来进行的，然而，"在原始人那里，思维、语言差不多只具有具体的性质"②。原始人的语言是一个极为丰富的宝藏，但充斥于语言中的并不是文明人所使用的概念，而是一种特殊的"心象—概念"。列维-布留尔说："所有社会集体的思维愈接近原逻辑的形式，心象—概念在它里面的统治地位就愈强。"③原始人使用的眼、耳、手、足等心象—概念，不具有任何抽象的、一般的含义，它们永远是与某个特定的人的眼、耳、手、足等一起叙述出来的。这尤其表现在原始人的计数方面，他们总是把数和具体的对象联系在一起的。原始思维的具体性和直观性还表现在手势语言的盛行中。

原始思维的第二个特征是综合性。文明思维在作出综合之前总是先作出分析，先了解、整理、分类、条理化各种事实、材料，而"原逻辑思维本质上是综合的思维"④。它拒斥任何分析，因为集体表象乃是每个原始人头脑中综合的思维模式。在集体表象中，包含着原始人对周围

---

① ［法］列维-布留尔：《原始思维》，丁由译，商务印书馆 1985 年版，第 17—18 页。
② 同上书，第 414 页。
③ 同上书，第 163 页。
④ 同上书，第 101 页。

世界的总的看法。用现代语言来说，这是一个给定的、不可违背的世界观。它如此根深蒂固地左右着原始人的思维活动，我们不禁想起罗森格兰兹的一句名言：

国王的一声叹息，总是随着全国的呻吟。①

原始思维的第三个特征是稳定性。由于集体表象的强有力的支配作用，原始人的新鲜经验无法作为素材进入其思考过程之中，因而其思维总是稳定的、停滞的，差不多在细节上也是不变的，犹如一潭死水一样。

原始思维的第四个特征是神秘性。由于互渗律的作用，文明思维的因果律从来不会在原始人中发挥作用。原始人常把在文明人看来风马牛不相及的两件事作为因和果拉扯在一起。例如在刚果，土人有一次把旱灾归咎于传教士的帽子和长袍；在新几内亚，流行病的根源被认为是隐藏在传教士餐厅里挂着的维多利亚女皇的肖像中。原始人是通过集体表象的思维外壳去看自然界的，因而他们在自然界中看到的，不是事物的真实形态和关系，而是神秘的互渗。原始思维的神秘感特别表现在对数的崇拜上。比如，印第安人一直认为 10 是一个神圣的数；在爪哇，5 是一个神圣的数；在中国、印度等地，7 是一个神圣的数；等等。所以，列维-布留尔说："原始人的思维本质上是神秘的。"②

在分析原始思维的特征的基础上，列维-布留尔还进一步阐明了这种思维方式与原始人的种种制度和习俗，如狩猎与捕鱼中的禁忌和赎罪仪式、图腾制度、战争仪式、对疾病的诊断和治疗方式、感应巫术和游戏方式、成年礼和葬礼、遗产继承制度等的内在联系，从而把原始人的生活画面真实地再现在现代人之前。

---

① 参见莎士比亚戏剧《哈姆雷特》，见《莎士比亚全集》第 9 卷，人民文学出版社 1978 年版，第 83 页。

② [法]列维-布留尔：《原始思维》，丁由译，商务印书馆 1985 年版，第 412 页。

读者也许会问，既然原始思维与文明思维是判然有别的，那么，后者又是如何从前者中产生出来的呢？列维-布留尔并没有忽略这个问题。他说："在人类中间，并不存在为铜墙铁壁所隔开的两种思维形式——一种是原逻辑思维，另一种是逻辑思维。"①逻辑思维是随着原逻辑思维的基本标志——集体表象和互渗律的逐步瓦解而产生并发展起来的。在这一过程中，列维-布留尔特别强调了下列因素的作用：

（1）个体意识的崛起。随着社会经济的发展，不少原始部落开始选定具体的人，如首领、巫医等充当神秘力量的"容器"和互渗的媒介物，这样一来，神圣的人和物与世俗的人和物之间便产生了裂痕和分离。大多数世俗的人对神秘的互渗逐渐失去了兴趣，个体意识逐渐觉醒，并开始抗拒作为信仰强加于他们身上的集体表象。

（2）知觉经验和矛盾律的楔入。在集体表象瓦解的同时，智力的认识因素，特别是知觉经验在表象中占有越来越重要的地位。在神秘的互渗和预定的关联变得最弱的地方，不附加任何神秘因素的客观关系开始袒露在人们的眼前。列维-布留尔写道："当原始民族的思维成长到比较能让经验进得去，这时，这种思维也变得对矛盾律比较敏感了。"②于是，原始思维中原逻辑的部分逐渐减弱，而其中逻辑的部分则迅速地发展起来。

（3）概念的"沉淀"。知觉经验和矛盾律的楔入伴随着概念的变化。心象—概念逐步让位于抽象概念。概念的含义越是明确，越是固定下来，它们的分类也越是清楚，矛盾律的有效性也越来越大；反之亦然。然而，列维-布留尔坚持，概念的进化和"沉淀"是一个长期的过程，抽象概念并不能完全摆脱原逻辑的神秘因素："概念仿佛是它的先行者——集体表象的'沉淀'，它差不多经常带着或多或少的神秘因素的残余。"③

---

① ［法］列维-布留尔：《原始思维》，丁由译，商务印书馆 1985 年版，第 3 页。
② 同上书，第 442 页。
③ 同上书，第 446 页。

（4）想象力的飞跃。列维-布留尔把休谟的名句"任何东西可以产生任何东西"作为原始思维的座右铭。确实，对原逻辑思维来说，没有一个古怪的念头、一种远距离的作用是不可想象的。这种想象力具有两面性：既创造出许多荒谬的、虚假的观念，也为原始人逐步摆脱这些观念创造了条件。既然人们的想象力能创造并改变神话，也就可能有朝一日用文明的科学思维来取代神话。当然，想象力是和上述因素一起发生作用的。

列维-布留尔的原始思维研究方法及其成果可以启发我们思考如下的问题：

第一，列维-布留尔提出了方法论与逻辑的关系问题。长期以来，亚里士多德的形式逻辑支配着人们的思维活动，以至于形式逻辑的界限也成了人们思维的界限。这就使许多无法化归为形式逻辑的课题逸出了我们的视域之外。只要回顾一下哲学史，就会发现，每一种划时代的哲学都是伴随着新的逻辑一起出现的，如康德与先验逻辑、黑格尔与辩证逻辑、维特根斯坦与符号逻辑等。实践表明，人们的思维活动要扩大自己的视域，就要敢于与某种既定的逻辑搏斗。

第二，哲学史的探讨光局限在有文字记载的历史中是不够的，一定要深入到原始思维之中。比如，古希腊哲学的直观性和综合性，毕达哥拉斯对数的崇拜，德谟克利特对必然性的崇拜及对偶然性的排除，柏拉图关于两大世界的划分等，都可以在原始思维中找到其雏形。要真正地把握文明史，必须先理解史前史。我们通常称之为历史主义的探讨方法应当获得更宽阔的视界。

第三，在文明思维的发展中，尽管科学的、理性的、逻辑的思维是占主导地位的，但是神秘的原逻辑思维总是或隐或现地伴随着科学的思维，这在欧洲中世纪和当代西方的某些神秘主义思潮中表现得尤为明显。这似乎暗示我们，原始人的原逻辑思维仍然是文明人完全无法挣脱的一具精神枷锁。文明人不仅从物质上承继了原始人的创造和发明，而且在心灵上也承袭了原始人的传统。正如列维-布留尔所说："实际上，我们的智力活动既是理性的，又是非理性的。在它里面，原逻辑和神秘的因素与逻辑的因素共存。"①

　　第四，原始思维与文明思维的对立能否简单地归结为社会化思维与个体化思维的对立？列维-布留尔倾向于对这个问题作肯定的回答，而笔者则持不同的看法。其实，沿着集体表象这一现象探讨下去，文明人的思维也远不是纯粹个人的，它同样是一种社会化的思维。在文明社会中，人们常常使用的是另一个概念，即"意识形态"（idelogie）。在结构主义的马克思主义者阿尔都塞那里，意识形态被看作人一生下来就落入其中的"襁褓"。在这个意义上，文明人和原始人一样，也成了"套中人"别里科夫。

　　当然，文明社会的意识形态和原始社会的集体表象是有重大差别的，但它们有无共同的地方呢？这个问题可供读者进一步思考。

---

　　① ［法］列维-布留尔：《原始思维》，丁由译，商务印书馆 1985 年版，第 451 页。

功能：人类学研究的特殊透镜

——马林诺夫斯基的功能主义方法

> 文化原是自成一格的一种现象。文化历
> 程以及文化要素间的关系，是遵守着功能关
> 系的定律的。
>
> ——[英]马林诺夫斯基

任何一种学说要在思想史上获得不朽的地位，至少要满足以下两个条件：第一，这种学说能够自圆其说；第二，这种学说以新的方式解释或解决了前人留下来的重大问题。在读英国"功能学派"（Functional School）创始人马林诺夫斯基（Bronislaw Malinowski，1884—1942）的人类学著作时，我们深切地体会到上述真理。

马林诺夫斯基的功能主义方法是在批判前人和同时代人所提出的各种人类学学说的基础上产生出来的。在这些学说中，最有影响的是：(1)以摩尔根（L. H. Morgan）为代表的进化学派。这派方法论的要旨是从残留下来的遗俗中重新构想出以前的社会发展阶段。马林诺夫斯基认为，这样的重新构想带有明显的猜测成分。重要的是通过经验观察来确定，这种遗俗在目前和过去的社会阶段中的真正功能是什么，并证明它的功能

何以会退化。(2)以施密斯(E. Smith)为代表的历史学派。这派的目的是追寻和描述出文化发展和传播的历史，其方法论的弱点是把文化肢解为要素，并过分偏重文化在形式上的异同，而忽视了对文化的功能性考察。马林诺夫斯基则强调文化的整体性，并指出，文化在形式上的异同及传播中的变异，只有通过对其功能的研究才能得到解释。(3)以弗洛伊德为首的心理分析学派。这派方法论的弱点是夸大了原始人的自然属性，忽视了原始文化的巨大社会功能[1]，从而其研究结论多失之武断。另外，以泰勒(E. Tylor)为代表的唯智主义学派在方法上掺入了较多的现代人的意识，从而把原始人过于理性化了。反之，列维-布留尔的工作假设——原逻辑思维则把原始人过于神秘化了。这两派在方法论上的失误是，未正确界定科学与巫术、宗教各自的功能范围。

结合上述批判性的思考，马林诺夫斯基在对澳大利亚的梅兰内西亚(Melanesia)原始社会进行长期实地考察的基础上，形成了他的著名的功能主义研究方法。他说："近来，在人类学中发生了一个新的学派，他们注重于制度、风俗、工具及思想的功能。这派学者深信文化历程是有一定法则的，这法则是在文化要素的功能中。这派学者认为把文化分成原子及个别研究是没有希望的，因为文化的意义就在要素间的关系中，他们也不同意于文化丛体是偶然集合的说法。"[2]这段话很简练地阐明了他所开创的功能主义分析方法的要旨：(1)新的人类学研究应当把功能问题作为剖视一切文化现象的特殊的透镜；(2)文化是一个整体，任何文化要素的功能都不是孤立的，它体现于文化要素之间的关系中。

现在我们要问，在马林诺夫斯基那里，"功能"概念的确切含义究竟是什么呢？他说："我们所谓功能就是一物质器具在一社会制度中所有

---

① 参见《两性社会学》一书中马林诺夫斯基对心理分析学说之批评。
② ［英］马林诺夫斯基：《文化论》，费孝通译，中国民间文艺出版社 1987 年版，第 14 页。

的作用，及一风俗和物质设备所有的关系。"①举例说来，一根五六尺长的稍稍修剪的木杖，这在世界各地的原始社会中，是最为简单、最为理想的文化要素。这根木杖可以有各种各样的功能，如用来掘土垦地、撑船、助行或当作简单的武器等。在特定的场合，它所具有的特定功能必须联系特定的文化布局来加以分析。扩言之，不论是一根木杖、一把锄头、一支猎枪、一块盾牌、一个祭器或其他任何器物，只有充分理解它们在经济上、技术上、社会上及仪式上的功能或用处，才能对它的出现、传播及传播过程中形式上的变化作出合理的说明。如果只注意器物、仪式或风俗的形式和外观，不联系整个文化布局深入地分析其实际功能，任何人类学的研究都只能被导向混沌和黑暗之中。

在明白功能概念的含义以后，我们还要进一步追问，各种文化要素所具有的功能是怎么产生并发展起来的呢？马林诺夫斯基说："功能始终是产生于对于文化迫力的反应。"②文化迫力大致上可以分为三种：一是人类生理上的基本需要（如饮食、生殖、安全等）所产生的迫力；二是人类对经济、法律和教育制度的需要所产生的迫力；三是人类出于更高的精神需求，如知识、巫术、宗教、艺术和闲暇时的游戏或游艺产生的迫力。人类在各种需要的刺激和推动下，不断地创造出新的文化要素并不断地扩大着文化要素的功能价值。文化要素在功能上的不断变化充分表明了文化本身的活力。文化是一个活生生的、不断发展着的有机体。

在分析了功能概念的含义及文化要素的功能特征的缘起之后，马林诺夫斯基进一步阐明了功能分析方法的两个基本的要求。

第一个基本要求是："以功能方法来分析，我们一定要把一切文化事实放入它们所处的布局。"③要明白"布局"或"文化布局"到底是什么意思，就得先弄清马林诺夫斯基对"文化"概念的理解。他说："文化是包

---

① ［英］马林诺夫斯基：《文化论》，费孝通译，中国民间文艺出版社 1987 年版，第42 页。

② 同上书，第 96 页。

③ 同上书，第 59 页。

括一套工具及一套风俗——人体的或心灵的习惯，它们都是直接地或间接地满足人类的需要的。"①文化大致上可以分为物质文化（如器物、房屋、船只、工具、武器等）和精神文化（如道德上、精神上及经济上的价值体系、社会组织、语言等）。马林诺夫斯基特别强调物质文化和精神文化之间的内在联系。物质文化是塑模下一代人的生活习惯的不可或缺的工具，而精神文化则赋予物质文化以生命力，但在一定程度上又受到物质文化的制约。这种内在联系表明了文化本身是一个有机的整体："文化不能勉强地分割为许多似是而非的要素，如文化特质、文化型式、文化丛体等。文化的真正单位是'制度'。"②因而，把一定的文化事实或文化要素放到其所处的文化布局中，也就是放入到其所处的"社会制度"中，功能在制度中才得到充分的显现。

第二个基本要求是：对文化功能和社会制度乃至对整个原始文化的研究不能停留在第二手资料上，而必须深入到原始人的部落中去进行实地考察。人类学家的知识不应满足于传教士的庭院、旅行家的笔记和政府机关的档案，"他应该走到林子里去，应该看土人在园子、海滨、丛林等处做工，应该跟他们一起去航海，到远的沙洲，到生的部落，而且观察他们在打鱼，在交易，在行海外贸易仪式"③。马林诺夫斯基称这种实地考察的人类学为"露天的人类学"。事实上，只有充分了解原始人的实际生活，才能对每一文化要素的功能作出科学的分析。

下面，我们不妨看看，马林诺夫斯基是如何用功能主义方法来分析原始人生活中的各种文化事实的。

他先分析了科学知识在原始文化中的功能。他说："科学的功能是

---

① ［英］马林诺夫斯基：《文化论》，费孝通译，中国民间文艺出版社 1987 年版，第 14 页。

② 同上书，第 92 页。

③ ［英］马林诺夫斯基：《巫术、科学、宗教与神话》，李安宅译，中国民间文艺出版社 1986 年版，第 128 页。

在给初民以技术活动的理论及实际指导。"①许多人类学家，特别是列维-布留尔，把原始人的生活看作是全然神秘的生活。马林诺夫斯基坚决反对这种见解，他认为，原始人的生活分为两个世界：一个是神圣的世界，即巫术、宗教、神话的世界；另一个是世俗的世界，即重视科学知识和各种技术或手艺的世界。许多事实表明，原始人并不是一些神志不清的人，他们生活在一种认真的科学态度中。比如，在农业上，原始人不但善于辨别土壤的种类，而且善于选种选地，及时种植、耕耘和收获，他们对气候与季节也有很多知识；在渔业上，他们不仅善于制造独木舟，懂得材料、技术、动力学的某种原理与平衡，而且有成套的航驶原理和丰富的捕鱼经验。如果原始人只虔信巫术与宗教，缺乏必要的科学态度的话，他们的生活是一天也延续不下去的。在原始人的文化中，当然还不可能有完整的科学，但从今天的眼光来看，科学知识肯定是具备的，并在整个文化生活中发挥着重大的作用。

接着，他分析了巫术的功能。对于原始人说来，不管他具有多少科学知识，这些知识总是有限度的。生活中有一大片领域，科学在其中是起不了什么作用的。它不能消除疾病和死亡，不能保证谋生（种植、渔猎等）的顺利，不能废除战争和争端，更不能确立人与人、人与环境之间的和谐关系。这样，原始人就不得不跨入到另一个领域中去。在这个领域中，巫术起着重要的作用。马林诺夫斯基写道："凡是有偶然性的地方，凡是希望与恐惧之间的情感作用范围很广的地方，我们就见得到巫术。凡是事业一定，可靠，且为理智的方法与技术的过程所支配的地方，我们就见不到巫术。"②可见，巫术是对原始人科学态度的一种补充。人们只有在知识不能完全控制环境及机会的时候，才施行巫术。巫术有两方面的功能：就个人而言，"巫术的功能在使人的乐观仪式化，

---

① ［英］马林诺夫斯基：《文化论》，费孝通译，中国民间文艺出版社1987年版，第58页。

② ［英］马林诺夫斯基：《巫术、科学、宗教与神话》，李安宅译，中国民间文艺出版社1986年版，第122页。

提高希望胜过恐惧的信仰"①。这尤其表现在战事巫术和祛除灾难的巫术中。巫术师的迷狂的神态和动作，在现代人看来，是滑稽可笑的，而在原始人的眼中，则是一种严肃认真的生活态度。就社会而言，巫术的功能表现为一种组织的力量，把社会生活维系在一定的秩序的范围之内。在后一种功能上，巫术常常是一种保守的力量。

那么，宗教的功能是什么呢？马林诺夫斯基认为，原始宗教中的一大部分，是关于人类生活中重要危机的神圣化。受孕、出生、青春、结婚，尤其是死亡，都引起了神圣化的宗教活动。原始人不承认自然死亡，更不承认死是生命的尽头，由此而产生出灵魂不死的观念。这一观念构成原始宗教的核心，然而其根本在于求生的情感与欲望，而不在于原始人对哲学玄思的爱好："构成灵的实质的，乃是生的欲求所有的丰富热情，而不是渺渺茫茫在梦中或错觉中所见到的东西。宗教解救了人类，使人类不投降于死亡和毁灭。"②这就是宗教的功能之所在。根据马林诺夫斯基的看法，宗教是上天对人类的无上的赐予之一，正因为有了宗教信仰，人类才没有屈膝于死亡，而选择了生命的延续，并在与大自然的搏斗中取得了越来越辉煌的胜利。

下面我们来看神话的功能。在现代人的目光看来，神话似乎是原始人闲来无事的诗词、空中楼阁式的想象和漫无边际的象征。然而，马林诺夫斯基驳斥了这种不正确的看法。他认为，神话在原始人的生活中发挥着重要的功能。当巫术、科学与宗教交融在一起，在原始人类中代代相传时，便构成了传统，而传统是靠神话传递下去的。因此，神话并不是一种虚假的东西，"它的功能就在于它能用往事和先例来证明现存社会秩序的合理，并提供给现社会以过去的道德价值的模式、社会关系的

---

① ［英］马林诺夫斯基：《巫术、科学、宗教与神话》，李安宅译，中国民间文艺出版社 1986 年版，第 77 页。

② 同上书，第 33 页。

安排，以及巫术的信仰等"①。总之，神话体现出一种巨大的凝聚力，把原始人紧紧地团结在一种传统的周围。

马林诺夫斯基还分析了艺术和游戏在原始人文化生活中的重要功能。艺术和游戏的功能，不仅在于提供娱乐、休息和调节，使人们紧张的生活松弛下来，重新振奋起精神，还在于它具有教育、创造（完美的艺术形象）、满足人类的基本需要、调节社会关系等功能。"由这上述种种功能，艺术对于技术、经济、科学、巫术和宗教，便都有所影响。"②由上述分析，我们可以进一步看到由巫术、科学、宗教、神话、艺术和游艺构成的原始文化在原始人生活中的巨大功能或作用，从而更深刻地体会到，人性并不是一种单纯自然的东西，它从来都是由一定的文化塑模成的。所以，马林诺夫斯基强调说："世界上是没有'自然人'的。"③人总是生活在一定的文化布局中间，文化构成了人的全部生活的真正的秘密。

马林诺夫斯基的功能主义学说及其方法由于其文化视野比较狭隘，也由于其未深入地探究文化功能与社会结构之间的内在联系，因而仍然显得比较粗浅。但是，在人类学发展史上，他毕竟开拓出一个全新的方向，他的基本观点和方法也是充满启发性和创造性的。

首先，他在人类学研究中倡导了一种严肃认真的科学态度。人类学家决不能躲在书房里，用唯智主义的种种想象去解释原始人的生活，而应该深入实地进行调查，在充分地占有材料的基础上作出合乎情理的分析："在科学中，最重要的事务是在认识事实，对于一事实充分认识之后，时常会发现许多思想的问题是不能成立的。"④人类学的研究要获得创造性的成果，人类学家就要有勇气走到原始部落中去。

---

① ［英］马林诺夫斯基：《文化论》，费孝通译，中国民间文艺出版社 1987 年版，第73 页。
② 同上书，第 88 页。
③ 同上书，第 4 页。
④ 同上书，第 23 页。

其次，把人性问题的探讨引向文化领域。在哲学和人类学研究中常见的一个谬误是，对人与自然的关系直接地进行考察，从而忽视了下面这个基本的观点：即人永远是作为文化人而存在的，人是透过文化的帷幕去观察自然，并投入改造自然的活动的。离开文化去探讨人性，不但使人性贫乏化了，而且使它成了一个难解的谜语。

最后，把原始人的生活划分为世俗世界和神圣世界极为重要。对原始文化的研究，如果只停留在神圣界，或用神圣界去吞并世俗界，原始人和文明人之间便失去了联系的纽带，文明人在科学知识的积累和发展中获得的巨大成果便成了无源之水、无本之木。事实上，文明人继承了原始人的两重生活。康德把人类理性划分为理论理性和实践理性，也就默认了科学与宗教信仰各自在人心中的不可或缺的地位和作用。当代西方文化中科学主义思潮与人本主义思潮的两分，更典型地显露出文明人的两重生活：

> 时代分为两天，这一天是安全，另一天却充满恐怖。人生有两面，这一面是幸福，那一面却是痛苦。①

所不同的是，在原始人的生活中，神圣界是占统治地位的，在文明人的生活中，世俗界则是占统治地位的。能不能说，这种两重生活是人类的永恒的奥秘呢？这个问题可供我们进一步深入地去思考。

---

① 《一千零一夜》第 1 卷，纳训译，人民文学出版社 1978 年版，第 9—10 页。

从无次序中寻找次序
——莱维-斯特劳斯的结构人类学方法

> 历史学按照社会生活的有意识的表现来组织其材料，而人类学则是通过探讨社会生活的无意识的基础的方式来进行的。
>
> ——[法]莱维-斯特劳斯

在人类思想史上，我们常常可以发现这样的情形：当一股有生命力的思潮产生以后，会像洪水泛滥一样，迅速地扩张并占领各个学科领域。在 19 世纪，这种情形最典型地表现在达尔文的进化论学说的泛化中。在 20 世纪，我们在结构主义思潮的扩张中发现了类似的情形。从比较严格的意义上来看，结构主义思潮发端于瑞士语言学家索绪尔（Ferdinand de Saussure）。索绪尔阐述其结构主义原则的《普通语言学教程》是在他死后由他的学生整理出版的。这部划时代的著作改变了语言学研究的整个方向。然而，结构主义思潮仍然在语言学中徘徊，直到法国著名的人类学家和社会学家莱维-斯特劳斯（Claude Levi-Strauss，1908—2009）在 20 世纪五六十年代致力于把结构主义方法引申到社会人类学的研究中，这种局面才有了根本的变化。从此以后，结构主义方法以破竹之势，迅速扩张到心理学、文学、历史、科学史等研究领域中。在结构主义星系的诸多星座中，莱维-斯特劳斯的名字应当引起我们特别的重视。这不仅是因为他在结构主义思潮的传播中起过举足轻重的作用，而且他的结构人类学理论和方法在人类学研究中实现了革命性的变革，从而产生了广泛的影响。

从青年时期起，莱维-斯特劳斯的思想主要受到三大因素的影响。这三大因素分别是地质学、心理分析学和马克思主义。他称之为他的"三位主妇"①。从他写的《神话与意义》一书中，我们还可看出，他从小对音乐有莫大的兴趣，甚至希望长大后成为一名作曲家。② 无论是地质学、音乐、精神分析还是马克思主义，都诱导人去探究或体验种种杂乱的无次序的现象背后的深层的有次序的东西。所以，莱维-斯特劳斯说："我最初的思想倾向是，试图在这种外观上的无次序的背后去发现一种次序。"③

问题是，我们通过怎么样的途径或方法，去探究出无次序现象背后的次序呢？他告诉我们："科学只有两种探讨的途径：它或者是还原主义的，或者是结构主义的。"④还原主义方法把一个层次上的复杂的问题还原为另一个层次上的比较简单的问题。然而，在说明由多种因素构成的更为复杂的现象时，还原主义就不得不让位于结构主义。这就是说，莱维-斯特劳斯选择了结构主义的方法。

结构主义方法对莱维-斯特劳斯的影响，主要是通过接受了索绪尔和以雅各布逊(R. Jakobson)为代表的布拉格学派的语言学结构主义的方法而实现的。这派语言学把"结构主义方法"归结为四个基本作用："首先，结构主义语言学从研究有意识的语言现象转向对它们的无意识的深

---

① ［美］E. 科兹韦尔：《结构主义的时代》，纽约 1980 年英文本，第 14 页(E. Kurzweil, *The Age of Structuralism*, New York: Columbia University Press, 1980, p. 14——编者注)。

② ［法］莱维-斯特劳斯：《神话与意义》，伦敦 1978 年英文本，第 53 页。

③ 同上书，第 11 页。

④ 同上书，第 9 页。

层结构的研究；其次，它不是把词项看作独立的实体，而是把词项之间的关系作为分析的基础；再次，它引进了系统概念……最后，结构语言学的目的是发现一般规律，它或者通过归纳，或者通过能给予这些规律以绝对性质的逻辑演绎，来达到这一目的。"①在莱维-斯特劳斯看来，这种探求深层的无意识结构的方法，不仅适用于语言学，而且也适用于社会学——不仅适用于对文明人的心智结构的探讨，也适用于对原始人的心智结构的探讨。

由于接受了结构主义的方法，莱维-斯特劳斯很快在人类学的研究中获得了一个特殊的视角。他批评进化学派只注意"历时性的分析"而忽视了"共时性的分析"；他批评功能学派（如马林诺夫斯基）在进行功能分析时脱离了结构分析，因而停留在表面，不可能触及人类心灵深处的无意识结构；他批评列维-布留尔夸大了原始人和文明人在思维方式上的对立，强调他们的心灵结构是同样的，差别只在于，原始人的思维具有更多的"象征的功能"，因而需要破译种种象征现象背后的"意义"，从而在杂乱中揭示出深层的、有序的东西。

为了表明自己的人类学思想和方法的独特性，莱维-斯特劳斯把它称之为"结构人类学"（structural anthropology）。他对人类学的范围的理解十分宽泛，主张人类学是"人与人之间的一场对话"②，并指出，"如果社会在人类学中，那么人类学本身也在社会中，因为人类学已经能够逐步地扩大它的研究对象，直到包含人类社会的总体在内"③。基于上述理解，莱维-斯特劳斯采用结构人类学的方法，对原始部落的亲属关系、神话、社会制度和风俗习惯进行了广泛而深入的分析。在他的一系

---

① ［法］莱维-斯特劳斯：《结构人类学》第 1 卷，1979 年英文本，第 33 页（Lévi-Strauss，*Structural Anthropology* vol. 1，Harmondsworth，Middlesex：Penguin Books，1979，p. 33——编者注）。

② ［法］莱维-斯特劳斯：《结构人类学》第 2 卷，1978 年英文本，第 11 页（Lévi-Strauss，*Structural Anthropology* vol. 2，Harmondsworth，Middlesex：Penguin Books，1978，p. 11——编者注）。

③ 同上书，第 31 页。

列著作中，特别引人注目的是他对亲属关系和神话的分析。

　　先看他对亲属关系的分析。亲属关系是在家庭血缘关系和婚姻关系的基础上形成起来的有关亲属称谓的体系。自从摩尔根的《人类家庭的血亲和姻亲制度》发表以来，亲属关系成了人类学家研究的一个热点。尽管人类有成千种不同的语言，但是全部亲属称谓制度大约只有六种类型。如何解释这种现象呢？莱维-斯特劳斯认为，这表明在人类的全部称谓制度背后有一种基本的结构。然而，以往的人类学研究大多着眼于亲属关系中的成分而忽视了亲属关系的整体结构，这是一方面。另一方面，人类学家们大多忽视了如下的问题："亲属关系系统"是由"术语系统"和"态度系统"这两方面构成的。术语系统主要表达出亲属之间的各种称谓；态度系统则表示亲属之间在态度上的关系。大多数人类学家对亲属关系的研究停留在术语系统上，少数人类学家，如拉克利夫-布朗(Radcliffe-Brown)注意到了态度系统，但其研究只停留在"甥舅关系"上是不够的，单单这种关系还不能揭示出亲属关系中存在的基本结构。

　　莱维-斯特劳斯认为，任何亲属关系结构要能够存在，以下三种家庭关系必然会出现，即"同宗关系""姻亲关系"和"血统关系"。[①] 从这些基本关系出发，拉克利夫-布朗考察的甥舅之间的关系就被扩展为以下四项关系：

　　　　兄弟和姐妹
　　　　丈夫和妻子
　　　　父亲和儿子
　　　　母亲的兄弟和姐妹的儿子

这里最后的一项也就是甥舅关系，莱维-斯特劳斯认为，上述基本关系

---

　　① ［法］莱维-斯特劳斯：《结构人类学》第 1 卷，1979 年英文本，第 46 页（Lévi-Strauss, *Structural Anthropology* vol. 1, Harmondsworth, Middlesex：Penguin Books, 1979, p. 46——编者注）。

是原始社会乱伦禁忌的直接表现。所以，某些人类学家去寻找"舅舅"是如何产生的只能是无意义之举。舅舅本身就是基本亲属结构中的一项，也可称为"亲属关系的原子"，他一开始就存在于那里。① 总之，亲属关系的基本结构就体现在上述四项基本关系中："这个结构乃是亲属关系得以存在的最基本的形式。确切些说，它是亲属关系的基本单位。"②

在揭示了亲属关系的基本结构之后，莱维-斯特劳斯又联系不同的母系部落和父系部落，对蕴涵在这一基本结构中的态度关系进行了深入的分析，在比较简化的态度分析中，他用"＋"的记号表示一种亲近的、随便的关系，用"－"的记号表示一种有保留的、对抗的或敌意的关系。这样，我们就可以得出下面的表格③：

部落集团		兄弟/姐妹	丈夫/妻子	父亲/儿子	舅舅/外甥
母系	特罗布里恩德 (Trobriand)	－	＋	＋	－
	修埃（Siuai）	＋		＋	
父系	切尔克斯（Cherkess）	＋	－	－	＋
	通加（Tonga）	－	＋		＋
	湖畔库布图 (Lake Kubuta)	＋	－	＋	－

莱维-斯特劳斯强调，从亲属关系的基本结构出发，沿着术语系统和态

① ［法］莱维-斯特劳斯：《结构人类学》第 2 卷，1978 年英文本，第 48 页（Lévi-Strauss, *Structural Anthropology* vol. 2, Harmondsworth, Middlesex：Penguin Books, 1978, p. 48——编者注）。

② ［法］莱维-斯特劳斯：《结构人类学》第 1 卷，1979 年英文本，第 46 页（Lévi-Strauss, *Structural Anthropology* vol. 1, Harmondsworth, Middlesex：Penguin Books, 1979，p. 46——编者注）。

③ ［法］莱维-斯特劳斯：《结构人类学》第 2 卷，1978 年英文本，第 45 页（Lévi-Strauss, *Structural Anthropology* vol. 2, Harmondsworth, Middlesex：Penguin Books, 1978，p. 45——编者注）。

度系统的差别深入探索下去，我们就能把世界上最复杂的亲属关系重组出来。人类学研究的根本使命不是停留在亲属关系的纷然杂陈的外观上，而是要把其共同的基本结构，亦即"无意识的结构"提取出来，使之进入人类学的视界。

下面，我们再来看看，莱维-斯特劳斯是如何寻找神话背后的无意识结构的。他认为，神话和音乐与语言一样，是受无意识结构支配的。他说："神话是静态的，我们一再发现那些被结合起来的同样的神话素，但是，它们是处在一个封闭的系统中。"[①]乍看上去，世界各地的神话千姿百态，迥然各异，但它们不过是由一些基本的神话素转换生成出来的。在这个意义上，神话类似于管弦乐乐谱。如果给我们下面一串音符：1，2，4，7，8，2，3，4，6，8，1，4，5，7，8，1，2，5，7，3，4，5，6，8……我们就能按下列方式把这些音符重新排列起来：

```
1  2     4        7  8
   2  3  4     6     8
1        4  5     7  8
1  2        5     7
         3  4  5  6     8[②]
```

神话就像这一串音符，神话素就像其中每一个音符，如果我们把相同的神话素放在同一栏里，就能深入到神话的基本结构中去。

莱维-斯特劳斯的结构人类学方法，最典型地表现在他对俄狄浦斯神话结构的分析中。俄狄浦斯的基本情节如下：卡德摩斯出去寻找他的妹妹欧罗巴（被宙斯骗走），由于未找到，他按照神谕来到了忒拜，杀死

---

① ［法］莱维-斯特劳斯：《神话与意义》，伦敦 1978 年英文本，第 53 页。

② ［法］莱维-斯特劳斯：《结构人类学》第 1 卷，1979 年英文本，第 213 页（Lévi-Strauss, *Structural Anthropology* vol. 1, Harmondsworth, Middlesex：Penguin Books, 1979，p. 213——编者注）。

了守在那里的毒龙。他在泥土中播下了龙牙，结果从土里长出了一排排武士，他们相互厮杀，最后只剩下五个人，跟随卡德摩斯建立了忒拜城。卡德摩斯的后代拉布达科斯后来当了忒拜的国王，他的儿子拉伊俄斯继承了王位，后从神谕得知，自己将有一个儿子，但这个儿子将弑父娶母。不久，他果然有了一个儿子，他因害怕而将儿子丢入深山中。结果被另一国家的一个牧人救出。由于其脚踝受伤，故取名为俄狄浦斯，意即"肿胀的脚"。他长大后出门，在路上遇到一老人，因发生口角而杀死了那老人，其实那老人正是他的父亲。俄狄浦斯并不知道，他继续行路，后在忒拜城外遇到了司芬克斯。由于猜出了谜语，司芬克斯坠崖而死。于是，俄狄浦斯成了忒拜城的国王，并娶了王后为妻，但她正是他的母亲。他与母亲伊俄卡斯忒生了四个子女，后知道秘密，弄瞎了自己的眼睛，流亡他乡。他离开后，他的两个儿子厄忒俄克勒斯与波吕尼刻斯争夺王位，后者被杀。新国王克瑞翁下达禁葬令，但俄狄浦斯的女儿安提戈涅不顾一切地埋葬了哥哥，于是被克瑞翁关在墓穴中，最终自缢身死。按照莱维-斯特劳斯的结构分析方法，这个神话故事的情节可分为以下四栏[1]：

第一栏	第二栏	第三栏	第四栏
卡德摩斯寻找被宙斯骗走的妹妹欧罗巴			
		卡德摩斯杀死毒龙	
	武士们相互残杀		
			拉布达科斯（拉伊俄斯的父亲）=跛足（？）

---

① ［法］莱维-斯特劳斯：《结构人类学》第 1 卷，1979 年英文本，第 33 页（Lévi-Strauss, *Structural Anthropology* vol. 1, Harmondsworth, Middlesex: Penguin Books, 1979, p. 33——编者注）。

第一栏	第二栏	第三栏	第四栏
俄狄浦斯娶了母亲伊俄卡斯忒 安提戈涅违反禁令埋葬波吕尼刻斯	俄狄浦斯杀了父亲拉伊俄斯 厄忒俄克勒斯杀死了兄弟波吕尼刻斯	俄狄浦斯杀了司芬克斯	拉伊俄斯(俄狄浦斯的父亲)=左拐子(?) 俄狄浦斯 = 肿胀的脚(?)

第一栏的共同特点是"高估血缘关系";第二栏虽然也表示血缘关系,但其共同特点是"低估血缘关系";第三栏关系到妖魔,人只有杀死毒龙才能从大地诞生出来,也只有杀了司芬克斯才能活下去。在神话中,妖魔们总是妨碍人从土中生长出来,因而这一栏的共同特征是"否定人的土生土长的起源",第四栏都是表明行走困难的。在神话中,人总是从土中生长出来的,因而一开始行走总是比较困难的。所以,这一栏的共同特征是"坚持人的土生土长的起源"。

从上可知,第一栏与第二栏,第三栏与第四栏是各自对立的。第一栏和第二栏提出了人是否是男女结合而生的问题;第三栏和第四栏则提出了人是否土生土长的问题。如果进一步分析下去,我们就触及一个最初始的问题,即"人诞生于一还是诞生于二?"①通过这样的结构分析,不仅俄狄浦斯神话的无意识结构被揭示出来了,而且整个神话被还原为

---

① [法]莱维-斯特劳斯:《结构人类学》第 1 卷,1979 年英文本,第 216 页(Lévi-Strauss, *Structural Anthropology* vol. 1, Harmondsworth, Middlesex: Penguin Books, 1979, p. 216——编者注)。

一个初始的问题。从这样的分析方法入手，不管一个神话故事在流传中会出现多少"变体"，都不会妨碍我们去把握它的基本结构。

莱维-斯特劳斯的结构人类学的弱点在于：一方面，他过分贬抑了人这一主体在历史发展中的创造性作用。他说："对我自己来说，我似乎是一个场所，在这里，某些事情正在发生，但是，既没有作为主体的'我（I）'，也没有作为对象的'我（me）'。"①他甚至把每个人都想象为"一种十字路口"。在这些路口，一切都是以被动的方式发生的。按照这样的理解，人完全为结构所吞没，结构成了主宰一切的东西。另一方面，在他的结构分析方法中，也包含着一些任意的、非科学的成分。任何材料，无论怎样可疑，只要合乎他的见解，就是可行的；反之，凡是违反他理论的材料，他就绕过去，甚至不惜一切进行否定。因而功能派人类学家埃德蒙·利奇（Edmund Leach）不无讽刺地评论道："莱维-斯特劳斯的主要训练是哲学和法律；他一贯表现得像一位为案件辩护的律师而不是寻求最终真理的科学家。"②

尽管如此，在莱维-斯特劳斯的学说和方法中我们仍然可以学到不少东西。一方面，他的学说具有一种深厚的精神上的批判力。他不满足于表面现象的纷然杂陈，力图深入到现象背后去寻找一种深层的、不变的东西。从柏拉图以来的西方哲学传统中，我们常常遇到这样的哲学家。事实上，哲学的使命正在于探索杂多背后的统一，探索在社会生活的背后起作用的深沉的力量。那些停留并拘执于杂多的表面现象的人，虽然自以为看到了一切，其实却什么也没有看到。另一方面，莱维-斯特劳斯的结构人类学方法为我们研究社会现实提供了一种新的尝试。在社会制度、社会组织、社会观念背后，都存在着他称之为"无意识结构"的东西。哲学的分析只有深入到这样的层次上，才可能不仅对社会问题，而且对人性获得一种真正深刻的识见。

---

① ［法］莱维·斯特劳斯：《神话与意义》，伦敦 1978 年英文本，第 3—4 页。
② ［英］埃德蒙·利奇：《列维-斯特劳斯》，王庆仁译，生活·读书·新知三联书店 1986 年版，第 20 页。

结构主义

从深层结构到表层结构

——乔姆斯基的转换生成语法

> 我们认为语言学家的任务就是制造一种装置(称为语法),假定事先已经以某些方式提供出一种语言的一些句子,这种装置就能生成该语言的所有合语法的句子。
>
> ——[美]乔姆斯基

儿童对语言的迅速的掌握和富于创造性的运用,是人类天赋的最重要的标志之一。这一普遍而奇特的现象启发了美国语言学家乔姆斯基(Noam Chomsky,1928—)的思绪,使他在结构主义语言学思潮的影响下,创立了著名的转换生成语法,从而在当代西方语言学的研究中树起了一块界碑,乔姆斯基的学说虽然在西方语言学界引起了一些争论,然而,人们普遍认为,他对语言学发展的贡献是无与伦比的。约翰·莱昂斯(John Lyons)指出:"乔姆斯基的地位不仅在当代的语言学中是独特的,而且在整个语言学历史上可能也是空前的。"①有的学者甚至把他的学说所引起的巨大震动称之为"乔姆斯基革命",足见其

---

① [英]约翰·莱昂斯:《乔姆斯基评传》,陆锦林、李谷城译,华东师范大学出版社1981年版,第4页。

影响之大。

在传统语言学的研究中，学者们往往专注于书面语而忽视了对言语（即口语）的探讨，他们习惯于把言语看作书面语言的不完美的拷贝。而大多数当代的语言学家则认为，言语是第一性的，书面语是第二性的，任何一种已知语言总是先以口语出现，然后才见诸文字。儿童在学习语言的过程中，也总是先掌握口语，后学会读和写。这一基本见解使言语成了当代语言学家研究的主要对象。

在当代语言学的形形色色的思潮中，有两股思潮比较引人注目。一是结构主义的思潮。美国人类学家和语言学家鲍阿斯（Franz Boas）在对印第安语的研究中，强调每一种语言都有自己的独特的结构。这一见解和一些大陆学者，如瑞士的索绪尔（Ferdinand de Saussure），德国的洪堡特（Wilhelm Von Humboldt）是遥相呼应的。这一思潮对乔姆斯基产生了深刻的影响，但他也批评结构主义思潮只重视结构的整体性、自调性而忽视了其转换性。二是美国语言学家布龙菲尔德（Leonard Bloomfield）所开创的语言学派。它把心理学家华生（J. B. Watson）创立的行为主义方法引入语言学，把语言作为描写科学来对待。乔姆斯基起先也受到这一思潮的影响，但很快就产生了对它的不满：一方面，语言学派只重视对描写语法的研究，忽略了语言学所追求的更高的理论目标；另一方面，语言学派看不到语言的创造性。在乔姆斯基看来，语言学的主要任务是建立人类语言结构的一种演绎理论。这种理论不仅是普遍的，可以应用于一切语言，而且能体现出语言的创造性。所以，在 1957 年发表的划时代的著作《句法结构》中，乔姆斯基宣称："我们打算建立一种公式化的一般语言结构理论，并且打算探讨这种理论的基础。"①这是他一生为之努力的目标。

乔姆斯基的转换生成语法可以分为前后期，前期以《句法结构》为代

---

① ［美］乔姆斯基：《句法结构》，黄长著等译，中国社会科学出版社 1979 年版，第 1 页。

表，后期以《句法理论的若干方面》为代表。下面，我们主要介绍他前期的思想和方法。

语法学通常是由以下三个分支学科组成的：一是句法学，研究一种语言中构造句子所依据的原则和方法，简言之，它研究支配词的组合规则。比如，He went to London(他去伦敦)是合乎句法规则的，但 Went to he London 则是不合句法的。二是语义学，研究、描述词和句子的意义。三是语音学，研究语音及可容许的组合。比如 went 是一个可能有的英语词，twne 则不是。① 在传统语言学和当代语言学的研究中，都存在着一种把句法学、语音学和语义学混杂在一起的倾向。乔姆斯基认为，这不利于形成形式化的、具有普遍意义的严格的语法理论。

他把句法学作为自己的语法研究的重点对象，并把它和语义学分离开来。他说，"语法学是自成一系的，是离开语义而独立的"②，将语义问题掺杂进来，将无助于人们理解句法结构上的一些基本特征，反而会产生许多混乱。同时，他又把句法学和语音学明确地分离开来。他强调，从结构上看，语言有两个平面，一是"句法平面"(syntactic level)，属句法学研究的范围；二是"语音平面"(phonic level)，属语音学研究的范围。比较起来，句法平面起着更基本的、更重要的作用。而且，从纯粹句法的观点看来，词的语音结构与句法是无关的。这样一来，乔姆斯基就把句法学相对地独立出来了。

这样，我们就随着乔姆斯基踏进了句法分析的领地。乔姆斯基认为，对句法结构进行分析的有三种方法或模式：一是"语言的通讯理论模式"(communication theoretic model for language)；二是"直接成分分析法"(immediate constituent analysis)；三是"转换模式"(transformational model)。下面，我们逐一加以检视。

---

① 参见[英]约翰·莱昂斯：《乔姆斯基评传》，陆锦林、李谷城译，华东师范大学出版社 1981 年版，第 16 页。
② [美]乔姆斯基：《句法结构》，黄长著等译，中国社会科学出版社 1979 年版，第 11 页。

先看语言的通讯理论模式。这可以说是一种最简单的、初级的句法理论。乔姆斯基举了下面这个例子①：

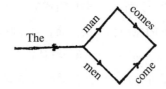

从这一状态图中，自左至右只能生成 The man comes（这个人来了）或 The men come（这些人来了）两个句子。如果我们在句中插入一些其他的成分（如定语、状语等）而不改变这一句子的基本结构的话，这一通讯理论模式还可生成不少句子，然而其局限性是非常之大的，不可能由此而生成英语中无限多的合句法的句子。所以，乔姆斯基把这种句法模式称之为"有限状态语法"（finite state grammar）。

再来看直接成分分析法。这一方法注意的是句法平面上的"词组结构"（phrase structure），从这样的结构出发来生成句子。词组结构的基本规则例举如下②：

（1） Sentence（句子）→NP（名词短语）＋VP（动词短语）

（2） NP→T（定冠词）＋N（名词）

（3） VP→Verb（动词）＋NP

（4） T→the

（5） N→man（男人），ball（球）等

（6） Verb→hit（打，击）等

这里的"→"表示"可以改写"的意思。如"$x→y$"可以解释为这样的指令："把 x 改写为 y"。根据上述规则，可以推导出一个句子：

---

① ［美］乔姆斯基：《句法结构》，黄长著等译，中国社会科学出版社 1979 年版，第 13 页。

② 同上书，第 20—21 页。

NP＋VP	〔根据规则(1)〕
T＋N＋P	〔根据规则(2)〕
T＋N＋Verb＋NP	〔根据规则(3)〕
the＋N＋Verb＋NP	〔根据规则(4)〕
the＋man＋Verb＋NP	〔根据规则(5)〕
the＋man＋hit＋NP	〔根据规则(6)〕
the＋man＋hit＋T＋N	〔根据规则(2)〕
the＋man＋hit＋the＋N	〔根据规则(4)〕
the＋man＋hit＋the＋ball	〔根据规则(5)〕

通过上述九道步骤，the man hit the ball(那个男人打球)被推导出来了。
这个推导式也可以用更简单的树状图表现出来①：

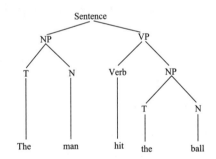

这个树状图的不足是未传达出上述推导图中语法规则的应用次序方面的
信息，但它毕竟把规则本身简略地表现出来了。

根据乔姆斯基的看法，以直接成分分析法为基础的词组结构，远比
以通讯模型为基础的有限状态语法更有效，然而，"词组结构观念只适
用于语言中的一小部分，语言中的大部分是在词组结构语法所产生的符
号链上反复运用一套相当简单的转换规则才能推导出来。如果我们试图

---

① ［美］乔姆斯基：《句法结构》，黄长著等译，中国社会科学出版社 1979 年版，第
22 页。

把词组结构语法加以扩张，直接用于全部语言，那我们就会失去有限度的词组结构语法的简单性，同时也阻碍了转换语法的发展"①。词组结构语法的一个缺陷是，它不能推导出被动句。The man hit the ball 是主动句，按其规则推导不出被动句 The ball was hit by the man(这个球被那个男人打)；第二个缺陷是，符合语法规则的英语句子是无限多的，复杂的句子拥有多得多的成分，其中的简单句常处在复杂的语境(context，亦可译为上下文)中，还要考虑到名词、动词的变化，时态、语态等多种因素的作用。如果词组结构语法把这些方面的规则全都包括在内，那就成了一部无限庞杂的语法，从而违背了任何语法的基本要求：简单明了，可以说明全部符合语法的句子。

这样，我们就不得不把眼光转向句法分析中的第三种理论和方法，即乔姆斯基创立的转换生成语法，这一语法可简称为"转换语法"(transformational grammar)。转换语法并不完全排斥词组结构语法。而是在它的基础上进行扩充，从而形成一套更完整的词组结构规则②：

(1)Sentence→NP＋VP

(2)VP→Verb＋NP

(3)NP→$\begin{cases} NP_{sing}(名词词组单数) \\ NP_{Pi}(名词词组复数) \end{cases}$

(4)NP$_{sing}$→T＋N＋ϕ(零词尾)

(5)NP$_{Pi}$→T＋N＋S'(名词复数词尾)

(6)T→the

(7)N→man(人)，ball(球)等

(8)Verb→Aux(助动词)＋V

(9)V→hit(打，击)，take(拿)等

---

① ［美］乔姆斯基：《句法结构》，黄长著等译，中国社会科学出版社 1979 年版，第38 页注。

② 同上书，第114 页。

（10）Aux→C（动词词尾）（M—情态动词）（have＋en）（be＋ing）

（11）M→will（愿意），can（能够）等

除上述词组结构规则外，另外还有一套转换结构规则，其中包括否定转换、疑问转换、被动转换、被动和否定转换等规则。乔姆斯基为每一种转换制定了语符列（由于涉及的专门符号太多，我们这里不一一引出）。

那么，乔姆斯基的转换语法怎样才能派生出无限多的符合语法的英语句子来呢？第一步是从Sentence这个符号（起始部分）出发，把英语中的一些词或词组，如the，man，door，open放到词组结构规则之中，这样就推导出一个句子，如The man opened the door（那人开了那门）。乔姆斯基把这样的句子称为"核心句"（Kernel Sentence）。核心句的确定是转换语法中最为关键的操作之一。核心句不能太复杂，它"就是没有复合动词或复合名词词组的简单主动态陈述句"①。

第二步就是应用各种转换规则从核心句中生成出各种句子来。比如，从The man opened the door这个核心句中，可派生出下列新的句子②：

（1）The man did not open the door.（那人没有开那门）

（2）Did the man open the door?（那人开了那门吗?）

（3）Didn't the man open the door?（那人没有开那门吗?）

（4）The door was opened by the man.（那门被那人打开）

（5）The door was not opened by the man。（那门没有被那人打开）

（6）Was the door opened by the man?（那门被那人打开了吗?）

---

① ［美］乔姆斯基：《句法结构》，黄长著等译，中国社会科学出版社1979年版，第108页。

② 参见［英］约翰·莱昂斯：《乔姆斯基评传》，陆锦林、李谷城译，华东师范大学出版社1981年版，第64页。

(7) Wasn't the door opened by the man?（那门没被那人打开吗?）

其中句(1)应用了否定转换规则；句(2)应用了疑问转换；句(3)应用了否定和疑问转换；句(4)应用了被动转换；句(5)应用了被动和否定转换；句(6)应用了被动和疑问转换；句(7)则应用了被动、否定和疑问转换。

在完成这两步工作后，句法平面上的分析告一段落，如果还有第三步工作的话，那就是语音平面上的音位分析了。这样，乔姆斯基早期的语法理论可以图示如下①：

下面，我们简要介绍乔姆斯基后期的转换语法理论。在1965年出版的《句法理论的若干方面》一书中，乔姆斯基更全面、更成熟地阐发了自己的理论。与早期相比，后期的理论有两个明显的特征：一是强调对句子的意义也能够像对句法结构一样进行分析，从而重新肯定语义学应当成为整个语法理论的一个不可或缺的组成部分；二是明确提出"深层结构"（deep structure）和"表层结构"（surface structure）的新概念取代原来关于词组结构和语言结构的提法。句子的转换生成也就是从深层结构过渡到表层结构。每个句子的意义主要用语义解释规则从它的深层结构中派生出来，作为声音信号的物质描写，即语音解释，则由语音规则从它的表层结构中派生出来。其后期理论可以简要地图示如下②：

① 参见［英］约翰·莱昂斯：《乔姆斯基评传》，陆锦林、李谷城译，华东师范大学出版社1981年版，第63页。
② 参见［美］乔姆斯基：《语言和责任》，纽约1999年英文本，第139页；参见［英］约翰·莱昂斯：《乔姆斯基评传》，陆锦林、李谷城译，华东师范大学出版社1981年版，第68页。

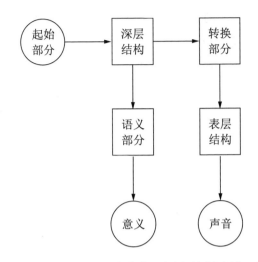

　　乔姆斯基的转换生成语法充分肯定了语言的创造性，然而，由于他把这种创造性看作是人的天赋的能力的表现，从而显露出他的唯理论的哲学倾向。不用说，他的理性主义的倾向在经验主义盛行的美国掀起了轩然大波。我们并不赞成乔姆斯基对人的理性能力的过分夸大，其实，皮亚杰的发生认识论已经表明，儿童在语言上的创造性（特别是形式运算阶段）是在大量练习（活动）的基础上获得的。因此，在语言学的研究上，应当寻求一条把结构主义和行为主义结合起来的更为有效的道路。

　　重要的是，我们必须看到乔姆斯基学说的巨大贡献。

　　首先，乔姆斯基的转换生成语法是为自然语言而设计的。这套语法不仅对英语有用，而且对其他自然语言也有用，至少它的方法是普遍适用的。正如他自己说的："这种理论的功用之一就是提供一个能够为每一种语言（只要具备这一语言的语句素材）选择出一部语法的方法。"①这正是乔姆斯基工作的划时代的意义之所在。

　　其次，由于运用一套严格的规则来生成新的句子，从而使不同语言的计算机传译问题成为可能。

---

　　① ［美］乔姆斯基：《句法结构》，黄长著等译，中国社会科学出版社 1979 年版，第 4 页。

最后，乔姆斯基的学说体现了哲学、心理学和语言学的紧密联系。语言学的研究要取得重大突破，就不能斤斤于对语词意义等的微观分析，而应当关心哲学和心理学发展中不断获得的新成果，引入新的见解和方法来变换研究的角度。不然，语言学家就可能因失掉指南针而葬身于语言的沙漠之中：

> 须速醒，须速醒，
> 否则沉沦无止境。①

---

① ［英］弥尔顿：《失乐园》，傅东平译，人民文学出版社 1958 年版，第 18 页。

站在非连续性的地平线上

——福柯的知识考古学方法

> 考古学的描述正是对观念史的一种摒弃，对它的基本原理和程序的系统的拒斥，考古学试图实行一种人们已经提到过的完全不同的历史。
>
> ——[法]福柯

在历史学家的目光中，历史是一个连续性的事件流或事件链子。然而，法国著名哲学家米歇尔·福柯（Michel Foucault，1926—1984）[1]却提出了截然不同的见解。他主张历史是非连续性的，历史中充满了断裂、间隙和界限。正如比利时学者布洛克曼（J. M. Broekman）所指出的："由于《词与物》一书而一举成名的米歇尔·福柯，创立了一种非连续性哲学——关于历史和认识论中的断裂、变更、转换的哲学。他这样做也就与根本上意味着同一性哲学的传统历史哲学对立起来了。"[2]福柯的"知识考古学"（the Archaeology of

---

① 国外学者有称福柯为结构主义者的，也有称他为后结构主义者的，福柯本人则否认自己是结构主义者，然而他的学说仍与其他结构主义者有不少共同之处。我们根据库兹韦尔（E. Kurzweil）的《结构主义时代》一书，仍把他归在结构主义流派中。

② [比]J. M. 布洛克曼：《结构主义》，李幼蒸译，商务印书馆 1981 年版，第123 页。

Knowledge)的提出，意味着观念史研究中一种新方法的崛起，应当引起我们的高度重视。

在《词与物》这部成名作中，福柯系统地阐述了他对文艺复兴时期以来的西方观念史的看法，他否定观念史的连续性，强调它是由一些各自不同的知识结构排列成的。在这些知识结构之间，不存在连续性的发展，存在着的只是跳跃，只是革命性的转换。福柯把这样的知识结构称之为"知识型"（episteme）。

福柯认为，近代西方观念史经历了三个不同的时期，即"文艺复兴时期"（16 世纪）、"古典时期"（17、18 世纪）和"现代时期"（19 世纪初以来）。这三个时期在时间上虽然相互衔接，但其"知识型"却是判然有别的。

文艺复兴时期的知识型的主导原则是"相似性"（similitude）。这就是说，人们总是根据相似的原则来思考的。人们通常认为他们的思想是完全自由的，可以说出任何东西。实际上，他们永远说不出任何东西，他们只能说出与自己已有的知识相同或相似的东西。这种相似性的原则把人们的思想和知识束缚在一个狭小的圈子中。当人们认为物的世界也像词的世界一样狭小时，喜剧就发生了。塞万提斯笔下的堂吉诃德就是力图在物的世界中寻找与他的词的世界（游侠知识）相同或相似的东西。堂吉诃德在物的世界中的碰壁表明相似性原则的陨落，从而也表明了文艺复兴时期的知识型的陨落。

古典时期的知识型的主导原则是"描述"（representation），表现为词的世界向物的世界的敞开。不是把物作为词的注脚，而是把词作为物的注脚，千方百计去寻找和发现新的物，用词去命名它们，描述它们，并对它们进行分类，以建立知识的新秩序。这一时期的代表学科是一般语法、博物学和财富分析。当物的世界被发现殆尽的时候，这种以描述为主导原则的知识型也就为新的知识型所取代了。

现代时期的知识型的主导原则是"根源"（origin），亦即知识返回去寻求自己的历史和根源，这在达尔文的《物种起源》中得到了典型的表现。上一时期的三门学科在这一时期分别成了历史语言学、生物学和经济学。时至今日，这种以寻求根源为主导原则的知识型也走到了尽头。

在福柯看来，一种最新的以非连续性为主导原则的知识型正在索绪尔、巴歇拉尔等人及他自己的学说中兴起，特别在他的知识考古学中得到了系统的表现。正如布洛克曼所评论的：

> 他试图用考古学来取代关于同一性思想的自我论，而且希望这样一来能从内部，而不是从边界上去发现今日思想的知识型。①

在《知识考古学》这部著作中，福柯引进了一些新概念，以更严谨、更系统的方式阐述了自己的新理论。

福柯认为，知识型并不是一种类似于世界观的东西，并不是把同样的规范和基本原理强加在各种科学分支上的知识形式："它是一个人在话语规则的层面上分析一个给定时期中的各种科学时，能够被发现出来的科学之间的关系的总体。"②知识型的基本特征是：(1)它不是封闭的，而是开放的。它的目的不是在一个给定的时期中构造出一个基本原理的体系来统御所有的知识分支，而是打开一个关系扩张的无限可能性的领域；(2)它不是一个不动的图像，而是一套不停地运动着的关系，转换及在一定条件下建立起来的一致性；(3)它并不提出科学是否可能、是否合法的批判性的问题，它主要关注的是每门科学的特征及它们的相互关系。总之，每一给定时期的知识型都在冥冥中规约着各门科学之间的关系，但它是不易觉察的。

知识考古学，顾名思义是以知识作为研究对象的。那么知识又是什么呢？知识就是各门科学的总和。所以，知识考古学是研究各门科学

---

① ［比]J. M. 布洛克曼：《结构主义》，李幼蒸译，商务印书馆 1981 年版，第 123 页。

② ［法]福柯：《知识考古学》，纽约 1972 年英文本，第 191 页（M. Foucault, *The Archeology of Knowledge*, New York: Pantheon Books, 1972, p. 191——编者注）。

的，其目的是揭示各门科学之间的关系，从而最终发现一个给定时期的知识型。

在福柯看来，一门科学也就是一种"话语"（discourse）。所以他说："我能够讲临床（诊断）的话语，经济学的话语，自然史的话语，精神病学的话语。"①话语是福柯从语言学中引入的一个重要概念，它是由一组陈述组成的，这些陈述都属于同一种话语构成物。这就是说，话语并不是各种各样的陈述任意组成的。对于某一具体科学的话语而言，它总是由一些特定的陈述组合起来的。

话语的基本特征是：第一，话语虽由一组特定的陈述组成，但其组成并不是理想化的、完全协调的，"宁可说它是一个具有多种多样的意见分歧的空间"②。也就是说，话语内部是包含矛盾的；第二，话语是无主体的，它既不关涉作为个别人的主体，也不关涉以集体意识的方式出现的主体，更不关涉先验的主体性，它是"一个匿名的领域"③；第三，话语不是一个发展着的总体，它是以非连续性为特征的，因而对于同一门科学来说，当它处在不同知识型时期中时，其话语是截然不同的。比如，"自然史"这个概念在古典时期的含义是不同于文艺复兴时期的。④

如前所述，话语是由陈述组成的，那"陈述"（statement）又是什么意思呢？福柯认为，陈述既不同于逻辑学家讲的命题，也不同于语言学家讲的句子，更不同于孤立的讲话活动，它包括更多的东西。任何信号、图像、标志和痕迹的序列都可称为陈述。所以他说："陈述的界限就是

---

① ［法］福柯：《知识考古学》，纽约 1972 年英文本，第 107—108 页（M. Foucault, *The Archeology of Knowledge*, New York: Pantheon Books, 1972, pp. 107-108——编者注）。
② 同上书，第 155 页。
③ 同上书，第 122 页。
④ 同上书，第 57 页。

信号存在的界限。"①在这个意义上也可以说，话语是由"信号"（signs）构成的。陈述总是具体的，不存在一般的陈述，也不存在自由的、中性的、独立的陈述，"一个陈述总是属于一个系列或一个整体，总是在其他陈述中起作用"②。它从其他陈述中获得支撑，但又与其他陈述相区别，不管如何，它总是陈述网络，即话语的一个组成部分。

在深入分析话语的时候，福柯又引进了两个新概念。第一个概念他称之为"确信"（positivity）。他说："对一个话语（如自然史话语、政治经济学话语或临床医学话语）的确信，造成了话语自始至终的统一性，并完全超越了个体的书和文本。"③当同一时期的科学家在讨论一个问题时，总会置身于同一个概念领域中，我们不能说达尔文像狄德罗一样在谈同样的事情。科学家们对自己置身于其中的话语总有某种确信。正是这种确信规定了一个有限的交流空间，使科学家们的对话成为可能，福柯认为，确信为陈述提供了前提，在这个意义上，他把确信称之为"先验的"东西。福柯引进的第二个概念是"记载"（archive）："它显示了能使陈述存在和使它们经历规则性的变化的各种规则。它是各种陈述构成和转换的一般系统。"④它似乎是一套记录在案的基本规则，是任何陈述必须遵守的东西。福柯强调，这种基本规则包含在我们所讲的东西中，但我们却无法把它描述出来。

在了解了福柯的上述概念以后，现在我们有条件来讨论他的知识考古学及其方法了。

什么是考古学呢？福柯先从否定方面来解释它，他说："这个术语并不意味着对一个起源的探求，也不关涉对地质上的发掘物的分析。"⑤这就是说，不能在这个术语的传统用法上来理解这个术语。在另一处提

---

① ［法］福柯：《知识考古学》，纽约 1972 年英文本，第 84 页（M. Foucault, *The Archeology of Knowledge*, New York: Pantheon Books, 1972, p. 84——编者注）。

② 同上书，第 99 页。

③ 同上书，第 126 页。

④ 同上书，第 130 页。

⑤ 同上书，第 131 页。

到考古学这个术语时，福柯又说："它既不是一种心理学，也不是一种社会学，更不是一种创造性的人类学。"①这就是说，它不涉及与主体——人有关的主观的东西及通常的社会学所考察的对象。他还强调，他并没有把考古学作为一门科学或未来科学的开端，"考古学这个术语不应该包含关于期待的任何建议"②。在福柯看来，知识考古学是以历史的"非连续性"（discontinuity）为前提的。它的使命是站在非连续性的地平线上去描述、分析各种知识领域。它的描述功能主要表现在以下四个方面：

（1）它并不试图去描述在各种话语中显示出来的思想、表象、印象、偏见等，它描述的是话语本身，它们各自的特殊性及它们所遵循的规则。

（2）它致力于在同一时期的不同话语之间进行比较分析，以揭示它们在概念、陈述、确信、记载之间的异同。然而，福柯声明，这种比较分析的目的决不是把各种话语的分歧性还原为统一性："考古学的分析并不具有统一的结果，而是具有多样化的结果。"③

（3）它也致力于分析话语构成物与非话语领域（如制度、政治事件、经济实践和制度等）之间的关系。然而这种分析不是社会学性质的，也不是为了揭示文化的连续性，而是要确定这种关系的特殊的形式。

（4）它也注重对不同时期的知识型的转换的分析，以揭示出它们各自不同的特点及它们究竟是以何种方式进行转换的。

福柯的知识考古学由于奠立在非连续性之上，因而是彻底地反对传统的史学观念的。他有点像屠格涅夫笔下的巴威尔·彼德洛维奇，总爱傲慢地宣布：

---

① ［法］福柯：《知识考古学》，纽约 1972 年英文本，第 139 页（M. Foucault, *The Archeology of Knowledge*, New York：Pantheon Books, 1972, p. 139——编者注）。

② 同上书，第 130 页。

③ 同上书，第 160 页。

我不赞成任何人的意见，我有我自己的。①

另外，由于福柯强调话语的匿名的特征，因而他的学说是否定人的。他说："在某种意义上，我们就这样又重回到 17 世纪的观点，但有一个如下的区别：我们不是用人，而是用无作者思想、无主体知识、无同一性理论来代替神。"②尼采的口号是"上帝死了"，福柯的口号则是"人消失了"，实际上也就等于说"人死了"。正如荣格在批评尼采时所说的，上帝是不会死也不可能死的，同样，人也是不会死而且不可能死的。尽管人面临的是一个有缺陷的世界，人还被紧紧地束缚在一个传统文化的框子里，但人并不是无所作为的，鲁滨孙即使居于"绝望之岛"上也没有放弃自己的努力。可见，人是不应该自暴自弃的。我们倒很愿意把雅典娜给忒楞马卡斯的箴言转赠给每一个人：

> 你须得抖擞精神，
> 留个芳名在青史。

福柯的知识考古学也为我们留下了许多值得进一步思考的问题。其中比较突出的是两个问题：一个是非连续性问题。从来的观念史研究都是以连续性为前提的。福柯批评说，在这样的历史哲学体系中，意识的作用被夸大了，革命和断裂的作用却被贬低了。③ 非连续性包含的一个重要的合理因素是强调了革命、断裂在观念发展史上的地位和作用。在这里，我们以另一种方式接触到比科恩在《科学革命的结构》一书中提出的更为彻底的观点。无怪乎库兹韦尔要把福柯的"科学的间断性"概念与科

---

① ［俄］屠格涅夫：《父与子》，耿济之译，商务印书馆 1922 年版，第 107 页。

② 引自［比］J. M. 布洛克曼：《结构主义》，李幼蒸译，商务印书馆 1981 年版，第 13 页。

③ ［法］福柯：《知识考古学》，纽约 1972 年英文本，第 12 页（M. Foucault, *The Archeology of Knowledge*，New York：Pantheon Books，1972，p. 12——编者注）。

恩的"科学革命"的概念相提并论。① 对观念史的间断性的强调，实际上倡导了一种新的历史哲学和新的哲学史观，值得进一步深入研究。另一个是知识型的问题。福柯告诉我们，同一个概念在不同的知识型中会具有完全不同的含义。只要我们对任何观念或理论的研究不停留在表面上，就应当深入地分析它所从属的特定的知识型，从而确定这些观念或理论的真正含义。从哲学上看，这方面还有大量工作可做。事实上，哲学不从事这方面的工作，它本身是不可能进步的。比如，我们不搞懂康德哲学的整个概念系统的话，很可能我们生活在 20 世纪，但仍以 17 世纪，甚至以希腊人的思维方式在思维。这决不是耸人听闻，而是在生活中到处都可见到的现象。人们应当永远抛弃知识是积累而成的幻觉。这样一来，他们就再也不会在平庸的哲学家的著作中流连忘返了。他们的目光会转向那些哲学大师，正是在这些大师的著作中，我们听到了哲学革命的隐隐的雷声：

> 那撒旦高呼作大声，
> 使地狱隆隆都震。②

---

① ［美］E. 库兹韦尔：《结构主义时代》，1980 年英文本，第 194 页（E. Kurzweil, *The Age of Structuralism*, New York：Columbia University Press，1980，p. 194——编者注）。

② ［英］弥尔顿：《失乐园》，傅东平译，人民文学出版社 1958 年版，第 17 页。

释义学

朝着视界的溶合

——伽达默尔的哲学释义学方法

> 获得一个视界意味着要学会超过当前最近的东西来看，这并不是为了忽视它，而是要在一个更大的整体和更真实的立场上来看它。
>
> ——[德]伽达默尔

如果把人类的文化史比作一个永远敞开着的陈列馆，那么象征人类智慧的历代典籍就是其中最惹人注目的珍品。然而，由于年代的漫长久远和文字的古奥多义，后人对前人典籍的理解和解释常常是见仁见智，甚至是迥然各异的。

究竟如何准确地理解并解释各种各样的典籍，特别是《圣经》的经文呢？在西方，经过许多世纪的酝酿，一门新的学问——释义学（hermeneutics）终于破土而出。在以施莱尔马赫（Friedrich Daniel Ernst Schleiermacher，1768—1834）和狄尔泰（Wilhelm Dilthey，1833—1911）为代表的德国古典释义学派那里，释义学主要是作为一种理解和解释各种典籍，即"文本"（text）的方法论而出现的。后来，海德格尔从他创立的基本本体论的角度出发，对释义学本身作了全新的解释，强调释义学的根本使命是探索"在的意义"问题。汉斯·乔治·伽达默尔（Hans Georg Gadamer，1900—2002）作为海德格尔的学生，继承了他的老师的基本思想，把单纯作为方法论和技巧的古典释义学提升到哲学释义学的高度上。在 1960 年出版的巨著《真理与方法》中，伽达默尔系统地表述了哲学释义学的思想。尽管他声称释义学现象主要不是方法问题，而是本体论问题；强调理解不是主体对客体的一种认识方式，而是人的存在的根本方式；然而，作为本体论而出现的哲学释义学仍然蕴涵着方法问题，这从《真理与方法》这部著作的书名中也可窥探出来。

在伽达默尔的哲学释义学所蕴涵的方法论中，"视界溶合"（the fusion of the horizons）是一个基本观念。这一观念为人们释读各种"文本"（广义的"文本"除了以语言方式出现的典籍外，还包括人类活动的各种产物，如建筑、雕塑、艺术作品等）提供了独特的、有价值的方法。

要明白"视界溶合"是怎么一回事，就得先搞清楚"视界"（horizon）这一概念的确切的含义。从哲学史上看，这一概念最初是由尼采和胡塞尔引入哲学的。它表现为一种方式，在这种方式中，思考关系到它的有限的范围，关系到洞察力不断扩张的法则。在伽达默尔那里，"视界"的概念获得了比较严格的含义。他说："视界是视力的范围，这一范围包括从一个独特的观点所能见到的一切东西。"①所谓"一个独特的观点"，实际上也就是一个特殊的视角，一种特殊的理解的前结构。在不太严格的意义上，它类似于我们常说的"先入之见"或"思维定式"，一定的视角造成一定的视界。

需要注意的是，伽达默尔这里说的"视界"是哲学释义学意义上的视界，这种视界并不是人人都有的。他强调说，一个没有视界或缺乏哲学见解的人是不可能看得很远的，并且他还可能会过高地估价他现有的一孔之见。反之，对于真正的理解者说来，视界所造成的限制并不是绝对

---

① ［德］伽达默尔：《真理与方法》，纽约 1982 年英文本，第 269 页（H. G. Gadamer, *Truth and Method*，New York：Crossroad Publishing Company，1982，p. 269——编者注）。

的，在积极的理解过程中，它会不断地扩张并超越自己。总之，有一个视界的人必须懂得，在这个视界内，每样东西都只具有相对的重要性，因为视界总是处在不断的发展和变化的过程中。

视界的一个基本的特征是，它是敞开的，而不是封闭的："人类生活的历史运动从来不会完全地限制在任何一个观点上，因此从来不会有一个真正的封闭的视界。"①任何理解者的视界都不会是一个孤立的系统，人在世的根本方式决定了视界的开放性和宽容性。视界的另一个基本特征是，它不是凝固不变的，它的稳定性和确定性只具有相对的意义，它在理解的活动中不断地延伸着，拓展着，丰富和发展着自己，甚至在较大的幅度上更新着自己。正如伽达默尔所强调的："一个视界并不是一个僵硬的界限，而是同人一起运动，并呼求一个人不断向前的东西。"②没有这样的基本特征，任何视界的溶合都是不可能的。

根据伽达默尔的观点，任何"文本"、任何典籍都蕴涵着它的作者的一定的视界。他把这种视界称之为"初始的视界"。这一视界反映了作者思考问题的独特的范围和角度，它是由当时的历史情景所赋予的。一个试图去理解前人的典籍或"文本"的后人，也有在现今的具体情景中形成起来的独特的视界，伽达默尔称之为"现在的视界"。显而易见，蕴涵于"文本"或典籍中的原作者的"初始的视界"与作为理解者的今人的"现在的视界"之间存在着很大的差距。这种差距是由时间间距和历史情景的变化所引起的，是任何理解者都无法回避的问题。伽达默尔主张，在理解的过程中，应该把这两种不同的视界溶合起来，从而既超越"初始的视界"，又超越"现在的视界"，达到一个更高的、更优越的视界。伽达默尔把这种新获得的视界称为"历史的视界"。

为什么伽达默尔要提出"视界溶合"的见解来呢？这得从他以前的古典释义学派的方法论说起。古典释义学派强调原作者和理解者之间

---

① ［德］伽达默尔：《真理与方法》，纽约 1982 年英文本，第 271 页（H. G. Gadamer, *Truth and Method*，New York：Crossroad Publishing Company，1982，p. 271——编者注）。

② 同上书，第 217 页。

的时间差距，由于这种差距的存在，后人在理解前人的作品时，往往带有种种主观的偏见和误解。为了克服这种误解和偏见，达到准确理解前人作品的目的，它主张理解者必须完全摆脱自己的成见，客观地复制出原作者生活的历史情景，从而"设身处地"地去理解前人的作品。总之，在古典释义学派看来，理解者的历史性是应予克服、应予抛弃的主观的因素。伽达默尔的"视界溶合"正是在反对这种所谓客观主义的理解方法的基础上产生出来的新观念。在海德格尔的基本本体论学说的影响下，伽达默尔把理解看作人在世、人参与历史的根本方式。我们没有理由只认可原作者的历史性，而一定要理解者抛弃自己的历史性。事实上，历史性是不可能被抛弃的，它是人类生存的基本事实。任何理解者都不可能把自己从自己所处的历史情景中剥离出来，去所谓完全客观地适应原作者的历史情景。用明白易懂的话来说，完全客观的"设身处地"只存在于想象中，而不是在现实中。所以，在理解中，人们需要做的并不是千方百计地去消除自己的历史性，把自己放逐到自己的外面去，而是要充分地意识到并确立这种历史性，从而达到不同视界的溶合："如果我们以某种方式抛弃了我们自己，我们就没有历史的视界。"①

在论述视界溶合的含义时，伽达默尔又提出了"放置我们自己"（placing ourselves）这一新术语。他强调说，当我们（理解者）把我们自己放置到另一种情景，即典籍或"文本"作者的历史情景中时，我们决不同时抛弃自己的情景和见解："在进入其他的情景时，我们也必须带着我们自己。只有这样才实现了'放置我们自己'的意义。"②换言之，绝对的客观主义纯属子虚乌有，从哲学释义学的眼光看来，真正可能的是视界溶合。伽达默尔毫不含糊地写道："理解总是我们想象为孤立地存在着的

---

①　[德]伽达默尔：《真理与方法》，纽约1982年英文本，第72页（H. G. Gadamer, *Truth and Method*, New York: Crossroad Publishing Company, 1982, p. 272——编者注）。

②　同上书，第271页。

这些视界的溶合。"①

伽达默尔又进一步指出，任何"文本"、任何典籍，实际上都是对问题的解答。当它们成为理解对象时，实际上把问题和答案都袒露在理解者之前。所以，"理解一个文本意味着理解这个问题"②。在这个意义上可以说，任何视界本质上都是"问题视界"。理解者的一个重要的动机是探索"文本"的初衷，即它力图加以解答的问题。然而，在理解过程中实现的"视界溶合"表明，理解者不可能停留在"文本"的初始的视界内，不可能单纯地重复初始的问题，而是在溶入"现在的视界"后，对"文本"重新提问并提供新的解答。即使是重复初始的问题，这一问题在新的历史情景下也获得了新的意义。从这个角度来看，理解活动实际上是"文本"与理解者之间的一场对话："正是在一个对话中，我们发现了他人的视界，他的见解才变得可以理解。"③伽达默尔特别推崇柏拉图的对话体著作，把它们理解为释义学过程的范例，因为它们使理解者在理解的过程中不断超越自己以前的视界。哲学释义学的逻辑就是问答逻辑、对话逻辑。

伽达默尔把他的理论和方法进一步引申下去。他告诉我们，几乎所有的"文本"都是用一定的语言写成的。同样，理解者也是通过对语言的理解达到对"文本"的理解的。整个理解过程乃至理解者和被理解者双方都漂浮在语言中。海德格尔说，语言是在的寓所。伽达默尔以同样的口吻告诉我们说，人永远以语言的方式拥有世界，理解的界限也就是语言的界限。这就是理解和语言的根本的、不可分割的内在联系。另外，传统主要是以语言为媒介流传下来的。没有语言，也就没有传统，没有视界和视界的溶合。"发生在理解中的视界溶合正是语言的特有的成就。"④要言之，按照伽达默尔的哲学释义学观点，语言决不是一种可有

---

① ［德］伽达默尔：《真理与方法》，纽约 1982 年英文本，第 273 页（H. G. Gadamer, *Truth and Method*, New York：Crossroad Publishing Company, 1982, p. 273——编者注）。

② 同上书，第 333 页。

③ 同上书，第 270 页。

④ 同上书，第 340 页。

可无的工具，它是人和世界的基本关系，是人在世的独特的方式。因而在他的目光中，语言是最神秘的、最令人困惑的现象。

上面，我们简略地介绍了伽达默尔关于"视界溶合"的思想。这一思想在方法论上究竟有哪些有益的启示呢？

首先，它告诉我们，理解和解释不是封闭的，而是一个永远敞开着的、永远开放的过程。用哲学释义学的语言来讲，理解者的视界永远是开放的，永远处在生成的过程中。理解本身永远是一场对话。不仅柏拉图的著作是一种对话，而且就其实质而言，每一个哲学家的著作都是一种对话，都是对问题的解答，对意义的新的探求。无论是老子的《道德经》，还是亚里士多德的《形而上学》，今后各个世代的人都能继续以各种不同的方式与它们进行对话。这样的对话是永远敞开的，永远延续下去的，是无限的。它们要求理解者的思想和胸襟永远是宽容的，因为狭窄的视界是容不下广博深邃的思想的。同样，无声无息的"文本"或典籍对不同的理解者永远是敞开的。它们如同一个个精神的"黑洞"，无穷无尽地吞噬着理解者赋予它们的新的意义，并且像《复乐园》中的神子一样，对理解者喊道，

我要用更好的思想来充饥。①

视界溶合的观念启示我们，把任何理解或解释绝对化、凝固化都是无益的，轻视他人的视界的结果只能是他人轻视你的视界。当你把自己的视界封闭起来的时候，你也就等于宣布了自己在精神上的死亡。歌德下面的告诫永远是引人注目的：

不是死就是变。②

---

① ［英］弥尔顿：《复乐园》，朱维之译，人民文学出版社1957年版，第63页。
② 转引自杜章智编：《卢卡奇自传》，李渚青、莫立知译，社会科学文献出版社1986年版，第8页。

其次，它启示我们，理解本身是一种创造。理解不是消极地复制出"文本"，不是原封不动地搬出初始的问题，理解是一种"生产性"的努力，是对历史的一种参与，是对自己已有视界的一种超越。在这个意义上可以说，文艺复兴决不是单纯地复制出古希腊文化的景观，而是借用古人的服饰来演出世界历史的新剧目，是创造性的视界大溶合。用这样的观点来审视新康德主义者的口号——"回到康德那里去！"，就会发现它是一个不恰当的口号，因为单纯的回复是没有创造性的，实际上也是不可能的。只有在理解中自觉地进行视界溶合，才能真正地超越前人，在前人的基础上，创造性地提出自己的新见解。

　　最后，视界溶合所达到的，不只是理解者和理解对象在视界上的溶合，而且也打破了传统和现实、过去和现在之间的壁垒，把它们溶合于理解的过程中，溶合于释义学的经验之流中。"理解不应被想象为人们主观性的一个行动，理解是将自己置于传统的过程中，在这一过程中，过去和现在不断地溶合起来。"①传统并不是一个外在的、异己的过去，而是一种积极地向今天延伸的东西，是我们理解的前提，也是我们在理解中不断超越的界限。在理解中，当我们把过去和现在、传统和现实溶合起来时，我们也就创造了未来。总之，从视界溶合的观点出发，就不应当无休止地、不加分析地去指责传统，而应当像伏尔泰笔下的天真汉一样对高尔同喊道：

　　要没有你，我在这里就陷入一片虚无了。②

---

　　① ［德］伽达默尔：《真理与方法》，纽约 1982 年英文本，第 258 页（H. G. Gadamer, *Truth and Method*, New York：Crossroad Publishing Company, 1982, p. 258——编者注）。
　　② ［法］伏尔泰：《老实人》，傅雷译，人民文学出版社 1955 年版，第 217 页。

西方马克思主义

渴望总体性

——卢卡奇的哲学研究方法

> 归根到底，我能够问心无愧地说：我在任何时候都曾设法尽我所能地说出我所要说的话。至于我的思想的价值和形式，这不该由我来判断。历史将以某种方式作出判断。
>
> ——[匈]卢卡奇

在世界各国的童话故事中，常常可以找到这样的情节，一个中了妖魔符咒的人突然变成了石像。后来，有人设法破除了符咒，于是，石像重又变成了活生生的人。如果把人变成石像的现象借喻为资本主义社会中普遍存在的"物化"现象的话，那么卢卡奇的"总体性"的方法就是力图把石像复原为有血有肉的、富于创造性的人。童话与现实的差别在于，童话所要复原的不过是一个或数个"石像"，而在现实中，卢卡奇所要复原的则是被物化现象所扭曲、所窒息了的整个无产阶级的阶级意识和生气勃勃的创造力。

乔治·卢卡奇（Georg Lukacs，1885—1971）是匈牙利著名的哲学家和文学家，是西方马克思主义的最卓越的奠基人。在其早期著作《历史与阶级意识》中，卢卡奇提出了"渴望总体性"（an aspiration towards totality)的口号。这一口号不仅是卢卡奇哲学方法的集中体现，也是其全部哲学思想的中心环节和根本宗旨。那么，在卢卡奇那里，"总体性"的方法究竟是如何提出来的呢？它的基本内涵和意义又是什么呢？下面，我们就来论述这个问题。

在剖视资本主义社会的现实时，卢卡奇极其敏锐地抓住了"物化"(reification)这一现象。他告诉我们："物化是生活在资本主义社会中的每个人的必然的、直接的现实。"①由于分工和交换的高度发展，资本主义社会出现了巨大的商品堆积。人与人之间的关系，被商品与商品之间的关系所淹没，从而表现为物与物之间的关系。尤其是当劳动力在市场上被出卖、并被投入生产过程时，劳动者的机能与他的人格分离了，它"变成了一个物，一种商品"②。

"物化"所导致的严重后果是：它使人们局限于狭隘的分工的范围内，留恋于周围发生的局部的事件上，从而只见树木，不见森林，失去了对整个资本主义社会的理解力和批判力；它使现实本身僵硬化，无生命化了，过去支配现在，死的统治活的，目光短浅的人们失去了未来；它使无产阶级客体化、对象化了，从而忽略了自己的主体性和创造力："当世界变得机械化的时候，它的主体，人也必然地被机械化了。"③

在大量的"物化"现象的基础上产生了"物化意识"。这种"物化意识"的根本表现是：人的意识对物的无限崇拜(马克思称之为"商品拜物教")，人成了客观法则的消极的旁观者。物与法则犹如罗马皇帝提贝里乌斯，获得了至高无上的尊严。每当提贝里乌斯离开元老院时，他总是习惯于用希腊语说：

多么适于做奴才的人们啊！

---

① [匈]卢卡奇：《历史与阶级意识》，1971 年英文本，第 197 页(Lukacs, *History and Class Consciousness*, Cambridge: MIT Press, 1971, p. 197——编者注)。
② 同上书，第 99 页。
③ 同上书，第 38 页。

这种"物化意识"在第二国际的机会主义者那里成了"经济宿命论",极大地束缚了无产阶级的创造性。

如何冲破"物化意识"的羁绊,唤起无产阶级创造历史的巨大热情呢?卢卡奇认定,在思维方法上必须有一个根本性的转折,那就是回到被人们一再地忽略的马克思的方法上去。这一方法的实质就是"总体性"(totality)。卢卡奇写道:"总体性的范畴,整体对于部分的普遍的优越性,是马克思从黑格尔那里接受过来、而又卓越地把它转变成为一个全新的科学的基础的方法论的实质。"①卢卡奇认为,马克思主义和形形色色的资产阶级思潮的根本区别不在于强调经济法则的首要性,而在于强调总体的首要性。

那么,卢卡奇说的"总体"究竟是什么意思呢?要回答这个问题,就必须追溯到黑格尔。在黑格尔那里,总体指的是包罗万象的精神性的东西,即绝对精神。马克思在唯物史观的基础上改造了黑格尔的方法论:"在马克思那里,辩证法的目的是把社会理解为一个总体。"②卢卡奇认为,马克思在《〈政治经济学批判〉导论》中非常透彻地阐发了这一见解。马克思还特别强调,部分的东西是抽象的,只有总体才是具体的、现实的。总之,根据卢卡奇的理解,总体就是指现实的、具体的社会,即资本主义社会。

为什么卢卡奇的"总体"范畴只用来指称社会现实呢?因为他对辩证法的范围有自己独特的理解。他认为,辩证法只与人的思维和行动有关,自然辩证法是不存在的:"认识到方法在这里仅限于历史和社会的领域是最为重要的。"③所以,我们不能在社会历史发展的进程之外去理解卢卡奇的总体性的方法。

---

① [匈]卢卡奇:《历史与阶级意识》,1971 年英文本,第 27 页(Lukacs, *History and Class Consciousness*, Cambridge: MIT Press, 1971, p. 27——编者注)。

② 同上书,第 28 页。

③ 同上书,第 24 页。

下面，我们结合卢卡奇对资本主义社会现实的分析，来审视他的总体方法的基本含义。首先，卢卡奇强调，总体不等于部分的简单的总和，总体包含着部分所没有的东西。用总体的方法去透视社会，就会发现，被"物化意识"扭曲了的，看上去各自孤立的事件获得了有机的联系，"仅仅只有把社会生活的孤立的事实看作历史过程的各个方面，并把它们综合进一个总体的时候，事实的知识才可能希望成为现实的知识"①。要言之，没有总体的方法，人们永远只能停留在"物化意识"的哈哈镜前，而不能洞见社会的真正现实。举例来说，分工把人们的经济活动分裂为许多部分，但用总体的方法加以分析就会发现，全部经济活动，如生产、消费、分配、流通都是有机地统一于整个社会发展进程的。又如，法学、经济学、历史学等科学并不是各自独立、各自为政的科学，"有的只是一门单独的、统一的——辩证的和历史的——作为一个总体的社会进化的科学"②。只有把对部分的理解置于对总体的理解的前提之下，部分才是真正可能被理解的。

其次，总体并不是静止的、僵死的，它处在不断的变化发展中，它本身表现为一个过程，一个辩证地发展着的过程。用这样的方法去审视资本主义社会，就发现它并不是被"物化意识"所变形了的、冻结的现实，而是一个活生生地向前发展着的历史的过程。正如卢卡奇说的："只有总体的辩证的观念能够使我们把现实理解为一个社会过程。"③而当人们把整个社会理解为向前运动的过程时，他们就会面向未来，向未来敞开，而不是去成为过去的殉葬品，成为物的奴隶。

最后，总体之所以表现为一个生生不息的发展过程，因为它所描述的社会历史运动始终是和人的实践活动，和人的行为联系在一起的。如果除去人的实践活动，那社会和历史也就不复存在了。社会历史过程并

---

① ［匈］卢卡奇：《历史与阶级意识》，1971 年英文本，第 8 页（Lukacs, *History and Class Consciousness*, Cambridge：MIT Press，1971，p. 8——编者注）。

② 同上书，第 28 页。

③ 同上书，第 13 页。

不在我们之外，恰恰相反，它正是由我们的行动构成的。正如卢卡奇所说的："历史过程必须在我们的行为中并通过我们的行为获得成果。"①卢卡奇汲取了黑格尔关于实体即主体的见解的合理因素，强调社会历史和法则并不是物一样的凝固的存在，而是充斥着人的意识及其行为的创造性的动态的过程。总之，人并不是被物化的"石像"，并不是历史法则的消极的旁观者，人不但无时无刻不在参与历史，而且他本身就是历史。如前所述，卢卡奇的"总体"方法是只描述社会和历史的，而在社会历史过程的"总体"中，人的意识，尤其是人的实践活动的巨大创造性必须凸显出来。这正是卢卡奇的"总体"方法所要告诉我们的最根本的东西。用总体的眼光去审视社会历史，社会历史就成了意识和存在、自由和必然、可能和现实相统一的活生生的发展过程。相反，如果只注目于经济法则，社会历史进程的总体就被消解了，人的巨大的主体性和创造力就被抹煞了，一切都被凝固为"石像"了，如同罗得的妻子变为盐柱一样。②

在明白了社会历史进程是一个有机的总体这一点之后，卢卡奇又进一步追问道，谁才有资格来充分地领悟这一总体呢？他回答道："现实仅仅作为一个总体时才能被理解和领悟，而仅仅只有一个本身是总体的主体才有能力加以领悟。"③这是不是说存在着两个总体呢？其实并不是，这是一而二、二而一的事情。作为社会历史进程的总体是唯一的，但从黑格尔的实体即主体的见解可知，它同时又是主体，它能自己认识自己，自己领悟自己。从被认识的角度去看社会，社会就是一个"被认识的总体"（the totality to be known），从它能自己认识自己的角度去看，社会又可以说是一个"能认识的总体"（the knowable totality）。

---

① ［匈］卢卡奇：《历史与阶级意识》，1971 年英文本，第 43 页（Lukacs, *History and Class Consciousness*, Cambridge：MIT Press, 1971, p. 43——编者注）。

② 见《圣经·旧约》创世记。

③ ［匈］卢卡奇：《历史与阶级意识》，1971 年英文本，第 39 页（Lukacs, *History and Class Consciousness*, Cambridge：MIT Press, 1971, p. 39——编者注）。

现在的问题是，在社会历史进程这一总体内部，究竟有哪一个因子来充当大脑的作用，从而使总体获得对自己的认识和自我意识呢？这个因子是不是生活在社会中的"个人"呢？显然不是。卢卡奇说："从个人通往总体的道路是没有的。"①那些强调个人的主体性的人只能退回到康德那里去。那么，这个有资格领悟总体的因子又是谁呢？卢卡奇认为："只有阶级才能积极地领悟社会现实并整个儿地把它加以转变。"②卢卡奇这里说的"阶级"又是指哪一个呢？显而易见，指的是无产阶级："无产阶级是总的社会现实的自觉的主体。"③

我们再追问下去，无产阶级能自发地领悟社会现实总体吗？卢卡奇告诉我们，无产阶级的自发的意识处在"物化意识"的重压下，是不可能领悟总体的，只有阶级意识才能领悟总体。具备无产阶级的阶级意识也就是具备无产阶级的世界观，其根本标志就是"渴望总体性"。"渴望总体性"的基本含义又是什么呢？

其一，无产阶级要从总体上认识资本主义社会的基本矛盾及其社会结构，从而获得一种清醒的批判意识，这一意识的核心是对资产阶级领导权的认识："资产阶级领导权确实包括了社会总体，它力图按自己的利益来组织整个社会。"④领导权概念是社会历史总体性的确证。在这个意义上可以说，渴望总体性，也就是渴望领导权。

其二，渴望总体性，"也就是说：在客观上，行动要朝着总体转变"⑤。这就告诉我们，无产阶级不但要从总体上意识到资本主义社会的现实，而且要努力在实践中改变它，使自己的任何行动都从属于一个目标：转变总体，即从根本上改造资本主义社会。

当无产阶级具备了这样的阶级意识之后，它就不再是一尊被物化的

————————

① ［匈］卢卡奇：《历史与阶级意识》，1971 年英文本，第 28 页（Lukacs, *History and Class Consciousness*, Cambridge：MIT Press，1971，p. 28——编者注）。

② 同上书，第 39 页。

③ 同上书，第 21 页。

④ 同上书，第 65 页。

⑤ 同上书，第 175 页。

石像了，相反，它成了历史过程中的主体客体的统一体，成了创造现代社会历史的真正的主人。无产阶级的额头上应该写上罗马统帅恺撒的名言：

> 我来，我看见，我征服。①

与早期相比，卢卡奇晚期的思想发生了较大的转折。在《历史与阶级意识》的"再版序言"中，他批评了自己早年对物化与异化的混淆，批评了把总体置于经济之前的观点，也批评了自己对反映论和自然辩证法的否定。经过数十年的理论思考，卢卡奇深入领会了马克思主义的真谛，提出了关于社会存在本体论的重要学说。这一学说值得引起理论界的高度重视。然而，卢卡奇早期思想的影响并未因此而稍减。事实上，他早期思想中的一些基本观点也是充满创造性的，也有不少可供借鉴之处。

首先，他以特有的敏锐捕捉到了现代社会中存在的重大问题——物化。马克思的《1844年经济学哲学手稿》是在1932年首次发表的，而卢卡奇的物化理论则是在1923年提出的。卢卡奇的这一思想对海德格尔产生了一定的影响，使他在1927年发表的《存在与时间》中论述了异化的问题。随着科学技术的高度发展，西方工业社会中的异化现象愈益严重地表现出来。人所创造的物的世界倒过来成了人的统治者。法国荒诞派剧作家欧仁·尤内斯库在他的代表作《新房客》中形象地表露了这一主题。

> 搬夫乙您家具可真多呀！您把全国都塞满了。
> 先生塞纳河不流了。也被堵住，没有水了。②

---

① 参见莎士比亚戏剧《皆大欢喜》，见《莎士比亚全集》第3卷，朱生豪译，人民文学出版社1978年版，第187页。

② 参见《外国现代派作品选》第三册（上），上海文艺出版社1984年版，第135页。

事实上，不深刻地认识西方社会的物化和异化的现象，就不可能对它作出真正有价值的批判。

其次，总体的方法把社会现实理解为多种因素交互作用的结果，理解为一个复杂的整体。在这个整体中，意识起着重要的作用。如果忽视对意识问题的研究，唯物史观就可能被曲解为庸俗的经济决定论。以后，马尔库塞和阿尔都塞等人对意识形态问题的研究都在一定程度上受到卢卡奇的启发。

最后，总体的方法反对在哲学的探讨中把人与社会发展的规律分离开来并对立起来。社会现实的发展过程本身表现为一个总体，它本身是由人的全部活动构成的，并且正是人的全部活动形成了历史发展的法则。人的活动并不在社会发展法则的彼岸，毋宁说，它本身就是社会发展法则。在不少场合下，我们之所以陷于无谓的争论，是因为我们以不正确的方式提出了问题。在这个意义上可以说，哲学的根本方法就是以正确的方式提出问题。

人是他前面的那个他

——布洛赫的尚未存在本体论方法

> 马克思主义只有把未来的地平线导入知识，把过去作为未来的前室，才能给现实以真正的向度。
>
> ——[德]布洛赫

在宽广的哲学舞台上，各种学说纷然杂陈。根据黑格尔的观点，每一个原则都注定会在一个或一群哲学家那里膨胀为一种学说，从而在一定的时间和场合下充当舞台上的显要角色。当代德国著名的马克思主义者恩斯特·布洛赫（Ernst Bloch，1885—1977）献给世人的"希望哲学"（Hoffnungs philosophie）就是在深入研究"希望"原则的各种具体的表现的基础上提出的。不少资料表明，人们对布洛赫学说的兴趣正在与日俱增。然而，泡沫并不就是潜流。布洛赫的希望哲学有一个更深层的理论前提——"尚未存在本体论"（the ontology of not yet-being）。只有深入地探明这一理论前提，并把握它所蕴涵着的方法论思想，才能真正自由地出入希望哲学的领地。

尚未存在本体论是布洛赫有选择地继承西方哲学传统的一个创造性的结晶。在他看来，从泰利士以来的西方形而上学的传统，主要奠基在"一个不变的本体论"（a settled ontology）的基础之上。世界似乎是某种给定的、永恒不变的东西，或者在世界的多样性的外观之下，去寻找一种确定的"基质"，不管哲学家们把它命名为实体、理念、精神还是物质，它都是一种一开始就给定的本体结构。这样一来，就把实在中的现在和将来的向度给堵住了。然而，在哲学史上也出现了另一类哲学家，如赫拉克利特、谢林（晚期哲学）、黑格尔、柏格森、哈特曼，怀特海等，则把世界或实在理解为一个过程，这尤其典型地表现在黑格尔的《精神现象学》和歌德的《浮士德》中。① 在这些哲学家的目光中，世界或实在被理解为一个未完成的进程，而本体论则成了"一个历程问题"。这类哲学常被称为"过程哲学"。

布洛赫比较倾向于后一类哲学家，为了强调他的本体论所蕴涵的强烈的过程意识，他把它命名为尚未存在本体论。在这里，我们首先涉及布洛赫独创的"尚未"（德文为 noch nicht，英译为 not yet）这一重要的、基本的概念。在德语中，noch 作为副词，可解释为"还""仍然"或"尚"，nicht 作为副词可解释为"无"或"没有"。这两个副词连在一起，可解释为"尚未""还不是"或"还没有"等。在布洛赫那里，"尚未"并不是一个逻辑上的用语，它在意义上是比较模糊的。它可以指现在不存在而将来可能存在的东西，也可以指现在部分存在而将来可能比较完整地存在的东西。如 The child is not yet a man（这个儿童还不是成人）中的 not yet 就包含着这样的意思。

下面，我们再来看"尚未存在"（not-yet-being）这一概念。英语中的 being 常与德语中的 Seiende 对应起来，解释"在者"。在海德格尔看来，Seiende 是动词 sein 之分词，因而具有实体化的含义，而 Sein（对应于英文中的 Being，解释"在"）作为动词 sein 之直接名词化，具有显现、在场

---

① ［德］布洛赫：《一种未来的哲学》，纽约 1970 年英文本，第三部分，第 36—83 页（E. Bloch, *A Philosophy of the Future*, New York: Herder and Herder, 1970, pp. 36-83——编者注）。

的动态的含义。海德格尔批评传统哲学拘执于"在者",从而遗忘了对"在"的意义的追问。布洛赫的理解与海德格尔有较大的差异。"尚未存在"的概念包含着三层意思,(1)"在者"(seiende 或 being)作为实体性的东西,并不像海德格尔所认为的那样是不变的,相反,它是一种尚未完成、尚未定型的东西,(2)"在"(Sein 或 Being)作为充分的完善的"在者"也处在尚未完成的过程中,它是一种正在变得可能的东西,因而"在"不可能被遗忘或失去,它存在于人们对未来的期待中:(3)"在"与"在者"并不是对立的,在尚未完成的过程中,它们之间具有一种张力。布洛赫说:"在——不是在这个概念的形式上,而是在其充分意义上——并没有失去,因为它还从未完全存在过,所以它整个地依赖于在者,把在者作为它进行准备的可能的场所。"①

根据布洛赫的尚未存在本体论,世界是一个尚未定型的东西,它始终保持在一种开放的、期待的、倾向性的状态中,因为某些需要的东西还得在过程中等它发生。他甚至说:"真正的发生不是在开头,而是在终结的地方。"②布洛赫还把世界看作一个永远敞开着的实验室,他告诉我们:"世界历史本身是一个实验,是从这个世界向往一个可能的健全的世界的一个真正的实验。"③用逻辑的语言来讲,S is not yet P(主词还不是谓词),世界上的万事万物都处在永恒生成的过程中。就人而言,他也是一个尚未完成的过程。他强调,人本质上生活在将来,人总是处在到某处去的路上,用哲学的语言来说,人生活在"前历史"中,他几乎还没有开始成为人,在《一种未来的哲学》一书中,他开宗明义地宣称:

---

① [德]布洛赫:《图宾根哲学导论》,法兰克福 1963 年德文本,第 216 页(E. Bloch, *Tübinger Einleitung in die Philosophie*, Frankfurt A. M.:Suhrkamp, 1963, s. 216——编者注)。

② [英]W. 赫德森:《恩斯特·布洛赫的马克思主义哲学》,伦敦 1982 年英文本,第 209 页(W. Hudson, *The Marxist Philosophy of Ernst Bloch*, London:Macmillan Pr. Ltd., 1982, p. 209——编者注)。

③ 同上书,第 110 页。

"我存在，但是我并不拥有我自己。"①"我存在"中的"存在"仍然是内在的，因而被包裹在它本身的黑暗之中。人是被赤裸裸地抛掷到这个世界上来的，他不断地在自己的地平线上移动着，决不能用任何固定的本质去规范他、约束他。他是一个"X"，是一种充分敞开的发展着的东西。尚未存在本体论还强调，人与世界的关系也处在敞开的、未完成的状态中。

在这里，布洛赫又提出了一个新概念——"尚未意识"(the not yet conscious)。尚未意识不仅表明人的意识具有能使人洞见还未在现实中出现的各种可能性的"一个期待的向度"，而且表明尚未生成的东西在意识中作为一种主客体混沌合一的东西在起作用。尚未意识作为意识中的一个层次，常在人的"白日梦"中宣告它自己的诞生，它是人的种种乌托邦想象的发源地，尚未意识的这种"前意识"的特点本身蕴涵着对传统意识中的主客体分裂的弥合。布洛赫关于主客体的辩证法思想正是从这里产生出来的。从尚未意识出发，他还对"同一性"概念作了新的解释。古典哲学所讲的人与世界的同一性、主客体的同一性都是一种已然存在的不变的关系，而布洛赫则把"同一"本身理解为一个动态的、敞开着的过程。从尚未存在的本体论出发，布洛赫对传统哲学中的一系列基本问题作出了新的解释。

那么，布洛赫为什么把一切都理解为尚未存在的东西呢？这里涉及他的一个更基本的概念，即"倾向—潜在性"(tendency-Latency)。其中"倾向"指"物质的能量的驱动力"，"潜在性"指"物质的潜在的隐德来希"，即潜藏在物质内部的神秘的目的。这一概念表明，布洛赫受到亚里士多德学说的重要影响。在他看来，现实世界的一切都是在倾向—潜在性的驱动下不断向前发展的。

这种倾向—潜在性尤其表现在人的身上，表现在人类社会发展的历

----

① ［德］布洛赫：《一种未来的哲学》，纽约 1970 年英文本，第 1 页（E. Bloch, *A Philosophy of the Future*, New York：Herder and Herder, 1970, p. 1——编者注）。

史中。人生活在这个世界上是受种种需要驱动的。比如生理上的需要（饥、渴、性等），情感上的需要（艺术、宗教等），求知的需要（各种科学、哲学等）。人总被"新奇的事物"（novum）导引着。novum 是布洛赫提出的又一个重要的概念，新奇的事物指称的是尚未生成的将来的东西。如果说倾向—潜在性驱动人进行各种活动，那么新奇的事物则像一个预设的目标把人的活动导向前面的某一点。人在追求新奇的事物时，是不受任何既定的东西的约束的。为了说明人的追求的无限度的特点，布洛赫又提出了"超界限"（extra-territoriality）的新概念。世界和人的"尚未"的特征决定了任何界限的相对性。由于这种界限的突破，世界和人都向无限多的可能性开放。在这里，布洛赫又向传统的哲学观点挑战了。传统的哲学观点认为，现实性高于可能性，布洛赫则强调，可能性比现实性更重要、更根本。为此，他提出了"真正的可能性"（real possibility）的新概念。他说："真正的可能性就是其条件还未在对象本身的范围内凝聚起来的一切；这些条件仍然在成熟的过程中；重要的是，新的条件——尽管以那些已然存在的条件为中介——突然跳出来宣布新的现实的到来。"①真实的可能性不同于那些形式上的空洞的或显然荒谬的可能性，它是有充分依据的。它力图把人们眼中的凝固的现实变成一个无限敞开的多向度的过程。

为了客观地描述这个过程，布洛赫又引入了一种新的时间概念，他称之为"新黎曼时间"。他不同意一些唯心主义哲学家把时间完全主观化，他认为，这样一来，时间的客观性就给否定了，时间被推入主观心理的深渊之中。他强调，时间不是抽象的图式，而是同物质运动一起变化的具体的方式。他从黎曼几何学的异质的、多向度的空间理论中受到启发，主张把时间也看作是具有不同质的、多向度的时间。他把时间分为两种：一种是"自然的时间"，这种时间又可进一步细分为空洞的重复

---

① ［德］布洛赫：《希望的原理》，法兰克福 1959 年德文本，第 225—226 页（E. Bloch, *Das Prinzip Hoffnung*, Frankfurt A. M.：Suhrkamp，1959，ss. 255-266——编者注）。

的自然时间和质上有变化的充满可能的未来的时间；另一种是"历史的时间"，这种时间又可进一步细分为漫长的平静阶段的时间和非常重要的短期的时间。布洛赫认为，这两种时间是异质的，只有把它们区别开来，才能客观地描述出现实运动的各种过程。

在新的黎曼时间的地平线上，人类历史，亦即人的活动过程获得了新的理解。布洛赫认为，"过程"是由无数"目前"组成的。目前总是处在"尚未"的状态下，它是我们视觉的盲点。目前中存在的一切都离我们太近了，因此，我们看不清楚。在这个意义上，目前是黑暗的。然而，"前面"也存在于目前的黑暗之中。"前面"（front）是布洛赫引入的又一个新概念。它意谓"时间的最远的部分，在那里，我们发现自己是充满生气的和主动的"①。"前面"使"目前"不断地向前移动，而隐藏在前面的则是新奇的事物。

要言之，布洛赫的尚未存在的本体论告诉我们，人和物质世界并不是静态的，而是在倾向—潜在性的驱动和新奇的事物的导引下，不断地向前面运动，不断地趋向未来。在某种意义上，人是他前面的那个他，人不断地向前面抛掷他自己，因而人性也不是凝固的东西，而是一个不断向前扩张的过程。

正是在这一套理论的基础上，布洛赫提出了希望哲学。他认为，人心中有各种情绪，如恐惧、烦恼、希望、焦虑等。在这些情绪中，唯有希望把人推向未来，因而希望是一种最重要的情绪。他还进一步强调，希望不仅是一种心理上的现象，而且它是整个客观现实中的一个基本规定："对还未生成的可能性的期待、希望和向往，不仅是人的意识的根本特征。具体地进行调整和把握的话，它也是客观实在整体内部的一个

---

① ［德］布洛赫：《图宾根哲学导论》，法兰克福 1963 年德文本，第 277 页（E. Bloch, *Tübinger Einleitung in die Philosophie*, Frankfurt A. M.：Suhrkamp, 1963, s. 277——编者注）。

基本规定。"①希望决不是一种可有可无的、偶然的现象，而是一种本体论现象，对于人的存在和人类社会的现实而言，它是不可或缺的，它引导人类社会沿着一定的轨道向前迈进。对于布洛赫说来，希望是如此之重要，以至我们不禁联想起拜伦笔下的巴巴对苏丹女王的赞辞：

> 只要你一皱眉一切天体都会失调，
> 只要你一笑一切的行星都会欢腾。②

由于希望是人的需要和人性中的基本的一维，因而人是充满乌托邦想象力的，人类文明史就是由无数乌托邦构成的。布洛赫认为，哲学的根本使命是唤醒人心中的乌托邦能力，因而他的哲学也常被称为"乌托邦哲学"。在人类文明史上，充斥着各种各样的乌托邦。如宗教乌托邦、地理乌托邦、戏剧乌托邦、音乐乌托邦等。这些乌托邦可以分为两种类型：一是"抽象的乌托邦"（abstract Utopia），二是"具体的乌托邦"（concrete Utopia）。前者把人性的完善和进步与对世界的改造分离开来，这样的乌托邦只能建筑在一部分人奴役另一部分人的基础上，后者则把人性的进步与对世界的改造紧密地结合起来，体现了主体与客体的同一，因而是奠基在真正的可能性基础之上的乌托邦，它会导致人与世界之间的新的和谐。

　　布洛赫力图把这种乌托邦哲学与马克思主义的学说综合起来，因而他竭力主张，马克思主义就是具体乌托邦。他认为，马克思的学说充满了乌托邦的精神，这尤其表现在《哥达纲领批判》一书中。在该书中，马克思详尽地描述了未来社会的蓝图。然而，布洛赫又指出，在马克思主义的一些追随者那里，这种乌托邦精神又失落了，由于他们受到庸俗决定论的左右，把未来看作某种早已决定了的东西，因而在自己的额头上

---

　　① ［德］布洛赫：《希望的原理》，法兰克福1959年德文本，第5页（E. Bloch, *Das Prinzip Hoffnung*, Frankfurt A. M. : Suhrkamp, 1959, s. 5——编者注）。
　　② ［英］拜伦：《唐璜》，朱维基译，上海译文出版社1983年版，第419页。

写上了地狱的铭文：

　　　　　你们走进这里的，把一切希望捐弃了吧。①

希望的贫乏也伴随着创造性和想象力的贫乏，因而布洛赫希望，他的乌托邦理论能重新激发起马克思主义的生命力和创造力，以便更自觉地推动人类社会向前发展。

　　布洛赫的思维之路，在某种意义上与马克思主义的创始人是正相反对的。马克思和恩格斯通过对人类社会，尤其是资本主义社会的深入研究，指明了社会主义从空想（乌托邦）到科学的道路，布洛赫则把社会主义从科学重新拉回到空想中去。这种理论上的退步注定了他对马克思学说的修正和补充的不合理性。然而，布洛赫毕竟敏锐地看到了马克思主义发展史中出现的一些新问题，这特别表现在他对庸俗决定论或机械决定论的批评中。他导出的结论虽然是错误的，他的哲学体系虽然充满了神秘主义和折中主义的陈腐气息，但他毕竟阐发出了一系列有价值的思想，从而启迪了后人的思绪：

　　首先，布洛赫着重开发了人性中面向未来、充满期待的希望的一维。他强调，人不是他过去的他，而是他前面的他，人性沿着地平线不断地向前移动，它是不能用静态的方法简单地加以规约的。过去，人们深受机械决定论的束缚，即使侈谈未来，未来也不过是现在的一个更高级的摹本而已。因而本质上人们谈论的仍然是现在，未来不过是现在的另一个名字、另一种表达罢了。这就是说，人性中向前的一维实际上是封闭的。布洛赫不但主张打开这一维，而且主张把这一维作为理解人性的根本的依据，这就使西方工业社会拘执于物的人性获得了新的生命力。

　　其次，在布洛赫的学说中，可能性的概念起着重要作用。他的尚未

---

　　① ［意］但丁：《神曲：地狱篇》，朱维基译，上海译文出版社 1984 年版，第 19 页。

存在本体论的宗旨就是阐明人和世界的敞开性和可能性。旧世界的格言是：树上的三只麻雀不如手中的一只麻雀，因为树上的是可能的，手中的则是现实的。这一格言虽然体现了某种可贵的求实精神，但也夹杂着一种缺乏勇气和创造性的保守心理。新世界的格言应该倒过来：手中的一只麻雀不如树上的三只麻雀。因为新世界更需要创造性和开拓精神，更需要向各种可能性敞开的勇气。

最后，布洛赫提出的新黎曼时间也值得引起我们的重视。长期以来，人们一直以为自己是时间的主人，仿佛时间就是他们手上的机械表。他们的思想受到这种均匀流逝的机械时间的影响是如此之大，以致很难使他们的思维超出这种时间的地平线。在这个意义上，时间才是他们的真正的主人。哲学家是从不屈从于任何既成的东西的，因而他们的探索之矛也投向了时间。布洛赫关于"自然的时间"与"历史的时间"的区分，将大大深化人们对人类社会历史的独特性的理解。一切观念都在变化，难道人们关于时间的观念就可以幸免吗？让我们记住莎士比亚戏剧《冬天的故事》第四幕"引子"中"时间"的自白吧：

> 我既有能力推翻一切世间的习俗，
> 何必俯就古往今来规则的束缚？

性格：性欲与意识形态的聚焦点
——赖希的性格分析方法

> 每种社会制度都创造出为保护自己所需要的那些性格形式。
>
> ——[奥]赖希

黑格尔曾经说过："性格就是理想艺术表现的真正中心。"①长久以来，性格就是文学艺术批评和美学讨论的专门课题。然而，在当代奥地利著名的弗洛伊德主义的马克思主义者威廉·赖希(Wilhelm Reich，1897—1957)那里，性格概念却获得了重要的哲学意义。赖希提出了著名的"性格分析方法"(The method of character analysis)，这一分析方法对西方的精神病治疗学、社会学和哲学都产生了广泛的影响。

赖希的性格分析理论和方法是在 20 世纪二三十年代形成和发展起来的。这一形成与发展的过程是与两位大思想家——弗洛伊德和马克思的名字分不开的。

赖希的这一理论尤其受到弗洛伊德心理分析学说的重大影响。在性格问题上，弗洛伊德提出

---

① [德]黑格尔：《美学》第 1 卷，朱光潜译，商务印书馆 1981 年版，第 300 页。

了一系列重要的思想：他率先揭示了性格与"里比多"压抑之间的本质联系；阐明了性格在儿童时期的形成；强调了"超我"的实质是保留了父亲的性格。弗洛伊德深入细致地分析了达·芬奇、莎士比亚、歌德、陀斯妥耶夫斯基等人的性格，尤其在分析陀斯妥耶夫斯基的性格时，他指出："向道德的妥协是俄罗斯人典型的性格。"①这表明，他对人物性格的探究早已超出精神病患者的范围而进入社会学的领域中去了。然而，在赖希看来，弗洛伊德的性格理论乃至其整个心理分析学说存在着严重的缺陷：一是他并不十分重视性格问题，他仅仅把性格理解为无意识冲动的种种表现②，认为只要把握无意识理论也就够了。二是过分重视人的生物学本性，忽视了种种社会条件对性格形成和发展的影响。比如，"超我"不只体现了父亲性格的范例，而且体现了作为社会力量的意识形态的渗入和影响。三是强调性压抑的不可避免，拒不鼓励性解放，这就使人类性格结构的改变成了难以实现的目标。从赖希开始形成其"性高潮理论"（the theory of the orgasm）和"性格理论"（the theory of character）起，他就不可避免地与弗洛伊德分道扬镳了。

马克思的社会批判和政治革命的学说也对赖希的思想产生了深刻的影响。一方面，赖希肯定了马克思的政治革命的理论，但又主张辅之以"性革命"，以确保政治革命的真正胜利；另一方面，赖希肯定了马克思对现实社会的经济关系和意识形态的深入分析，但又批评马克思主义者忽视了经济关系和意识形态之间的中间环节——"个体的性格结构"（the character structure of the individual），提出了意识形态"内在化"或"锚入"（anchored）个体的性格结构的著名理论。③ 根据这一理论，道德、宗教、法律等具体的意识形式是埋置在普通人的性格结构之中的，它们对

---

① 《弗洛伊德论美文选》，张唤民、陈伟奇译，上海知识出版社 1987 年版，第 150 页。

② 参见《弗洛伊德后期著作选》，林尘等译，上海译文出版社 1986 年版，第 79 页。

③ ［奥］赖希：《法西斯主义的大众心理学》，纽约 1946 年英文本，第 13 页（W. Reich, *The Mass Psychology of Fascism*, New York: Orgone Institute Press, 1946, p. 13——编者注）。

经济生活的反映常常是通过人们的性格结构的折射表现出来的。而性格结构是在儿童时期形成起来的，很自然地体现了前一个时代的意识形态，这正是"传统的力量"的意义之所在①，也可用来解释在社会急剧变革的时刻，政治何以常常不反映经济现实。赖希的性格分析理论除了受到弗洛伊德和马克思的启发外，主要是在他自己的心理分析实践中逐步形成起来的。心理分析学家在工作中常常碰到的困难是，病人用沉默、规避甚至欺骗的手法拒绝被分析，赖希把这种现象称为"性格阻抗"（character resistence）或"自恋屏障"（narcissistic barrier）。② 这种现象使赖希下决心深入探究性格问题。那么，什么是性格呢？赖希告诉我们，"从初始的和本来的意义来看，性格是一种自恋的保护机制"③。又说，"性格是自我对可以被称作为一种严格性（a rigidity）的东西的长期选择"④。这就是说，性格是人的行为和反映的惯常方式，是某人之为某人的特殊存在方式和表现方式。在赖希那里，性格和性格结构实际上是同一个概念。

作为保护机制，性格的基本功能有二：一是对内控制"里比多"的骚动；二是对外抵制外部世界的种种刺激。性格像一层外壳一样保护着个体的独立性和完整性，正是在这个意义上，赖希也常常使用"性格盔甲"（character armour）的概念。性格可以划分为两大类型：一是"生殖的性格"（genital character），这是一种开放型的、有能力对外对内进行自然的自我调节的健康的性格；二是"精神病的性格"（neurotic character），这是一种病态的封闭型的性格。

性格是在儿童时期形成起来的，而绝大多数儿童是在父母的培养下，在一定的家庭中成长起来的。不仅个人，整个民族和种族的命运，也都是在家庭这个狭隘的舞台的基础上发生作用的。虽然家庭是一定的

---

① ［奥］赖希：《性高潮的功能》，纽约 1961 年英文本，第 161 页。
② 参见《赖希选集》，多伦多 1979 年英文本，第 49 页。
③ ［奥］赖希：《性格分析》，纽约 1963 年英文本，第 125 页。
④ 同上书，第 145 页。

经济关系的产物，但它却通过对儿童的培养，造成了为支持整个社会的政治和经济制度所必需的那种性格结构。① 赖希进一步分析道，从历史和人类学的观点来看，家庭有两种基本类型：一是"母权家庭"，二是"父权家庭"。在人类历史的发展中，母权家庭被父权家庭所取代。这两种家庭形式相应地产生了两种性格；一为"母权社会的生殖性格"（the genital character of matriarchal society），它是真正的自我决定；二为"父权社会的精神病性格"（the neurotic character of patriarchal society），它的基本的政治态度是服从。父权家庭为一夫一妻制的婚姻形式所支持，它是"一个生产独裁主义的意识形态和保守主义的性格结构的工厂"②。事实上，父权家庭的出现就是为了维护剥削和统治制度。

那么，父权家庭又是通过怎样的方式把作为统治阶级意志的意识形态锚在个体的性格结构中的呢？赖希强调，这是通过"性压抑"来实现的。家庭存在的唯一理由和功能就是千方百计地压抑儿童和青年的"生殖性欲"的一切表现。性压抑和独裁主义的社会秩序之间有着直接的联系。由于自然性欲的压抑，儿童的性格结构的发展一开始就遭到了伤害，他不可避免地变得服从，赞成所有的权威而完全不能造反，其逻辑结果是支持统治阶级的剥削和压迫。一言以蔽之，父权家庭造成这种性格的目的是维护独裁主义政府的统治。

赖希的性格分析方法是在充分地研究性格的本质、起源及与意识形态的关系之上建立起来的。如同弗洛伊德创立的心理分析方法一样，它也有两个不同的含义。在狭义上，是对精神病患者的性格阻抗的一种治疗术，或者说，更重要的是一种预防术。在《性格分析》的第一版序言中，赖希问道，在像柏林这样一个有几百万人心灵结构失常的城市里，心理分析或性格分析怎么进行呢？由此可见，性格分析的真正目的是

---

① ［奥］赖希：《性革命》，纽约 1962 年英文本，第 71—79 页（W. Reich, *The Sexual Revolution: Toward a Self-governing Character Structure*, New York: Noonday Press, 1962, pp. 71-79——编者注）。

② 同上书，第 72 页。

"预防"而不是"治疗"。也正是出于这样的目的，赖希自己出钱成立了"性卫生诊所"（sex-hygiene clinics），向成百上千前来听讲的男人和妇女讲述性健康和培养儿童方面的种种知识。在广义上，性格分析方法是一种哲学的方法，当然也夹杂着社会学方法的种种成分，其主旨是分析普通人的性格结构，并力图揭示出这种性格结构与家庭、社会经济形态、政治制度和意识形态的本质联系。毋庸讳言，我们感兴趣的正是广义的性格分析方法。下面，我们来看赖希是如何运用广义的性格分析方法来解释某些社会现象的。

在 1933 年出版的《法西斯主义的大众心理学》一书中，赖希反对单纯用经济萧条和希特勒的个人品质来解释纳粹主义的崛起。他认为，纳粹主义像任何其他的政治运动一样，根源于德国群众的心理结构。纳粹主义的心理基础就是下层中产阶级对权威的矛盾的关系。一方面，他们渴求权威，渴求去支配别人；另一方面，他们又屈从一种高于自己、胜于自己的外在的权威的力量。这种独裁主义的矛盾心理正是下层中产阶级面临生活中的种种灾变，如战争、经济危机、失业等状况产生的。这种心理特征加强了他们性格结构中的非理性的、破坏性的方面。在进一步的分析中，赖希还指出，纳粹主义不但是下层中产阶级特有的现象，而且是一切德国人的性格结构所支持的现象。说得更透彻些，它既不限于德国，又不限于 20 世纪。所以他说："'法西斯主义'只是普通的人类性格结构在政治上有组织的表现，这种性格结构与这个或那个种族、国家和政党无关，它是普遍的和国际性的。"①

赖希也用性格分析方法分析了苏联十月革命后出现的情况。他承认，十月革命后，苏联在性改革方面采取了重要的步骤，而社会主义的集体也在一定程度上消解了父权家庭的权威，但是，这类改革大都是尝试性的，最重要的是，在苏联，儿童教育仍然是"性否定式的"（sex-neg-

---

① ［奥］赖希：《法西斯主义的大众心理学》，纽约 1946 年英文本，第 ix 页（W. Reich, *The Mass Psychology of Fascism*, New York: Orgone Institute Press, 1946, p. ix——编者注）。

ative)。因此，列宁的社会民主变成了斯大林的专政。这表明，政治革命虽然发生了，但苏联群众的服从型的性格结构并没有发生根本的变化。

正是通过对种种特异的社会现象所作的性格分析，赖希充分地认识到，性格是性欲和意识形态的聚焦点，因而他主张把性革命和政治革命结合起来，倡导所谓"性—政治运动"（sex-politics movement）。一方面追求外部世界的革命化；另一方面则改造群众意识的内部结构。赖希特别强调要解除加在儿童和青年身上的种种性压抑，要建立新的法律来反对所谓"双亲的性暴政"（the sexual tyranny of parents），他还主张保护妇女和儿童的健康，废除禁止性教育的法律，给罪犯留下家庭，等等。

在"性—政治运动"屡遭挫折后，赖希逐渐对政治表示冷淡甚至憎恶，他把政治家称为"社会机体上的一种癌症"①，于是渐渐放弃性格分析方法（包括对病人的分析治疗），转向对人的机体和性欲的研究。后来，他宣称发现了为人的生命和性欲所独有的"倭格昂能"（orgone energe），并把宇宙发展史看作"倭格昂能"与"原子能"（atomic energy）的斗争史。这些观点不仅荒诞离奇，而且表明他的性格分析的尝试已经失败，因而退回到弗洛伊德早期的纯生物学立场上去了。

赖希的性格分析方法作为综合马克思和弗洛伊德学说的一个尝试是失败了，然而，他的大胆的探索却留下了一些发人深省的启示：一方面，他的性格分析方法不仅推动了由弗洛伊德开创的心理分析运动不断地向纵深发展，而且对社会学、教育学、法学、文学艺术、哲学等学科产生了深远的影响；另一方面，他关于意识形态通过家庭中的性压抑锚入个体的性格结构的见解提示我们，在历史唯物主义的研究中，要特别注意对意识形态和经济关系中的中介环节的探索。家庭和个体的性格结构就是这样的中介环节。可以预言，历史唯物主义理论的丰富化在很大

---

① ［奥］赖希：《法西斯主义的大众心理学》，纽约 1946 年英文本，第 181 页（W. Reich, *The Mass Psychology of Fascism*, New York：Orgone Institute Press，1946, p. 181——编者注）。

程度上取决于我们对这些中间环节的研究。写到这里，我不禁想起了路易对潘杜尔夫主教所说的话：

有力的理由造成有力的行动！我们去吧！①

---

① 参见莎士比亚戏剧《约翰王》，见《莎士比亚全集》第 4 卷，朱生豪译，人民文学出版社 1978 年版，第 261 页。

揭开幻想的帷幕
——弗洛姆的人道主义心理分析方法

> 人类所取得的一切成果，无论是精神的
> 还是物质的，都得归因于那些丢掉幻想和寻
> 求现实的人。
>
> ——[美]弗洛姆

　　普通人都以为自己脚踏实地地生活在一个真
实的世界里，幻想世界不过是神话、童话和科学
幻想小说的编织物。然而，有一天，一个哲学家
突然宣布，普通人都生活在一个充满幻想的世界
里，他们的脚不是踩在地上，而是飘浮在一个虚
幻的意识世界中。比如，在西方工业社会里，人
们生活在自己是真正的人的幻念中，实际上他们
不过是一些物，不过是社会大机器上的零件；人
们也生活在自己是真正自由的幻觉中，实际上他
们不过是在一些连自己也没有意识到的潜在力量
的驱动下，在生活的舞台上扭来扭去的木偶。这
个哲学家就是德国著名学者、法兰克福学派的左
翼代表埃里希·弗洛姆（Erich Fromm，1900—
1980）。弗洛姆力图把弗洛伊德和马克思综合起
来，他把自己的学说命名为"人道主义的心理分
析"（humanistic psychoanalysis）。这一学说的方

法论宗旨就是要引导人们砸碎幻想的锁链，进入一个真实的世界中。

还在青年时期，弗洛姆的思想就受到弗洛伊德的强烈的熏染。在弗洛姆看来，弗洛伊德的心理分析理论具有批判的眼光和革新的精神，而这一切都是奠基于他关于无意识理论的基础之上的。然而，弗洛伊德所倡导的心理分析运动在其发展的进程中却陷入了深刻的危机。首先，这一运动出现了"官僚化"的倾向。① 弗洛伊德为了保持其学说的纯洁性，竭力排斥一些有创见的新思想，指令一个由七人组成的秘密班子密切注视心理分析学的发展，这一班子具有典型的官僚主义的特征，结果使这一运动的科学性日趋减弱；其次，弗洛伊德的无意识理论停留在"个体无意识"的层面上，他没有深入下去，看到"社会无意识"（social unconsciousness）的存在。② 因而弗洛伊德所说的社会压抑，本质上是一种"性压抑"，而他对社会的批判也停留在对性压抑批判的狭隘的水平上。弗洛姆说："理解个体无意识必须以批判地分析他那个社会为前提。弗洛伊德主义的心理分析几乎没有超越自由中产阶级对社会的态度，这个事实是它之所以十分狭隘，最后甚至在理解个体无意识现象这个狭小领域内也停滞不前的一个原因。"③再次，心理分析学家并不关心"人的生存问题"。他们关心的只是精神病人，而不是社会的种种病态，如吸毒、自杀、战争及人的本质异化等种种现象。所以，弗洛姆认为，心理分析运动如果不整个地改变方向，它就走到死胡同里去了。

如何改变方向呢？弗洛姆强调，把马克思主义和弗洛伊德主义综合起来。一方面，弗洛伊德学说中所缺少的那种对社会现象的透视力和批判力，在马克思的著作中到处可见。马克思关于人的生存和异化问题，关于社会无意识问题的见解尤其令人瞩目。另一方面，弗洛伊德发现的

---

① 参见《精神分析的危机》，纽约 1978 年英文本，第 24—25 页。

② 参见[美]弗洛姆：《幻想锁链的彼岸》，纽约 1962 年英文本，第 131—132 页（E. Fromm, *Beyond the Chains of Illusion: My Encounter with Marx and Freud*, New York: Simon and Schuster, 1962, pp. 131-132——编者注）。

③ [美]弗洛姆：《弗洛伊德的使命》，尚新建译，生活·读书·新知三联书店 1986 年版，第 129 页。

无意识过程及性格特征的动力学本质，又为马克思主义关于经济基础和上层建筑关系的理论提供了过渡环节。尤其重要的是，马克思和弗洛伊德都继承了西方人道主义的传统，都深刻地洞见了"意识的虚假性"及其散布的种种"幻想"（illusion），这就为深刻地认识人的生存问题，从而从根本上转变心理分析运动的方向提供了理论前提。

弗洛姆说："人类生存的基本概念乃是人道主义心理分析的基础。"①人是没有经过自己的同意而被抛掷到这个世界上来的，而又没有经过自己的同意被夺离了这个世界。他处于自然之内而又力图超越自然，因而向自己提出了不少问题，诸如人的本质、人与人之间的关系、人与自然之间的关系、人的生存的意义和目标，等等。谁如果对生存的问题充耳不闻，谁就把自己降低为物了。对生存问题有许许多多的答案，充斥在各种各样的宗教和哲学的学说中。然而，归纳起来，基本答案有两个：一是返回到前人类的存在状态中去，抛弃理性，重新变为动物，由此达到与自然合一的目标（如法西斯主义），二是发展人类所特有的爱与理性的潜能，由此达到人与人之间、人与自然之间的新的和谐。

不用说，人道主义的心理分析学说是赞成后一个答案的。问题是，后一个答案只提供了一个大致的目标，只有凭借正确的方法才能实现这一目标。弗洛姆认为，这一正确的方法就是人道主义的心理分析方法。

这种方法首先把解剖刀对准幻想。它的一个基本假设是：我们每个人都生活在幻想中，但我们自己却觉察不到这一点。由于幻想的锁链的束缚，我们只是处在半醒的状态中。我们的眼睛看着一切，但我们看到的只是允许被看到的东西，我们的大脑似乎完全自由地思考着一切问题，实际上，我们只能思考允许被思考的东西。由于幻想的支配，普通人，甚至哲学家也很难对生存问题作出正确的回答。比如，有的哲学家

---

① ［美］弗洛姆：《禅与心理分析》，孟祥森译，中国民间文艺出版社 1986 年版，第 140 页。

追求"绝对"，实际上对他说来，绝对不过是给他"一种确定性的幻想"罢了。① 解决人类生存问题的真正途径是不可能在绝对中获得的。弗洛姆说："人对现实的探求同时也是对幻想的否定。"②释迦牟尼、摩西、希腊哲学家们、伟大的艺术家、物理学家、生物学家和化学家们，尤其是马克思和弗洛伊德，都有一种突破感觉和常识组成的虚幻境界以认识真正的现实的强烈的欲望。

现在需要追问的是，这种幻想究竟是怎么造成的？为什么它会对人们的生活造成如此大的影响？弗洛姆认为，制造种种幻想的是"意识"或"意识形态"。他说："马克思像弗洛伊德一样，相信人的意识大都是'虚假的意识'。"③人们认为，自己的思想是自己思维的产物，是千真万确的，实际上，他们不过是代表某些潜在的力量在思考。这些潜在的力量在弗洛伊德那里是"里比多"，在马克思那里则是经济力量。这些力量通过意识形态间接地控制着人的思维。意识形态的势力是巨大的，它通过父母、学校、教会、电影、电视、报纸，从童年时起就强加给人们，控制着人们的头脑。谁如果不与意识形态认同，就有被认为是发疯的危险。

意识或意识形态的功能主要有两个：一是制造并传播种种幻想和神话，从而把人们的思想淹没在其中；二是把现实的真相压入到无意识中去，阻止人们去觉察事实的真相。所以，弗洛姆说："一般人的意识主要是'假意识'，包括虚构与幻象，而他所未曾认知的部分却正是事实的真况。"④这里随即又产生出两个问题。一个问题是，为什么意识或意识形态要起歪曲和掩蔽的作用呢？这个问题是比较容易回答的。弗洛姆援

---

① 参见[美]弗洛姆：《幻想锁链的彼岸》，纽约 1962 年英文本，第 176 页（E. Fromm, *Beyond the Chains of Illusion：My Encounter with Marx and Freud*, New York：Simon and Schuster, 1962, p. 176——编者注）。

② 同上书，第 160 页。

③ 同上书，第 106 页。

④ [美]弗洛姆：《禅与心理分析》，孟祥森译，中国民间文艺出版社 1986 年版，第 167 页。

引了马克思在《德意志意识形态》一书中的论述，认为这是出于统治阶级利益的需要。另一个问题是，在弗洛姆那里，意识与无意识的含义及关系究竟是什么呢？弗洛姆认为，对意识与无意识含义的理解有两种不同的角度：一是把它们当作心理中的某个部位，弗洛伊德就是这样理解的。弗洛姆认为，这种理解方式反映了现代人的"占有"观念；二是从功能方面加以理解，即意识是人所觉察到的种种经验或体验，无意识则是人们没有觉察到的种种经验或体验。弗洛姆说："当我们说到'无意识'时，事实上只表示一种存在于我们活动时的心理框架之外的体验。"①

在论述无意识问题时，弗洛姆提出了"社会无意识"的重要概念。他强调，社会无意识既不同于弗洛伊德的个体无意识（即由个人的生活状况所造成的压抑的内容），也不同于荣格的集体无意识（即人类的普遍的精神）。他说："我所说的'社会无意识'，是指那些对于一个社会的绝大多数成员来说都是相同的被压抑的领域；当一个具有特殊矛盾的社会成功地发挥作用的时候，那些共同的被压抑的因素正是该社会所不允许它的成员意识到的内容。"②或者换一种说法，社会无意识是人类的普遍的精神在全社会中被压抑的那一部分。在社会无意识中，潜藏着那些解答人的生存问题的基本的要素。人的认识不进入社会无意识的部分，或者说，社会无意识未被意识化，人就不可能对社会现实获得一种真正的批判的眼光。

要自觉地意识无意识，特别是意识社会无意识，就要深入地分析这种无意识的潜抑是如何造成的。为了解答这个问题，弗洛姆提出了"社会过滤器"（social filter）的概念。他认为，任何来自生活的新鲜经验或体验要上升到意识的层面上，必须经过"社会过滤器"的过滤。

----

① ［美］弗洛姆：《弗洛伊德思想的贡献与局限》，申荷永译，湖南人民出版社 1986 年版，第 112 页。

② 参见［美］弗洛姆：《幻想锁链的彼岸》，纽约 1962 年英文本，第 88 页（E. Fromm，*Beyond the Chains of Illusion：My Encounter with Marx and Freud*，New York：Simon and Schuster，1962，p. 88——编者注）。

社会过滤器的第一个方面是"语言"。语言是生动的经验生活的僵化。由于语言无法描述许多丰富的、细微的体验，于是这些体验就不能上升到意识的领域中。语词的误用所导致的最危险的现象是"语词的拜物教"。这种现象的具体表现是，人们把语词与实际内容分裂，变成一种空洞的外壳，像学习一门外语一样进行学习和崇扬，于是，"这些语词没有启示功能，却有掩蔽功能"①。它们把政治和现实中的一些重大问题都掩盖起来了，或者说，都压抑下去了。

　　社会过滤器的第二个方面是"逻辑"。在一种特定的文化体系中，语言的运用总会遵循一种特定的逻辑。比如说，"悖论逻辑"在中国人和印度人的思维中，在赫拉克利特的哲学中，都占有突出的地位，并以辩证法的名义出现在黑格尔和马克思的学说中。这种逻辑与"亚里士多德的逻辑"是对立的。生活在亚里士多德逻辑传统中的人通常认为悖论逻辑是荒谬的，因而对生活中很多矛盾的现象无法体验，从而也无法使相应的经验上升到意识的层面上。

　　社会过滤器的第三个方面是"社会禁忌"，这一部分最为重要，因为它不允许某些经验或体验进入意识领域，即使进入了，也要把它们重新遣送回无意识领域中去。社会禁忌是由意识形态及其所依附的上层建筑（如法律机构、监狱等）来执行的。这一执行之所以常常是有效的，是因为个人对孤独的恐惧。参与社会生活，与别人保持一致，是人生存的最强烈欲望之一。人要生活在社会之中而不陷入孤独，不被放逐或不发疯，他就必须接受社会的塑造。在这里，弗洛姆又提出了另一个重要的概念"社会性格"（social character），它是相对于"个人的性格"（individual character）而言的。弗洛姆写道："我所说的社会性格指的是属于同一个文化的绝大多数人所共有的性格结构的核心，它不同于个人的性格，生

---

① 参见[美]弗洛姆：《幻想锁链的彼岸》，纽约 1962 年英文本，第 159 页（E. Fromm, *Beyond the Chains of Illusion：My Encounter with Marx and Freud*，New York：Simon and Schuster，1962，p. 159——编者注）。

活在同一个文化中的个人的性格是各有不同的。"①社会性格不是一个统计学上的概念，不是个人性格的简单的总和，而是指在一个特定的社会中，绝大多数人的能量、动机和思想被引向同一个方向。这正如歌德所叹息的：

人类真是一个模型的东西。②

正是因为有社会性格，社会禁忌才得以实现，同时，经济结构和意识形态之间的关系也获得了一个特定的中介环节。

通过上述分析，弗洛姆得出了如下的结论：凡是能通过社会三重过滤器的情感和思想，我们都能够觉察，凡是不能通过的，都留在知觉外。这就是说，它们是无意识的。这样，人道主义的心理分析所面临的下一个课题是：如何"解除无意识"，或者说，如何把无意识上升为意识？如前所述，被潜抑在无意识中的现实问题都涉及人的生存问题，包含着人性之全面的、基本的欲求。既然如此，在解除无意识的过程中，就必须以一种深刻的人道主义学说作为指路明灯。否则，仍然会对无意识中潜伏着的人的问题视而不见。尼采曾经说过："God was dead"（上帝死了）。弗洛姆则认为，1914 年后发生的情况表明："Man was dead"（人死了）。③ 因而他主张复兴人道主义，尤其是贯穿在马克思和弗洛伊德学说中的人道主义精神。这种精神能够引导人们撕破幻想，洞见无意识中隐蔽着的人的生存的问题，从而在健全理性的启迪下，实现人与人之间、人与自然之间的和谐。当然，要达到这样的和谐，还要发扬体现

---

① 参见［美］弗洛姆：《幻想锁链的彼岸》，纽约 1962 年英文本，第 78 页（E. Fromm，*Beyond the Chains of Illusion：My Encounter with Marx and Freud*，New York：Simon and Schuster，1962，p. 78——编者注）。

② 参见［德］歌德：《少年维特之烦恼》，郭沫若译，人民文学出版社 1955 年版。

③ 参见［美］弗洛姆：《幻想锁链的彼岸》，纽约 1962 年英文本，第 159 页（E. Fromm，*Beyond the Chains of Illusion：My Encounter with Marx and Freud*，New York：Simon and Schuster，1962，p. 159——编者注）。

在斯宾诺莎、费希特和柏格森学说中的"直觉"和"体验"的方法。因为心理分析的大量实践表明，光靠那种以主体客体的分离为特征的知性认识方法是达不到这样的和谐的。也就是说，是无法解除患者的无意识的。弗洛姆强调："发现自己的无意识，绝不是一个知性的行为，而是一种情感的体验；这种体验几乎是不可说的。"①它与禅宗讲的"顿悟"有异曲同工之妙。但弗洛姆并没有把直觉或体验和理性对立起来，他肯定，理性的识见仍然是直觉或体验的引导者。另一方面，人道主义精神的复兴也将造成"一种新型的人"。"这种人能超越自己民族的狭隘界限，能体验到每个人都是邻居，而不是野蛮人，这种人在世间就像在家里一样。"②这就是弗洛姆的人道主义的心理分析方法为人们所揭示的未来世界和未来的人的图画。

弗洛姆对马克思和弗洛伊德的综合并没有真正获得成功。他对人的生存问题、人性和人道主义问题的阐述表明，他并没有真正领会马克思主义学说的精神实质。他自以为洞见了真实，实际上，他仍然停留在西方资产阶级意识形态所造成的幻想之中，特别是批判的人道主义的幻想之中。然而，弗洛姆的一些深刻的见解毕竟为我们揭开了一个新的视域：

第一，社会无意识理论的提出，进一步深化了荣格的集体无意识理论。它告诉我们，离开这一现象去讨论什么时代精神问题，主体性问题，文化的继承、断裂和传播的问题，都不可能获得真正的识见。这些问题都必须置于与特定的意识形态及其所造成的社会无意识的联系中来加以讨论，才是真实可信的。

第二，弗洛姆对语言和逻辑的掩蔽作用的分析有重大意义。普通人

---

① ［美］弗洛姆：《禅与心理分析》，孟祥森译，中国民间文艺出版社 1986 年版，第 170 页。

② 参见［美］弗洛姆：《幻想锁链的彼岸》，纽约 1962 年英文本，第 172 页（E. Fromm, *Beyond the Chains of Illusion：My Encounter with Marx and Freud*, New York：Simon and Schuster, 1962, p. 171——编者注）。

都倾向于把语言和逻辑作为交流思想的工具，实际上，语言与逻辑在其发展进程中获得了越来越强大的力量，它们一旦与生活脱离，就成了支配人、把人们的思维囚禁在幻想中的锁链。用一定的逻辑法则表述出来的语言并不是空洞的形式，而是特定的文化模式和世界观；不是谦卑的工具，而是傲慢的主人。我们过去对不适合实际的旧观念的批判从未深入到语言和逻辑的层次上，由于语词的拜物教未破除，旧观念就会像割去的韭菜一样重新生长出来。这也启示我们，对范畴理论必须重新加以反思，必须在诸多范畴的抽象躯体中注入社会历史内容。在这方面，我们需要用批判的眼光重读黑格尔的《精神现象学》。

第三，弗洛姆关于社会性格和造就新型的人的论述也富有启发。长期以来，在哲学家的眼光中，性格都是一个无足轻重的问题，它不过是文学批评家和美学家的奢侈品罢了。而当后者误论性格的时候，由于缺乏一种真正的哲学识见而显得狭隘、拘谨。社会性格概念的提出，像赖希先前做的工作一样，把性格引入了哲学的王国之中，从而使我们不但对个人的性格问题，而且对历史唯物主义领域中的一些重大问题的解决获得了新的助力。随着性格问题的凸显，家庭问题的重要性愈益明朗，在个人性格和社会性格的形成中，家庭是一个焦点。没有健康的家庭生活和教育，是不可能产生新型的人的。正如撒旦对神之子所说的：

　　伟大的作为，要有伟大的进取条件。①

---

① ［英］弥尔顿：《复乐园》，朱维之译，人民文学出版社 1950 年版，第 76 页。

根据症候阅读

——阿尔都塞释读经典著作的方法

> 历史把我们推进了理论的死胡同，为了从中脱身，我们必须探索马克思的哲学思想。
>
> ——[法]阿尔都塞

怎样阅读理论著作，尤其是马克思主义经典作家的著作，这里面确实有一个重大的方法论问题。在与 E. 巴里巴尔（Etienne Balibar）合著的《读〈资本论〉》一书中，法国著名的结构主义的马克思主义者路易·阿尔都塞（Louis Althusser，1918—1990）提出了"根据症候阅读"（lecture symptomale）的方法。这一阅读方法在国际学术界产生了广泛而深远的影响。

阿尔都塞为什么要把阅读经典著作的方法作为重大理论问题提出来呢？这是有历史原因可循的。第二次世界大战以后，人道主义思潮和存在主义思潮在法国拥有很大的市场。这一思潮的中坚人物萨特力图用存在主义来解释马克思主义，特别是青年马克思的哲学思想。阿尔都塞认为，这种倾向的出现在很大程度上关系到对马克思的早期著作，尤其是对《1844 年经济学哲学手稿》

的误解。而这种误解又是误读的结果。这样一来，为了正确地理解马克思，阅读方法的问题就上升为一个至关重要的问题。

在《读〈资本论〉》一书中，阿尔都塞主要批评了两种常见的阅读方法。一种是"直接的阅读"（Lecture immediate），这种阅读方法力图从经典著作的字面行文上来把握其精神实质。比如，存在主义的马克思主义者在阅读《1844 年经济学哲学手稿》时，片面地夸大了马克思的"异化劳动"学说的重要性，甚至把这部手稿作为马克思全部思想发展中的顶峰，这就导致了对青年马克思乃至对整个马克思思想的误解。显然，这种阅读方法既表面又肤浅，很难从总体上把握经典著作的灵魂。另一种是"表现的阅读"（Lecture expressive），这是黑格尔式的阅读方法，这种方法建基于"表现的总体性"（totalité expressive），即总体的本质表现在它的各个部分或各种现象中，因而"表现的阅读"主张，在解读任何典籍或"文本"（texte）时，都能直接洞见其原作者的思想本质。这种阅读方法忽视了"文本"本身的复杂性，也极易导致对经典作家的著作和思想的误断。

阿尔都塞的"根据症候阅读"主要是在否定和批判上述两种阅读方法的前提下提出来的。他认为，任何"文本"都是双重的或双层的。第一层是表面上的文字结构，即"可见的话语"，表现为概念、句子之间的逻辑联系等；第二层是深层的、潜藏在无意识层次中的语言结构，即"不可见的话语"。这种话语常常通过"文本"中的各种"症候"表现出来。这些"症候"就是从字里行间冒出来的"沉默""遗漏""空隙"等。"文本"中的这两个层次是不可分割地联系在一起的，因而"根据症候阅读"并不是只注意"症候"，而是把"症候"和字面行文结合起来进行读解，以至发掘出"文本"深处真正隐蔽着的，甚至连作者本人都未意识到的东西，从而揭示出"文本"及作者的真实的思想风貌。

阿尔都塞把这种潜藏在"文本"深处的结构称之为"问题框架"（problematique）。"问题框架"有两个基本的含义：（1）它是由一系列问题结合起来的特定的问题结构或问题体系。"正是问题框架的概念在思想内部揭示了由该思想的各个论题组成的一个客观的内在联系体系，也就是决定该思想对问题作何答复的问题体系。"①(2)"问题框架"可以看作"文本"的无意识的层面。实际上，无意识是对"文本"的作者而言的。我们常常看到一个作者出版了一部著作后，就开始谈写作意图。事实上，他只能谈出自己意识层面上的东西，却谈不出居于自己无意识层面上的东西，但这些东西却会在冥冥中支配他的写作，从而在他的著作，即"文本"中表现为他自己往往意识不到的"问题框架"。概言之，"文本"深处的"问题框架"来源于作者思想深处(无意识层面)的"问题框架"。那么，作者思想深处的"问题框架"又是从何处来的呢？

为了解答这个问题，我们必须引入阿尔都塞学说中的两个基本概念，即"意识形态"(ideologie)和"科学"(science)。所谓"意识形态"，指的是在一定的社会生活条件上形成起来的政治、法律、道德、宗教、哲学等观念。它有两个重要的特征：(1)它与实际生活的关系是"错位"关系。也就是说，意识形态并不客观地反映实际生活，它总是受到统治阶级的特定的阶级利益的扭曲，因而和实际生活有距离，甚至是正相反对的。比如，资产阶级的意识形态到处散布"人人平等"的福音，但在资本主义社会的实际生活中却充满了人压迫人、人奴役人的现象。这就是一种"错位"关系。(2)它与人的关系是体验的关系。它带有一种强制的性质，常常是以无意识的方式侵入人们的思想，并在人们的思想中沉积下来。正如阿尔都塞所强调的：意识形态"作为被感知、被接受和被忍受的文化客体，通过一个为人们所不知道的过程而作用于人"②。许多人自以为摆脱了"意识形态"，实际上始终站在它的舞台上。

那么，阿尔都塞说的"科学"又是指什么呢？他强调，"科学"建立在另一个基地上，它以新问题为出发点，这些问题不同于"意识形态"本身所蕴涵的问题，它们是以实际生活为依据而提出来的。这些新问题必然

---

① [法]路易·阿尔都塞：《保卫马克思》，顾良译，商务印书馆1984年版，第47页。
② 同上书，第203页。

包含着对"意识形态"问题的批判和否定。阿尔都塞强调"意识形态"和"科学"的本质差别，认为在两者之间横亘着一个断裂，他借用他的老师G. 巴歇拉尔（Gaston Bachelard）的术语，称之为"认识论的断裂"（coupure epistemologique）。

现在我们进一步追问下去，在"意识形态"（阿尔都塞也称之为"前科学"）和"科学"之间出现"认识论的断裂"的根本标志是什么呢？这个问题又把我们带回到"问题框架"的概念上。我们在前面曾经追问：作者思想深处的"问题框架"是从哪里来的？现在完全可以解答了。它源于"意识形态"中潜藏着的"问题框架"，后者是以强制的因而常常是无意识的方式输入作者的思想中的。因为任何人一生下来就处在意识形态的襁褓之中，只要他还没有真正突破这层意识形态的襁褓而进入到科学的境地，他的思想就始终是意识形态的俘虏或玩偶，正如拜伦在《唐璜》中告诉我们的：

> 人们是环境的玩弄品，当环境
> 好象是人们的玩弄品的时候。①

潜伏在意识形态深处的"问题框架"在冥冥中规定着作者的"视界"。任何问题或对象只有进入这一视界时，对于作者说来才是可见的，而视界之外的一切则是蔽而不明的。② "根据症候阅读"的方法要求人们在释读经典著作时，要努力发掘出埋藏在著作深处的"问题框架"，亦即作者思想深处的"问题框架"，并把它与作者写作这部著作时的整个意识形态背景中的"问题框架"进行比较。如果它们是相同的或本质上是一致的，那就表明经典作家的思想仍然处在意识形态的或前科学的状态中。比如，在《1844年经济学哲学手稿》中，青年马克思虽然提出了"异化劳动"的重大

---

① ［英］拜伦：《唐璜》，朱维基译，上海译文出版社1983年版，第355页。
② 《读〈资本论〉》，纽约1970年英文本，第25页（L. Althusser and E. Balibar, *Reading Capital*, New York: Pantheon Books, 1970, p. 25——编者注）。

课题，但他关于"异化"和"人道主义"的许多论述表明，隐蔽在这部手稿深处的"问题框架"与当时德国意识形态中费尔巴哈人本学的"问题框架"本质上是一致的。据此，阿尔都塞断定这部手稿是马克思的前科学的著作，反对萨特等人把它误断为马克思的科学著作。反之，当一部经典著作，如《关于费尔巴哈的提纲》提出与当时意识形态根本不同的"问题框架"时，这就表明，经典作家与旧的意识形态实行了决裂，进入到真正的科学的境界中。所以，"认识论断裂"的根本标志是要看一部著作中的"问题框架"相对于意识形态中的"问题框架"说来有无根本区别或根本转向。

根据这样的阅读方法，阿尔都塞主张把马克思的全部著作划分为以下四个阶段：

(1)青年时期的著作(1840—1844)。这一时期的著作，包括《1844年经济学哲学手稿》在内，都是不成熟的，即"意识形态的"或"前科学的"。马克思先受到康德、费希特的理性主义的影响，继而又受到费尔巴哈的人本主义的影响，他还在旧的"意识形态"中打转而尚未以科学的方式提出问题。

(2)断裂时期的著作(1845)。这一时期的著作主要是《关于费尔巴哈的提纲》和《德意志意识形态》。在这两部著作中，马克思力图与旧的"意识形态"实行彻底的决裂。这种意向集中表现在两个方面：一是马克思批判了旧的"意识形态"的核心观点——抽象的人本主义的学说；二是提出了"生产关系""社会结构""上层建筑"等一系列新的概念，从而导入了新的"问题框架"，这意味着马克思的科学的世界观的产生和形成。

(3)过渡时期的著作(1846—1857)。在这个时期中，马克思出版了《哲学的贫困》《共产党宣言》《工资、价格、利润》等著作。在这些著作中，马克思潜心研究新问题和新材料，努力把新理论由假设转变为科学。

(4)成熟时期的著作(1857—1883)。在这个阶段中，马克思与黑格尔的思想完全分离，尤其在《资本论》与《哥达纲领批判》中，系统地、科学地表述了自己的新理论。

阿尔都塞特别强调，在马克思的全部思想历程中，1845年的两部著作起着"认识论断裂"的作用。看不到这一点，必然会错误地释读马克思的早期著作。

简言之，"根据症候阅读"就是要发现经典著作内部的问题结构，从而从总体上把握它的基本倾向和精神实质。在阿尔都塞看来，这并不是轻而易举的，因为"问题框架并不是一目了然的，它隐藏在思想的深处，在思想的深处起作用，往往需要不顾思想的否认和反抗，才能把问题框架从思想深处挖掘出来"①。

"根据症候阅读"首先要注意克服阅读者特别容易感染的"分析目的论"的倾向。所谓"分析目的论"，就是把马克思成熟时期的著作中的观点套用到他的早期著作上去，试图在早期著作中寻找晚期思想的萌芽。这样做必然会肢解早期著作，正如阿尔都塞指出的："成熟时期马克思主义的法庭，目的论的法庭，对马克思的早期著作作出判决，决定把这些著作肢解为成分，只能破坏它们的整体性。"②要克服这种黑格尔式的"分析目的论"方法，就必须在"根据症候阅读"时，先来一个"后退"，退到当时的历史条件中去，即通过对历史资料的大量阅读和研究，深入了解当时的"意识形态"中的"问题框架"，然后采用比较的方法从总体上揭示出经典著作的精神实质。其次，当我们运用"根据症候阅读"的方法释读断裂时期的经典著作时，要特别注意概念的真实含义，不能望文生义，因为"只要新的词还没有被找到，往往就由旧的词担负起决裂的使命"③。在这种情况下，就要小心地把经典作家新创立的概念和从前人中借来的旧概念区别开来；把借用的概念的旧含义和经典作家赋予它们的新含义区别开来。

阿尔都塞的"根据症候阅读"的方法，由于过分地夸大了马克思思想

---

① ［法］路易·阿尔都塞：《保卫马克思》，顾良译，商务印书馆1984年版，第50页。
② 同上书，第37页。
③ 同上书，第17页。

发展历程中的"认识论断裂"的现象，从而把青年马克思和成熟马克思对立起来，这不利于人们从总体上去把握马克思的整个学说。然而，这一融合了结构主义和心理分析学说的新的阅读方法，毕竟提供了一些有价值的启发：

第一，这种方法强调，不仅要看到经典作家思想发展的连续性，而且要看到其中断性，主张特别细心地研究认识断裂时期的著作。这显然比寻章摘句式的表面性阅读要深刻得多，有力得多。

第二，这种方法主张，阅读的对象不光是经典作家的"文本"，而且也包括产生这一"文本"的整个意识形态的背景，力图通过对潜藏于"文本"和"意识形态"中的"问题框架"的比较，来认识"文本"的深层结构，从而把探索之锤放入到无意识的层面上。

第三，这种方法启迪我们，在阅读任何"文本"时，都要深入了解"文本"产生的真实的历史条件和实际的生活状况。这是破解"文本"之谜的根本前提。因为只有生活的实际需要才是确定"文本"价值的裁判官。理论思维之于日常生活，犹如安东尼之于奥克泰维斯·凯撒：

凡是他的光辉所在，你的光总是暗淡的。①

---

① 参见莎士比亚戏剧《安东尼与克拉莉奥佩特拉》中预言者对安东尼的讲话，见《莎士比亚全集》第 10 卷，朱生豪译，人民文学出版社 1978 年版，第 38 页。

结 论

方法论中的方法

　　我们在这里把《导论》中提出的问题继续讨论下去。如前所述，要摆脱哲学教科书所从属的知识论哲学的问题域，从总体上确立新的哲学观、开拓新的问题域，不但要充分借鉴现代西方哲学中的一些有价值的见解，而且更重要、更根本的是，要回到马克思主义哲学的真精神中去。

　　那么，马克思主义哲学的真精神到底是什么呢？我们认为是历史唯物主义学说，但这里说的历史唯物主义不是被某些哲学教科书所知识化、学院化了的历史唯物主义，而是本真状态上的历史唯物主义，即马克思的历史唯物主义。我们所要寻找的方法论中的方法也正是这种本真状态上的历史唯物主义方法。

　　马克思写道："我们的出发点是从事实际活动的人，而且从他们的现实生活过程中我们还可以揭示出这一生活过程在意识形态上的反射和回声的发展。甚至人们头脑中模糊的东西也是他们的可以通过经验来确定的、与物质前提相联系的物质生活过程的必然升华物。因此，道德、宗教、形而上学和其他意识形态，以及与它们相适应的意识形式便失去独立性的外观。"[1]在这段话

---

① 《马克思恩格斯选集》第1卷，人民出版社1972年版，第30—31页。

中，马克思对历史唯物主义的学说作了简要的表述。我们从中可以明白：(1)由从事实际活动的人构成的现实生活过程，即人类的生存和发展始终是第一性的，马克思主义哲学是以研究人的现实生活为出发点的；(2)意识形态(包括形而上学在内)归根结底是现实生活的升华物。因此，哲学研究，特别是一种新的哲学观的提出，不仅仅是以批判的眼光整理思想史资料的结果，更重要的是回答现实生活所提出的重大问题的结果。

马克思的上述论述表明，他和知识论哲学的传统是格格不入的。这尤其表现在马克思下面这段人所共知的论述中："哲学家们只是用不同的方式解释世界，而问题在于改变世界。"①无疑地，马克思的这段话批判了整个旧哲学，但它对批判知识形而上学来说，是最为合适的。知识论哲学家既然认为自己的根本使命是认识世界的本质，当然他只愿意去解释世界，而不愿意去改变世界了。对于马克思主义哲学家来说，虽然也有个解释世界的问题，但他的基本使命既然是改变世界，因而他对世界的解释也就采取了完全不同于旧哲学，尤其是知识论哲学的方式。

我们的一些哲学教科书几乎都引证了马克思的这一著名的论述，但这一论述的真精神却在它们的视野之外。当它们把哲学定义为关于世界观的学问时，它们实际上已经把马克思主义哲学误解为一种知识型的哲学。这从一般教科书的结构上也能看出来。一般的哲学教科书总是先讨论物质观、意识观、时空观、运动观，进而讨论认识论、方法论，然后才进入社会历史领域。这样的哲学体系结构纯粹是知识型、学院型的，它们的目的是传授一种知识、一种学问，而不是阐明马克思主义哲学的基本出发点——改变世界。让我们听听马克思本人的呼吁吧："……实际上和对实践的唯物主义者，即共产主义者说来，全部问题都在于使现存世界革命化，实际地反对和改变事物的现状。"②因而对马克思主义哲

---

① 《马克思恩格斯选集》第 1 卷，人民出版社 1972 年版，第 19 页。
② 同上书，第 48 页。

学来说，第一个重大问题是改变现存世界。也就是说，马克思主义哲学的出发点在社会历史领域内，它的基础和核心是历史唯物主义。

诚然，马克思主义的创始人也十分关注科学技术的问题，关注德谟克利特和伊壁鸠鲁的自然哲学的差别问题，关注自然界、意识、认识、方法等问题，但关注这些问题并不等于以这些问题为目的，目的始终只有一个，即改变现存世界。马克思主义的创始人之所以关注这些问题，仅仅因为了解这些问题对于改变现存世界来说是有用的。这里有一种明显的功能关系。另外，也只有以历史唯物主义作为马克思主义哲学的基础和出发点时，我们对物质、意识、自然界、认识、方法等问题才可能作出正确的回答。

比如，一些哲学教科书常常讨论人与自然的关系问题，其实，这是一个假问题。因为这个问题的提法已经把人与自然分离开来，似乎存在着人以外的自然和自然以外的人。马克思早就告诉我们："被抽象地理解的，孤立的，被认为与人分离的自然界，对人说来也是无。"①有人也许会反驳说，既然自然界存在于人之先，那么在人诞生之前，自然界不是孤立地存在着的吗？我们可以这样回答这个反驳：第一，我们是如何得出自然界存在于人之先的结论来的呢？我们是通过科学实验的方法（如放射线衰变）来获得这个结论的。也就是说，这个结论和人（的活动）是不可分离的。第二，"自然"这一概念本身就是人命名的，当我们一说出"存在于人之前的自然界"这一概念时，这一概念所指称的对象就已经作为与主体不可分离的客体进入主体的视野了，因而自然是无法与人分离的。所以，不存在人与自然的关系问题，存在的只是人化自然的问题，如果一定要用关系的方式把这个问题表述出来的话，那就是人化自然与自然中的人的关系问题。

一些哲学教科书之所以把自然作为脱离人和人的活动的物的世界来进行讨论，之所以看不到人面对着的始终是一个人化的自然，就是因为

---

① 《1844年经济学哲学手稿》，人民出版社1985年版，第135页。

它们不能用历史唯物主义的观点来看待自然。马克思在批评费尔巴哈时说："他没有看到，他周围的感性世界决不是某种开天辟地以来就已存在的、始终如一的东西，而是工业和社会状况的产物，是历史的产物，是世世代代活动的结果，其中每一代都在前一代所达到的基础上继续发展前一代的工业和交往方式，并随着需要的改变而改变它的社会制度。"①在马克思看来，如果没有工业和商业，也不可能有自然科学。康德所说的"纯粹的自然科学"也不过是由于工业和商业，由于人们的实践活动才达到自己的目的和获得材料的。因此，谁如果把自然或自然科学和人的感性活动与生活分离开来，也就是坚持了"抽象物质的或者不如说是唯心主义的方向"②。这就告诉我们，不是自然观、物质观是社会历史观的基础，而是社会历史观是自然观、物质观的基础。

又如，一些哲学教科书通常把认识论的问题作为一个单独的问题进行讨论，有的哲学教科书干脆把哲学等同于认识论，这就完全把马克思主义的哲学变形为知识论哲学了。有人也许会申辩说，教科书讨论的认识论不是以社会实践为基础的吗？既强调认识的社会性，又强调认识以改造世界的实践活动作为基础，怎么能说是知识论哲学呢？

我们的回答是：第一，既然把认识论的讨论置于社会历史观之前，或干脆把哲学等同于认识论，那么，从认识论角度来谈社会实践的时候，社会实践这一概念就显得轻飘飘的了。为什么这样说呢？因为如果我们从历史唯物主义角度出发来谈论社会实践的时候，社会实践这一概念首先就成了本体论意义上的概念，也就是说，社会实践是人类生存的根本方式。但如果从认识论意义上来看社会实践这一概念时，它的重要性就大大降低了。人们常常举吃李子的例子（即要知道李子的滋味，就得亲口尝一尝）来说明社会实践对认识的重要性，从而忽视了对人的生存说来具有根本性意义的社会实践对认识的影响。同样，以这样的方式

---

① 《马克思恩格斯选集》第 1 卷，人民出版社 1972 年版，第 48 页。
② 《1844 年经济学哲学手稿》，人民出版社 1985 年版，第 85 页。

来谈论认识的社会性，社会性这个概念就成了一个套语，一个空的胡桃壳。这在下面的论述中可以更清楚地窥视出来。

第二，在《导论》中我们提到过叔本华关于意志和欲求是第一性的、认识是第二性的重要论述。这个论述表明，人从来不是一架干燥的、无情感的认识机器，人首先生存在这个世界上，然而才学会认识，认识之根深藏于人的欲求之中。人的欲求不光是饮食男女，即人的自然属性方面的要求，也包含种种社会性的需求。如果砍掉认识的欲求之根，并把哲学与认识论等同起来，认识论就失去了本体论的基础，成了无根的浮萍，许多认识问题也就无法理解了。我们经常听人说，现在的青年人是"思考的一代"，仿佛人不是用脚站地，而是用脑袋站地似的，这种说法就是对认识的过度崇拜所引起的。

第三，把认识论置于社会历史观之前并独立地进行考察，必然忽视人的认识与意识形态关系这一重大问题。其实，人出生以后不光生活在既定的生产方式中，也生活在既定的意识形态中；人不光呼吸物质的空气，也呼吸精神的空气。人们常提到"文盲"这个概念，如果它指文字之盲（即不识字），当然是可能的，如指文化之盲则是不可能的。人可以逃避学校或家庭教师的教育，但不可能逃避意识形态的教育。意识形态就是广义教育学。谁如果写一部教育哲学的专著而不谈及意识形态，就像参观动物园而没有见到大象一样近视。在《德意志意识形态》一书中，马克思和恩格斯对意识形态的本质和特征作过精深的论述。他们指出，统治阶级的思想在每一时代都是占统治地位的思想。也就是说，每一时代的意识形态都是统治阶级的意志在观念上的表现。意识形态渗透到每个人的认识之中，并沉落在潜意识的层面上。它不允许认识对它质疑，却反过来规定了认识质疑的方向、可能性和范围。马克思和恩格斯在批判旧社会时指出："在全部意识形态中人们和他们的关系就象在照像机中一样是倒现着的。"①这就告诉我们，意识形态不仅制约着人们的认识，

---

① 《马克思恩格斯选集》第1卷，人民出版社1972年版，第30页。

而且常常是通过歪曲的方式对认识施加影响的。因此，人们如果撇开特定历史时期的意识形态的本质特征去讨论认识论中的诸问题，如认识能力、认识方式、主体在认识过程中的作用等，这样的认识论必然是抽象的、非现实的。我们在《导论》中讨论的"问题域"也有一个与意识形态的关系问题。一定的问题域是由一定的哲学观来划定的，一定的哲学观又是在一定的意识形态的总的氛围中形成起来的。当然，我们不能否认个人的性格和气质在哲学观选择上的作用，但是，意识形态的力量是更为深沉的。法国的结构主义的马克思主义者阿尔都塞的见解之所以比同时代的人更为深刻，是因为他紧紧地抓住了意识形态的问题。其实，如果细加分析的话，我们就会发现，弗洛伊德的"超我"概念，维特根斯坦的"世界图象"的概念都不过是意识形态概念的变体。马克思主义的历史唯物主义学说的一个重要贡献就在于揭开了意识形态的面纱，在这个意义上甚至可以说，撇开意识形态的影响来讨论认识论问题，也就等于撇开历史唯物主义来讨论认识论问题。如果把历史唯物主义比作"树"，把认识论比作"花"，那么我们就能像大仲马笔下的基督山一样说道：

　　　　树是不愿意离开花的，是花离开了树。①

同样，如果把方法论置于历史观之前加以讨论，方法论也成了无根的浮萍，成了单纯的智力机巧和游戏。所以，把黑格尔的《精神现象学》倒过来不是唯物辩证法，而是历史辩证法，而历史辩证法是和历史唯物主义一起诞生出来的。无论如何，我们不能说认识论和方法论是历史唯物主义的基础，而应该说历史唯物主义是全部认识论和方法论的基础。历史唯物主义就是社会存在本体论。对于马克思主义哲学说来，历史唯物主义是一种普照的光，离开这种光，我们对任何其他哲学问题的探讨都只

---

①　[法]大仲马：《基督山恩仇记》第2卷，蒋学模译，人民文学出版社1978年版，第799页。

能在黑暗中徘徊。就其基础和主要之点而言，马克思主义哲学就是历史唯物主义。马克思主义创始人对哲学的伟大贡献也正在于此。

历史唯物主义学说不仅划出了马克思主义哲学与知识论哲学的界限，而且也划出了马克思主义哲学与旧人本主义哲学的界限。正如我们在《导论》中早已指出的那样，马克思主义哲学是从属于人本主义哲学的伟大传统的。从马克思的早期著作《1844年经济学哲学手稿》到晚年的人类学笔记，都显示出马克思对人类生存问题的巨大关注。马克思写道："我们仅仅知道一门唯一的科学，即历史科学。历史可以从两方面来考察，可以把它划分为自然史和人类史。但这两方面是密切相联的；只要有人存在，自然史和人类史就彼此相互制约。自然史，即所谓自然科学，我们在这里不谈；我们所需要研究的是人类史，因为几乎整个意识形态不是曲解人类史，就是完全排除人类史。"①在这段话中，马克思虽然强调了自然史和人类史在人类生存及发展中的相互融合和相互制约，但明确指出，我们所需要研究的是人类史，一定要把人类史从统治阶级意识形态的歪曲中解放出来，使之奠立在现实的基础上。这段话充分显示出马克思主义哲学与人本主义哲学传统之间的内在联系。

然而，借用福柯的语言，我们也可以说，在马克思主义哲学与人本主义哲学传统之间存在着一种"非连续性"，即存在着一种跳跃，一种根本性的转换。这充分体现在马克思对费尔巴哈人本主义学说的深刻批判中。

费尔巴哈的人本主义学说是以人和自然为出发点的。可是，由于他脱离了人的感性活动，脱离了工业的发展来看自然，因而他所理解的自然并不是人化的自然、社会化的自然，而是孤立的、与人分离的自然，这样的自然归根结底是不存在的。同样，他以单个直观的方式来看待人，因而他看到的只是人的自然属性，人的社会属性则从他的眼皮下滑过去了。因为人的社会属性深藏在人与人之间的关系之中，不触及这种

---

① 《马克思恩格斯选集》第1卷，人民出版社1972年版，第21页注。

关系，是不可能揭示人的社会属性的。所以在他那里，人仍然是一个抽象的东西，一个空洞的外壳。现代西方的人本主义哲学也多有这样的缺陷。马克思指出："当费尔巴哈是一个唯物主义者的时候，历史在他的视野之外；当他去探讨历史的时候，他决不是一个唯物主义者。在他那里，唯物主义和历史是彼此完全脱离的。"①这正是费尔巴哈乃至整个旧人本主义哲学传统的根本局限之所在。这种唯物主义和历史的分离极大地束缚了费尔巴哈的目光，他虽然敏锐地捕捉到异化的问题，并致力于把宗教世界归结为它的世俗基础，但他并没有注意到，做完这一工作之后，主要的事情还没有做，因为世俗的基础使自己和自己本身分离，并使自己转入云霄，成为一个独立王国，这只能用世俗基础的自我矛盾和自我分裂来说明。对这样的问题费尔巴哈是无力作出回答的，正如华列克在批评爱德华王时所说的：

> 你不是阿特拉斯大力士，你背不起这个
> 沉重的世界。②

马克思对费尔巴哈的学说乃至整个人本主义哲学传统的改造正是通过把历史和唯物主义融为一体，即创立历史唯物主义来完成的。我们的一些哲学教科书常常把马克思主义哲学理解为辩证唯物主义和历史唯物主义这两个部分，并认为把辩证唯物主义推广到历史领域，就构成历史唯物主义。它们显然忽略了这样一个问题，即在辩证唯物主义部分，所有的问题，如物质观、自然观、意识观、时空观、运动观、认识论、方法论等都是在与历史相分离的情况下来讨论的，这就潜伏着一种危险，即退回到机械唯物主义立场上去的危险。人们常常有这样一种幻觉，以为只要一讲辩证法，就把机械论唯物主义扬弃了。其实，在马克思主义

---

① 《马克思恩格斯选集》第 1 卷，人民出版社 1972 年版，第 50 页。
② 参见莎士比亚戏剧《亨利六世》下篇，见《莎士比亚全集》第 6 卷，章益译，人民文学出版社 1978 年版，第 312 页。

的创始人那里，辩证法始终是历史唯物主义的一个不可分离的组成部分，辩证法也就是历史辩证法。恩格斯所说的自然辩证法，归根结底也就是历史辩证法，因为他强调，人的实践活动是自然界的最贴近的基础，所以他说的自然也就是人化自然，用《德意志意识形态》中的术语来表达，就是"历史的自然"①。如果把辩证法从历史唯物主义学说中剥离出来，辩证法就可能被降低为单纯的智力技巧甚至诡辩，因而离开历史唯物主义基础的辩证法是不可能真正扬弃机械唯物论的。比如，黑格尔的唯心主义辩证法在相当程度上超越了17、18世纪的机械唯物论，但他既然把自己的哲学看作是思想史发展的顶点，也就在某种意义上向机械论妥协了。

因此，要把握马克思主义哲学的真精神，就不能从辩证唯物主义推出历史唯物主义，而是应当倒过来，从历史唯物主义推出辩证唯物主义，即在历史唯物主义的基础上来讨论原来在辩证唯物主义部分所讨论的全部问题。所以，我们不是说，辩证唯物主义就是历史唯物主义，而是说，历史唯物主义才是真正的辩证唯物主义。要言之，马克思主义哲学之为马克思主义哲学，就在于历史唯物主义。

这样一来，我们的哲学观不仅与知识论哲学（包括其现代的形式）严格地区分开来了，而且也与人本主义哲学传统和现代西方人本主义哲学严格地区分开来了。我们离开了某些哲学教科书的传统模式，回到了马克思主义哲学的真精神之中。于是，一个崭新的问题域开始展现在我们的面前了：

　　　我们从这里走出，又见到繁多的"星辰"。②

在马克思主义的历史唯物主义学说中，还包含着一种极为深刻的功能观

---

① 《马克思恩格斯选集》第1卷，人民出版社1972年版，第49页。
② ［意］但丁：《神曲：地狱篇》，朱维基译，上海译文出版社1984年版，第253页。

点，这常为我们的一些哲学教科书所忽视。比如，当马克思说"关于离开实践的思维是否具有现实性的争论，是一个纯粹经院哲学的问题"①时，马克思不光提供了一个检验一种理论是否正确的标准，同时也提供了一个检验一种理论是否有用的功能标准。这种功能观点是历史唯物主义方法中的一个重要内容。借助于它，我们不但可以更深入地领会马克思主义的全部学说，而且能够以更科学的方式来建构新的哲学教科书体系。

我国哲学界长期以来争论不休的一个问题是：究竟哪些原理是马克思主义的基本原理？一引入功能观点，这个问题就迎刃而解了。这个问题之所以引起争论，是因为马克思主义的经典作家通常在一个时期强调某个原理的重要性，在另一个时期又强调另一个原理的重要性。于是，讨论者就感到无所适从了。其实，这种困境正是讨论者自己造成的。他们没有看到，马克思主义的经典作家之所以在不同时期突出不同的原理，是因为这些原理在不同的历史条件下与他们之间存在着不同的功能关系。决不能抽去具体的历史条件来抽象地确定哪些是马克思主义的基本原理，哪些则不是。同样，当我们站在 20 世纪 80 年代的中国的土地上，在改革和"四化"建设的总氛围下，来探讨马克思主义哲学的理论体系时，我们也不能撇开作为主体的我们和作为研究对象的客体的马克思主义哲学之间的功能关系。当然，这种功能关系是建筑在把握马克思主义哲学的真精神的基础之上的，根据释义学的观点，文本的意义存在于解释的过程中，是在主体的解释中显现出来的。因而不存在超时空、超历史条件、超主体功能关系的所谓马克思主义基本原理。如果超越这些条件去谈论马克思主义，就只能把马克思主义教条化、经院哲学化。这就是马克思主义的历史唯物主义的功能观点给我们提供的重要启示。

要言之，回到马克思的历史唯物主义的真精神上去，这就是哲学探

---

① 《马克思恩格斯选集》第 1 卷，人民出版社 1972 年版，第 16 页。

讨的根本方法，正如浮士德所说：

要完成这伟大的工程，
只须一种精神能运用千年。①

---

① 参见[德]歌德：《浮士德》第2部，郭沫若译，群益出版社1947年版，第5章。

编者说明

（一）本卷收入俞吾金先生的著作《问题域外的问题——现代西方哲学方法论探要》。该著 1988 年 6 月由上海人民出版社出版。编者对原书文字进行了校订，并根据《俞吾金全集》的统一体例对原文格式进行了调整。

（二）由引文格式的时代差异等原因造成的引用文献版本信息不明确的注释，编者尽可能进行了查找和增补。

（三）在注释等方面进行的调整或增补，都以编者注的形式予以标注。

（四）本卷由潘非欧编校。

《俞吾金全集》编委会

2022 年 2 月

图书在版编目（CIP）数据

问题域外的问题——现代西方哲学方法论探要/俞吾金著．
—北京：北京师范大学出版社，2024.9
（俞吾金全集）
ISBN 978-7-303-29584-5

Ⅰ.①问…　Ⅱ.①俞…　Ⅲ.①西方哲学－研究　Ⅳ.①B5

中国国家版本馆 CIP 数据核字（2023）第 226670 号

营　销　中　心　电　话　010-58805385
北 京 师 范 大 学 出 版 社
主题出版与重大项目策划部

WENTIYUWAI DE WENTI
出版发行：北京师范大学出版社　www.bnupg.com
　　　　　北京市西城区新街口外大街 12-3 号
　　　　　邮政编码：100088
印　　刷：北京盛通印刷股份有限公司
经　　销：全国新华书店
开　　本：730 mm×980 mm　1/16
印　　张：28.5
字　　数：400 千字
版　　次：2024 年 9 月第 1 版
印　　次：2024 年 9 月第 1 次印刷
定　　价：128.00 元

策划编辑：祁传华　　　　　责任编辑：祁传华
美术编辑：王齐云　　　　　装帧设计：王齐云
责任校对：段立超　陶　涛　责任印制：马　洁　赵　龙